Fritz Gerlich

Die stigmatisierte Therese Neumann von Konnersreuth

Erster Teil

VERO Verlag

Fritz Gerlich

Die stigmatisierte Therese Neumann von Konnersreuth

Erster Teil

ISBN/EAN: 9783737201964

Auflage: 1

Erscheinungsjahr: 2014

Erscheinungsort: Norderstedt, Deutschland

Hergestellt in Europa, USA, Kanada, Australien, Japan
Vero Verlag in Hansebooks GmbH

Cover: Foto ©Rainer Sturm / pixelio.de

DIE STIGMATISIERTE
THERESE NEUMANN
VON KONNERSREUTH

ERSTER TEIL

DIE LEBENSGESCHICHTE
DER THERESE NEUMANN

VON

DR. FRITZ GERLICH

—

Motto: Amicus Plato, magis amica veritas

1 9 2 9

VERLAG JOSEF KÖSEL & FRIEDRICH PUSTET

MÜNCHEN

ERSTER TEIL

DIE LEBENSGESCHICHTE
DER THERESE NEUMANN

Vorwort

Die folgenden Darlegungen beschäftigen sich mit dem Leben der Stigmatisierten Therese Neumann von Konnersreuth. Sie suchen nach den heutigen Grundsätzen der Quellenprüfung in der Geschichtsforschung festzustellen, wie ihr Leben bis jetzt verlaufen ist und welche Geschehnisse desselben wir als geschichtlich gesichert ansehen dürfen. Aus dieser Aufgabestellung ergibt sich bereits die Umgrenzung ihrer Durchführung. Diese Untersuchung wird das Gesamtgebiet weltanschaulicher Erörterungen, wie sie in Arbeiten anderer Forscher über den Fall Therese Neumann auftreten, beiseite lassen. Sie begnügt sich mit der Feststellung des Geschehenen. Hier aber versucht sie, alle Forschungsaufgaben aufzugreifen, die von der heutigen geschichtswissenschaftlichen Methode in ihrer Anwendung auf diesen Fall verlangt werden können. Die Arbeit ist also, um ein Fremdwort zu gebrauchen, eine kritische. Diese Zielsetzung ergab sich zwanglos aus dem Anlaß, aus dem ihr Verfasser sich mit dem Fall Therese Neumann zu beschäftigen begann.

Im Sommer 1927 hatte die öffentliche Erörterung über die Vorgänge in Konnersreuth sich außerordentlich zugespitzt. Es bildeten sich geradezu Parteien, die mit Forderungen über die Behandlung des Falles an die öffentlichen Gewalten, insbesondere die bayerische Staatsregierung, auftraten. Im Namen der Vernunft und der Wissenschaft wurde verlangt, daß die Regierung sich zu Maßnahmen gegen die Stigmatisierte entschlösse. Von den extremen Richtungen, insbesondere von kommunistischen Kreisen, wurde sogar mit Gewalt gedroht, wenn die Staatsregierung nicht den Wünschen dieser Gruppen entsprechen sollte. Die Forderungen, die gestellt wurden, waren verschieden. Am gemäßigsten war jene Richtung, die unter dem Vorbringen eines wissenschaftlichen Interesses die Einschaffung der Stigmatisierten in eine „neutrale Klinik" verlangte, damit sie dort so, wie es dieser Richtung nötig schien, beobachtet und untersucht werden könnte. Extremere Richtungen verlangten, sie von der Öffentlichkeit abzuschließen, weil die Besuche in Konnersreuth zur „Volksverdummung" führten.

Es hat keinen Zweck mehr, diese Forderungen einzeln durchzusprechen, da die Erfahrung lehrt, wie rasch ein solches Aufwallen der Parteileidenschaft wieder vergessen wird. Es genügt der Hinweis, daß eigentlich alle diese Fordernden sich sehr wenig um die verfassungsmäßigen Rechte einer Staatsbürgerin kümmerten, die niemandem etwas zu leid getan hatte und niemanden aufforderte, sie zu besuchen und anzuschauen. Es schien eine Zeitlang, als ob die Behauptung wissenschaftlichen oder sonstigen Interesses genüge, einem unbescholtenen Menschen die verfassungsmäßig gewährleisteten Staatsbürgerrechte, insbesondere seine persönliche Freiheit, zu nehmen, und ihn zum wehrlosen Gegenstand mehr oder weniger berechtigt tuender Untersuchungen und Versuche zu machen.

Als die Dinge so weit gediehen waren, berührten sie meine beruflichen Pflichten. Ich war damals, und zwar seit mehr als sechs Jahren, Hauptschriftleiter der „Münchner Neuesten Nachrichten" und hatte mich, wie überhaupt mein Leben lang, so vor allem in dieser Zeit für die Gewährleistung verfassungsmäßigen Lebens im Staate eingesetzt. Zwar begriff ich nicht, wie man überhaupt in einem Rechtsstaate auf den Gedanken kommen könne, unbescholtene Staatsbürger, die niemandem etwas getan haben, plötzlich deshalb, weil sie stigmatisiert sind, Schauungen haben und nach ihrer Antwort auf ausdrückliche Fragen keiner Nahrung bedürfen, in Anstalten irgendwelcher Art einzusperren und sie zu zwingen, ihren Körper zum Gegenstand der Untersuchung durch irgendwelche Dritte herzugeben. Ich begriff ebensowenig, wie man einen solchen

VIII

Staatsbürger glaubte zwingen zu dürfen, sich hinter Mauern zu begeben, um auf diese Weise Menschen, die man nicht gebeten hatte, am Besuch zu verhindern. Kurz: mich begann die Frage zu beschäftigen, ob und inwieweit eine bestimmte Form religiösen Lebens, die keineswegs die öffentliche Ordnung stört — denn die Ordnung störten diejenigen, die nach Gewalt riefen, nicht aber die Stigmatisierte —, und wie ferner ein Verhalten, das in keiner Weise irgendeine Strafrechtsbestimmung verletzte, berechtigen sollte, diesen Menschen seiner verfassungsmäßig gewährleisteten Freiheit und seines Verfügungsrechtes über seinen Körper zu berauben.

Die Angelegenheit entwickelte sich also für mich dahin, daß ich mir sagen mußte, ich käme vielleicht von heute auf morgen in die Lage, mit der Zeitung, die ich zu leiten hatte, einen Kampf für die Unverletzlichkeit der Verfassung und des natürlichen Rechtes eines jeden unbescholtenen Menschen aufnehmen zu müssen.

Es war also meine Berufspflicht, die mich veranlaßte, mich mit dem Fall Therese Neumann zu beschäftigen. Ich begann mit Aufmerksamkeit die Veröffentlichungen über ihn zu verfolgen. Sie genügten aber nicht, mir eine Gewißheit über die Art des Falles zu verschaffen. So entschloß ich mich denn, die Verhältnisse in Konnersreuth und seine Stigmatisierte aus eigenem Augenschein kennen zu lernen. Ich habe in einem eigenen Abschnitt dieser Arbeit meine ersten Erlebnisse bei dreimaligem Besuche, nämlich vom 15.—18. September, 22.—25. September und 14.—18. Oktober 1927 in der gleichen Form wieder vorgelegt, wie ich sie am 6. November 1927 in der „Einkehr", Beilage der „Münchner Neuesten Nachrichten", Nr. 81 veröffentlichte. (Siehe S. 145 ff.)

Das Ergebnis dieser Besuche war ein doppeltes. Ich sah, daß der Fall Therese Neumann wert war, sich sehr gründlich mit ihm zu beschäftigen, und ich erkannte aus dem Vergleich der bisherigen Veröffentlichungen über Therese Neumanns Schicksale mit dem, was ich von ihr

IX

selbst, ihren Angehörigen und anderen vertrauenswürdigen Persönlichkeiten erfuhr, daß die bisherige Kenntnis nicht zureicht, über große Teile ihres Lebens, insbesondere ihrer Leidenszeit, ein sicheres Urteil zu gewinnen. Es kam aber noch ein rein persönlicher Umstand hinzu. Meiner akademischen Vorbildung nach bin ich Historiker. In der Zeit meines Universitätsstudiums hatte ich an Seminarübungen über den Quellenwert frühmittelalterlicher Heiligenlegenden teilgenommen. In jene Zeit war auch die neue wissenschaftliche Erörterung über Franz von Assisi gefallen. Bei diesen Seminarübungen hatte es mich immer nachdenklich gemacht, daß wir die Quellenaussagen zum Teil rein weltanschaulich werten. Was wir nach der naturwissenschaftlichen Ansicht unserer Zeit für unmöglich halten, sehen wir als einen Irrtum oder eine Fabelei der Quelle an. Nun sah ich in Konnersreuth ein Geschehen vor mir, das mich in der sinnfälligsten Weise an jene Zeit und jene Quellen zurückerinnerte. Da trotz aller politischen Tätigkeit und Tagesschriftstellerei die Neigung zum Forschen in mir nicht erloschen ist, empfand ich es als einen außerordentlichen Glücksfall für einen Historiker, an der lebendigen Gegebenheit Therese Neumann mittelalterliche Quellen nachprüfen zu können. Das große Problem aller Geschichtswissenschaft, nämlich die Frage nach der Art und der Gewißheit unserer Kenntnisgewinnung von vergangenem Geschehen, ließ sich hier an einem Fall miterlebend studieren. In einem Aufsatz: „Konnersreuth als historisches Problem" in „Die Einkehr", Beilage der „Münchner Neuesten Nachrichten", Nr. 88 vom 30. November 1927 habe ich schon auf diese Seite des Falles Therese Neumann hingewiesen. So begann ich zu Weihnachten 1927, wo ich die Zeit vom 24. Dezember 1927 bis zum 6. Januar 1928 in Konnersreuth verbrachte, mit planmäßigen Aufzeichnungen und Untersuchungen über die Lebensschicksale von Therese Neumann.

Ich bin seitdem noch oft in Konnersreuth gewesen, so daß eine Zusammenrechnung der Tage die Zeitspanne

X

von rund 5 Monaten ergibt. Darunter war ich einmal
über sechs Wochen ununterbrochen dort. Ich habe von
Anfang an bei allen Beteiligten das größte Entgegenkommen gefunden, obwohl meine kritische Einstellung
und meine Absicht, soweit als möglich das dortige Geschehen aufzudecken, ebenso bekannt war, wie meine
Nichtzugehörigkeit zum Katholizismus. Dieses Entgegenkommen hat mir einen um so größeren Eindruck gemacht,
als nach der peinlich genauen Art, in der ich zu untersuchen gewohnt bin, meine Arbeit für alle Beteiligten mit
viel Belästigung und Zeitaufwand verbunden war. Herr
Pfarrer Naber machte es sich zu einer ganz besonderen
Pflicht, mir Aufenthalt und Arbeit in Konnersreuth so
weit als möglich zu erleichtern. Er nahm mich beständig
als Gast in seinem Hause auf. Ich hatte so schon gleich
zu Beginn meiner Untersuchungen die Gelegenheit, Therese Neumann, die damals wegen der Bauvornahmen an
ihrem Elternhause im Pfarrhof wohnte, sehr eingehend
zu beobachten.

Aus diesen Studien in Konnersreuth ist eine herzliche
Freundschaft mit dem Konnersreuther Kreis erwachsen.
Das Vertrauen, das man mir schenkte, gab mir die Möglichkeit zu Einblicken, die mir sonst verschlossen geblieben
wären. Diese Freundschaft ist aber für mich nicht die
Ursache der Ergebnisse meiner Untersuchung gewesen,
sondern die wachsenden Ergebnisse der Untersuchung
boten mir Grund und Ursache zur Freundschaft. Ich
lernte einen Menschenkreis von ungewöhnlicher Wahrheitsliebe und einer Ehrlichkeit und Hingabe im religiösen
Leben kennen, der mir steigende Anteilnahme abnötigte.
Selbstverständlich wäre die Entstehung dieses Freund-
schaftsverhältnisses nicht möglich gewesen, wenn ich auf
bewußte oder unbewußte Täuschungen gestoßen wäre.
Wenn man lange Jahre im öffentlichen Leben verbracht
und auch die vielen Enttäuschungen an Menschen durchgemacht hat, die damit verbunden sind, wird man mißtrauisch. Es war also so, daß in Konnersreuth nicht nur

von mir erst das Vertrauen der anderen, sonderen von den anderen auch das meine zu erringen war. Daß ich heute dieses Vertrauen besitze, brauche ich nicht zu verhehlen. Die folgende Arbeit gibt die Rechtfertigung meiner allmählich gewordenen Einstellung.

In Konnersreuth erfährt man vielerlei von Therese Neumann, wenn sie im gewöhnlichen Bewußtseinszustand ist. Man erhält aber auch manchen Aufschluß, wenn sie im Zustand der erhobenen Ruhe — gewöhnlich Ekstase genannt — spricht. So ist es auch mir ergangen. Auch über die Schicksale der Therese Neumann habe ich manches durch sie im Zustand der erhobenen Ruhe erfahren. Die Auskünfte, die ich erhielt, waren für mich stets der Gegenstand ganz besonders scharfer Nachprüfung. Denn hier mußte sich am ehesten und deutlichsten zeigen, was von den Begebnissen in dieser Bewußtseinsform der Therese Neumann zu halten ist. Manche dieser Angaben widersprachen auf das weitestgehende jenen Auffassungen, die ich mir im Laufe meiner Untersuchungen von einzelnen Geschehnissen, im besonderen auch von solchen ihrer Krankheit, gemacht hatte. Es hat mich manchmal Wochen und Monate gekostet, diesen meiner anfänglichen Ansicht nach unrichtigen Erklärungen auf den Grund zu gehen. Denn ich hatte mich, bevor ich diese Arbeit aufnahm, niemals eingehender mit den hier in Frage kommenden Krankheitsvorgängen beschäftigt. Und ich habe dann jedesmal erlebt — manchmal, wie gesagt, erst nach Monaten des Suchens —, daß nach der wissenschaftlichen Spezialforschung der Irrtum bei mir und nicht in der Erklärung aus dem erhobenen Ruhezustand der Therese Neumann lag. Ich habe ferner in mehr als einem Falle am eigenen Leben erprobt, daß die Voraussagen, die mir durch Therese Neumann in diesem Zustand wurden, sich gegen alles Erwarten verwirklichten. Manchmal geschah dies überraschend schnell, manchmal erst nach längerer Zeit. Unter ihnen befanden sich auch solche, denen gegenüber ich ihr in dem betreffenden Gespräch erklärt hatte, daß ich ihre Verwirklichung für ganz unmöglich halte. Ich wäre in meinem Leben der letzten eineinhalb Jahre vor manchem schweren Schaden bewahrt geblieben, wenn ich diese Erklärungen immer gleich als richtig angenommen und darnach gehandelt hätte. Ich habe es aber in vielen Fällen nicht getan und dann erleben müssen, daß die Vorhersagen im erhobenen Ruhezustand der Therese Neumann voll eintrafen.

Die große Zahl solcher Erfahrungen und das Ergebnis kritischen Forschens geben mir den Mut, diese Arbeit zu veröffentlichen. Ich habe ihr ein Geleitwort mitgegeben: *Amicus Plato, magis amica veritas* — Lieb ist mir die platonische Philosophie, lieber ist mir die Wahrheit. Das Wort trifft die geistige Lage des Verfassers. Ich kam nach Konnersreuth als Mann von fast fünfundvierzig Jahren, der seit seinem zwanzigsten Lebensjahre sich am öffentlichen Leben seines Vaterlandes tätig beteiligt und schließlich auch manche Gedanken über die Natur, die uns umgibt und von der wir ein Teil sind, ferner über Sinn und Zweck des Lebens gemacht hatte, so daß ich sagen konnte, ich hatte mir eine Weltanschauung errungen. In dieser Weltanschauung hat manches, was ich bei Therese Neumann erlebte oder erforschte, keinen Platz. Das war für mich ein Grund mehr, recht lange und so vorsichtig und mißtrauisch als möglich diese Geschehnisse zu prüfen.

Ich lege im folgenden das Ergebnis dieser Prüfung vor. Wie meine Weltanschauung sich damit abzufinden vermag, steht hier nicht zur Erörterung. Hier handelt es sich um die Tatsachen des Lebens der Therese Neumann. Wissenschaftliches Forschen — sogenannte objektive oder neutrale Wissenschaft — hat meines Erachtens sich nur von einem einzigen Gedanken leiten zu lassen, und der heißt für jede Weltanschauung: „Du sollst nicht falsch Zeugnis reden." —

* * *

Der Umfang, zu dem der Stoff im Verlaufe der Forschung allmählich anwuchs, zwang zu einer Teilung in

XIII

zwei Bände. Der erste Band enthält die Lebensgeschichte der Therese Neumann. Im zweiten Bande: Die Glaubwürdigkeit der Therese Neumann, lege ich einen Bericht über jene Untersuchungen vor, auf Grund deren ich die in der Lebensgeschichte mitgeteilten Vorgänge für gesicherte Tatsachen halte. In ihm findet der Leser außerdem die Begründung meiner Auffassung, daß die Erscheinungen seit der Heilung der Blindheit der Therese Neumann nicht natürlich erklärbar sind.

München, den 6. August 1929

Dr. phil. Fritz Gerlich

Inhaltsverzeichnis

XV

Das Jahr 1927

Der Markt Konnersreuth

Konnersreuth ist ein kleiner Marktflecken von 952 Einwohnern. Die Siedlung gruppiert sich um den Marktplatz, auf dessen einer Seite die Kirche steht. Am Marktplatz steht auch das Geburts- und Wohnhaus der Therese Neumann. Die Straße von Mitterteich nach Arzberg ist eigentlich die einzige Straße des Ortes. Der Ort liegt am Südabhang des Fichtelgebirges, und zwar am Abhang einer Anhöhe. In nächster Umgebung befindet sich kein Wald, sondern nur Felder und Wiesen. Die Ortseinwohner sind in ihrer Mehrzahl arm. Bauernwirtschaften mit sechzig und siebzig Tagwerk Grund gehören zu den größten. Selten haben sie Pferde. Das Hauptnahrungsmittel der Einwohner ist die Kartoffel. Ein Teil der Einwohner, der zumeist in eigenen Häusern lebt, besitzt einige Tagwerk Feld, die gewöhnlich die Frau bearbeitet, während der Mann zum Verdienen in eine der Fabriken der umliegenden Märkte und Städte — es sind das Porzellan- und Glasfabriken — oder in einen der Steinbrüche geht. Eine Bahn führt nicht nach Konnersreuth. Die nächste Bahnstation ist 6,2 km entfernt. Es ist das Waldsassen. Die beiden anderen, Mitterteich und Arzberg, liegen etwa einen Kilometer weiter. Heute geht ein Postautoverkehr von Arzberg über Konnersreuth nach Waldsassen und zurück. Entsprechend den beschränkten wirtschaftlichen Verhältnissen der Bewohner macht der Ort einen ärmlichen Eindruck. Die Kirche ist in bäuerlichem Barock gehalten und weist keine Besonderheiten auf. Der Markt unterscheidet sich in seinem Äußeren wenig von anderen ähnlich großen Fichtelgebirgsorten. Die ganze Gegend hat rauhes Klima; dem Boden müssen seine Erzeugnisse in harter Arbeit abgerungen werden. Deshalb sehen auch bereits die jüngeren Einwohner zumeist etwas zerarbeitet aus.

Bis zur Reformation gehörte Konnersreuth auch politisch zum Kloster Waldsassen, das ein Zisterzienser-Reichsstift war. Den wiederholten Religionswechsel von Teilen der nördlichen Oberpfalz hat auch Konnersreuth mitgemacht, da es unter den Pfalzgrafen bei Rhein stand, die die Schutzherren des Waldsassener Stiftslandes waren. 1556 wurde in Konnersreuth die Reformation eingeführt. Als Herzog Maximilian I. von Bayern, der spätere erste Kurfürst dieses Landes, die Oberpfalz als Ersatz für seine Kriegskosten im Kampf gegen Friedrich V. von der Pfalz, der durch die böhmischen Stände zum König gewählt worden war, erhielt, wurde Konnersreuth wieder katholisch und ist es bis heute. Die Einwohner wählen in der großen Mehrheit die bayerische Volkspartei. Das rund 7 km entfernte Arzberg aber blieb protestantisch. Die wirtschaftlichen Beziehungen des Ortes weisen zum Teil nach dem nahen Böhmen, insbesondere nach Eger, wenn sie auch nicht sehr lebendig sind, denn der Markt führt heute noch ein Leben der Zurückgezogenheit.

Die Jugend

Das Geburtshaus der Therese Neumann am Marktplatz zu Konnersreuth trägt heute die Hausnummer 12. Für die Ortseingesessenen ist es das Schneiderixenhaus. Deshalb heißen seine Bewohner, die nach alter bayerischer Sitte nicht mit ihren Familien-, sondern mit den Hausnamen bezeichnet werden, die „Schneiderixen" unter Zusatz des jeweiligen Vornamens. Therese Neumann war also viele Jahre ihres Lebens einfach die Schneiderixenresl. Der Hausname entstand folgendermaßen: das Anwesen, das bis zum Sommer 1927 aus einem einstöckigen, spitzgiebelig gedeckten Haus mit Stall und angebautem Schuppen bestand, früher aber erheblich größer war, hieß einst ‚Das Schiёchenhaus', offenbar eine dialektische Verderbung aus Schergen. Denn es war das Polizeigebäude. Der bayerische Staat verkaufte es später an einen Schneider namens Felix Neumann, den Großvater des jetzigen Besitzers Ferdinand Neumann, des Vaters der Therese Neumann. So wurde ein Schneider mit Vornamen Felix der Besitzer. Aus Schneider-Felix entstand durch Abkürzung im Volksmund Schneiderix, mithin der Hausname Schneiderixenhaus. Im Jahre 1868 brannte das Gebäude ab. Der Besitzer mußte für den Neubau Geld aufnehmen und konnte das Anwesen nur in dem kleinen, bis zum Jahre 1927 bestandenen Umfang wieder aufrichten. In diesem Jahre ließ der jetzige Besitzer im Dachgeschoß einen von vorn nach hinten gerichteten Giebel errichten.

Aus der Geschichte der Familie ist nichts Besonderes zu berichten. Die Familienvorstände übten im Erbgang vom Vater auf den Sohn das Schneidergewerbe aus und betrieben nebenher eine kleine Landwirtschaft. Früher gehörten dazu zehn Tagwerk Grund. Der jetzige Besitzer hat drei dazuerworben. Der Viehstand zählte regelmäßig vier Kühe, die auch als Zugtiere dienen. Da Professor Ewald erklärte, daß ihm brieflich von einer die Familie angeblich gut kennenden Seite mitgeteilt wurde, daß mancherlei psychopathische Abwegigkeiten in der weiteren und näheren Verwandtschaft vorgekommen seien[1]), habe ich auch in dieser Hinsicht Erkundigungen eingezogen. Im Gerede der Leute scheint einmal eine Schwester des Vaters der Therese Neumann namens Katharina, die „Schneiderixenkathl", gestanden zu haben. Sie war an einem Arm „etwas bresthaft" und ist ein „sehr braves, frommes und fleißiges Leut" gewesen. Von Beruf war sie Näherin. Einmal, als sie abends bei Licht nähte, fiel dieses um und verursachte einen kleinen Zimmerbrand. Auch verbrannte sie sich selbst dabei nicht unerheblich. Das gab Anlaß zu dem Gerücht, sie habe das Haus in Brand stecken wollen, sie „spinne" also, wie der Volks-

---

[1]) Münchener Medizinische Wochenschrift, 1927, Heft 46, S. 1981.

mund Menschen kennzeichnet, die irgendwie absonderlich
erscheinen. Außer ihrem frommen Leben und dem be-
sagten Unfall mit dem Licht ließ sich aber nichts Posi-
tives ermitteln. Die sehr allgemein gehaltenen Angaben
Ewalds geben leider der Nachforschung keine Anhalts-
punkte. Übrigens erklärt Professor Ewald selbst, er könne
sich nicht für seine Angaben verbürgen.

Der Vater der Therese Neumann, der Schneider Ferdinand Neumann, ist am 16. Juni 1873 zu Konnersreuth
geboren. Ihre Mutter Anna, geb. Grillmeier, erblickte
als Tochter eines Bauern am 23. Oktober 1874 zu Neudorf, Pfarrei Konnersreuth, das Licht der Welt. Der Vater
ist groß, schlank und zeigt den alpinen Typus, d. h. der
Schädel ist schmal, das Gesicht scharf geschnitten und die
Haare sind ursprünglich schwarz gewesen. Heute sind
sie grau. Die Mutter ist erheblich kleiner, von unter-
setztem Typus und mehr breitem, nicht scharf geschnit-
tenem Gesicht. Ihre Haare sind braun. Sie ist heute ausgesprochen korpulent. Beide Eltern sind kräftig und
waren in ihrem Leben wenig krank.

Die Ehe von Ferdinand und Anna Neumann war mit
elf Kindern gesegnet:

1. Therese Neumann,	geb.	9. (?) April 1898;
2. Maria Anna Neumann,	„	19. Juni 1899;
3. Anna Neumann, verh. Härtl,	„	6. Juli 1900;
4. Engelbert Neumann,	„	30. Okt. 1901 (gestorben);
5. Ottilie Neumann,	„	14. Dez. 1902;
6. Engelbert Neumann,	„	11. Juni 1904;
7. Kreszenz Neumann,	„	31. März 1906;
8. Augustin Neumann,	„	13. Aug. 1907;
9. Agnes Neumann,	„	2. Juni 1909;
10. Ferdinand Neumann,	„	24. April 1911;
11. Johann Neumann,	„	28. Juli 1912.

Sämtliche Kinder sind in Konnersreuth geboren und
getauft. Das vierte ist jung gestorben, alle anderen leben
noch. Verheiratet ist nur die Tochter Anna, und zwar an

4

einen Konnersreuther Einwohner, namens Joseph Härtl, der dort ein kleines Haus mit vier Tagwerk Grund besitzt. Die Landwirtschaft wird von der Frau ausgeübt. Der Mann ging früher zur Arbeit in eine Fabrik der Umgebung. Zur Zeit betreibt er mit eigenem Lastauto ein Transportgeschäft. Dieser Ehe entsprossen bisher vier Kinder, ein Knabe Joseph, ein Mädchen Therese und Zwillinge, die bald starben.

Therese Neumann ist das erste Kind ihrer Eltern. Die genaue Zeit ihrer Geburt wird in dem standesamtlichen und in dem Geburtsregister des katholischen Pfarramtes Konnersreuth verschieden angegeben. Der Eintrag beim Standesamt lautet: „Nr. 12. Konnersreuth, 13. April 1898. Vor dem unterzeichneten Standesbeamten erschien heute, der Persönlichkeit nach bekannt, der Schneider Ferdinand Neumann, wohnhaft zu Konnersreuth, Haus-Nr. 12, kath. Religion, und zeigte an, daß von der Anna Neumann, geb. Grillmeier, seiner Ehefrau, kath. Religion, wohnhaft bei ihm, zu Konnersreuth in seiner Wohnung am 9. April 1898, vormittags um ein Uhr ein Kind weiblichen Geschlechtes geboren worden sei, welches den Vornamen Theresia erhalten habe. Vorgelesen, genehmigt und unterschrieben: (gez.) Ferdinand Neumann. Der Standesbeamte: (gez.) Kutzer". Der Eintrag in das Geburtsregister der Pfarrei Konnersreuth lautet für das Jahr 1898: „Nr. 7. Neumann Theres; Hebamme: Mühlfenzl; Vater: Ferdinand Neumann; Stand des Vaters: Schneider; Aufenthaltsort usw.: Konnersreuth; Name der Mutter: Anna, geb. Grillmeier; Stand der Mutter: Bauerstochter aus Neudorf; Zeit der Geburt: 9. April früh 12¼ Uhr; Tauftag: 10. April; Pfarrer: Ebel; Taufzeugen: Forster Theres von Waldsassen". Die Geburtszeiten im Standesamts- und im Pfarregister entsprechen sich also nicht. Die Mutter der Therese Neumann bezeichnet beide Zeitangaben als falsch. Sie erklärt, Therese sei schon am 8. April 1898, einem Karfreitag, kurz vor zwölf Uhr nachts geboren. Im erhobenen Ruhezustand der Therese Neumann wurde die Zeitangabe ihrer Mutter bestätigt. Thereses Tauftag, der 10. April 1898, ist der Ostertag dieses Jahres. Ihre Patin ist die an den Haus- und Krämereibesitzer Engelbert Forster in Waldsassen verheiratete Schwester ihres Vaters, namens Therese. Ihre Namenspatronin ist die hl. Theresia a Jesu, die sogenannte große, spanische Therese; ihr Namenstag ist der 15. Oktober.

Von Kinderkrankheiten der Therese Neumann wird wenig berichtet. In den ersten beiden Lebensjahren hat sie Würmer gehabt und deshalb Wurmsamen als Medizin erhalten. Sie war während der Dauer dieses Leidens etwas unruhigen Wesens. Nach Abtreibung der Würmer legte sich dieses. Andere Kinderkrankheiten, wie Masern, Scharlach und Diphtherie, hat sie nicht gehabt. Sie ist bis zum 10. März 1918 nie ernstlich krank gewesen. Nur im Jahre 1914 erlitt sie einmal bei Erdarbeiten einen Unfall. Sie drehte sich die eine Hüfte aus. Im Waldsassener Krankenhaus wurde die Verrenkung völlig behoben.

Als Therese Neumann das dritte Lebensjahr erreicht hatte, kam sie für einige Zeit zu ihrer Patin nach Waldsassen, die in kinderloser Ehe lebt. Pfarrer L. Witt berichtet in seinem Buche: Konnersreuth im Lichte der Religion und Wissenschaft, I. Teil, 1. und 2. Auflage, Waldsassen 1927, ausführlich, was ihm über diese Zeit erzählt wurde. Darnach war Therese ein wohlerzogenes, lebhaftes und anstelliges Kind. Eine Photographie von ihr aus der Zeit, als sie etwa 3 Jahre alt war, ist erhalten. Witt erzählt, welche Freude es ihr bereitete, als das Christkind ihr im Forsterschen Hause die erste „Dockn" (Puppe) brachte. Therese Neumann erinnert sich dessen noch sehr gut; die Freude war zunächst groß, denn es war die erste Puppe, die sie sah. Sie gestand mir aber, daß das Vergnügen daran nur zwei Tage anhielt. Als der Reiz der Neuheit vorüber war, entdeckte sie im Bauch der Puppe Sägespäne und zerschlug sie darauf an einem Tischfuß, da es ihr „zu fad" war, mit ihr zu spielen, „weil sie kein Leben hatte". Auch mit den Puppen der

Schwestern hat sie nie spielen mögen. Sehr zum Schmerze der Forsterschen Eheleute, die Therese gern dauernd bei sich behalten hätten, holten die Eltern ihre älteste Tochter bald wieder nach Hause zurück, da sie sich nicht von ihr zu trennen vermochten.

Die Verhältnisse, in denen Therese daheim aufwuchs, waren äußerst beschränkt. Der Vater hatte das Anwesen stark belastet übernehmen müssen. Die Schulden vom Neubau nach dem Brand vom Jahre 1868 standen noch größtenteils darauf. Es gehörte rastloser Fleiß und größte Sparsamkeit des jungen Ehepaares dazu, seinen Schuldverpflichtungen nachzukommen und die sich rasch mehrende Familie zu ernähren. Wie ärmlich die Verhältnisse waren, läßt sich aus folgendem Erlebnis der Therese Neumann ermessen. Als sie in den Dienst eingetreten war, sah sie, wie ihre Dienstherrin die Brotsuppe mit Butterschmalz abschmälzte. Sie meinte, die Frau habe irrtümlich das Schmalz an die Suppe getan, und erzählte beim nächsten Besuch im Elternhause ihrer Mutter diese Wahrnehmung. Die Mutter aber belehrte sie, daß die Brotsuppe eigentlich so angerichtet werden müsse. Sie selbst hätte es nur nicht tun können, da sie zu arm dazu gewesen seien. Therese solle aber darüber vor den Leuten schweigen, da ihre Eltern sich sonst schämen müßten.

Wenn der Vater eine Schneiderarbeit fertiggestellt hatte, und die Kinder sie den Kunden brachten, so erhielten sie hin und wieder ein paar Pfennige für die Besorgung. Diese wurden aber nicht vernascht, sondern gewissenhaft und freudig in ein Fach der väterlichen Nähmaschine getan. War dann einmal gar kein Geld im Hause, was öfters vorkam, so versammelte sich die Familie um diese Sparkasse, das Fach wurde feierlich geöffnet, sein Inhalt von 30 oder 40 Pfennigen erhoben und im Haushalt verwandt. Die Kleinen waren sehr stolz darauf, auf diese Weise zum Unterhalt der Familie beitragen zu können. Eines Kirchweihfestes vermag sich Therese noch gut zu erinnern — Dompfarrer Geiger-Bamberg hat das Erlebnis erstmals berichtet — wo wieder einmal gar kein Geld im Hause war. Geiger schreibt: „Es war einmal Kirchweih. Kirchweih im weltentlegenen Markt, das Fest der Feste auf der heimatlichen Scholle. Die Neumannskinder, das ganze Jahr von Kartoffeln und Brot lebend, durften auf einen Kirchweihschmaus hoffen. Der Vater stellte einen Rock fertig für einen begüterten Bauern. Vom Erlös kann man Mehl und Schmalz kaufen; dann backt die Mutter Kirchweihkrapfen! Das Stück wird abgeliefert, doch siehe da, der reiche Bauer frägt nicht einmal nach der Schuldigkeit, und, um die Kundschaft nicht zu verlieren, zieht Neumann stillschweigend, aber bekümmerten Herzens ab. Was tun, um den hoffenden, hungernden Kindern den Kirchweihbraten zu ersetzen? Die Mutter kocht einen Topf Mehlspatzen und gibt zum Fest geschmalzte Zwiebel auf die Kartoffeln; eine brave, alte Frau der Nachbarschaft schenkt einen Laib Brot, niemand sonst erfährt von der Armut der zwölfköpfigen Familie, und es wird fröhlich Kirchweih gefeiert[1]).“ Trotz der mehr als mageren Kost aber entwickelte sich Therese Neumann, die eine starke Esserin war, ebenso wie die anderen Kinder gesund und recht kräftig.

Therese Neumanns Eltern sind von jeher fromme Katholiken gewesen, die ihren kirchlichen Pflichten gewissenhaft und mit innerer Freudigkeit nachkommen. Politisch bekannte sich der Vater früher zum bayerischen Zentrum, jetzt zur bayerischen Volkspartei. Doch ist er politisch nie aktiv tätig gewesen. Zwar wird berichtet, er habe in der christlichen Bauernvereins- und landwirtschaftlichen Genossenschaftsbewegung, die Dr. Georg Heim ins Leben rief, zu dessen ältesten Mitarbeitern gehört. Dr. Heim war bekanntlich Reallehrer im nahen Wunsiedel; seine Tätigkeit als landwirtschaftlicher Organisator ging mit von Konnersreuth aus, wo er so ziemlich am ersten Anklang fand. So sind in der Tat Konnersreuther Bürger,

---

[1]) Th. Geiger, Die Stigmatisierte von Konnersreuth. München, S. 46.

wie der damalige Besitzer des Gasthofs Schiml, der jetzige Ökonomierat und frühere langjährige Landtagsabgeordnete Schiml, und andere — auch ein Neumann — in den Reihen seiner ältesten Anhänger zu finden. Dr. Heim hat mir einmal selbst von gemeinsamer Tätigkeit mit dem Vater der Therese Neumann erzählt. Die Nachprüfung aber ergab, daß hier eine Verwechslung offenbar mit dem Wirt Max Neumann vorliegt, der später der Arbeitgeber der Therese Neumann wurde und am 4. März 1922 im Alter von 82 Jahren starb. Auf ihn treffen die Heimschen Angaben zu.

Die Erziehung, die die Eltern ihren Kindern zuteil werden ließen, war eine streng-christliche. Die Kinder wurden sehr früh daran gewöhnt, den Eltern aufs Wort zu gehorchen. Sie wurden aber auch gerecht behandelt, keines wurde dem anderen vorgezogen. Die Eltern suchten die Kinder möglichst unter ihren Augen aufwachsen zu lassen. Dem Herumspielen mit Altersgenossen in fremden Häusern wehrten sie; ebenso dem Herumlaufen auf der Straße. Therese Neumann berichtete, sie seien in großem Respekt vor den Eltern aufgewachsen. Meist habe es genügt, daß der Vater sie streng ansah, um sofort Folgsamkeit zu erzielen, wenn sie einmal unartig oder ungehorsam waren. Doch habe es das nicht oft gebraucht. Zur rechten Zeit hätten sie Schläge erhalten. Für kindliche Spiele blieb nicht viel Zeit. Denn jedes Kind mußte sich nützlich machen, sobald seine jungen Kräfte es gestatteten. In der Kirche achtete der Vater genau darauf, ob seine Kinder auch andächtig wären. Bemerkte er von seinem Platz auf der Empore aus, daß eines schwätzte, so mußte es zu Hause nach der Kirche auf Holzscheiten knien und Rosenkranz beten. Therese erzählt, daß ihre jüngeren Schwestern Anna und Ottilie öfters dieser Strafe verfielen, Marie und sie selbst aber nicht.

Die kleine Therese fügte sich gern und willig in diese strenge, aber auch gütige Erziehung. Die Armut drückte sie nicht. Wenn sie heute erzählt, wie mit dem Heran-

wachsen und Selbstverdienen der Ältesten die Verhältnisse etwas weniger eng wurden, wenn sie auch eng genug
blieben, so kommt ihr bei der Schilderung der Freudigkeit,
mit der alle Familienmitglieder die gemeinsame Not
trugen, immer wieder über die Lippen: Ach, war das
schön! Auf die Zeit ihres Aufenthaltes in Waldsassen bin
ich schon zu sprechen gekommen. Auch auf ihr Verhältnis
zu Puppen. Kinderbälle zum Spielen kamen erst für die
jüngsten Geschwister ins Haus. Ihre Lieblingsbeschäfti-
gung war, Bilderbücher zu betrachten, vor allem aber
Pflanzen zu pflegen. Sie begann damit, die Tassen der
Mutter zu nehmen und ihnen die Henkel abzuschlagen,
damit sie Blumentöpfen ähnlicher sähen. Dann setzte sie
in sie kleine Pflänzchen ein. Mit dieser Behandlung der
Tassen bereitete sie allerdings der Mutter keine Freude,
und sie mußte sich andere Gelegenheiten zum Pflanzen
suchen. Bald aber wurde sie dazu angelernt, die jüngeren
Geschwister zu warten. Auch arbeitete sie gern im Hause,
kehrte die Stube, wusch den Zimmerboden und die Windeln. In jener Zeit, als sie schon in die Schule ging, machte
es ihr eine besondere Freude, die Wäsche zu waschen.
Kam die Mutter abends von der Feldarbeit heim, so zeigte
sie ihr mit Stolz die Stange voll aufgehängter Windeln
und zählte — sich selbst lobend, wie sie lächelnd gesteht —
die vollbrachten Arbeiten auf.

In der Schule lernte Therese Neumann eifrig. Sie wurde
von den Eltern zu Hause außerdem noch zu den Schul-
arbeiten angehalten. Der Vater besonders sprach gern
mit seinen Kindern abends, während er nähte, die Aufgaben durch. Ihr Entlassungszeugnis aus der Sonntagsschule möge hier im Wortlaut folgen.

Entlassungszeugnis der Sonntagsschule für Neumann
Theresia, geb. am 9. März (!) 1898 zu Konnersreuth,
Bez.-A. Tirschenreuth.
Religion: kath. Heimat: Konnersreuth
Name des Vaters: N. Ferdinand
Beruf des Vaters: Schneider

Erster Eintritt in die Werktagsschule am 1. Mai 1904 zu Konnersreuth

Entlassung aus der Werktagsschule am 1. Mai 1911 zu Konnersreuth

Bemerkungen: .....

Die Schülerin hat die Sonntagsschule und den damit verbundenen Religionsunterricht vom 1. Mai 1911 bis zum 1. Mai 1914, sohin 3 Jahre und zwar zuletzt in Konnersreuth mit sehr großem Fleiße besucht, ein sehr lobenswürdiges Betragen gepflogen und sich folgende Noten erworben:

Religionslehre:	Sehr gut
Sachunterricht:	Sehr gut
Lesen:	Fast sehr gut
Aufsatz:	Gut
Rechnen:	Fast sehr gut
Schönschreiben:	Gut
Fortgangsnote:	I. sehr gut.

Die Schülerin ist mit Aushändigung dieses Zeugnisses aus der Sonntagsschule entlassen und hat ihrer allgemeinen Schulpflicht Genüge geleistet.

K o n n e r s r e u t h, am 30. April 1914.

Der K. Distriktsschulinspektor:
(gez.) B a e u m l.

Der K. Lokalschulinspektor:
(gez.) N a b e r.

Die Lehrerin:
(S.)   (gez.) Käthe Stiefanger.

Ausgehändigt am 3. Mai 1914.

Die Freude anderer Kinder an Märchen hat Therese Neumann nie geteilt. Als ihr der Vater einmal das Märchen vom Schlaraffenland erzählte, erhob sie eifrig dagegen Einspruch. Das könne nicht wahr sein. Denn wenn es wahr wäre, würden alle Menschen ins Schlaraffenland wandern. Schon im ersten Schuljahr „war's ihr fad", wenn die Lehrerin Märchen erzählte, und sie dachte bei sich, „was wird denn dies für eine Lüg' sein?" Therese versicherte mir lebhaft, sie habe nie „etwas Zusammengedichts", nie Romane oder Kalendergeschichten, gelesen. Wahre Geschichten dagegen, also Lebensgeschehnisse, habe sie gern gehört. In der Jugend las sie vor allem den kleinen Katechismus, das Gebetbuch und die Schulbücher. Später, nach der Feiertagsschule, bestand ihre Lektüre vorzugsweise in dem Jungfrauengebetbuche, der katholischen Zeitschrift „Notburga" für Dienstmädchen, der Zeitschrift „Rosenhain", die zur Verehrung der kleinen Therese vom Kinde Jesu gegründet war, der „Handpostille oder christkatholische Unterrichtungen auf alle Sonn- und Festtage des ganzen Jahres" von Leonhard G o f f i n e, die Auslegungen der Episteln und Evangelien und Erklärungen der kirchlichen Gebräuche enthält; ferner der „Philothea, einer Anleitung zum gottseligen Leben" von Franz von S a l e s. Auch studierte sie eifrig zwei Blumenpflegebücher; denn ihre Liebe zu Blumen war — wie gesagt — schon damals groß. Heiligenlegenden las sie nur wenig.

Das religiöse Leben, das Therese Neumann umgab und in das sie hineinwuchs, war ein ausgesprochen christliches. Doch wurden die Kinder nicht zur Bigotterie, sondern zu einer im Leben Kraft und Halt verleihenden Frömmigkeit erzogen. Auch heute noch ist der ganzen Familie Neumann Bigotterie völlig fremd, vielmehr eine maßvolle Lebensfreudigkeit eigen. Therese Neumann zeigte nach übereinstimmenden Angaben — auch denen ihres Seelenführers Pfarrer Naber, der seit dem 15. Sept. 1909 in Konnersreuth amtiert — niemals ein über die gewohnte Frömmigkeit der überzeugten Katholiken hinausgehendes religiöses Verhalten. Am 18. April 1909 kommunizierte sie zum erstenmal. Die Frage, ob bei ihr, wie bei mancher anderen Stigmatisierten, sich schon in der Jugendzeit außergewöhnliche Erscheinungen eingestellt haben, muß noch offen bleiben. Daß sie mit großem Eifer am Religionsunterricht teilnahm, wird auch durch die Tatsache erwiesen, daß sie sich für die Feiertagsschule das, was sie im Religionsunterricht gehört hatte, daheim schriftlich ausarbeitete. Leider wurden die Hefte, in denen sie ihre Gedanken eingetragen hatte, anläßlich des Umbaus des elterlichen Hauses, im Herbst 1927, als überflüssiger Ballast verbrannt.

Der Haushalt der Eltern zog Therese Neumann schon sehr früh — eigentlich von dem Zeitpunkt an, wo sie sich nützlich machen konnte — zur Mitarbeit heran, wie es bei Kindern, die in kleinen landwirtschaftlichen Anwesen aufwachsen, üblich ist. Die große Familie und die bedrängte Lage zwang, darauf zu sehen, daß die Kinder möglichst früh mitverdienten. Bereits im letzten Halbjahr der Werktagsschule (1910—1911) mußte sie nachmittags von 1 Uhr ab auf das etwa eine Viertelstunde entfernte Schloß Fockenfeld (mit etwa 300 Tagwerk Grund) zur Arbeit gehen. Sie war, wie sie erzählt, sehr erfreut darüber, daß sie ihrem Vater jeweils 60 Pfennig Lohn für den Halbtag abliefern konnte.

Mit 14 Jahren (1912) taten die Eltern sie in den Dienst auf das Kounlenzen-Anwesen in Konnersreuth (Nr. 6), wie das Schankwirtschafts- und Ökonomieanwesen des damals schon betagten Max Neumann an der Waldsassener Straße mit Hausnamen heißt. Das Anwesen zählt zu den großen in Konnersreuth. Es gehören zu ihm ein großes Haus an der Straße, ein Stall mit 16—17 Stück Vieh, darunter bis zu 6 Ochsen, ein Schuppen, eine Kegelbahn und ein Garten und außerhalb des Ortes an die 60 Tagwerk Feld, Wiesen und Wald. Zur Zeit, als Therese Neumann dort in Dienst trat, führte Max Neumann noch zusammen mit seiner Frau die Wirtschaft. Anfangs ihrer Dienstzeit übergab er es an seinen 1871 geborenen unverheirateten Sohn Martin Neumann. Den Eltern der Therese Neumann war es sehr willkommen, daß ihr ältestes Kind und dann noch Maria, — die ebenfalls beim „Kounlenzen", und zwar schon mit 13 Jahren, eintrat — in Konnersreuth selbst Dienst fanden. Denn sie blieben so weitgehend unter ihrer Aufsicht. Während des Krieges trat auch die Tochter Anna dort ein.

Die Dienstherrschaft der Therese Neumann führte ein christliches Haus. An Arbeitsleistung aber konnte ihr nicht leicht Genüge geschehen. Der Dienst war ausgesprochen streng, vor allem, als der Krieg ausbrach und Martin Neumann ebenso wie der Knecht 1916 zum Heeresdienst eingezogen wurde. Therese Neumann schreckte vor diesen starken Anforderungen jedoch nicht zurück, denn sie war arbeitsfreudig und hatte sich noch dazu so kräftig entwickelt, daß sie z. B. einen Getreidesack von 1½ Zentner Gewicht ohne abzusetzen über fünf Stiegen auf den Hausboden tragen konnte. Ihr vor allem fiel daher später auch die Männerarbeit zu. Sie pflügte, säte mit der Maschine und besorgte die Fuhren. An Lichtmeß, dem 2. Febr. 1917, wurde sie deshalb als Ochsenknecht angestellt.

Therese Neumann erzählte mir, daß ihr Männerarbeit immer viel mehr Freude gemacht habe, als Frauenarbeit. Stricken, Nähen usw. habe sie ja gelernt und betrieben, für feinere Frauenarbeit wie Häkeln, Sticken habe sie jedoch nie Interesse gehabt, auch nicht fürs Kochen. Waschen und Putzen sei ihr schon viel lieber gewesen. Deshalb sei ihrer Schwester Marie der Posten der Köchin im Diensthause zugefallen. Sie — Therese — habe stets gern gearbeitet und nie unbeschäftigt sein können. Aber die Arbeit habe sie erst dann richtig gefreut, wenn es „heiß zugegangen" sei und soviel Arbeit vorgelegen habe, daß man sozusagen mit beiden Armen hätte hineingreifen können, vor allem wenn das Wetter schön war und man auf dem Felde arbeiten konnte. „Aufs Feld hab' ich mich immer gefreut", berichtete sie wörtlich. War aber schlechtes Wetter, so daß man nur im Hause arbeiten konnte, so war sie nicht in der richtigen Stimmung. Auch die Härte der Arbeit störte sie nicht, denn sie war nicht wehleidig. Einmal trat sie sich auf einem Stoppelfeld einen scharf abgeschnittenen Halm in den Vorderteil des Fußes. Sie stieß ihn einfach durch den Fuß durch, suchte sich an einer nahen Tanne Harz und verstrich damit die beiden Wundöffnungen.

War die Herbstbestellung besorgt und die Ernte ausgedroschen, so ging man an das Einebnen der Wiesen. Der Wasen wurde abgehoben und die Buckel abgegraben. Mit der so gewonnenen Erde wurden die Vertiefungen ausgefüllt und der Wasen wieder sorgfältig daraufgebreitet. Dabei mußte der oft gefrorene Boden mit Eisenkeilen und Schlegeln, im Frühjahr mit dem Pickel bearbeitet werden. Auf Schlitten wurden die gefrorenen Erdballen fortbewegt. So hat Therese Neumann etliche Winter „planiert". Von dieser Arbeit erzählt sie noch heute mit besonderer Freude, obwohl sie sehr hart war. Denn sie brachte ihr manches reizende Erlebnis mit den Tieren des Feldes und Waldes. Im tiefen Winter, der in der kalten Fichtelgebirgsgegend viel Schnee mitzubringen pflegt, traten die Rehe öfters aus dem Walde heraus und ließen sich betrachten. Die Rebhühner und Hasen aber kamen sogar zutraulich heran, wenn man sie fütterte. Eine ausgesprochene Freude an der Natur, besonders am Kleinen, besaß Therese Neumann schon in ihrer Jugend. Eine Blume mochte noch so klein sein, sie sah sie doch gern. Und junge Tiere liebte sie ebenso wie die kleinen Kinder. Sehr gern hatte sie schon damals und noch heute Singvögel. Nur gegen langhaarige — nicht aber gegen Wolle tragende — Tiere empfand sie von jeher Widerwillen. Deshalb gehörten Katzen nie zu ihren Freunden. Die Abneigung hat sich auch auf das langhaarige Pelzwerk übertragen, dessen Berührung ihr, wie ich selbst wiederholt sah, Widerwillen einflößt. Diese Erscheinung wird damit erklärt, daß ihre Mutter sich einmal an einem haarigen Tier sehr erschreckt hatte, als sie ihre Tochter Therese erwartete. Therese Neumanns Tierliebe ist aber nicht sentimental. Das Tier hat für sie Anspruch darauf, daß der Mensch es anständig behandle und nicht quäle. Aber es ist bestimmt, den Menschen zu erfreuen

und ihm zu dienen, und zwar zur Arbeit und zur Er-
nährung.

Ihr Wirkungskreis im Wirtsanwesen selbst war vor
allem der Viehstall. In der Schankwirtschaft half sie nur
mit, wenn Außerordentliches zu tun war, z. B. wenn Ver-
sammlungen oder Tanzvergnügungen besondere Arbeiten
verlangten. Hin und wieder ein Schluck Bier, wenn es
recht heiß war und die Arbeit schwer, habe ihr, wie sie
mir erzählte, recht gut geschmeckt, aber einen halben
Liter habe sie nicht gezwungen. Auf den Tanz sei sie nie
gegangen; dagegen habe sie auf dem Tanzboden des öftern
einschenken müssen. Sie war aber keine Duckmäuserin;
bei jedem nicht rohen Scherz war sie dabei.

So stand Therese Neumann schließlich mit zwei Schwestern — Maria und Anna — im gleichen Dienst. Es ergab
sich daher von selbst, daß sie die jeweils später Eintretende anlernte und die beiden Jüngeren betreute. Ihre
früh entwickelte Charakterfestigkeit und Selbständigkeit,
dazu ihr fast männlich energisches Wesen, befähigten sie
auch dazu.

Natürlich fand Therese Neumann auch Bewerber, doch
begegneten diese bei ihr keiner Gegenliebe. Einer von
ihnen versuchte es einmal mit Gewalt. Sie aber sprang,
als sie sich in Gefahr sah, kurz entschlossen vom Stadel-
boden mehrere Meter tief hinab auf die Tenne. Unverletzt
lief sie davon. Der Bursche aber ließ daraufhin von ihr
ab. Eines anderen Bewerbers erwehrte sie sich auf folgende Weise. Da er ihr trotz aller Abweisungen keine
Ruhe ließ, bestellte sie ihn zu einem Stelldichein abends
in der Dunkelheit. Sie selbst ging mit dem Ende eines
Peitschenstiels bewaffnet dort hin. Als nun der Bursche
erschien, schlug sie ihm den Peitschenstiel ein paarmal
derart kräftig an den Kopf, daß ihm die Neigung zu ihr
verging. Sie hatte sich nämlich als Beruf ausersehen,
Missionsschwester zu werden. Sie wollte zu den „Schwarzen" und schaffte sich von ihrem Lohn nach und nach
die Aussteuer an, die sie ins Kloster mitzubringen hätte.

Nur der Krieg verhinderte ihren Eintritt in den Orden. Weil der Vater im Felde war und die Familie den Verdienst der ältesten Tochter benötigte, verlangte die Mutter, daß diese bis zum Kriegsschluß warte. Sie hat auch zugesagt, sich aber gleichzeitig fest vorgenommen, sich über diesen Zeitpunkt hinaus nicht mehr von der Durchführung ihres Wunsches abhalten zu lassen.

Der Unfall beim Brand am 10. März 1918

Für Sonntag, den 10. März 1918, hatte Therese Neumann sich vorgenommen, zur Kommunion zu gehen. Sie stand deshalb schon kurz nach 5 Uhr morgens auf, um mit ihrer Früharbeit rechtzeitig fertig zu werden. Da damals in der Konnersreuther Kirche keine Frühmesse gelesen wurde, mußte sie bis zur Spendung der Kommunion, die um ½8 Uhr zu geschehen pflegte, nüchtern bleiben. Ungefähr um 7 Uhr war sie mit dem Viehfüttern fertig und ging darauf in das Wohngebäude zurück. Sie befand sich gerade auf der Treppe nach dem Hof zu, als ihr Dienstherr Martin Neumann aus der Küche in den Hausgang heraustrat. In diesem Augenblick kam ein Nachbar, Christian Sölch, ins Haus, zog Martin Neumann zu der hinteren Treppe vor, von der man über den Hof blicken konnte und sagte, über diesen hinwegweisend: „Martin, schau einmal hinüber, was da ist!" Dieser rief darauf: „Oh, oi, oi! Dies muß doch dem Schmied sein Stadel sein." Therese Neumann wandte sich nun in die gleiche Richtung und sah aus dem Dache des bezeichneten Stadels Qualm aufsteigen wie aus einem kleinen Schlot. Sowohl Neugierde, wie Sorge um das der Brandstelle naheliegende Elternhaus, als auch Lust zu helfen, da das Anwesen des Dienstherrn nicht gefährdet schien, veranlaßten sie, sofort in das Elternhaus zu eilen. Als sie auf die Straße trat, traf sie schon zahlreiche Männer

und Frauen, die aufgeregt „Feuer! Feuer!" schrien. Da
schrie auch sie mit: „Feuer! Feuer! Beim Schmied
brennt's!"

Im Elternhause fand sie den Vater, der erst am Tag
vorher aus dem Heeresdienst in Urlaub gekommen war,
noch schlafend im Bett. Sie weckte ihn mit den Worten:
„Vater! Geht's aussa, beim Schmied brennt's!" Dann
eilte sie rasch weiter zur Brandstelle. Als sie in dem
brennenden Stadel glühende Garben und Balken herunter-
stürzen sah, gruselte es sie — nach ihren eigenen Worten
mir gegenüber — „wie Kindern, denen der Nikolaus begegnet". Sie griff aber sogleich nach ihrer Art tatkräftig
zu, zog ein Kalb und ein Schwein aus dem Stall und führte
sie über den Marktplatz in den gegenüberliegenden Gast-
hof zum Weißen Roß des Hugo Schiml. Auf dem Rückweg konnte sie die Straße zu ihrem Dienstplatz hinauf-
schauen. Da sah sie zu ihrer Überraschung, wie Leute
zu diesem Anwesen eilten. Sofort lief sie auch dorthin.
Dort räumte man gerade aus dem aus Holz errichteten
Schuppen das Heu aus, da der Wind sich drehte und direkt vom Brandplatz auf diesen zu stehen begann. Es
war etwa ½ 8 Uhr morgens. Ihr Dienstherr empfing sie
mit den Worten: „Wo rennst denn umeinander?" Sie
antwortete: „Beim Schmied war ich. Oi, sind da die
brennenden Balken ummig'fallen", und wollte erzählen,
was sie gesehen hatte. Martin Neumann aber herrschte
sie an: „Wir sind selbst in der größten Gefahr! Angepackt
jetzt!" Darauf dachte sich Therese Neumann, wenn dem
so sei, wäre es das Klügste, wenn sie erst ihre hauptsäch-
lichsten Wertsachen, wenigstens ihr Sonntagsgewand
und ihre beste Wäsche, in Sicherheit brächte. Sie holte
sie von ihrer Dachkammer herab und trug sie über die
Straße in ein Nachbarhaus. Dann half sie aus dem gefährdeten Stadel Stroh ausräumen. Unterdessen griff
das Feuer auf die Scheune des direkten Nachbargrund-
stückes des Wirtsanwesens über, die parallel zur Neumannschen hölzernen Kegelbahn stand. Dazu trieb jetzt

18

der Wind glühende Fetzen Stroh und anderes gerade auf diese Kegelbahn selbst und den Schuppen zu, deren hölzerne Wände bereits Feuer fingen. Beide Gebäude zeigen noch heute Brandspuren. Das Gesinde und Nachbarn schleppten Eimer Wassers herbei, mit denen man die gefährdeten Wände von außen abgoß, solange die Hitze und das Funkenfliegen eine direkte Annäherung noch zuließen. Therese Neumann beteiligte sich an dieser Arbeit. Als aber das immer heftigere Feuer die Annäherung an die Schuppenwände ständig schwieriger machte, kam ihr der Gedanke, es sei am besten, wenn sich jemand auf den Dachboden des Schuppens begebe und die gefährdete Giebelwand von innen her mit Wasser angösse, damit das Holz feucht würde und weniger leicht anbrenne. Ihr Vorschlag wurde angenommen. Martin Neumann selbst kletterte durch die Lucke im Boden des Schuppens hinauf. Da zu dieser Lucke keine Stiege hinaufführt, wurde ein fester Hocker (ein Stuhl ohne Lehne), auf den man beim Ausschank die Bierfässer zu legen pflegte, aus der Wirtschaft geholt und in der Ecke zwischen Stall und Kegelbahn direkt unter der Lucke aufgestellt. Weil Therese Neumann besonders kräftig war, wurde ihr die Aufgabe, auf dem Stuhl stehend die vom Brunnen herbeigebrachten gefüllten Wassereimer dem oben auf dem Boden befindlichen Mann hinaufzureichen. Die Höhe von dem aus gestampfter Erde bestehenden Fußboden des nach dem Hof zu offenen, zum Einstellen von Wagen und Ackergeräten benutzten Erdgeschosses des Schuppens zu der Decke, in der sich die Lucke befindet, beträgt 2,70 bis 2,75 m. Die Hocker, wie sie in der Neumannschen Gastwirtschaft noch heute Verwendung finden, haben mit ihrer Sitzfläche eine Durchschnittshöhe von 50 cm. Therese Neumann maß ungefähr 1,65 m. Sie mußte also die Eimer noch möglichst weit über ihren Kopf hinaufheben, damit der Mann auf dem Dachgeschoß des Schuppens sie erreichen konnte. Sie faßte dabei die ihr von links hinten zugetragenen Wassereimer mit der rechten Hand am

Henkel, mit der linken am Rand des Bodens. Bei dieser Arbeit wurde sie bald völlig durchnäßt. Doch war sie gegen den Funkenflug geschützt, auch konnte sie das Feuer selbst nicht mehr sehen.

Bei dieser Löscharbeit ging es natürlich genau so aufgeregt zu, wie stets in solchen Fällen, zumal wenn sich mit der längeren Dauer der Arbeit die Erschöpfung geltend macht. Auch Martin Neumann wurde durch das ständige Sichbücken und dann wieder Aufstehen zum Ausgießen der Eimer stark angestrengt. Er trieb deshalb seine Gehilfin immer wieder an, ihm die Eimer möglichst hoch hinaufzureichen, indem er ihr vorwarf, sie höbe sie ihm nicht so weit entgegen, als sie es bei gutem Willen und der nötigen Anstrengung vermöchte. Therese Neumann, die sich selbst größte Mühe gab und natürlich ebenfalls ermüdete, wehrte sich mit der Antwort, sie tue ja, was sie könne.

Als sie so schon über 2 Stunden hindurch ohne Unterbrechung auf dem Stuhl stehend gearbeitet hatte und gerade einen vollen Eimer wieder einmal recht weit hinaufzuheben versuchte, spürte sie im Kreuz plötzlich einen „Knicks, wie wenn mich was gezwickt hat". Der Eimer entfällt ihren Händen. Ihr rechter Fuß gleitet vom Stuhl ab. Trotzdem kommt sie noch auf dem Erdboden zum Stehen, ohne umzufallen, weil sie sich an die gleich neben dem Stuhl befindliche Kegelbahnwand anhalten konnte. Eine Frau und ein Mädchen (eine Zigeunerin), die sich am Wassertragen beteiligten, sprangen hinzu, sie zu stützen, doch war ihre Hilfe nicht erforderlich. Sie vermochte sich aus eigener Kraft aufrechtzuhalten und auch zu gehen. Weiterzuarbeiten wie bisher, war sie nicht mehr imstande.

Welchen Inhalt und damit Gewicht gerade der Wassereimer hatte, bei dessen Emporheben der Unfall geschah, ließ sich nicht genau feststellen, da die hilfeleistenden Nachbarn eigene Kübel mitgebracht hatten. So weit ich die dort üblichen Wassereimer prüfen konnte, haben sie einen Fassungsraum von 10—15 Liter, mithin ein Gewicht von 20—30 Pfund ohne das Eigengewicht des Eimers selbst.

Nach dem Brandunfall

Nach dem Unfall, der gegen 12 Uhr Mittag geschah, bemerkte Therese Neumann, daß sie ihre Füße nicht mehr so recht spürte. Sie waren wie eingeschlafen, wie „pelzig". Als sie ihre Kammer im Dachgeschoß des Gasthofes aufsuchen wollte, um die durchnäßten Kleider zu wechseln, konnte sie die Stiegen nicht mehr hinaufsteigen. So ging sie in den nassen Kleidern in den Stall, um das wegen der Löscharbeiten unversorgte Vieh zu füttern, konnte sich aber nicht mehr bücken und auch nicht den leeren Futterkorb vom Boden aufheben. Die beim Löschen mittätige Margarete Lindner hat ihr daraufhin beim Füttern geholfen. Da sie also nichts arbeiten konnte und außerdem während des Tages noch nichts genossen hatte, setzte sie sich zunächst zum Essen, trank Kaffee und aß „Spauzen" (einheimische Kartoffelklösse). Nach dem Essen spürte sie Brechreiz. Ob sie sich auch erbrochen hat, weiß sie nicht mehr. Der Schmerz im Kreuz begann sich allmählich zu verstärken und in den Leib auszustrahlen. Sie empfand ein sehr starkes Bedürfnis, sich niederzulegen und auszuruhen. Da sie zu ihrer Kammer nicht hinaufzusteigen vermochte, ging sie in das nahe Elternhaus. Leute, denen sie auf dem Wege begegnete, fragten sie, was ihr fehle; sie gehe, als hätte sie Zentnerschwere in den Beinen. Die Mutter empfing sie mit der Frage, was sie denn habe, sie komme ja ganz krumm daher. Sie antwortete, sie wisse es nicht, ihr täte das Kreuz weh und es sei ihr geradezu, als ob man ihr mit einem Strick den Leib zusammengeschnürt hätte, während sie im Unterleib kein rechtes Gefühl hätte. Sie habe sich vielleicht einen Hexenschuß oder eine Verrenkung, vielleicht auch Rheumatismus zugezogen, weil sie so lange durchnäßt in der Kälte gestanden habe. Vielleicht läge es aber auch daran, daß sie sich nicht geschont habe, obwohl sie an diesem Tage die Menstruation hatte. Vielleicht seien der Sturz und die Schmerzen auch die Folgen der ununterbrochenen Arbeit und Nüchternheit bis zum Mittag. Jedenfalls könne sie nicht mehr. Sie meine aber, ihr Zustand werde sich durch Ruhe und Schwitzen bessern. Die Mutter erzählte, ihre Tochter sei stark nach vorn und nach links hinübergebeugt gegangen. Sie habe die Beine nachgezogen und sie nur mühsam bewegt, auch keine Kraft mehr in ihnen gehabt. Sie seien ihr nach ihrer Erklärung sehr schwer vorgekommen. Den Schmerz über die Zusammenziehung des Leibes habe sie als sehr heftig geschildert. Er ging von der schmerzenden Stelle im Kreuz schräg nach vorn und unten.

Therese Neumann legte sich darauf in der Wohnstube auf die Ofenbank. Ihre Müdigkeit wich bis gegen Abend, nicht aber die Schmerzen. Abends ging sie wieder zu ihrem Dienstplatz. Da sie sich aber sehr leidend fühlte, versuchte sie sogleich, ihr Bett in der Dachkammer aufzusuchen. Dabei zeigte sich, daß sie jetzt wieder die Treppen steigen konnte, allerdings nur in der Weise, daß sie sich mit der einen Hand am Geländer hochzog und mit der anderen auf den Stufen aufstützte.

Am nächsten Morgen versuchte sie trotz der Fortdauer der Schmerzen aufzustehen, konnte sich aber nicht aufrecht auf den Füßen halten, sondern mußte sich wieder niederlegen. Einige Tage Bettruhe gaben ihr die Fähigkeit zu stehen und zu gehen zurück. Doch ging sie nur mühselig und mit schweren Füßen in der schon geschilderten vorgebeugten Haltung nach links vorn gebeugt. Ihre Mutter ermahnte sie, sich diesen Gang wieder abzugewöhnen, man müsse sich ja mit ihr vor den Leuten schämen, denn sie gehe wie jemand, der die Abzehrung habe und mit dem es bald dahingehe. Sich zu bücken und etwas vom Boden aufzuheben, war sie nicht imstande. Wollte sie letzteres tun, so mußte sie sich dazu auf ein Knie niederlassen. Sie hatte ständig das Gefühl, als habe sie keinen Halt mehr im Kreuz, das nach wie vor schmerzte und von dem aus auch der Gürtelschmerz weiter ausstrahlte. Sie langte sich deshalb öfters an die schmerzhafte Stelle im Rücken, weil sie erkunden wollte, ob dort nicht irgend eine Beschädigung wahrnehmbar sei. Doch konnte sie zu dieser Zeit noch nichts weiter fühlen außer einer Schmerzverstärkung, wenn sie auf diese Stelle drückte, weil sie noch „zu stark im Fleisch" war, wie sie sich selbst ausdrückte. Sie wog damals 147 Pfund. Die Durchnässung beim Brand in der Märzkühle der ohnehin klimatisch kalten Fichtelgebirgsgegend hatte ihr außerdem eine Erkältung mit Husten gebracht, der hartnäckig anhielt. Dazu stellten sich die bereits bei dem Mittagessen am Brandtage aufgetretenen Magenstörungen verstärkt und dauernd ein. Nach dem Essen fester Speisen bekam sie Brechreiz und mußte in der Regel das Genossene wieder von sich geben. Dagegen behielt sie breiige Speisen, insbesondere Schleimsuppe bei sich, zumal wenn sie sich nach dem Essen niederlegte. Die bisherige Arbeit vermochte sie nicht mehr zu leisten. Schon bis zu ihrem Eintritt in das Waldsassener Krankenhaus magerte sie wegen dieser Ernährungsstörungen erheblich ab, ein Vorgang, der sich in der Folgezeit weiter fortsetzte.

Als teilweiser Ersatz für den Ausfall ihrer Arbeitskraft trat ihre Schwester Ottilie in den Dienstplatz ein. Diese mußte aber zum Schlafen in das Elternhaus gehen, da im Wirtsanwesen kein Bett für sie frei war. Denn Therese Neumann blieb noch dort, weil sie als die älteste in der Wirtschaft besser Bescheid wußte, als die drei weiteren jetzt dort bediensteten Schwestern, und also noch beratend mithelfen und auch die fünfzehnjährige Schwester Ottilie anlernen konnte. Auch hoffte sie bald wieder völlig arbeitsfähig zu sein. Trotz ihres leidenden Zustandes suchte sie sich an ihrem Dienstplatz weiter möglichst nützlich zu machen. So versuchte sie Taxen (Tannenstreu) zu hacken. Dabei hat sie sich mit dem Hackmesser einmal den Ballen der linken Hand und ein andermal die Daumenkuppe der linken Hand aufgeschlitzt. Sie suchte

sich darauf Harz, strich es auf die Wunde und arbeitete
weiter. Diese und andere Arbeitsversuche machte sie
ebensowohl freiwillig aus Arbeitslust wie aus Nötigung.
Denn so wenig, wie sie selbst, faßten ihre Dienstherrschaft
und ihre Angehörigen das Geschehnis beim Brand als
einen ernsthaften Unfall auf. Daß in der Zeit der allgemeinen Einziehung der männlichen Landbevölkerung
zum Kriegsdienst eine starke und tüchtige Arbeitskraft
ausfallen sollte — Therese Neumann hatte ja die Stellung
des Ochsenknechts inne — wurde begreiflicherweise un-
angenehm empfunden. Und sie bekam diese Mißstim-
mung auch deutlich zu spüren. Als einmal der Dienstherr sich mit einem Teil des Gesindes zum Feld hinaus-
begab, um Kunstdünger zu streuen, versuchte sie sich auf
den Wagen zu setzen, weil ihr das Gehen zu Fuß große
Beschwerden machte. Sie wurde dessen aber von dem
Dienstherrn mit der Erklärung verwiesen, sie solle nicht
so faul sein. Auch erhielt sie wiederholt von verschiedenen
Seiten den Vorwurf, sie sei eine Drückebergerin.

Der Unfall auf der Kellerstiege anfangs April 1918

Therese Neumanns Versuche, in der Neumannschen
Wirtschaft mitzuarbeiten, führten einige Wochen nach
dem Brande, also im ersten Drittel des April 1918, zu
einem neuen schweren Unfall, der ihren Zustand erheblich verschlechterte. Über diesen Unfall war folgendes in
Erfahrung zu bringen. Therese Neumanns Schwestern
wollten am Nachmittag dieses Tages Frühkartoffeln legen.
Während des Winters hatte sie den Kartoffelvorrat durch-
geklaubt. Da ihre Schwester Ottilie im Kartoffelkeller
noch nicht so Bescheid wußte und die anderen Schwestern
mit der Arbeit im Gedränge waren, worüber der Dienstherr „brummte“, bat sie ihre älteste Schwester, die nötige
Menge Saatkartoffeln herzurichten. Die anderen Schwestern wollten währenddessen noch rasch zu Mittag das
Vieh füttern. Therese Neumann begab sich darauf in den

24

unteren Bierkeller der Wirtschaft, wo die Kartoffeln auf-
bewahrt wurden, und suchte ein „Schwingerl", d. h. einen
Korb voll, aus. Ein Schwingerl faßt etwa 30—50 Pfund.
Um ihren Schwestern Arbeit zu ersparen, kam sie zu dem
Entschluß, die Kartoffeln gleich selbst hinaufzutragen.
Sie füllte sie deshalb aus dem Korb in einen Sack um, den
sie auf die rechte Achsel nahm. Es gelang ihr auch
5—6 Stufen emporzusteigen, dann fiel sie rücklings die
Stiege hinunter, deren unterste steinerne Stufe doppelt
breit angelegt ist. Auf diese Steinstufe schlug sie derart
mit dem Hinterkopf auf, daß sie eine blutende Wunde
erhielt, die längere Zeit stark eiterte, ehe sie nach Blei-
wasserumschlägen verheilte. Sie wurde sofort ohnmächtig.
Als ihre Schwester Ottilie, die die Kartoffeln benötigte,
in den Keller kam, fand sie sie noch am Boden und erst
halb wieder bei Besinnung; sie hatte nicht ganz eine
Stunde dagelegen. Von ihr aufgerichtet und gestützt,
konnte Therese Neumann — wenn auch sehr mühsam —
die Kellerstiege wieder emporsteigen. Ottilie hieß sie gleich
zum Essen hineingehen, sie aber erklärte: „Ich brauch
nichts, ich lang", und setzte sich im Stall auf einen Hocker.
Sie hatte sehr starke Schmerzen im Kopf, vor allem im
Hinterkopf: „Mir tut mein Kopf weh, daß mir die Augen
außefallen möchten", äußerte sie. Der Kopfschmerz milderte sich etwas, wich aber in der Folgezeit nicht ganz.
Sein Hauptsitz war im Hinterkopf, aber der ganze Kopf
tat ihr weh. Dazu war sie beständig müde und „dösig".
Nach kurzer Zeit sah ihr Dienstherr nach ihr, weil sie
mit auf das Feld sollte. Sie sagte aber, daß sie nicht gehen
könne. Darauf erklärte er, dann könne sie daheim bleiben,
solle aber Streu hacken. Als die andern aufs Feld gefahren
waren, versuchte sie den Auftrag auszuführen, vermochte
es aber nicht, sondern setzte sich erschöpft auf den Hack-
stock. So sah sie eine Nachbarin, Frau Karoline Eckert.
Als diese von ihr ihren elenden Zustand erfuhr, veranlaßte
sie sie, ins Elternhaus zu gehen und sich niederzulegen.
Wegen ihres leidenden Zustandes blieb sie für die nächste

Zeit nachts im Elternhause. Dort mußte sie das Bett mit ihrer Schwester Ottilie teilen, wie das auf dem Lande, zumal in ärmeren Familien mit zahlreichen Kindern, noch vielfach üblich ist. Jetzt traten auch die ersten Symptome eines sie auf das äußerste bedrückenden Leidens auf: Blase und Darm funktionierten nicht mehr nach ihrem Willen, sondern entleerten sich unwillkürlich — sie konnte die Ausscheidungen nicht mehr zurückhalten und die Folge waren regelmäßige Verunreinigungen an Leib- und Bettwäsche. Weil sie sich nach der üblichen Art junger Mädchen dessen außerordentlich schämte, ließ Therese Neumann ihre Mutter auf dem Glauben, die jüngere Schwester, bei der freilich auch früher nie derartiges beobachtet worden war, sei die Kranke, während in Wirklichkeit der Sturz von der Kellerstiege ihr zu den übrigen Störungen auch diese gebracht hatte. Da sie damals und in der Folgezeit, wohl wegen der durch das häufige Erbrechen verminderten Nahrungsaufnahme, überhaupt nur sehr wenige Ausscheidungen auf natürlichem Wege hatte, konnte sie diese Störungen jetzt und bis zu ihrer völligen Bettlägerigkeit leicht verbergen. Begünstigt wurden ihre Bemühungen, diese Leiden zu verheimlichen, auch durch den Umstand, daß die Mutter in jener Zeit außerordentlich in Anspruch genommen war. Denn der Vater war wieder im Heeresdienst, auf ihr lastete also die ganze landwirtschaftliche Arbeit. So konnte sie nicht jedem ihrer acht Kinder im Hause viel Aufmerksamkeit widmen. Therese machte deshalb die leichte Hausarbeit, wie Bettmachen, nach Möglichkeit selbst. Daß die Mutter ihre erwachsene, bisher so bewährte Tochter Therese, die ja schon jahrelang bei fremden Leuten in Dienst gestanden hatte, ohne daß die geringste derartige Wahrnehmung bei ihr zu machen gewesen war, dabei am wenigsten kontrollierte, ist selbstverständlich.

Therese Neumann hielt sich nach dem Sturz von der Kellertreppe mindestens zehn Tage im Elternhause auf. Obwohl jetzt ihr Bett an ihrem Dienstplatz frei war,

ließ die Mutter ihre Tochter Ottilie doch nicht dort schla-
.en, da sie sich wegen deren vermeintlichen Leidens „vor
den Leuten schämte". Mit der Bettruhe gingen die Schmerzen und die Bewegungsstörungen bei Therese Neumann
etwas zurück, der quälende Husten aber und die Magenstörungen hielten in der beschriebenen Weise weiter an.
Ob sie nach dem Sturz von der Kellerstiege Augenstörungen gehabt hat, vermochte sie nicht gewiß zu sagen.
Da sie mir nur berichten wollte, was sie noch sicher weiß,
möchte sie es eher verneinen. Sie habe damals nur selten
und kurz gelesen. Dagegen weiß sie noch mit Sicherheit,
daß sie nach diesem Sturz beim Ankleiden eine Schmerzverstärkung im Kreuz fühlte, wenn sie die Arme rückwärts bog und sich den Unterrock oder die Schürze auf
dem Rücken zubinden wollte. Der Schmerz strahlte zum
Kopf und zu den unteren Extremitäten aus.

Seit dem Unfall im Keller verschlechterte sich ihre
früher stets heitere Laune ständig mehr. Sie wurde „maß-
leidig", „sie war nimmer zum haben", wie mir die Mutter
sagte, weil sie nicht mehr arbeiten konnte. Sie begann
deshalb in der Familie schwer erträglich zu werden, so
daß man ihren Zustand ernster nahm und ihre Überführung in das Waldsassener Krankenhaus ins Auge faßte.

Im Waldsassener Krankenhaus
vom 23. April bis 10. Juni 1918

So wurde denn Therese Neumann mit dem Postwagen
nach Waldsassen gebracht, und zwar zu dem Arzte
Dr. Goebel. Der Leiter des Krankenhauses in Waldsassen,
Sanitätsrat Dr. Otto Seidl[1]), befand sich im Feld. Therese

---

[1]) In dem Prozeß Dr. Aigner gegen v. Lama hat Dr. Seidl nach
mir vorliegenden Zeitungsberichten auf Anfrage erklärt, er habe
Therese Neumann seit 1918, auch während des Urlaubs 1918, behandelt. Therese Neumann kann sich nicht erinnern, daß sie von
Dr. Seidl vor dem Januar 1919 behandelt worden sei. Ebenso-

Neumann erzählte, daß sie von vorneherein gegen Dr. Goebel eine Abneigung empfunden — „ihn nicht gemöcht" — habe und deshalb nicht aus sich herausgegangen sei, sondern sich im wesentlichen auf die Beantwortung seiner Fragen beschränkt habe. Auf die Frage, was ihr fehle, wies sie zunächst nach der schmerzenden Stelle im Rücken und fuhr von da mit beiden Händen nach vorne, wie wenn sie sich einen Gürtel anlegen wollte. Sie erklärte, sie hätte das Gefühl, wie wenn ihr der Leib mit einem Strick gewaltsam zusammengeschnürt wäre. Auch berichtete sie über den Brechreiz, unter dem sie litt, und daß sie nur selten Ausscheidungen habe. Die Unfähigkeit, Blase und Darm nach ihrem Willen in Funktion treten zu lassen, verschwieg sie.

Dr. Goebel überwies sie dem Waldsassener Krankenhaus, in das sie am 23. April 1918 aufgenommen wurde, um es am 10. Juni des gleichen Jahres ungeheilt wieder zu verlassen. Er behandelte sie nach ihrer und ihrer Eltern Mitteilung auf Magensenkung und verordnete Bettruhe, gestrecktes Liegen und Fasten; dazu an Arzneien Eisen, Karlsbader Salz und ferner Brom für die Nerven. Morphium erhielt Therese Neumann ebenfalls, und zwar bei besonders starken Anfällen von Schmerzen im Kreuz und Zusammenschnürung des Leibes (Gürtelschmerz), die jeweils nach Krampfanfällen auftraten. Auf eine Klage über diesen nach Therese Neumanns Ansicht vom Kreuz ausgehenden Gürtelschmerz antwortete der Arzt, wie sie erzählte: „Ach was, das sind die Sehnen vom Magen." Ob sie noch andere Arzneien erhalten hat, ist nicht mehr festzustellen.

Als Nahrung erhielt sie zeitweilig nur eine kleine Menge

wenig erinnerten sich ihre Eltern. In der Zeit ihres Aufenthaltes im Krankenhaus Waldsassen sei Dr. Seidl auf ein paar Tage in Urlaub zu Hause gewesen. Er habe auch das Krankenhaus besucht, und sei von einem Kranken zum andern gegangen. So sei er auch zu ihr gekommen. Er habe sie aber weder untersucht, noch behandelt.

Milch für den Tag, sonst etwas Mehlmus. Sie hatte dabei fürchterlichen Hunger, ihr Zustand besserte sich aber nicht. Ihr Vater, der damals mit Rücksicht auf die zahlreiche Familie für einige Zeit aus dem Felde beurlaubt war, besuchte sie eines Tages — es war um Pfingsten — und brachte ihr sieben Schmalzküchel mit, von denen sie vier sofort und ohne nachfolgende Beschwerden verzehrte, während sie die restlichen drei versteckte und später aß. Ebenso brachten ihre Brüder ihr gelegentlich Butterbrot; auch dieses aß sie vorschriftswidrig, aber mit größtem Appetit und ohne nachteilige Folgen.

Therese Neumann berichtete mir, daß das fortwährende Liegen ihr eine erhebliche Milderung sowohl des Brechreizes wie des Kreuz- und Gürtelschmerzes gebracht habe. Dagegen hätten die auftretenden Krämpfe jeweils ihren Zustand erneut verschlimmert. Über diese Krampfanfälle selbst ließ sich folgendes in Erfahrung bringen. Der erste stand im Zusammenhang mit dem Besuch des Vaters. Dieser hatte ihr, wie schon erzählt worden ist, Küchel mitgebracht, von denen Therese Neumann einen Teil sich aufgehoben und in ihrem Nachtkastel versteckt hatte. Als sie sie später zum Essen hervorholen wollte und sich deshalb nach links über den Bettrand herabbeugte, trat ein Krampf auf. Der nächste begegnete ihr gegen Ende ihres Aufenthaltes im Krankenhaus, als sie sich ebenfalls zum Nachtkästchen herumdrehte, um ihm ihre Pantoffel zu entnehmen. Der dritte trat ebenfalls zu dieser Schlußzeit ihres Krankenhausaufenthaltes auf, als sie sich im Bette aufkniete und den Oberkörper scharf nach rechts herumdrehte, um zum Fenster hinaus in den Garten zu sehen, wo die Krankenschwestern arbeiteten. Dieser Anfall war so stark, daß die Krankenschwestern zu ihrer in Waldsassen wohnenden Patin Frau Forster, der Schwester ihres Vaters, später sagten, sie hätten gemeint, jetzt gehe es mit der Resl dahin. Die Krämpfe waren von Bewußtseinsverlust begleitet. Bei ihrem Beginn zuckten ihr dabei die nach der

Handfläche eingebogenen Finger. Allmählich wurde dann der Körper unter kleinen Zuckungen starr. Die Behauptung, Therese Neumann habe im Waldsassener Krankenhaus auch Blutbrechen gehabt, wird von ihr ganz entschieden als falsch bezeichnet. Dagegen blieb vom April 1918 an die Menstruation aus, trat aber im Juli 1918 einmal wieder auf, um vom Sommer 1918 — und zwar offenbar von Anfang August an — ganz aufzuhören. Durch Einnehmen einer sehr starken Arznei, die ihr im Jahr 1920 oder 1921 — das Jahr ist nicht mehr genau in der Erinnerung der Therese Neumann und ihrer Angehörigen — ein Naturheilkundiger gab und deren Art nicht festgestellt werden konnte, wurde ein ganz geringfügiges Wiederauftreten der monatlichen Funktionen erreicht. Da sie aber gleichzeitig fast sterbenskrank wurde, hörten die Angehörigen erschreckt mit dem Eingeben dieser Arznei auf. Abgesehen von diesem Zwischenfall, so erzählt ihre Mutter, hat Therese Neumann also vom Sommer 1918 an bis heute nicht mehr menstruiert.

Auch im Waldsassener Krankenhaus litt Therese Neumann an den vorhin (Seite 26) geschilderten Blasen- und Darmstörungen. Es war ihr aber um so leichter möglich, diese sie sehr beschämenden Erscheinungen auch vor den Krankenschwestern zu verbergen, weil sie täglich als Gesamtmenge der Nahrung wegen der angeblichen Magensenkung nur sehr wenig, zeitweilig nur eine Tasse Milch erhielt, und deshalb die natürliche Ausscheidung naturgemäß ohnehin auf eine ganz geringe Menge zurückging.

Der fortwährende fürchterliche Hunger gab ihr schließlich den Gedanken ein, heimlich das Krankenhaus zu verlassen; auch konnte sie die Ruhe nicht mehr ertragen und wurde von steigendem Mißtrauen gegen den Arzt erfüllt, so daß die Krankenschwestern ihr die Kleider versteckten, um ein heimliches Entweichen zu verhindern. Schließlich wurde sie von Dr. Goebel auf ihr eigenes Verlangen am 10. Juni 1918 entlassen. Er erklärte ihr aber beim Abschied, daß sie noch nicht geheilt sei. Therese

Neumann blieb auch weiter in seiner Behandlung, damit sie des Krankenkassengeldes nicht verlustig ging. Sie erschien zeitweilig in seiner Sprechstunde in Waldsassen. Sie benutzte zur Fahrt dorthin die Postkutsche, da ihr das Gehen der 6,2 km zu große Mühe machte.

Der Sturz von der Leiter im elterlichen Stadel um den 1. August 1918

Nach der Heimkehr aus dem Waldsassener Krankenhaus setzte Therese Neumann ihre Versuche, sich nützlich zu machen, fort, obwohl ihr Siechtum in allen wesentlichen Äußerungen das gleiche geblieben war. Diese Versuche führten etwa am Ende des Juli oder Anfang des August 1918 zu einem neuen schweren Unfall. Sie hatte es übernommen, im elterlichen Stadel Garbenbänder für die Getreideernte herzurichten. Diese Bänder werden von Jahr zu Jahr aufbewahrt, müssen aber jeweils vor der neuen Verwendung frisch gedreht werden. Sie wurden im elterlichen Stadel auf einem etwa mannshohen „Bansen" — das ist ein den halben Stadel in einer Höhe von 1,90 m vom Erdboden durchziehender Querboden — aufbewahrt, den man mittels einer Leiter erreicht, die zum Dachboden hinaufführt. Als Therese Neumann die guten und schlechten Bänder auseinandergesucht und zurechtgelegt hatte und auf dem Rückweg von dem Bansen gerade auf die Leitersprosse treten wollte, fiel sie rücklings hinunter und schlug mit dem Kopf voraus auf dem festgestampften Lehmboden auf. Es erfaßte sie ein Krampf und sie verlor das Bewußtsein. Wie sie wieder zu sich kam, war sie stark benommen. Als sie ihre Umgebung wieder erkannte, sah sie sich am Boden liegen, mitten in einem Kreise von Kindern des Ortes, die durch das offene Tor hereingekommen waren und sie neugierig betrachteten. So fand sie die Mutter, die sich inzwischen auf das Feld begeben hatte, um Hafer zu holen, wozu sie eine gute Stunde benötigte. Sie hob ihre Tochter auf und brachte sie, sie stützend, ins Bett, das sie zwei bis drei Wochen hüten mußte. Wie beim Sturz von der Kellerstiege hatte sie auch diesmal sehr starke Schmerzen im Kopf und in den Augen, die ihrem Gefühl nach aus ihren Höhlen quellen wollten. Das Schmerzgefühl in den Augen ging während der erzwungenen Ruhe wieder vorüber, der Kopfschmerz milderte sich, blieb aber in der Stärke, in der er seit dem Sturz von der Kellerstiege bestand.

Während der Zeit der Bettlägerigkeit nach diesem Sturz von der Leiter bemerkte sie zweifelsfrei das Auftreten von Sehstörungen. Sie war anfänglich so benommen gewesen, daß sie stumpf und teilnahmslos dagelegen hatte. Als die Ruhe sie wieder etwas gekräftigt hatte, kam sie auf den Gedanken, sich die Zeit mit Lesen zu verkürzen. Wie sie das erste Mal zu lesen begann, nahm sie Flimmern vor den Augen und schwarze Punkte und Fäden im Gesichtsfeld wahr. Die Augen ermüdeten rasch, doch schmerzten sie sie nicht. Eine Änderung der Sehschärfe gegen früher ist ihr nicht aufgefallen. Therese Neumann beantwortete meine Frage, ob sie bemerkt habe, daß diese Störungen nur auf einem Auge bestanden hätten oder auf beiden, also doppelseitig gewesen wäre, dahin, sie wären ihrer Beobachtung nach doppelseitig gewesen. Sie habe früher in ihrer gesunden Zeit wegen der außerordentlichen Inanspruchnahme mit Arbeit sehr wenig Zeit zum Lesen gehabt; sie sei also nicht an längeres Lesen gewöhnt gewesen, und deshalb nach dem Unfall, als sie nicht mehr die gewohnte Arbeit tun konnte, auch zunächst nicht auf den Gedanken gekommen, mehr zu lesen. Sie habe sich vielmehr untertags möglichst viel von solchen Arbeiten gesucht, die sie noch leisten zu können glaubte. Da ihr das Nichtstun unerträglich war, habe sie sich eben möglichst nützlich gemacht. Die Ernährungsstörungen hätten außerdem einen solchen Rückgang ihrer Körperkraft herbeigeführt, daß sie abends zum Lesen zu müde gewesen sei. Im Waldsassener Krankenhaus sei ihr, ebenso wie den andern Patientinnen des Saales nur wenig Lesen gestattet gewesen; so habe sie also auch zu dieser Zeit keine besonderen Beobachtungen über das Verhalten ihrer Augen beim Lesen machen können. Diese Sachlage habe sich erst im Sommer geändert, wo sie — beginnend mit dem Sturz von der Leiter — nach den Unfällen immer längere Zeit bettlägerig gewesen und so dazu gekommen sei, allerlei zu lesen. Die Störungen habe sie vor allem beim Lesen ihres Gebetbuches bemerkt, da dieses einen besonders kleinen Druck habe. Aber sie traten auch beim Lesen von Druckschriften mit größeren Buchstaben auf. Bestimmt könne sie sich erinnern, daß sie die geschilderten Störungen ganz deutlich im August 1918 nach dem Fall von der Leiter im elterlichen Stadel bemerkt habe, wo die lange Bettlägerigkeit von 2—3 Wochen sie veranlaßte, mehr zu lesen. Damals sei sie erstmals über dieses neue Leiden richtig stutzig geworden, das sie in ihrem religiösen Leben erheblich störte. Das Ausmaß der Störungen sei nicht dauernd das gleiche gewesen. Mit der Besserung der Allgemeinerscheinungen durch eine längere Bettruhe, vor allem mit der Abschwächung der Kopfschmerzen und der Rückkehr der Gehfähigkeit, hätten sich auch die Augenstörungen gemildert, um bei neuen Unfällen ebenso wie die anderen Beschwerden verstärkt einzusetzen. Daß ihre Sehschärfe nach dem Sturz von der Leiter geringer geworden sei, glaubte Therese Neumann verneinen zu müssen. Sie meinte, bei solchen Arbeiten, wie Unkraut ausjäten und besonders Gänse rupfen, was sie noch am 19. Oktober 1918 ausführen konnte, wäre ihr eine verminderte Sehschärfe wohl aufgefallen. Sie habe aber eine Behinderung in der Arbeit durch mangelnde Sehschärfe nicht bemerkt.

Arbeitsversuche und Unfälle vom August bis zum Oktober 1918

Nach dem Sturz von der Leiter im elterlichen Stadel begegnete ihr erstmals, daß sie ohnmächtig im Krampf zusammenstürzte, wenn sie ihre Schürze oder ihren

Unterrock auf dem Rücken zusammenbinden wollte und zu diesem Zwecke die Arme nach hinten bog. Es fiel ihr auf, daß dies stets beim Anlegen eines bestimmten Unterrocks eintrat, der hinten schwierig zu schließen war. Deshalb zog sie in der Folgezeit diesen Rock überhaupt nicht mehr an. Derselbe Unfall stieß ihr zu, als sie einmal versuchte, ihr Rückgrat abzutasten, um zu erkunden, ob nicht irgend etwas „Abnormes" bemerkbar wäre. Darauf ließ sie von derartigen Versuchen ab. Ein andermal stürzte sie im elterlichen Keller zusammen und zwar aus folgendem Anlaß. Sie wollte einen Milchtopf holen, der zur Kühlung in eine Wasserbütte gestellt war. Um ihn zu erreichen, mußte sie sich in die Bütte hineinneigen. Da sie sich ja nicht zu bücken vermochte, mußte sie sich aufs Knie niederlassen und dann den Oberkörper über den Rand der Bütte hineinbeugen. Sie lag nicht ganz eine halbe Stunde am Boden. Ein andermal begegnete ihr der Unfall, als sie sich zu einer Mäusefalle bückte, die sie in ihrem Zimmer aufgestellt hatte. Sie hatte dabei vergessen, sich vorher aufs Knie niederzulassen, und den Oberkörper stark zu beugen versucht. Dann wieder verunglückte sie, als sie im Garten des Neumannschen Wirtsanwesens Gemüsebeete jäten wollte. Sie hatte sich zwar zur Vorsicht einen Schemel mitgenommen, auf den sie sich setzte. Als sie sich aber von diesem niederbeugte, das Gras auszureißen, erlitt sie doch den Krampf. Nach den Berichten der Angehörigen ist sie bei solchen Unfällen von Sinnen gewesen und es hat sie „ein bisserl gerissen, wie wenn sie Krämpfe hätte". Der Mund war zusammengedrückt und die Hände eingezogen.

Therese Neumann schilderte die Schmerzgefühle, die sie bei diesen Unfällen wahrnahm, folgendermaßen: Sie habe plötzlich einen starken Schmerz im Kreuz gefühlt. Von dort ausgehend habe sich der Schmerz in die Glieder verbreitet. Er sei bis zu den Füßen herunter „geklettert"; ebenso in die Hände, die er zuckend zusammengezogen habe. Dann sei er ins Genick und den Hinterkopf gedrungen. Sie habe diesen letzteren Schmerz als einen „furchtbar stark ziehenden" empfunden, „wie wenn innen" — sie wies auf das Rückgrat — „was zu kurz ist und angezogen wird, und zwar bis ins Genick und den Hinterkopf". Dann sei sie ohnmächtig geworden. Später, als ihre Glieder gelähmt waren, habe sie während der Dauer der Lähmungen in diesen — besonders in den unteren Gliedern — keine Schmerzen gespürt. Wenn die Bewußtlosigkeit auftrat, haben ihre Eltern später mit ihr des öftern Atembewegungen gemacht. Einmal, als sie sechs Tage hindurch ohnmächtig und im Krampf lag, haben sie ihr eine Feder vor die Nase gehalten, um zu sehen, ob sie noch lebt, so gering war die Atmung. Der Anlaß zu diesem Krampf und dieser Ohnmacht war nicht mehr festzustellen. Die Krämpfe dauerten manchmal — immer wieder angehend — stundenlang. Doch trat diese Verschlimmerung erst mit der völligen Bettlägerigkeit auf.

Nach derartigen Unfällen war sie stets eine Zeitlang bettlägerig. Die Krankheitssymptome selbst waren verstärkt. Durch das Liegen aber besserte sich jeweils ihr Zustand. Die Schmerzen gingen auf das gewohnte Maß zurück. Sie konnte wieder gehen. Doch blieb der Gesamtzustand der gleiche. Wenn sie wieder aufstand, hatte sie auch wieder das Gefühl im Kreuz, als habe sie dort keinen Halt mehr. Ebenso blieben Kreuz- und Gürtelschmerz. Die Haltung des Körpers war dauernd die gleiche, wie sie nach dem Unfall beim Brand aufgetreten war. Auch die Blasen- und Darmstörungen hielten in der Form an, wie sie sich nach dem Sturz von der Kellerstiege eingestellt hatten. Doch gelang es Therese Neumann immer noch, vor jedermann zu verheimlichen, daß sie daran litt. Da sie nach der Rückkehr vom Waldsassener Krankenhaus den ganzen Sommer und Herbst hindurch bis zu dem Unfall am Kirchweihsamstag wieder mit ihrer Schwester Ottilie zusammen schlief, glaubte ihre Mutter auch jetzt noch immer, d i e s e leide an diesen Störungen.

Auch in den Zeiten, in denen sie herumzugehen vermochte, litt sie an Brechreiz, der besonders dann auftrat, wenn sie feste Speisen genoß. Deshalb wurde ihre Hauptnahrung Mehlbrei, „Kindermus", wie sie sagte. Die Not an Nahrungsmitteln im letzten Kriegssommer und die damalige Bedrängnis zeigt sich in der Art, wie dieses gewonnen wurde. Da Weizenmehl, das ihr besonders bekömmlich war, nicht zu kaufen war, wurde Weizen, den der Vater schickte, in einer kleinen Schrotmühle gemahlen, die als Kaffeemühle für die große Familie heute noch benützt wird, dann von der Kleie durch Sieben mittels Mehlsieb befreit und als Mus zubereitet. Dieses Weizenmus behielt sie meist bei sich, zumal wenn sie sich gleich nach dem Essen niederlegte. Wenn sie schwerer aß, z. B. Fleisch, zumal Schweinefleisch, so spürte sie Brennen im Magen und Hals. Das Wasser trat ihr im Mund zusammen und es würgte sie sehr stark. Da Lebensmittel damals sehr knapp waren und die elterlichen Birnbäume reiche Ernte trugen, hatte sie oft ein Gelüste nach Birnen. Aber jedesmal, wenn sie einige gegessen hatte, traten diese Beschwerden besonders heftig auf. Beim Trinken und Essen von Brei wurde sie aber nicht davon geplagt.

Dr. Goebel verordnete ihr gegen die Magenbeschwerden Wismut, gebrannte Magnesia und Belladonnaextrakt; auch erhielt sie gelegentlich Karlsbader Salz. Zur Kräftigung verschrieb er ihr weiter Arsen-Eisen-Tinktur. Andere Arzneien ließen sich nicht mehr feststellen.

Wie ich berichtet habe, hatte sich Therese Neumann infolge der Durchnässung bei der Löscharbeit am 10. März 1918 einen heftigen Husten zugezogen. Er hatte sie seither nicht mehr verlassen, sondern sich sogar sehr verschärft, und würgte sie schließlich wie ein starker Keuchhusten. Dazu hatten sich ständig stärker werdende Stiche in der rechten Brustseite gesellt. Dr. Goebel verschrieb ihr dagegen neben Codein, Dionin und Morphium auch Aspirin und Lösungsmittel. Da aber dieses Leiden hartnäckig anhielt, beschloß die Mutter, heimlich neben

Dr. Goebel, der ihre Tochter als Kassenpatientin weiter behandelte, diese als Privatpatientin von einem alten Arzte untersuchen zu lassen, der in der Gegend einen großen Ruf hatte. Es war dies Dr. Wilhelm Burkhardt, wohnhaft in Hohenberg a. d. Eger, der regelmäßig in Arzberg Sprechstunden abhielt. Arzberg ist etwas über 7 km von Konnersreuth entfernt; zwischen diesem Ort und Konnersreuth bestand damals noch kein Postkutschenverkehr. Diesen Weg hin und zurück zu Fuß zu machen, war Therese Neumann aber bei ihrem Zustand unmöglich. Freundliche Arzberger, namens Sonntag, Nothaft und Kammermüller, ließen sie bei Geschäftsfahrten teils die ganze Strecke, teils Teile derselben hin oder zurück mitfahren. Stets mußte sie aus Sorge vor Krampfanfällen ein Angehöriges — meist war es eine Schwester — begleiten und stützen. Einmal hatten sie keine Gelegenheit zur Rückfahrt, so daß sie wohl oder übel versuchten, zu Fuß nach Hause zu gehen. Da Therese Neumann sehr stark schwitzen und sich jeweils nach einigen Schritten niedersetzen mußte, so brauchten sie etwa vier bis fünf Stunden und kamen so in die Nacht hinein. Die beiden jungen Mädchen fürchteten sich sehr, so allein in der Dunkelheit auf der Landstraße zu wandern. Besonders die fünfzehnjährige Ottilie, die sie diesmal begleitete, wurde angesichts der Hilflosigkeit der Schwester und deren Anfälligkeit für Krämpfe von der Angst, ob sie sie überhaupt nach Hause bringen werde, so erfaßt, daß sie schließlich laut weinend neben ihr herging. Nach diesem Marsch war Therese Neumann völlig „kaput" und mußte vierzehn Tage zu Bett liegen. Es war daher für sie eine große Erleichterung, als Dr. Burkhardt sie in Konnersreuth besuchte, sooft er dort mehrere Patienten hatte.

Therese Neumann berichtet, Dr. Burkhardt habe sie bei der ersten Befragung, bei der sie sich vor allem über den schon so lange anhaltenden Husten und die starken Schmerzen in der rechten Brustseite beklagte, auf diese Beschwerden untersucht und eine trockene Rippenfellentzündung festgestellt, gegen die er Tropfen und Mittel zum Einreiben sowie Tee zum Schwitzen verordnete. Eine Magensenkung erklärte er als nicht vorliegend. Als sie sich ihm wieder vorstellte, konnte sie ihm berichten, daß der Husten und die Brustseite besser geworden seien. Sie habe aber außerdem dauernd über Kreuzweh zu klagen, auch seien ihr die Füße ganz „pelzig" usw. Kurz, sie schilderte ihm etwas ihr dauerndes Leiden. Dr. Burkhardt untersuchte sie darauf genau und lange, so daß sie sehr fror. Er untersuchte vor allem eingehend den Rücken, den er mit der Hand herunterstrich. Hierbei fühlte sie jedesmal einen starken Schmerz und es gab ihr gleichzeitig immer einen Riß, sobald er mit der Hand auf die schmerzende Stelle im Kreuz drückte. Er beklopfte ferner mit einem Hämmerchen die Knie, wobei das linke Bein sich weniger bewegte als das rechte. Darauf fragte er sie, ob sie einmal irgendwo heruntergefallen sei oder schwer gehoben und sich dabei weh getan habe. Sie möge genau nachdenken. Es könnte vielleicht schon vor Jahren geschehen sein, aber sie müsse sich irgend einmal etwas getan haben. Sie solle ihm sagen, seit wann sie die Schmerzen im Kreuz spüre. Sie antwortete: Seit dem Brand. Einen besonderen Schmerz aber habe sie damals, als sie den Knicks im Kreuz empfand, nicht gespürt. Darauf fragte Dr. Burkhardt, was damals vorgefallen sei, und Therese Neumann mußte ihm genau schildern, wie es ihr bei der Löscharbeit ergangen sei und welche Folgen sie davongetragen habe. Die Blasen- und Darmstörungen verschwieg sie, weil sie sich ihrer schämte. Als sie geendet hatte, sagte ihr Dr. Burkhardt nur: „Ja, Kind, da haben wir's schon. Das kann noch lange dauern. Sie können aber auch plötzlich mal zusammenbrechen."

Therese Neumann spricht heute noch mit großer Verehrung von diesem Arzte, dessen Wesen ihr starkes Vertrauen einflößte. Er sei ein „braver, lieber, alter Mann" gewesen und habe sich die Zeit nicht reuen lassen, sich gründlich mit ihr zu befassen. Bedauert habe sie nur immer, daß er nie genauer gesagt habe, wofür er ihr Leiden halte. Ihn direkt zu fragen, habe sie „keine Schneid" gehabt, und doch hätte sie brennend gern gewußt, wie sie mit sich daran sei. Er habe ihr zwar Trost zugesprochen, aber sie habe doch bemerkt, wie er bei der Untersuchung wiederholt bedauernd mit den Achseln gezuckt habe, wenn er meinte, sie könne es bei ihrem abgewandten Antlitz nicht sehen. Sie wird bei dieser Erzählung ganz erregt und schildert, während ihr bei der Erinnerung die Tränen in die Augen treten, „wie hart es ihr damals gewesen" sei, daß sie „siech" geworden war. „Denken's, Herr Doktor, ein junger Mensch, der sich auf den Beruf freut, den er erkannt hat. Und ich wollte doch Missionsschwester werden, ich hätte nie gedacht, daß es anders möglich sei, und ich hätt's auch durchgesetzt, meinen's nicht? Und nun so!"

Wegen ihrer Magenstörungen riet ihr Dr. Burkhardt Schafgarbentee zu trinken. Auch gab er ihr etwas zum Einreiben des Rückens. Als sie ihm aber bei einem späteren Besuch meldete, daß kein Erfolg bemerkbar sei, ließ er hiervon ab.

Der Sommer und Herbst des Jahres 1918 vergingen also ohne Besserung des Gesundheitszustandes der Therese Neumann. Doch konnte sie sich bis jetzt noch ziemlich viel außerhalb des Bettes aufhalten und herumbewegen. Die Ruhe und gestreckte Lage im Bett führte nach den einzelnen Unfällen jeweils zu einer gewissen Rückbildung der gleich darnach verstärkt aufgetretenen Krankheitserscheinungen. Denn die Zeiten der Bettlägerigkeit folgten — soweit ich feststellen konnte — regelmäßig auf Unfälle.

Der Sturz am Kirchweihsamstag, dem 19. Oktober 1918

Am Sonnabend, dem 19. Oktober 1918, sollte ihr bei einem Arbeitsversuch ein neuer schwerer Unfall zustoßen. An diesem Tage, dem Vortag des Kirchweihfestes, an dem im Neumannwirtshaus viel vorzubereiten war, übernahm Therese Neumann von ihrer dort bediensteten Schwester Marie den Auftrag, eine Gans zu rupfen. Sie machte sich auch sofort an die Arbeit. Sie vermochte beim Rupfen auch die kleinen Federchen und Kiele in der Haut zu sehen. Nach kurzer Zeit kam ihr der Gedanke, daß es zweckmäßiger wäre, die gerupften Federn sofort in ein Sieb zu sammeln. Sie stieg deshalb auf den Getreideboden, ein solches zu holen. Der Getreideboden der Neumannwirtschaft ist — weil sich unter ihm der Saal befindet — mit starken und ziemlich hohen Längsbalken durchzogen, die sich über dem Fußboden erstrecken und die nicht durch Säulen unterstützte Saaldecke tragen. Da sie das hochhängende Sieb nicht anders erreichen konnte, kletterte sie auf einen solchen Balken. Mit der linken hocherhobenen Hand suchte sie sich an einem der dort von der Decke frei herabhängend aufbewahrten, mit Federn gefüllten Säcke festzuhalten, mit der rechten langte sie nach dem Sieb. Dabei wich der freihängende Federsack aus, sie verlor auf dem Balken den Halt, fühlte einen heftigen Schmerz im Kreuz, stürzte rückwärts hinunter, schlug mit dem Hinterkopf am Boden auf und blieb ohnmächtig liegen. So lag sie ungefähr eine Stunde, als die Schwestern sie vermißten. Zwei machten sich — einen Krampfanfall befürchtend — auf die Suche und fanden sie — „noch nicht ganz bei sich" — am Boden liegend. Sie versuchten sie aufzurichten. Doch konnte sie sich nicht aufrecht halten. Ihre beiden Schwestern mußten sie in ein Bett der Wirtschaft schleppen, in dem sie sie — jede an einer Seite ihr unter den Arm fassend — trugen, während ihre Beine am Boden und auf der Treppe nachschleiften. Sie fühlte eine außerordentliche Verstärkung des Kopfschmerzes, auch schienen ihr die Augen wieder aus den Höhlen quellen zu wollen. Als ich ihr die Frage vorlegte, ob sie hier schon etwas von der späteren Sehschwäche bemerkt habe, erklärte sie, sie sei nach dem Sturz zunächst „so damisch gewesen", daß sie gar nichts wahrgenommen habe. Nachdem sie in der Neumannwirtschaft ein paar Stunden geruht hatte, schleppten sie die Schwestern in das elterliche Haus, indem sie sie in der gleichen Weise wie vorher zu zweit halb tragend stützten. Sie hatte infolge der Ruhe soviel Bewegungsfähigkeit in den Beinen zurückgewonnen, daß sie — allerdings nur sehr mühsam und langsam — die Füße voreinander setzen konnte. Doch vermochte sie sie nicht vom Erdboden zu erheben, sondern mußte sie am Boden schlurfen lassen, wie man es bei alten gebrechlichen Leuten beobachtet. Als sie durch die Straße zum Elternhause geführt wurde, sah sie schlecht. Alles war verwischt. Bei der Begegnung mit der Mutter im Elternhaus vermochte sie diese nicht recht wahrzunehmen. Therese Neumann vermag aber nicht mit Sicherheit zu sagen, ob die Ursache dieser Sehschwäche in ihren Augen oder in ihrem Allgemeinbefinden lag. Sie äußerte sich dahin: „Ich war noch damisch und bin gleich ins Bett gelegen. Die Augen hab ich meist zugehalten, weil mir so schlecht war." Auf meine Frage, ob sie nicht irgendwelche Beobachtungen gemacht habe, antwortete sie, sie hätte wegen zuviel Schmerzen im Kopf und Rücken keine Beobachtungen machen können. Im Elternhaus wurde sie in ein Bett der Giebelstube im ersten Stock gelegt.

Am nächsten Tag, am Kirchweihsonntag, dem 20. Oktober 1918, fühlte sie sich immer elender werden, so daß sie meinte, „es gehe jetzt mit ihr dahin". Sie konnte die Zimmereinrichtung nicht klar erkennen. Ihr war so elend, daß sie viel lieber liegen geblieben als aufgestanden und zur Kirche gegangen wäre. Da sie aber ihre gewohnte Pflicht des sonntäglichen Kirchenbesuchs nicht versäumen und gerade wegen ihres elenden Zustandes — sie befürchtete sterben zu müssen — beichten und kommunizieren wollte, entschloß sie sich, alle Kraft zusammenzunehmen. Als sie noch im Bett lag, griff sie nach dem Gebetbuch, um sich auf den Sakramentenempfang vorzubereiten. Dabei bemerkte sie, daß sie das Buch nur „dumpf" sehen konnte. Die Buchstaben erkannte sie überhaupt nicht mehr, ebenso nicht die Linien. Sie bemerkte nur, daß „etwas Schwarzes auf dem Weißen gewesen ist". Sie gab darauf ihren Versuch zu lesen auf, kleidete sich mit Hilfe an und ging, von ihrer Schwester Agnes gestützt, zur Kirche. Auf dem Wege sah sie alles „wie im Nebel", obwohl es Vormittag und ein heller Tag war. Die Helligkeit des Tages ließ sie es wahrnehmen, wenn ihr Leute begegneten. Ihre Gesichter aber konnte sie nicht erkennen. Sie konnte überhaupt niemanden mehr mit den Augen erkennen. Dabei sagte sie sich: „Ja nichts sagen, daß die Mutter sich nicht aufregt! Es wird schon wieder vorübergehen." Beim Beichten konnte sie sich nur mit größter Mühe und indem sie sich an den Beichtstuhl anlehnte, auf beide Kniee niederlassen. An der Kommunionbank gelang ihr dies sogar nur für einen kurzen Augenblick. Die Kircheneinrichtung sah sie nur undeutlich. Den Weg zum Beichtstuhl und zur Kommunionbank fand sie, weil sie die Plätze genau kannte. Das Hochamt hielt sie nicht mehr aus, sondern mußte nach Hause gebracht werden, wo sie wieder in der oberen Stube niedergelegt wurde.

In der Hoffnung auf die Wirkung eifrigen Gebetes ließ sie sich abends nochmals in die Kirche geleiten, indem man sie rechts und links stützte und mehr trug als führte. Aber es wurde ihr sofort wieder schlecht, sie wurde schwindelig. Es drohte Bewußtseinsschwund. Sie mußte sich heimbringen lassen. Die Sehfähigkeit war noch geringer geworden. Am Kirchweihmontag, dem 21. Oktober 1918, konnte sie sich beim Aufstehen nicht auf den Füßen halten, sondern mußte sich sofort wieder niederlegen. Die Mutter vermutete einen Anfall von Grippe, wie sie bei ihr selbst und den übrigen daheim befindlichen Mitgliedern der Familie, mit Ausnahme der Schwester Kreszentia, schon ausgebrochen war. Es war ja gerade die Zeit einer großen Grippeepedemie. Die Sehschwäche nahm während des Montags steigend zu, so daß sie, wie das folgende zeigt, in der Nacht vom Montag zum Dienstag im wesentlichen nur mehr hell und dunkel unterscheiden konnte.

Der Eintritt der völligen Bettlägerigkeit und der Winter 1918/19

Am Kirchweihdienstag, dem 22. Oktober 1918, mußte Therese Neumann früh morgens, kurz nach Mitternacht, einmal auf den Krankenstuhl gehen. Beim Sitzen sackte sie völlig zusammen und konnte sich kaum mehr aufrichten. Es erschienen ihr dabei alle Farben vor den Augen. Sie mußte ins Bett getragen werden. Ihr wurde so elend, daß sie um 2 Uhr in der Frühe ihre Mutter bat, den Pfarrer zu holen, der sie auch mit den Sterbesakramenten versah. Dabei sah sie den Pfarrer nur mehr als eine weiße Gestalt — wegen seines weißen Chorrockes — dastehen und unterschied ihn von dem Ministrantenknaben allein durch die Größe. Die Stubeneinrichtung selbst konnte sie nicht erkennen.

In diesen Tagen nach dem Kirchweihsonntag (20. Oktober 1918) befand sich die Familie Neumann also in folgender bejammernswerter Lage. Der Vater stand beim Heer in Lüttich. Die Mutter, die damals die hauptsächlichste Ernährerin der Familie war, war grippekrank. Ebenso befanden sich alle ihre Kinder, auch die sonst im Dienst befindlichen, mit Ausnahme der Tochter Kreszentia, krank im Elternhause. Denn sie litten ebenfalls an der Grippe. Auch ihre Tochter Therese war von ihr erfaßt, sie hatte einen heftigen Husten zu den übrigen Leiden hinzuerhalten und schien sogar jeden Augenblick sterben zu sollen. So entschloß sich der Bürgermeister, die Beurlaubung des Vaters zu beantragen, der dann auch bald in Konnersreuth eintraf, in der Überzeugung, seine Tochter Therese liege im Sterben. Als er an ihr Bett trat, vermochte sie ihn nicht mehr zu erkennen.

Bevor er aber heimkam, war es der Mutter gelungen, ärztliche Hilfe für ihre kranke Familie zu gewinnen, was damals nicht leicht war. Denn die Grippe herrschte allenthalben sehr stark, und es war für die Einwohner von Konnersreuth, in dem kein Arzt ansässig war, schwierig, einen Arzt zu erreichen. Dr. Burkhardt wurde ebenfalls durch die Epidemie in seinem engeren Wirkungskreis um Hohenberg festgehalten. Kam zufällig irgendein Arzt nach Konnersreuth, so wurde er sogleich von vielen um Rat gebeten. Die Ärzte nahmen auf diese Umstände Rücksicht und suchten der Not zu wehren, indem sie möglichst in jedes Haus gingen, wohin man sie rief. Zufällig kam der Arzt Hitzelsberger aus Mitterteich am 23. Oktober nach Konnersreuth. Die Mutter, die davon erfahren hatte, bat ihn, auch ihre kranke Familie zu untersuchen. Die Kranken lagen sämtlich in dem Giebelzimmer. Therese erzählt, wie der Arzt von einem zum andern gegangen sei und gesagt habe: „Du wirst wieder gesund." Zu ihr habe er gesagt: „Du wirst schon wieder gesund werden." Sie habe den Unterschied im Wortlaut wohl gemerkt und sei auf den Arzt böse gewesen. In ihrem Zorn habe sie nach seinem Fortgang sein Urteil in seinem Tonfall oft nachgesprochen. Ein heute noch im Besitze ihres Vaters befindliches Rezept dieses Arztes für eine „Tochter Neumann", das übliche Arzneien gegen die Grippe verordnet, aber eben wegen seiner allgemeinen Angabe der Patientin nicht sicher auf Therese Neumann zu beziehen ist, trägt die Zeitangabe: „Konnersreuth 23. X. 18". Für Therese Neumann verordnete Hitzelsberger am gleichen Tage Kampfer und am folgenden oder nächstfolgenden Tage Digitalis, also Mittel zur Herzbelebung.

In der oberen Stube, in der Therese Neumann lag, befanden sich — wie schon gesagt — auch die übrigen Grippekranken der Familie, von denen einige bereits außer Bett weilen konnten, während andere noch bettlägerig waren und der Sohn Engelbert im Fieberdelirium laut sang. Von Therese Neumann nahm die Mutter an, daß sie jeden Augenblick an der Grippe sterben könnte. Damit sie, die unten in der Küche und im Stall zu tun hatte, ihre Tochter leichter beobachten und versorgen konnte, trug sie sie auf ihren Armen in die Arbeitsstube zu ebener Erde hinunter. Dabei bekam Therese Neumann, der bei ihrer

44

Schwäche der Kopf tief über der Mutter Arm hinabsank, einen ganz schweren Krampf mit Bewußtlosigkeit. Sie vermochte neun Tage lang die Augen überhaupt nicht zu öffnen; zog man ihr die Lider auseinander, so zeigte sich, daß die Pupillen nach oben zu den Nasenwinkeln standen. Man sah fast nur das Weiße der Augäpfel. Dabei schmerzte sie der Kopf und alle Glieder heftig; ebenso die schmerzhafte Stelle im Kreuz. Als sie wieder aus eigener Kraft die Augen öffnen konnte, hatte sich eine Besserung der Sehfähigkeit nicht eingestellt. Irgendeinen Lichtschimmer während dieser Zeit wahrgenommen zu haben, kann sie sich nicht erinnern.

Mit ihren Augen hat sich der Arzt Hitzelsberger nach Therese Neumanns Erinnerung eingehender beschäftigt. Er hielt ihr Gegenstände vors Auge, die sie bezeichnen sollte. Da sie sie nicht zu erkennen vermochte, langte sie mit der Hand darnach, was ihr der Arzt untersagte. Sie erfuhr hernach, daß er seine Uhr, seine Schlüssel und sein Messer ihr vor die Augen gehalten hatte. Am 27. bzw. 28. November 1918 erhielt sie von ihm *Morphium muriat.* 0,2, *Atropin sulfur.* 0,02/20,0, *Spirit.* 10,0 verordnet, also ein Mittel, das Schmerzen lindern und vielleicht auch auf die Augen wirken sollte. In dieser Zeit der Hochflut der Grippeepidemie hat — offenbar aus den angegebenen Gründen — auch Dr. Frank-Waldsassen gelegentlich die Familie Neumann besucht. Ob er jetzt schon auch Therese behandelte, ist nicht sicher festzustellen. Gewiß ist nur, daß es im Januar geschah.

Auch nach dem Unfall am Kirchweihsamstag 1918 dauerten die Blasen- und Darmstörungen bei Therese Neumann weiter an. Da sie nun dauernd bettlägerig war, erhielten die Eltern jetzt von ihnen Kenntnis. Die Mutter gab ihr sogenannte Wickelkinder-Kissen zum Unterlegen, damit das Unterbett, das ihr über den Strohsack gebreitet war, etwas geschont würde. Gummiunterlagen kannte die Mutter nicht. Offenbar weil Therese Neumann nicht mehr viel trank und fast gar nichts Festes, sondern meist nur ein wenig Breiiges aß, waren die Ausscheidungen nicht häufig. Manchmal in Zeiten, wo ihr etwas leichter war, wie sie sich ausdrückte, merkte sie die Ausscheidungen, doch konnte sie sie nicht halten. Die Flecken sind aus dem Bettzeug nicht mehr herausgegangen. Bei den Darmausscheidungen wandte die Mutter meist das Verfahren an, sie eine Zeitlang auf den Krankenstuhl zu setzen, bis durch das Aufrechtsitzen der Stuhl von selbst abging. „Eine Anstrengung dazu hat nichts genützt. Das war nicht so, daß man sich hätte helfen können." Als ich sie fragte, ob sie unter „Anstrengung" die Tätigkeit der Bauchpresse verstehe, sagte sie, sie wisse das nicht mehr. Auch der Brechzwang blieb.

Vom November 1918 an besuchte Dr. Burkhardt wieder seine frühere Patientin in Konnersreuth. Das Nachlassen der Grippeepidemie gab ihm dazu die Möglichkeit. Er untersuchte sie sehr eingehend und erfuhr jetzt auch von den Blasen- und Darmstörungen. Therese Neumann berichtete, er habe erneut ihren Rücken untersucht und ihr mit Nadeln an den verschiedensten Stellen in die Beine gestochen — auch die Mutter konnte sich dessen erinnern — und ihr befohlen anzugeben, wo sie Schmerz fühle. Sie aber habe nichts gespürt, obwohl die Eltern ihr nachher sagten, die Stichstellen hätten geblutet. Da sie so gelagert war, daß sie von diesen Maßnahmen nichts sehen konnte — sie hätte übrigens, wie sie sagte, auch wegen der Sehschwäche ihrer Augen das Stechen nicht wahrnehmen können — so suchte sie mit den Händen die Beine abzufühlen, was Dr. Burkhardt aber nicht zuließ. Bei dieser Untersuchung murmelte er oft vor sich hin: „Schlimme Geschicht, schlimme Geschicht." Er kam dann auf ihre Augen zu sprechen und fragte sie, ob sie nicht einmal mit dem Kopf aufgefallen sei. Sie antwortete, sie sei öfters gefallen und zwar sei sie das erste Mal schon gleich im Frühling beim Sturz von der Kellerstiege mit dem Hinterkopf aufgeschlagen.

Dr. Burkhardt riet ihr an, ruhig zu liegen und ermahnte

die Angehörigen, ja recht vorsichtig zu sein, wenn sie sie
aus dem Bette und wieder zurückhöben. Therese Neumann erklärte mir, sie habe in ihrem damaligen leiden-
schaftlichen Drang, wieder gesund zu werden, genau auf
alles geachtet, was dieser Arzt, der ihr Vertrauen besaß,
sagte. Deshalb habe es sich ihrem Gedächtnis besonders
eingeprägt. Als Kur verordnete Dr. Burkhardt Moorbäder. Therese Neumann und die Eltern können die Zeit
hierfür deshalb sicherer angeben, weil man noch den Torf
aus einem der Moore der Umgegend holen konnte, da
diese noch nicht zugefroren waren, wie das in der kalten
Fichtelgebirgsgegend im tiefen Winter regelmäßig geschieht. Die Eltern entliehen sich von einem Nachbarn
namens Männer, der ein Schmied ist, eine Badewanne
und bereiteten ihr im Zimmer das Bad. Therese Neumann schildert heute noch mit leichtem Grausen ihre
Moorbäder. Ins Bad, das ihr wegen des „Drecks" Widerwillen einflößte, wurde sie gehoben, indem man sie an
den Schultern und Füßen faßte und hineinsenkte. Sie
erlitt dabei regelmäßig einen Krampf und eine Ohnmacht.
Sie bezeichnete mir gegenüber als Ursache für diese Erscheinungen, daß das Bad ihr zu stark war. Dann wurde
sie in der Badewanne auf ein Stühlchen gesetzt, mit
warmem Wasser abgespült und immer noch ohnmächtig
und mit im Krampf zuckenden Gliedern wieder ins Bett
getragen. Als Dr. Burkhardt, der sie in der Regel jede
Woche einmal besuchte, hiervon erfuhr, — es waren zwei
Bäderversuche gemacht worden, — hieß er mit den Worten
„Laßt es sein, das arme Kind!" von dieser Kur Abstand
zu nehmen. Er ermahnte Therese Neumann, viel Geduld
zu haben und riet wieder zur Vorsicht, wenn man sie aus
dem Bett heben müsse. Tee ließ er sie weiter trinken.
Auch verordnete er ihr nach ihrer Angabe Mittel fürs
Herz; nach einer Verordnung vom Dezember 1918 erhielt
sie Digitalis, ferner gegen die Krämpfe und Schmerzen Na-
trium Bromatum, Morphium und außerdem Pyramidon.
Vom Kirchweihdienstag, dem 22. Oktober 1918, an war

also Therese Neumann ständig ans Bett gefesselt. Sie war zunächst im Giebelzimmer oben und dann — und zwar bis zum März 1919 — im Erdgeschoß des Hauses in der Arbeits- und Wohnstube untergebracht, die neben der Küche lag. So befand sich in der Regel mindestens ein Angehöriges — meist der in der Stube nähende Vater oder die daneben in der Küche tätige Mutter — in der Nähe, wenn Hilfeleistungen nötig waren. Der Zustand ihrer unteren Gliedmaßen war in der Folgezeit nicht ganz gleichmäßig. Die Empfindungsfähigkeit wechselte von völliger Empfindungslosigkeit, wie bei Burkhardts Untersuchung, bis zu einem gewissen, an den beiden Beinen verschiedenen Empfindungsgrad. Die Bewegungsfähigkeit war in der Folgezeit durchwegs ganz gering, und zwar konnte vor allem das Kniegelenk ein wenig bewegt werden. Daß einzelne Unfälle auch diesen Zustand zeitweilig änderten, werden die folgenden Zeilen berichten. Kraft in den Beinen besaß sie bis zur Heilung von der Lähmung nicht mehr. Ebenso war sie nicht mehr imstande, sich aus eigener Kraft im Bette aufzurichten oder aufrechtzuhalten. Richtete sie jemand auf, so mußte sie sich an irgend etwas anhalten, damit sie nicht nach vorn hinüberfiel. Sie hatte dabei ein ständiges Schmerzgefühl im Kreuz mit Ausstrahlung der Schmerzen bis zum Genick und Hinterkopf hinauf und in die Füße hinunter, sowie Schmerzen im Leib (Gürtelschmerz). Anfänglich vermochte sie sich wenigstens zeitweilig noch aus eigener Kraft im Bett von einer Körperseite auf die andere zu legen, später verlor sie auch diese Fähigkeit, sich zu drehen. Denn bei späteren Versuchen setzten jedesmal sofort Krämpfe und Bewußtlosigkeit ein. Sie gab die Zeit des Auftretens dieser Erscheinung in der Weise an, daß sie sagte: als sie unten lag und anfangs auch oben, habe sie sich noch im Bett drehen können. Dazu hatte sie ständig Kopfschmerz.

Zu Anfang des Winters 1918 traten die Krämpfe besonders heftig auf. So wurde sie beim Aufrichten in den

Armen der Mutter unter Krämpfen bewußtlos, wenn das Aufgerichtetsein — wie sie meinte — etwa fünf Minuten überschritt. Die Anfälle beim Baden in der Badewanne haben wir bereits erwähnt. Krämpfe stellten sich überhaupt ein, wenn sie sich selbst im Bette etwas bewegen, umdrehen, heben oder dehnen (strecken) wollte. Am schlimmsten war es, wenn der Oberkörper auf der schmerzenden Stelle der Wirbelsäule lastete. Bei den Krämpfen schwitzte sie stark und „strampelte sich bloß", so daß sie sich regelmäßig erkältete, wenn gerade niemand anwesend war, der sie zudeckte. Sie litt deshalb jetzt und während der ganzen Zeit, in der Krämpfe auftraten, häufig an heftigem Husten.

Zum Zwecke des Bettmachens wurde sie in das zweite im Zimmer befindliche Bett hinübergetragen oder auf den Krankenstuhl gesetzt, auf dem sie vornübergebeugt saß, wobei sie sich mit dem Kopf und den Händen auf die Lehne eines davorgestellten Stuhles stützte. Doch mußte sie immer von jemandem — meist war es der Vater — hinten im Genick an der Nachtjacke gehalten werden, sonst fiel sie leicht hinunter. Ebenso war es, wenn sie auf den Krankenstuhl gesetzt wurde. Zwar wurde stets ein Stuhl mit Lehne vor sie hingestellt, damit sie den Kopf und die Hände auf die Stuhllehne legen und sich an ihr festhalten konnte. Der Krankenstuhl hatte nämlich keine Lehnen. Denn er war von ihrem Vater nur notdürftig aus einem früher selbstgefertigten festen Kindergehstuhl hergerichtet, weil das Geld zum Kaufe eines richtigen fehlte. Deshalb geschah es jetzt und in der Folgezeit öfters, daß ihr Kopf und Oberkörper — meist seitlich — von der Stuhllehne abrutschten und sie zu Boden fiel. Es konnte dies dann geschehen, wenn diejenige Person, die sie halten sollte, aus irgendeinem Grunde sie plötzlich sich selbst überlassen mußte. Auch auf dem Krankenstuhl bekam sie öfters Krämpfe und Zuckungen mit Emporschnellen des ganzen Körpers, wenn sie nicht rasch wieder niedergelegt wurde.

Die Krämpfe gingen in der Weise vor sich, daß „es sie erst riß, dann zusammenzog und sie ganz steif wurde", und zwar „wie Eisen", so daß der ganze Körper mitging, wenn man gewaltsam ein Glied hochzuheben suchte. Bei solchen Krämpfen, in denen es sie bisweilen mit dem ganzen Körper emporschnellte, kam es öfters vor, daß es sie aus dem Bett warf, und zwar vor allem dann, wenn der Strohsack neu aufgeschüttet, also hoch war, und sich mit seinem oberen Rande annähernd in einer Ebene zu dem gegen das Hinausfallen der Therese Neumann an der Vorderseite des Bettes angebrachten Brett befand. Manche Krämpfe waren auch von einem sehr heftigen Aufeinanderbeißen der Zähne begleitet, was im Laufe der Jahre zur Absprengung der oberen Schneidezähne führte, so daß zeitweilig starke Zahn- und Gesichtsschmerzen auftraten, bis die bloßgelegten Nerven auseiterten und abstarben. Doch hat Therese Neumann auch jetzt noch gelegentlich Zahnschmerzen. Um das Aufeinanderbeißen der Zähne zu verhindern, band man ihr vom Hinterkopfe her ein Tuch ums Kinn. Die Mutter berichtete auch, daß sie sich bei einem Krampf einmal in die Zunge gebissen habe. Dagegen wurde nie beobachtet, daß ihr Schaum vor den Mund getreten ist. Sofort mit dem Einsetzen der Krämpfe wurde ihr „immer duselig"; dagegen weiß sie nicht sicher, ob sich dieser Zustand der Benommenheit jedesmal zu einer vollen Ohnmacht entwickelte.

Nachdem Therese Neumann dauernd bettlägerig geworden war und ihre Mutter ihr auch beim Wechseln des Hemdes helfen mußte, bemerkte diese eines Tages an ihrem mittlerweile stark abgemagerten Körper eine Veränderung im Kreuz. Dr. Burkhardt hatte bei der ihm eigenen Schweigsamkeit keine weiteren Andeutungen über Therese Neumanns Verletzung gemacht, als oben wiedergegeben sind. Als nun die Mutter ihr einmal an die Lendenwirbel — das „Kreuz" — langte, schrie sie laut auf. Die Mutter betrachtete darauf die Stelle genauer, brach in die Worte aus: „Ja, was ist denn dies?" und rief den Vater.

Ich habe den Vater Neumann selbst genau über seine Beobachtungen an der Wirbelsäule seiner Tochter befragt — es war an seinem Arbeitstisch in seinem Konnersreuther Haus. Er nahm zunächst ein Stück Kreide und zeichnete mir auf einem Stück dunklen Tuchs, das er gerade zuschnitt, die Dornfortsätze der Wirbelsäule in der Form einer punktierten Linie auf. In der Lendenwirbelgegend rückte er zwei Dornfortsätze nach rechts aus und zwar nicht in schiefer Stellung, sondern wagerecht, so daß diese zwei Dornfortsätze in einer senkrechten Parallellinie zu den übrigen der Wirbelsäule zu stehen kamen. Er erklärte dazu, seines Erachtens seien zwei Dornfortsätze — „zwei Knöpperle" — etwas nach rechts und nach vorne in das Innere des Körpers verschoben gewesen. Die Mutter bestätigte diese Schilderung. Der Vater Neumann hält trotz aller Einwendungen von Ärzten unbedingt an seiner Beobachtung fest. Vorausnehmend sei erwähnt, daß die Mallersdorfer Krankenschwester Regintrudis erklärte, die gleiche Beobachtung gemacht zu haben. Pfarrer Naber vermag sich zu erinnern, daß diese Schwester Regintrudis zu ihm sagte: „Wenn man Theresens Rückgrat mit der Hand entlang fährt, spürt man im Kreuz eine Vertiefung nach innen und nach der Seite nach rechts." Therese Neumann hat damals bei der ersten Entdeckung dieser Erscheinung durch die Mutter und später noch öfter ihre Lendenwirbelsäule abgefühlt. Sie erklärte mir, die gleiche Wahrnehmung gemacht zu haben, so oft sie sich an die schmerzende Stelle griff. Diese Bewegung der Arme nach hinten zur Abtastung des Kreuzes habe ihr des öfteren Krämpfe ausgelöst. Eine Röntgenaufnahme liegt nicht vor; das Krankenhaus Waldsassen besaß zur Zeit, als Therese Neumann dort weilte, noch keinen Röntgenapparat.

Die Eltern beschränkten sich aber nicht auf die Abtastung. Therese Neumann berichtete mir, wie sie gemeinsam erprobt hätten, daß das „Kreuz" — die Lendenwirbelsäule — in seiner Mitte beweglich gewesen sei; diese Beobachtung ließ sich am besten machen, wenn Therese Neumann auf dem Krankenstuhl saß und den Kopf mit den Händen auf die Lehne des davorgestellten Stuhles legte. Dieses Sitzen vertrug sie am besten. Sie vermochte dann auch selbst die schmerzende Stelle abzutasten. Pfarrer Naber kann sich bestimmt erinnern, selbst einmal zu Therese Neumann während der Zeit ihrer Bettlägerigkeit gesagt zu haben: „Solang nicht deine Stelle im Kreuz geheilt ist, so lange nützt all euer Kurieren nichts". Dagegen hielt sie ein Sitzen im Bett mit Anlehnung des Rückens an die Kopfkissen nicht aus.

Dr. Burkhardt sah — wie Therese Neumann und ihre Mutter berichteten — auch nach dem Abbruch der Moorbäderbehandlung immer wieder — meist wöchentlich einmal — nach seiner Patientin. Er untersuchte auch von Zeit zu Zeit ihren Rücken, obwohl er eine eigentliche Kur nach seinem Geständnis: „Was soll ich dich noch länger plagen, es hilft ja doch nichts!" nicht mehr mit ihr vornahm. Er scheint ihr nur mehr beruhigende und schmerzlindernde Arzneien verschrieben zu haben. Tee ließ er sie ebenfalls weiter trinken und zwar nach Angabe der Eltern jetzt meist Birken- und Brombeerblättertee. Therese Neumann kann sich erinnern, daß er bei solchen Untersuchungen öfters vor sich hinsprach: „Schade um solch eine Kraft!" Und wenn sie in ihn drängte, sie ja gesund zu machen, da sie doch in die Mission wollte, so habe er gemurmelt: „Die Energie!" Dr. Burkhardts Besuche hörten erst infolge seines Todes am 11. Februar 1919 auf. Therese Neumann und ihre Eltern konnten sich mit seiner hoffnungslosen Auffassung nicht abfinden. Deshalb zogen sie in Unkenntnis von Dr. Burkhardt am Anfang des Januar 1919 auch wieder den Arzt Dr. Frank aus Waldsassen zu Rat, der Therese Neumann in der Zeit nach dem Kirchweihunfall behandelt hatte. Er untersuchte sie, bedauerte lebhaft ihren Zustand: „Armes Kind, du mußt ja schrecklich leiden", und verschrieb ihr eine Salbe aus *Novocain* 0,2, *Vasel. alb.* 20,0 und ebenfalls Tee. Nach der Untersuchung erklärte er ihrem Vater, seine Tochter müsse einmal ein Vierteljahr liegen bleiben. Der Vater wurde wegen der vermeintlich zu langen Zeit unwillig und Dr. Frank gab die Behandlung auf. Bei der Untersuchung machte Therese Neumann die gleiche Wahrnehmung, die sie bei der Versehung durch den Pfarrer hatte; sie konnte den Arzt nur als unbestimmte Gestalt wahrnehmen.

Um die Mitte des Januar 1919 zog sich Therese Neumann einen neuen schweren Unfall zu. Sie scherzte zum Zeitvertreib mit ihrem jüngsten Bruder, dem damals sechsjährigen Hans. Dieser versuchte von der Vorderseite her in ihr Bett zu klettern, die durch ein Brett erhöht war, damit sie — wie schon berichtet ist — nicht im Krampf hinausfalle. Sie wehrte ihn ab, indem sie sich zu ihm nach rechts hinüber drehte. Dabei zog er — vom Bettrand hinuntergleitend — sie nach sich, so daß sie, die bei ihrer Schwäche das Gewicht des Knabens nicht mehr heben konnte, krumm schräg nach vorn rechts über den Rand des Bettes tief hinabgebeugt wurde. Es erfaßte sie ein Krampf. Sie lag darauf tagelang fast bewußtlos und hatte wiederholt Krämpfe. Sie wollte mir diesen Unfall nur ungern erzählen. Denn sie hatte ihn seinerzeit verschwiegen, damit ihr kleiner Bruder nicht von den Eltern gestraft würde. Für sie war es ja eine Zerstreuung und Wohltat, wenn die Kleinsten der Familie mit ihr spielten. Zwar widmeten sich auch die Größeren und vor allem die Eltern ihr möglichst viel. Aber deren Zeit war doch durch den Zwang zur Arbeit beschränkt. Dazu war ein Teil von ihnen in fremdem Dienst gebunden. Nachdem zu Lichtmeß 1919 ihr Bruder Engelbert beim Wirt Neumann eingetreten war, war ihre Schwester Ottilie dort ausgetreten. Sie kam nach Waldsassen zu den kinderlosen Kramerseheleuten Forster. So waren die Jüngsten — zwei Knaben — die natürlichen Gesellschafter ihrer bettlägerigen ältesten Schwester. Sie spielten mit ihr in kindlicher Harmlosigkeit, ohne ihre Leiden zu bedenken, was ihr besonders wohl tat und manche lange Stunde verkürzte. Daher schwieg sie begreiflicherweise, — zum Teil war sie ja auch mitschuldig — wenn diese Spiele diesmal und auch später für sie zu Unfällen und Leiden führten.

Kurz nach dem Besuche Dr. Franks sah der Vater einmal zufällig von dem Fenster seiner Arbeitsstube aus, wie Sanitätsrat Dr. Seidl von Waldsassen über den Marktplatz von Konnersreuth ging. Er eilte zu dem Arzte, den er von früher her kannte und der erst vor kurzem aus dem Heeresdienst zurückgekehrt war, hinaus und bat ihn, die Behandlung seiner Tochter zu übernehmen. Als Dr. Seidl auf seine Erkundigung erfuhr, daß Dr. Frank die Behandlung aufgegeben hätte, willfahrte er der Bitte. Er verordnete ihr mit einem Rezept, das am 20. Jan. 1919 angefertigt ist, und späteren verschiedene Nervenberuhigungsmittel, so an diesem Tage *Species antinervin.* 100,0; *Pulvis bromat. cps.* 60,0. Vom Anfang des Februar 1919 an behandelte er sie offenbar wegen eines Gallensteinleidens durch wiederholte Verordnung von Chologen. Ferner versuchte er eine medikamentöse Behandlung der Magenstörungen sowie derjenigen der Blase und des Darmes. Urotropin, Bärentraubenblättertee und Chologen erhielt Therese Neumann in der Folgezeit häufiger in größeren und geringeren Zeitabschnitten.

Die Erblindung am 17. März 1919

Gegen Mitte März 1919 trat zu den bisherigen Leiden der Therese Neumann die völlige Erblindung. Zwar ließ sich der Monat zunächst günstig an. Therese Neumann fühlte sich wohler. Da sie in der Arbeitsstube lag, so hörte sie, wenn irgendein Kunde kam, und da alle sie kannten, so plauderten sie auch mit ihr. So kam am 10. März dieses Jahres ein Einwohner namens Hans Regner, um zu fragen, ob sein Anzug vom Vater Neumann fertiggestellt sei. Da letzterer nicht anwesend war, so wartete Regner und begann dabei mit Therese Neumann darüber zu sprechen, daß sich heute gerade der Tag jähre, an dem sie den Unfall beim Brande erlitten hatte. In den nächsten Tagen besuchte sie auch Dr. Seidl und verordnete ihr Mittel gegen ihre Blasenstörungen. Die Ausführung ist datiert: 13. und 16. März 1919. Therese Neumann kann sich noch sicher erinnern, daß die Besuche von Dr. Seidl Mitte März 1919 zu einer Zeit erfolgten, wo sie noch nicht völlig erblindet war. Als wahrscheinlichster Tag der Erblindung ergibt sich somit der 17. März 1919. Die Ursache war folgender Unfall. Sie hatte eines Abends auf den Krankenstuhl gesetzt werden müssen. Die Mutter benützte die Gelegenheit, ihr das Bett zu richten. Der Vater hielt sie, damit sie nicht herabfalle. Als er aus irgendeinem nicht mehr feststellbaren Grunde für kurze Zeit aus dem Zimmer gehen und sie sich selbst überlassen mußte, und die Mutter ihr gerade das Bett machte, stürzte sie rücklings von dem Stuhl, dessen Sitzfläche sich ungefähr sechzig Zentimeter über dem Fußboden befindet, hinunter. Sie schlug dabei mit dem Hinterkopf zunächst an den Pfosten der Küchentür, neben dem der Krankenstuhl stand, und dann auf den Steinboden der Küche auf. Ein Krampf trat ein und sie wurde ohnmächtig. Mehrere Tage lag sie in einem Zustand verminderter, ja fast völliger Bewußtlosigkeit, zu der immer wieder Krämpfe traten. Sie sagte mir, sie vermöchte diesen Bewußtseinszustand nicht recht zu beschreiben. Sie könnte nur soviel sagen: Sie habe eigentlich von sich nichts gewußt und auch fast nichts von der Außenwelt gemerkt. Sie habe sehr starke Schmerzen im Kopf und Genick gehabt und wieder sehr stark das Gefühl, daß ihr die Augen aus den Höhlen quellen. Diesmal sei es am stärksten von allen Unfällen gewesen. Ihre Augen habe sie geschlossen gehalten und außer der Mutter niemanden gekannt, der sich ihr näherte. Habe man sie angeschrien, so habe sie es dumpf vernommen, aber nicht verstanden. Sprechen konnte sie nicht, auch nicht einen Ton von sich geben. Da sie den Mund ständig fest geschlossen hielt, hat die Mutter ihn ihr auf folgende Weise gewaltsam aufgemacht. Sie hat ihr die Nase zugedrückt, so daß sie nicht atmen konnte. Da öffnete sie den Mund, um Luft zu bekommen. Dann schüttete ihr die Mutter etwas Flüssiges in den Mund und sie schluckte es hinunter. Diese Maßnahme hat die Mutter in der Folgezeit öfters mit ihr vornehmen müssen.

Da in der Schneiderstube Kunden und Nachbarn aus- und eingingen, war es den Eltern peinlich, daß sie öfters Zeugen der Krämpfe ihrer Tochter wurden, zumal solche unfreiwillige Zeugen wiederholt äußerten, der Anblick sei so schauerlich, daß sie ihn nicht noch einmal erleben möchten. Sie trugen sie daher wieder in das Zimmer im ersten Stock hinauf, das sie nun bis zur völligen Heilung von der Lähmung nicht mehr verließ. Ihr Zustand war während dieser Tage einmal derart besorgniserregend, daß der Pfarrer bis 2 Uhr nachts bei ihr blieb. Als sie das erste Mal wieder die Augen öffnete, schien es ihr Nacht zu sein. Deshalb rief sie ihrer Mutter, die sie im Zimmer mit dem Vater sprechen hörte, zu: „Mutter, dreh doch das Licht auf!" Die verblüffte Mutter antwortete, es sei doch erst Mittag und ohnehin hell. Vor Therese Neumanns Augen aber war es finster, sie war vollständig erblindet.

Die Eltern waren der Überzeugung, die Erblindung werde wieder weichen, wie ja auch die Krämpfe und Ohnmachten immer wieder aufhörten. Sie trösteten deshalb ihre Tochter: das werde sich schon wieder geben. Von Tag zu Tag erwartete man zunächst, daß ihr das Augenlicht zurückkehren werde. Aber dieser Tag sollte jahrelang nicht erscheinen. Therese Neumann berichtete, daß sie von dem Augenblick an, wo sie nach dem Sturz von dem Krankenstuhl sich wieder genauer beobachten konnte, bis zur Heilung von der Blindheit eine sehr herabgesetzte Empfindungsfähigkeit an den Augen hatte. Sie legte öfters den Finger direkt auf den Augapfel,

besonders auf die Hornhaut, um ihre Empfindungsfähigkeit zu prüfen, so daß die Mutter sie ermahnte, nicht
so oft an die Augäpfel zu langen. Es könnte das schaden
und es könnten bei Unterlassung derartiger Berührungen
ihre Augen vielleicht doch wieder gut werden. Bei diesen
Berührungen der Augen nach der Erblindung hatte sie
links nur eine dumpfe Empfindung, rechts war die Empfindung stärker, wie überhaupt alle Krankheitserscheinungen bei ihr links stärker ausgeprägt waren als rechts.
Auf Befragen antwortete sie, daß sie mit den Fingern
bei offenen Lidern auf den freien Teil des Auges — wie
schon gesagt — besonders auf die Hornhaut gelangt habe,
aber nicht mit der Fingerspitze zwischen die Augäpfel
und die Lider hineingefahren sei. Ob ihre Augen bei dieser
Berührung der Augäpfel getränt haben und ob ein Lid-
reflex sich zeigte, wußte sie nicht mehr mit Sicherheit
anzugeben. Dagegen wußte sie noch, daß der Lidschluß
viel seltener auftrat als in den vorausgegangenen gesunden
Zeiten. Beim Schlafen hielt sie die Lider geschlossen. Von
denen, die sie sahen, hörte sie, daß ihre Pupillen groß
und glasig gewesen sind und daß sie starr geschaut hat.
Die Pupillen waren gegenüber ihrem Zustand in gesunden
Tagen stark vergrößert. Als Dr. Seidl ihre Augen untersuchte, hat er nach dem Bericht von Therese Neumann
diese Erscheinungen „beredet" und gesagt, die Pupillen
seien sehr groß. Sie vermochte aber die Augen willkürlich
im Kopf zu bewegen. Sie pflegte sie, wenn sie mit jemanden
sprach, in die Richtung zu drehen, aus der der Klang der
Stimme kam, so daß sie auf solche Besucher, die von ihrer
Blindheit nichts wußten, den Eindruck machte, als sähe
sie sie an. So erzählte sie, ein Jesuitenpater Kunz habe
ihr einmal als Neupriester die Kommunion gereicht. Er
habe dabei nicht gemerkt, daß sie blind war; es sei ihm
nur aufgefallen, daß sie so starr geschaut habe. Als ich
sie aufforderte, mir näher zu schildern, welche Beobachtungen über das Gefühl des Herausquellens der Augen
sie während ihrer Krankheitszeit gemacht habe, erzählte

sie mir: Nach dem Sturz von der Kellertreppe habe sie ein solches Gefühl des Schmerzes im Kopf gehabt, als ob ihr die Augen herausfallen möchten. Dieses Gefühl habe sich aber von dem Gefühl des Herausquellens der Augäpfel aus den Augenhöhlen, das sie später beim Anschlagen ihres Kopfes gehabt habe, unterschieden. Das letztere Gefühl habe sie erstmals nach dem Sturz von der Leiter gehabt. Und der Stärkegrad dieses Gefühls habe je nach der Stärke des Unfalls, d. h. des Kopfanschlagens, gewechselt. Sie habe dieses Gefühl auch dann gehabt, wenn sie bloß zusammengestürzt gewesen sei und dabei den Kopf angeschlagen habe. Aber dann sei es leicht gewesen. Am stärksten, und zwar ganz stark, sei es erst nach dem Sturz vom Krankenstuhl gewesen. Hier sei es „erst richtig" gewesen. Nachdem sie diesen Bericht gegeben hatte, befragte ich Therese Neumann, ob etwa an den äußern Augenlidern nach den starken Stürzen Veränderungen bemerkt worden seien. Sie verneinte. Darauf fragte ich direkt, ob ihr irgendwann einmal nach solchen Stürzen die Lider blutunterlaufen gewesen seien. Sie verneinte abermals und erklärte, sie könne sich jedenfalls nicht daran erinnern. „Mei, wer hat danach g'schaut", sagte sie und deutete damit, wie öfters, an, daß man unter den damaligen Verhältnissen Erscheinungen, die in ihren Gesundheitszustand nicht tiefer eingriffen, keine Beachtung zu schenken pflegte. Was ihre Sehfähigkeit betraf, so war der Zustand, den ihre Sehschwäche bei der Versehung mit den Sterbesakramenten am Dienstag nach Kirchweih 1918 aufwies, bis zum Sturz vom Krankenstuhl gleichgeblieben. Sie erklärte mir, sie sei fähig gewesen, „Tag und Nacht zu unterscheiden", sie vermochte auch bei künstlichem Licht hell und dunkel zu unterscheiden, denn die Versehung vollzog sich früh morgens ½ 2 Uhr am 23. Oktober, also bei künstlichem Licht.

Von der Erblindung bis zu deren Heilung
am 29. April 1923

Die Leidensgeschichte der Therese Neumann ließ sich,
wie der Leser aus dem Vorausgegangenen ersah, bis zu
ihrer dauernden Bettlägerigkeit in ihren Einzelheiten ziemlich weitgehend ermitteln. Die Gründe liegen wohl vor
allem darin, daß sich die wichtigsten Geschehnisse ihrer
Art nach als Sonderereignis hervorheben und auch wegen
ihrer Unerwartetheit und ihrer unglücklichen Folgen sich
dem Gedächtnisse von Therese Neumann und ihren Angehörigen besser einprägten. Sie hoben sich in den Bemühungen, ein tätiges Leben weiterzuführen, zumeist als
sinnfällige Unfälle auch durch ihre Vorgeschichte heraus.
Nach dem Eintritt der dauernden Lähmung aber verlor
sich, wie schon zu bemerken war, diese Abwechslung in
den Geschehnissen erheblich. Mit dem ständig gleichen
Liegen im Bett tritt eine ihrer äußeren Art nach gleich-
förmige, sich im Einzelvorgang wenig mehr unterschei-
dende auslösende Ursache von Krämpfen in den Vorder-
grund. Das sind die willkürlichen Bewegungen, die Therese Neumann selbst im Bette vornahm, wenn sie sich
drehte oder mit dem rechten Arm sich an dem das Bett
überhöhenden Brett näher zu dem Davorstehenden zog
oder aufrichtete. Therese Neumann kann sich erinnern,
daß sie einmal aus Anlaß einer Volksmission in Konnersreuth ein Pater Berard besuchte. Sie hörte ihn kommen
und wollte sich aufrichten. Da erfaßte sie ein Krampf,
so daß der Pater sie fragte: „Resl, fürchtest du mich?"
Die gleiche Wirkung lösten auch Bewegungen aus, die mit
ihr regelmäßig vorgenommen werden mußten. Solche
waren besonders beim Bettmachen, beim Wechseln des
Strohs und der Bettwäsche, beim Leibwäschewechseln,
bei der Verbringung auf den Krankenstuhl usw. nötig.

Neben diesen regelmäßigen Ursachen tauchten in der
Erinnerung der Therese Neumann gelegentlich außergewöhnliche auf, die durch irgendein besonderes Geschehen

bedingt waren. Auch sie zeigen sich stets als Bewegungen ihres Körpers. Aber auch solche Geschehnisse, wie z. B. Unfälle beim Spielen mit den kleinen Brüdern usw., waren zumeist Geschehnisse des Alltags. Sie knüpften nicht an Ereignisse des bürgerlichen oder kirchlichen Jahres und sind deshalb zeitlich gar nicht oder nur sehr annähernd bestimmbar.

Bekanntlich hatte bereits Dr. Burkhardt größte Vorsicht bei Bewegungen der Therese Neumann angeraten. Da er aber unterlassen hatte, den Grund für diesen Rat anzugeben, und auch der Kranken selbst und ihren Angehörigen keinen Einblick in die Art ihrer Verletzung gegeben hatte, ist es verständlich, daß diese den Rat nicht sachgemäß zu befolgen vermochten. Den Arzt näher zu befragen, scheute man sich. Therese Neumann antwortete noch am 15. September 1928 auf meine Frage, warum sie und ihre Eltern von den sie behandelnden Ärzten nicht genaueren Aufschluß über ihre Ansicht von der Natur ihres Leidens gefordert hätten, ganz erstaunt: „Ja, kann man denn das?"

Für die Schilderung der folgenden Jahre hat der Leser also zu beachten, daß die schon genauer behandelten regelmäßigen Ursachen von Krämpfen der Therese Neumann weiter wirkten und natürlich auch zu zahlreichen Anfällen führten. Wir heben hier nur jene besonderen Geschehnisse hervor, welche sich in ihrem Zusammenhange näher klarstellen lassen.

In der zweiten Hälfte des Januar 1919 hatte Dr. Seidl in Waldsassen, wie schon gesagt, die Behandlung der Therese Neumann übernommen. Dr. Seidl hat sich über seine Beobachtungen bisher leider nicht öffentlich geäußert. Er hat zwar festgestellt, daß Professor Ewald in seinem Untersuchungsbericht ein Gutachten von Seidl vom Sommer 1927 spaltenweise wörtlich benützt habe. Da aber Professor Ewald nicht durch Anführungszeichen kenntlich macht, wo er Dr. Seidls Niederschrift wörtlich wiedergibt und wo und welche Streichungen er macht, kann der

Ewaldsche Bericht nicht als Quelle für Dr. Seidls Beobachtungen benutzt werden. Auch im Beleidigungsprozeß Aigner gegen v. Lama vor dem Amtsgericht München-Au am 15. April 1929 hat Dr. Seidl als Zeuge nicht angegeben, aus welchen Gründen er seinerzeit bei den Verhandlungen um eine Invaliditätsrente für Therese Neumann nach dem Bayerischen Kurier[1]) folgendes Gutachten abgab: „Schwerste Hysterie mit Blindheit und teilweiser Lähmung. Die Krankheit wird als Unfallfolge begutachtet, da Patientin nach allgemeiner Aussage früher ein vollkommen gesundes, äußerst kräftiges und arbeitsames Mädchen war, das wie ein Knecht arbeitete, aus einer nicht belasteten Familie stammt und erst seit dem Brand krank ist." Da Herr Dr. Seidl mir persönlich erklärt hat, er beabsichtige über seine Erfahrungen bei der Behandlung der Therese Neumann eine Arbeit zu veröffentlichen, habe ich begreiflicherweise davon Abstand genommen, ihn um Angabe seiner Beobachtungen zu bitten. Wir sind daher vorläufig noch auf Äußerungen der Therese Neumann, der Angehörigen und anderer Zeugen — zum Teil auch auf die erhaltenen Rezepte — angewiesen. Danach hat Dr. Seidl die Kniescheiben-(Patellar-)reflexe der Therese Neumann geprüft. Sie lag dabei schon im oberen Zimmer. Das eine Mal hätten sich die Beine bewegt, das andere Mal nicht. Das linke Bein hat sich nach diesen Aussagen selten bewegt. Ob die Bewegungen (die Reflexe) zeitweilig übersteigert waren, entzieht sich meiner Kenntnis. Dr. Seidl untersuchte auch ihren Rücken. Es wird von den Eltern und Therese berichtet, daß er die Stelle im Rücken, an der ein Druck bei ihr Schmerzensschreie und Zuckungen auslöste, mittels eines Kreuzes bezeichnet habe. Er versuchte auch eine Untersuchung ihrer Augen mit dem Augenspiegel. Er setzte sie dazu im Bette auf und sie mußte sich etwas zur linken Seite hinüberdrehen, um sich ihm — der neben dem Bette

---

[1]) „Aus Welt und Kirche", Beilage zu „Bayer. Kurier" vom 17. April 1929.

stand zuzuwenden. Mit dem Aufgesetztwerden wurde
ihr schlecht und sie bekam mit der sogleich darauffolgenden Drehung nach links einen Krampf und eine Ohnmacht. An eine Lichtempfindung kann sie sich nicht
erinnern. Die Untersuchung mit dem Augenspiegel kam
wegen des Krampfes nicht zustande. Sie fand schon im
oberen Zimmer statt, woraus sich als obere Zeitgrenze
die des letzten Drittels des März 1919 ergibt.

Der nächste schwere Unfall, der Therese Neumann zu-
stieß, schließt sich an eine Wohltat an, die ihr die Waldsassener Verwandten erwiesen, bei denen ihre Schwester
Ottilie, wie schon berichtet ist, seit Lichtmeß 1919 lebte.
Ottilie brachte ihr bei einem Besuch im Mai oder Juni 1919
zwei junge weiße Tauben. Eine von diesen wurde ge-
schlachtet und für sie zubereitet. Doch mußte sie sie bald
nach dem Essen wieder von sich geben. Darauf ließ man
die andere leben. Sie wurde in dem Zimmer gehalten, in
dem die Blinde lag, die ihr auf dem Fußboden vor dem
Bette Futter streute und sich an ihrem Trippeln und
Picken erfreute. Das Futter war in einem Blumentopf-
untersatz zu oberst in dem Koffer links neben dem Kopfende ihres Bettes aufbewahrt, der ihr „Hab und Gut" an
Wäsche usw. enthielt. Nicht an jedem Tage hatte sie die
Kraft, den Kofferdeckel zu heben. Einmal nun wollte
sie mit der linken Hand Futter entnehmen. Es gelang ihr
auch, den Deckel zu öffnen. Sie hatte sich aber zu weit
hinübergebeugt. Der im Kreuz haltlose Oberkörper sank
über das Brett hinab, mit dem die vordere Seitenwand des
Bettes überhöht war. Ihre Versuche, mit dem Oberkörper
ins Bett zurückzugelangen, waren erfolglos, so daß sie
um Hilfe schrie und schließlich von Angehörigen hinein-
gehoben wurde, die ihre Rufe vernommen hatten. Da
sie aber doch einige Zeit so gehangen und sich zappelnd
abgemüht hatte, bekam sie Krämpfe und wurde bewußtlos. Darnach trat am linken Arm über ein Vierteljahr
eine schlaffe Lähmung auf. Am linken Bein hatte sich
die „Taubheit" und Empfindungslosigkeit gesteigert. Das

linke Bein blieb dauernd bewegungs- und empfindungs-
loser als das rechte. Manchmal meinte sie, in ihm doch
wieder eine gewisse Empfindung zu haben. Beim rechten
Bein war zeitweilig eine leichte Bewegung im Knie möglich. Auch stellte sich eine Unfähigkeit zu sprechen ein.
In den Ohren trat ein Geräusch auf, das sie folgendermaßen schilderte. Sie deutete mit der Hand in die Ferne
und sagte, es war so, „als ob ein Wind ginge". Sie hätte
sich gefragt: „Was wird das sein? Das ist unheimlich,
das ist so etwas Dummes, so ein Sausen". Dann hat die
Taubheit eingesetzt. Sie war nicht auf beiden Ohren gleich
stark. Links hörte sie nur dumpf, rechts etwas besser.
Während der nach diesem Unfall etwa ein Vierteljahr
dauernden Hörstörungen surrten ihr die Ohren. Sie erklärte, bei Gehörstörungen oder völligen Ertaubungen
habe sie immer gleichzeitig Sausen in beiden Ohren gehabt, doch sei es rechts weniger stark gewesen als links.
Auch hatte sie in solchen Zeiten ein leichtes Schwindel-
gefühl, zumal wenn sie aufgerichtet wurde. In der nächsten
Zeit nach dem Unfall konnte sie sich nur durch Deuten
mit der rechten Hand mit ihrer Umgebung verständigen.
Wenn niemand im Zimmer war und sie jemanden herbei-
rufen wollte, so stieß sie mit der rechten Hand einen langen
Haselnußstecken so lange auf den Zimmerboden, bis man
das Klopfen in der darunterliegenden Arbeits- und Wohnstube hörte. Die Mutter erkannte sie an der Hand. Berührte sie ein Fremder, z. B. der Arzt, so erregte sie sich,
so daß die Mutter sie erst begütigend streicheln mußte.
Einmal fühlte sie plötzlich warme Tropfen auf ihre rechte
Wange fallen und an der Nase entlanglaufen. Da merkte
sie durch Tasten mit der Hand, daß die Mutter, über
ihrer Tochter Kopf gebeugt, weinte, und deren Jammer
schnitt ihr doppelt scharf ins Herz. Die Unfähigkeit, zu
sprechen und zu hören, ging langsam wieder vorüber,
letztere zuerst.

Dr. Seidl versuchte sie mit Elektrizität zu behandeln.
Die Behandlung fand erst statt, als sie schon wieder et-

was deutlicher hören konnte. Der Arzt elektrisierte sie am Hals. Sie sollte dabei „A" sagen, vermochte es aber nicht. Wenn er die Elektrode unter und über den Augen und an den Schläfen ansetzte, hat sie — wie sie wörtlich sagte — „rechts einen dumpfen Schmerz gespürt und es hat gezuckt", links hat sie nur gespürt, „daß was herfährt". Eine Lichtempfindung hatte sie dabei nicht. Auch an den Beinen wurde sie von dem Arzte elektrisiert. Links hatte sie keine Empfindung, obwohl der Arzt wie er sagte, den stärksten Strom eingeschaltet hatte. Rechts spürte sie den Strom dumpf und das Bein zuckte. Therese Neumann kann sich erinnern, daß Dr. Seidl sie auch später noch an den Augen elektrisierte, als ihr Zustand sich ein wenig gebessert hatte. Diesmal hat sie deutlich einen Schmerz im Gesicht gespürt; in den Augen hatte sie keine Empfindung. Näheres über die Verteilung der Empfindungsfähigkeit in den verschiedenen Gesichtspartien konnte sie nicht angeben.

Von diesem Unfall an verließ sie ihrer Erinnerung nach auch die Fähigkeit, sich im Bett umzudrehen und von einer Seite auf die andere zu legen. Sie ließ sich deshalb meist von der Mutter morgens auf die linke Seite legen, weil sie dadurch das Gesicht in das Zimmer hineinkehrte und so mit Anwesenden — sie erwähnte besonders die kleinen Kinder, die sie öfters besuchten — reden konnte. Diese hätten ihr doch nicht geantwortet, wenn sie den Kopf nach der rechten Seite, also das Antlitz zur Wand gerichtet, zu ihnen gesprochen hätte. Sie glaubte aber auch zeitweilig, wenigstens in der Anfangszeit ihrer dauernden Bettlägerigkeit, den Kopf auf die rechte Seite gelegt zu haben, wenngleich, besonders später, nach der völligen Erblindung und den Gehörsstörungen sie eine Neigung gehabt habe, ihren Kopf auf die linke Seite zu legen. Der Druck im Kopf schien ihr dann sich etwas zu vermindern.

Der hölzerne Koffer sollte übrigens noch in anderer Beziehung während der Folgezeit im Leben von Therese

Neumann eine Rolle spielen. Er war ein Erbstück und hatte seinerzeit dem mütterlichen Großvater als Militärkoffer gedient. Therese Neumann hatte ihn dann mitbekommen, als sie in fremden Dienst trat. Und jetzt barg er, wie schon gesagt, ihr „Hab und Gut". Des öfteren verschenkte sie davon an Befreundete, in der Hoffnung, deren Fürbitte aus Dankbarkeit möchte ihr zur Wiedergesundung verhelfen. Wenn es sie nun im Krampf aus dem Bett warf, so schlug sie dabei nicht selten mit dem Hinterkopf auf die scharfe Kofferkante auf, so daß die Mutter die Befürchtung äußerte, sie werde sich an ihr noch einmal den Kopf auseinanderschlagen.

Ein weiterer Unfall der Therese Neumann knüpft sich an ihr Spielen mit den zwei kleinsten Brüdern. Es wurde schon erwähnt, daß diese in ihrem kindlichen Unverstand wenig Rücksicht auf das Leiden ihrer ältesten Schwester nahmen. Vor allem deren Blindheit gab Anlaß zu Nekkereien, wie ja Kinder gerne Blindekuh spielen. „Resl, wo bin ich?" war ein vielgeübtes Spiel. Sie tanzten dabei vor dem Bett herum und ihre blinde Schwester suchte, von der Schallrichtung geleitet, nach ihnen zu greifen. Erwischte sie sie nicht, so machten sie ihr auch manchmal eine lange Nase. Häufig beendete ein Krampf, der infolge von Therese Neumanns Bewegungen eintrat, das heitere Spiel. Bemerkte die Mutter, wie das Leiden ihrer Tochter so zum Anlaß kindlichen Scherzes wurde, so übermannte sie oft der Schmerz und sie mußte weinen. Auch verwies sie den Buben ihre Unart. Therese aber war den Brüdern dankbar, daß sie ihr mit ihrem Spiel die ständige Nacht kürzen halfen, und machte gern mit. So spielte man wieder einmal zu dritt — die Schwester mit den beiden Knaben, — als sie schon blind im obern Zimmer lag: „Resl, wo bin ich?" Sie hatte sich mit dem linken Arm bis an den Bettrand gezogen und schlug mit der Hand, der Richtung des Klanges gemäß, nach den kleinen Schreiern vor ihrem Bette. Da faßte sie ein Krampf. Er warf sie aus dem Bett heraus und ohnmächtig lag sie auf dem

Bauch am Zimmerboden. Die Knaben, denen die Kraft fehlte, sie wieder ins Bett zu heben, nahmen in ihrer Angst vor Strafe ihr Oberbett, deckten sie damit zu und liefen zu dem nahen Neumannschen Wirtsanwesen, eine der dort bediensteten Schwestern zu holen, die sie dann wieder ins Bett hob. So erfuhren die Eltern nichts davon, denn es war gerade niemand in der unter ihrem Zimmer gelegenen Arbeitsstube anwesend, so daß ihr Fall ungehört blieb. Oft aber zeigte ein dumpfer Schlag an der Zimmerdecke dem Vater oder der Mutter an, daß ein Krampf ihre Tochter aus dem Bett geworfen hatte und sie kamen eilends, sie wieder hineinzuheben.

Aber nicht nur die kleinen Brüder, auch andere kleine Kinder des Ortes besuchten Therese Neumann des öfteren. Manchmal befanden sich bis zu fünfzehn in ihrer Stube und spielten mit ihr. Sie kletterten auch zu ihr ins Bett. Dabei bekam sie des öftern Krämpfe, ja, es warf sie auch aus dem Bett. Dann rannten die Kinder erschreckt davon. Nach ein paar Tagen kamen sie wieder ins Haus, fragten aber erst, ob es die Resl noch risse und ob sie noch die Augen verdrehe. Am liebsten war es Therese Neumann, wenn die kleinen Mädchen sangen. Sie forderte sie oft dazu auf. Manchmal mußte sie aber auch mitten unter dem Singen erklären, daß sie es nicht mehr hören könne, weil ihr schlechter wurde.

Der Wunsch, gesund zu werden, ließ Therese Neumann trotz aller Hoffnungslosigkeit ihrer Lage nicht los. So kam sie auf den Gedanken, ob sie die Fähigkeit, sich aufrecht zu halten und zu gehen, nicht auf eine ähnliche Weise wieder lernen könnte, wie man sie kleine Kinder lehrt. Sie dachte daran, daß man diese immer wieder auf die Füßchen stellt, sie dabei aufrecht hält und das Gehen erproben läßt. So machte sie ihrem Vater eines Sonntags folgenden Vorschlag. Sie erklärte, heute am Sonntag nachmittag hätten er und die Mutter ja Zeit und blieben ohnehin daheim bei ihr. Sie sollten sie in den Sessel setzen und wenn der zu erwartende Krampf eintrete, ruhig abwarten, was folgen würde. Die Eltern gingen auf den Vorschlag ein, hoben sie aus dem Bett und setzten sie in den Sessel, indem sie sie an beiden Seiten hielten. Sie wurde bewußtlos und bekam einen besonders starken Krampfanfall. Dabei wurde der ganze Körper so steif, daß die Eltern nicht mehr recht wußten, wie sie sie noch ins Bett zurückbringen sollten. Der Vater gab nach dieser Erfahrung in der Zukunft zu derartigen Versuchen, auf die seine Tochter noch öfters hindrängte, keine Einwilligung mehr.

Ich habe es bei den vielen Gesprächen, die ich mit Therese Neumann über ihre Leidenszeit gehabt habe, wiederholt erlebt, wie sie in der Erinnerung von steigender Erregung gepackt wurde, wie ihr die Tränen in die Augen traten und sie fast schluchzend sagte: Mein Gott, wenn ich damals gewußt hätte, was ich alles auszuhalten haben würde, ich glaube nicht, daß ich die Kraft zum Weiterleben behalten hätte. Sie schilderte dann, wie sie früher das Kranksein nicht gekannt und das kräftige Schaffen in der Arbeit geliebt habe und wie furchtbar es ihr gewesen sei, als sie so plötzlich bresthaft und schließlich ganz bettlägerig wurde, „unbeholfener wie ein kleines Kind". Erst mit größter seelischer Mühe und Überwindung habe sie sich in den Gedanken hineingefunden, daß ihr bestimmt sei, dauernd ans Bett gefesselt zu sein. Mit Nachdruck betonte sie mir gegenüber, sie sei auch ein junges Mädel gewesen und habe sich das Leben anders vorgestellt, als es dann gekommen sei. Schließlich habe sie sich in ihr Schicksal als Gottes Fügung finden gelernt. So sei sie dazu gekommen, für sich selbst die Sehnsucht nach Gesundheit zu verlieren. Schließlich habe sie vor allem der eine Wunsch geleitet, so zu tun, wie es Gottes Wille sei, und gehorsam und ohne Murren seine Fügungen hinzunehmen: „Denn er weiß ja doch am besten, was für uns gut ist." Pfarrer Naber erzählte mir, sie habe schließlich eine so große innere Haltung gewonnen, daß er ihr einmal, als sie besonders elend daran war, die letzte Ölung mit den Worten brachte: „Gel Resl, mit dir kann man da vernünftig reden" und sie dann zum Sterben vorbereitet habe. Nur der Kummer und die Plage, die sie unfreiwillig in ihrer Hilflosigkeit ihren Angehörigen, insbesondere ihrer Mutter, machte, bereitete ihr Schmerz, der besonders dann lebendig wurde, wenn die Mutter bei Verschlechterungen ihres Zustandes ihrer Angst, die Tochter bald ganz zu verlieren, Ausdruck gab. Mit rührender Dankbarkeit spricht Therese Neumann von der Haltung, die ihre Angehörigen, insbesondere ihre Eltern, damals ihr gegenüber eingenommen haben. Sie hätten sich, soweit es bei ihren sehr beschränkten Verhältnissen überhaupt möglich war, bemüht, das Los der Tochter zu erleichtern. Und da alle äußeren Mittel nichts halfen, so hätten sie gerade seelisch es ihr sehr erleichtert, indem sie mit ihr verkehrten, alsob sie nicht krank, sondern noch die alte, arbeitsbewährte Tochter sei. Wenn der Vater ein Stück Vieh verkaufen wollte, wenn man die Ackerbestellung in Angriff nehmen wollte und sich überlegte, was man auf dieses oder jenes Feld säen oder pflanzen sollte, kurz, wenn irgendeine Frage der kleinen Wirtschaft durchzudenken war, besprachen die Eltern sie mit ihrer Tochter Therese. Eine halbe Stunde des Plauderns widmeten sie ihr stets, meist, wenn sie ihr mittels einer Feder Hühnerfett auf die Aufliegewunden des Rückens strichen und sie dann an den Ofen setzten, damit sie „den Buckel trockne", oder wenn sie sie auf die Zudecke, die auf den Boden gebreitet wurde, legten und die Mutter ihr das Bett machte. Therese Neumann sagt, ihre Angehörigen seien immer bereitwillig gewesen, sie in ihrer Hilflosigkeit zu bedienen. Wenn ein Fest war, so hielten sie sich stets in ihrem Zimmer auf. Aber auch an anderen Tagen war oft jemand bei ihr. Die Kranke war der Liebling der Familie. Abends gab ihr die Mutter stets Weihwasser und das Kreuz. Durch diese Art des Umgangs mit ihr verschafften sie ihr das Gefühl, daß sie immer noch ein wenig nützlich sein könne, wenn auch nur mit ihrem Rat. Und sie gaben ihr außerdem das Bewußtsein, daß sie trotz allen Siechtums als liebes und wichtiges Familienglied in der Vorstellung der Angehörigen lebte. Sie war nicht die lästige Kranke, die man nach Möglichkeit links liegen ließ, sondern sie lebte geistig voll das kleine Leben der Familie mit. Besonders an den Nachmittagen von Sonn- und Feiertagen, wo die Eltern wenig Arbeit hatten, setzten sich Vater und Mutter gern zu ihr ans Bett und besprachen mit der verständigen Tochter alle Fragen und Sorgen, die sie beschäftigten.

Ich habe oben erwähnt, daß ihr das Unterbett über einen Strohsack gebreitet war. Sooft das Stroh erneuert wurde, begann für sie eine besonders harte Zeit. Das Liegen bereitete ihr Schmerz, auch führte die neue Lagerung zu Krampfanfällen, bis der Strohsack entsprechend der Körperform zusammengelegen war und dann den Körper besser stützte. Deshalb suchte man das Stroh nicht zu oft zu erneuern, zumal sie selbst darum bat. Das seit Ende Oktober 1918 ständige und immer bewegungslose Liegen führte unter diesen Verhältnissen bei Therese Neumann zu Aufliegewunden (Druckbrand). Diese Geschwüre traten erstmals im ersten Vierteljahr 1919 auf und verließen die Leidende bis zu ihrer Heilung von der Lähmung am 17. Mai 1925 nicht mehr. Das erste Aufliegegeschwür bildete sich „tief unten am Rücken". Dr. Seidl verordnete gegen diese Geschwüre eine Salbe, die — wie Therese und ihre Angehörigen berichten — schwarze Flecken in der Wäsche verursachte. Zur Zeit der Erblindung hatte sie sich den Rücken schon stark aufgelegen und erhielt dagegen am 30. März 1919 von Dr. Seidl eine Salbe aus *Perubalsam* (0,9) *Argent. nitr.* (0,3) und Vaseline (30,0). Die Dosierung der wiederholten Verordnungen wechselt. Das Rezept von Dr. Seidl gegen diese Aufliegewunden vom 3. II. 1920 lautet: *Rp. Bals. Peruv.* 1,5, *Arg. nitr.* 0,5, *Vaseline ad.* 50,0, *Mf. ung. D. S.* Salbe für Neumann, Konnersreuth, Nr. 12. (gez.) Dr. Otto Seidl. Es trägt den Stempel: Stadtapotheke

Waldsassen. Telephonruf 27, [unleserlich] 1920. Rezept Nr. 1698 (gez.) Ph. Badum.

Die Anordnung dieses Mittels wird dann von Dr. Seidl in der Folgezeit oft wiederholt. Die jüngste mir bekannt gewordene ist einige Wochen vor der Heilung des Druckbrandes am Knöchel des linken Fußes anfangs Mai 1925 ausgestellt und lautet:

Sanitätsrat Dr. Otto Seidl

Krankenhausarzt

Sprechstunde von $10^1/_2$ — 12 Uhr

Waldsassen 2. 4. 25.

Bals. Peruv. 10,0
Arg. nitr. 1,0
Vaseline ad 100,0

für Frl. Therese Neumann, Konnersreuth, Nr. 12

(landw. Berufsgen.)

(gez.) Dr. Otto Seidl.

Dr. Seidl veroidnete also eine Salbe aus Perubalsam, Höllenstein und Vaselme. Auch verschrieb er ihr öfters Weizenstärkepuder und Zinksalbe. Da diese Mittel nicht den gewünschten Erfolg brachten, wandten die Eltern schließlich ein Hausmittel — nämlich Hühnerfett — an, das ihnen Nachbarn anrieten. Es wurden damit Läppchen bestrichen und ihr auf die Wunden gelegt. Dadurch erhielt sie Linderung. Es bildeten sich über den Wunden feine Häutchen, die aber häufig wieder aufbrachen. Oft auch heilten die einen Geschwüre zu, während sich an anderer Stelle des Körpers andere bildeten. Diese Druckgeschwüre zeigten sich mit der Zeit an allen Druckstellen des Körpers. Am Rücken entlang, von den Schultern bis über das Kreuzbein hatte Therese Neumann oft zu gleicher Zeit neben kleinen Wundstellen fünf bis sieben von Taler- bis Handgröße. Diesen Wunden und der daraus quillenden Flüssigkeit entströmte ein sehr übler Geruch, der ihr und ihrer Umgebung fast den Atem nahm. Damit ihr der Wechsel des Hemdes nicht zu große Schmerzen bereitete,

pflegte die Mutter es mit warmem Wasser aus der Ver-
klebung mit den eitrigen Wunden zu lösen.

Die Blasen- und Darmstörungen der Therese Neumann
zeigten wechselnde Art. Bald erfolgten Ausscheidungen ganz
unwillkürlich, bald gab es mehrere Tage hindurch überhaupt keine. Wie sich diese wechselnden Erscheinungen
in dieser und der späteren Zeit bis zur Heilung der Lähmung an einzelne Unfälle anschlossen, vermochte ich nicht
mehr festzustellen. Dagegen können sich Therese Neumann und ihre Eltern noch bestimmt erinnern, daß zweimal eine Reihe von Tagen, einmal wahrscheinlich zehn, das
andere Mal vierzehn Tage, überhaupt keine Entleerungen
stattgefunden haben. Dr. Seidl ordnete in beiden Fällen
die Katheterisierung (Entleerung der Blase mittels eines
eingeführten Abflußröhrchens) und die künstliche Entfernung des Stuhls durch die Konnersreuther Hebamme an.
Beim zweitenmal war bereits alles vorbereitet, und der
Katheter schon ausgekocht. Die Hebamme erklärte dabei besorgt: „Wenn man sie nur richtig anfassen könnte.“
Nach Entleerung des Darmes entleerte sich die Blase
automatisch. Dieser Wechsel der Krankheitserscheinungen erklärt wohl, warum Therese Neumann während ihrer
Bettlägerigkeit zu Zeiten stopfende, zu anderen Zeiten
abführende Arzneien verordnet wurden.

Die schon geschilderten Ernährungsstörungen hielten
fortdauernd an. Therese Neumann erbrach gleich nach
dem Essen die festen Speisen, so daß ihr weiter zur Er-
nährung hauptsächlich Mehlmus und Tee gereicht wurden.
Das Erbrochene roch nicht eigentlich sauer.

Seit Weihnachten 1922 — der Zeit des Auftretens eines
Halsleidens, das uns jetzt beschäftigen muß — hat sie
überhaupt nichts Festes mehr gegessen. Ein Gymnasiast
aus der Pfarrei, der Theologie studieren wollte, hatte ein
Halsleiden bekommen, das ihn zur Aufgabe des Theologie-
studiums zu zwingen drohte. Therese Neumann flehte
darum, statt seiner das Leiden übernehmen zu dürfen.
Denn „ich taug eh nichts mehr in meinem Leben.“ So

geschah es auch. Der Student konnte sein Studium fort-
setzen. Therese Neumann aber bekam ein Halsleiden,
das noch heute besteht. Sie fühlt immer noch ihren Hals
wund und hustet manchmal Blut aus. Zumeist ist dies,
wie sie mir sagte, morgens der Fall, wo auch Blutbrocken
mit Schleim vermischt auftreten. Beim Gurgeln erscheinen
Blutfetzen.

Damals, zu Weihnachten 1922 konnte sie zunächst
zwölf Tage lang keinen Tropfen schlucken. Dr. Seidl
erklärte als Ergebnis seiner Halsuntersuchung, die Schluck-
muskeln seien gelähmt. Eine Schwellung des Halses be-
streitet Therese Neumann und erklärt, sie hätte nur nicht
schlucken können. Der Hals sei wund gewesen. Am
Dreikönigstage 1923 konnte sie das erstemal wieder
kommunizieren.

In den Jahren 1923 und 1924 hatte sie Geschwüre im
Hals. Sie glaubt, daß es nicht mehr als drei bis vier gewesen sind, von denen eines sehr gefährlich war. Es wird
uns zu seiner Zeit beschäftigen.

Gegen Ende des Jahres 1919 begannen bei Therese
Neumann auch Magengeschwüre aufzutreten. Sie gibt
für die sechseinhalb Jahre, in denen sie ans Bett gefesselt
war, ihre Zahl auf mindestens 6—7 an, von denen drei
besonders schwer gewesen seien. Sie habe sie jeweils
ein Viertel- bis halbes Jahr vor dem Zeitpunkt gespürt,
an dem sie aufgebrochen seien. Auch sei bei ihnen ähnlich
wie bei den Halsgeschwüren starke Atemnot aufgetreten.
Arzneien für den Magen wurden ihr ziemlich oft verordnet,
doch ist mir nicht ersichtlich, ob die einzelnen die fort-
laufenden Ernährungsstörungen oder die Magengeschwüre
im besonderen beeinflussen sollten. Nach ihrem Aufbrechen hatte Therese Neumann stets einige Zeit hindurch
Magenblutungen. Über das Auftreten eines solchen
Magengeschwürs, nämlich das am 25. April 1923 auf-
gebrochene, werde ich zu seiner Zeit nähere Angaben
machen.

Nach dem Erscheinen von Magengeschwüren traten bei

72

Therese Neumann auch Geschwüre unter der Achsel des linken Armes auf. Die Zeit ihres Beginnes ist nicht mehr genau anzugeben. Sie bildeten sich zeitlich neben- und kurz hintereinander. Während sich eines schloß, brach ein anderes auf. Einmal sind es elf gleichzeitig gewesen, von denen zum Teil jetzt noch Narben vorhanden sind. Eines ist verhärtet und wird von ihr heute noch gespürt.

Daß Menschen, die lange bettlägerig sind, leicht von Erkrankungen der oberen Luftwege erfaßt werden, ist allbekannt. Auch in der Krankheitsgeschichte der Therese Neumann begegnen uns daher häufig Erkältungen. In ihren Krämpfen stieß sie öfters die Bettdecke von sich und erkältete sich dann, wenn zufällig niemand ihre Lage bemerkte und sie wieder zudeckte. Auch warf sie zuweilen ein Krampf ganz aus dem Bette und sie blieb unbedeckt auf dem Boden liegen, was ebenfalls zu Erkältungen führte. Diese aber brachten ihr außer schwerem Husten auch gelegentlich starke rheumatische Schmerzen.

Neben Arzneien für einzelne Krankheitserscheinungen erhielt Therese Neumann von Dr. Seidl fortdauernd nervenberuhigende und schmerzstillende Mittel — insbesondere Morphiumpräparate — die ihr offenbar den trostlosen Zustand fortwährender Schmerzen erleichtern sollten.

Um die Wende des Jahres 1922/1923 wurde Therese Neumanns Vater von schwerem Rheumatismus befallen. Dieser ergriff besonders die oberen Gliedmassen, so daß er seine Schneiderarbeit nicht mehr ausüben konnte. Die Krankheit zog sich lange hin. Es ist ein Rezept von Dr. Seidl vom 20. Januar 1923 „für Herrn Neumann, Konnersreuth Nr. 12" erhalten, in dem der Arzt *Phenacetin; Ac. acet. salicyl.* 5,0; *Div. in p. aequ.* Nr. V., ferner *Linim. Chlorof.* 30,0 verschreibt, also eine regelrechte Rheumatismusbehandlung anordnet. Ein zweites Rezept vom 29. Januar 1923 verordnet die gleiche Dosis *Linim. Chlorof.*, aber die halbe Menge *Ac. Acet. salicyl.* Da die Arbeitsunfähigkeit des Vaters die Familie sehr hart traf, fragte Therese Neumann ihren Seelenführer Pfarrer Naber, ob es ihr wohl erlaubt sei, darum zu bitten, daß ihr ein weiteres Leiden auferlegt und dem Vater dafür das seine genommen werde. Als der Pfarrer ihr erklärte, er sähe in einer solchen Bitte kein Unrecht, betete sie inbrünstig um ihre Gewährung. Am nächsten Tage war ihr linker Arm und ihre linke Hand so zusammengezogen, daß die Fingerspitzen auf die linke Brustseite gepreßt wurden. Diese Zwangshaltung dauerte etwas mehr als zwei Monate. Erst zu Anfang des April 1923 wurde der Arm wieder beweglich. In der Zwischenzeit entstand an dieser Stelle der Brust ein Druckbrand. Von ihm ist, wie mir berichtet wurde, eine Narbe zurückgeblieben, die sich dreifingerbreit über dem jetzigen Herzstigma in der Richtung zur linken Achsel befindet.

Der Vater aber genas rasch von seinem Leiden und erhielt seine volle Arbeitsfähigkeit zurück.

Auch wenn Therese Neumann und ihre Angehörigen allmählich gegenüber dem ärztlichen Vermögen, sie zu heilen, zweifelnder und zweifelnder wurden, so riefen die Eltern doch immer wieder den Arzt, zumal wenn sich bei ihrer Tochter der Gesundheitszustand so verschlimmerte, daß man ihr rasches Ableben befürchtete, was ja des öfteren der Fall war. Die Eltern sagten sich: Lassen wir den Doktor nicht kommen und sie stirbt, so machen wir uns nachher im Gewissen Vorwürfe. Die Nachbarn aber werden uns schelten, wir seien doch rechte „Hornnackeln" und „schöne Heuchel", daß wir den Arzt nicht holten, zumal seine Besuche und Arzneien doch auf Kosten der Versicherung — der landwirtschaftlichen Berufsgenossenschaft Regensburg — gehen, in die ja von Therese Neumann und ihrem Arbeitgeber jahrelang einbezahlt war. Nebenher aber hofften sie doch immer selbst noch für ihre Tochter auf Hilfe durch Menschen. Da die Schulmedizin nichts erreichte, wandten sie sich — vor allem in den Jahren 1922—1924 — an einen Naturheilkundigen Friedrich Heinzl in Neustadt a. W.-N., der auf Grund von

Urinprüfungen seinen Patienten verschiedene Tees und Teemischungen verordnete und in der Gegend großes Vertrauen genoß. Therese Neumann hat er selbst nie untersucht. Meist war es die Mutter, die zu ihm nach Neustadt fuhr, und von ihm nach Untersuchung des mitgebrachten Urins die verschriebenen Tees mit zurücknahm. Sie erzählte, sie wäre etwa 52 mal bei ihm gewesen. Diese Besuche und die Medikamente mußten die Eltern aus ihrer Tasche bezahlen. Die Kur, die Heinzl wegen des Ausbleibens der Menstruation mit Therese Neumann versuchte, ist in ihrem Ausgang schon erwähnt worden. Vor Dr. Seidl wurden diese Versuche mit Heinzl ebenso verborgen gehalten wie ein späterer mit einem Heilkundigen in Hamburg, der aus den Haaren die Krankheiten der Menschen zu erkennen behauptete. Ein Verwandter der Familie, ein Matrose Wolfgang Müller, der zu Besuch in Konnersreuth weilte, riet, es mit diesem zu versuchen. Er nahm auch Haare der Therese Neumann zu dem Hamburger Heilkundigen mit, der ihr daraufhin einen schlimmen Ausgang voraussagte.

Die Heilung von der Blindheit am 29. April 1923

In diesem hoffnungslosen Leiden der Therese Neumann sollte der April 1923 die erste Wendung zum Besseren bringen. Zwar ließ er sich zunächst keineswegs so an. Magenbeschwerden, an denen sie seit längerem wieder einmal litt, wurden immer heftiger und schmerzhafter. Dr. Seidl untersuchte sie und stellte ein Magengeschwür fest. Die Eltern und sie berichten, sie hätte schließlich rasende Schmerzen, Brech- und Würgreiz bis zur Atemnot und drohendem Ersticken gehabt. In der Angst sei man auf den Gedanken gekommen, daß in dem Schubfach eine Reliquie der kleinen Therese vom Kinde Jesu sich befinde. Diese habe der Vater rasch eingenäht und ihr umgehängt. Der Zustand aber habe sich immer mehr verschlimmert und wie man gemeint habe, jetzt werde sie sterben, habe sie plötzlich aufgestöhnt, nach einem Kübel gegriffen und darauf eine beträchtliche Menge braunen Mageninhalts ausgebrochen. Er habe ausgesehen, als wenn Blut und Eiter gemischt gewesen wären und habe einen stark stinkenden Verwesungsgeruch gehabt. Der Tag war Mittwoch, der 25. April 1923.

Am 28. April besuchte Dr. Seidl wieder seine Patientin in Konnersreuth. Er erklärte nach dem Bericht der Familie, er habe jetzt ein besonderes Mittel für die Augen, das wolle er an Therese probieren. Das Rezept, das er hinterließ, konnte aber an diesem Tage wegen dringender Arbeiten noch nicht nach Waldsassen zur Apotheke gebracht werden.

Therese Neumann brach nach diesem Aufbruch des Geschwürs aus dem Magen von Zeit zu Zeit Blut. Da erinnerte sich der Vater, daß bei früherem derartigem Magenbluten nach dem Aufbrechen von Geschwüren eine Teemischung des schon erwähnten Naturheilkundigen Heinzl in Neustadt a. W.-N. seiner Tochter gutgetan hatte. Er machte sich daher am Sonntag, den 29. April 1923, frühmorgens dorthin auf den Weg. Als er sich um 6 Uhr von seiner Tochter, die wach im Bette lag, verabschiedete, konnte sie wegen ihrer Blindheit nichts von ihm sehen. Therese Neumann schlief nach seinem Fortgehen wieder ein. Da erschien es ihr im Schlaf, als wenn an ihrem Kopfkissen etwas gemacht würde – „wie wenn was kratzt." Sie wachte davon auf — es war etwa eine halbe Stunde nach 6 Uhr morgens — und sah ihre Hände, ihre schwarzen Pulswärmer und ihre weiße Nachtjacke sowie das Oberbett mit seiner kleinblumigen Musterung. Voll ungläubigen Staunens blickte sie im Zimmer herum. Dann klopfte sie mit der rechten Hand mit dem Stock auf den Fußboden. Sie wollte ihre Mutter rufen. Statt ihrer kam Theresens Schwester Kreszentia in die Stube. Therese Neumann erkannte sie zunächst nicht. Denn in den mehr als vier Jahren, seitdem sie nicht mehr hatte sehen können, war jene stark gewachsen. Kreszentia kam,

Therese zu fragen, ob sie nichts brauche. „Ja, Mutter soll
aufi, aber glei!", antwortete sie. Die Schwester rief sofort
die Mutter. Diese wurde von Therese sogleich wieder erkannt, da sie sich nicht verändert hatte, und mit dem
Ruf empfangen: „Mutter, i hab was! Mutter, i kanns gar
nicht sagen!" Die Mutter meinte im ersten Augenblick, ihre
Tochter habe wieder einmal „unter sich lassen" müssen, und
schäme sich, es auszusprechen. Daher fragte sie ruhig:
„Resl, was hast denn?" Worauf diese antwortete: „Mutter,
i seh fei!" Die Mutter konnte das Neue nicht glauben.
Sie rief ihrer Tochter Kreszentia zu, sie sollte zu dem
Wirtsanwesen des Martin Neumann hinauslaufen, und
eine Schwester, vielleicht die Ottilie, hereinholen. Sie
sollte aber zu Martin Neumann nichts sagen, damit es
kein Gerede gäbe, wenn es doch nicht wahr wäre, daß die
Therese sieht. Während zu den Schwestern geeilt wurde,
ergriff die Mutter mit zitternden Händen einen Blumen-
stock mit weißen Blüten, der am Fensterbrett des Zimmers
stand und hielt ihn ihrer Tochter vor die Augen. Diese
griff nach den Blumen. Dann nahm die Mutter noch einen
Stock mit roten Blüten und zeigte ihn ihrer Tochter. Da
griff diese nach den roten Blumen und meinte, die Stöcke
würden schön in die Kirche passen. Jetzt weckte die
Mutter das jüngste Kind, „den klein Hansl", der im
Zimmer schlief. „Hansl! Denk, die Resl sieht!" Hansl
sprang im Hemd aus dem Bett, holte vom Fenster ein
Gottesaugenstöckl und hielt es Therese hin. Therese
Neumann konnte selbst in diesem Augenblick ihre Anlage
zu Heiterkeit und Scherz nicht verleugnen, denn sie sagte
ihm, indem sie auf sein weißes Hemd anspielte: „Ja,
Hansl, kommst aus der Kirchn? Bist etwa Ministrant?"
Inzwischen kam ihre Schwester Ottilie vom Anwesen des
Martin Neumann. Therese Neumann hatte gehört, wie die
Mutter den Auftrag gegeben hatte, sie zu holen und
fragte die Eintretende deshalb: „Ottili, bist du's? —
Ja, mei, bist du groß geworden die Zeit her!" Dann
weinten die Schwestern zusammen vor Freude. Die

Mutter schickte darauf sofort ihre Tochter Ottilie nach Waldsassen mit dem Auftrag, der Patin — Frau Forster — zu sagen, daß Therese sehe. Dabei fiel ihr ein, daß sie auch gleich die verordnete Augenarznei machen lassen und mitbringen könnte. Die Arznei, die sie dann mitbrachte, war *Scopolamin* 0,01/10,0.

In Konnersreuth sprach sich das Ereignis sofort herum und im Laufe des Nachmittags erhielt Therese Neumann den Besuch einer Anzahl ihrer Freundinnen, die staunend Rührung und Freude teilten. Als abends der Vater zurückkehrte, erkannte ihn die Tochter sogleich, schwieg aber darüber, daß er so grau geworden war. Es waren seit ihrer völligen Erblindung vier Jahre und ein Monat bis zu der Stunde vergangen, als sie das Augenlicht wieder erhielt.

Am anderen Morgen setzte sich die Mutter zu ihrer Tochter neben das Bett und las in der Zeitschrift „Rosenhain", die — wie schon gesagt — der Verehrung der Karmeliterin Therese, der später heiliggesprochenen kleinen Therese vom Kinde Jesu, gewidmet ist. Therese Neumann schaute in das Heft hinein und las leise murmelnd mit. Die Mutter war darüber sehr überrascht; sie hatte sich noch gar nicht mit dem Gedanken vertraut gemacht, daß ihre Tochter nun auch wieder lesen könne. Diese aber konnte von jetzt an auch ganz kleine Schrift und Druck, wie sie das Gebetbuch aufweist, ohne Anstrengung lesen.

Der Tag der Heilung Therese Neumanns von ihrer Blindheit (29. April 1923) ist der Tag der Seligsprechung der kleinen Therese vom Kinde Jesu, der Karmeliterin vom Kloster Lisieux. Die kleine Therese hatte ob ihrer kindlichen Frömmigkeit das lebhafteste Interesse der Therese Neumann gefunden. Als im Jahre 1914 ihr Vater bald nach Kriegsbeginn zum Heere einrücken mußte, schenkte er seiner Tochter Therese ein Bildchen der kleinen Therese, das er am Tage vorher in Waldsassen erhalten hatte. Ein kleines Bildnis dieser Karmeliterin, die von

Therese Neumann als ehrwürdige Dienerin Gottes verehrt wurde, hing später — und hängt heute noch — über ihrem Bette. Auf ihm steht ein Gebet um ihre Seligsprechung, das Therese Neumann jeden Sonntag und später täglich gebetet hat. Ihr war bekannt, daß die Karmeliterin Theresia an jenem Tage seliggesprochen werden sollte. Sie hatte deshalb vorher eine neuntägige Andacht halten wollen, die aber nicht ganz zur Ausführung gekommen war, weil eine große Erschöpfung, vor allem infolge des Magengeschwüres, sie daran hinderte. Diese Novene wollte sie, wie gesagt, um der Seligsprechung der kleinen Therese und nicht etwa um ihres Gesundwerdens willen, halten. Denn wenn sie auch anfänglich, wie sie sich selbst ausdrückte, schon arg gern gesund werden wollte, ist es ihr später nach der völligen Erblindung immer weniger in den Sinn gekommen, ihrer selbst wegen um Gesundheit zu bitten. Worum sie bei der neuntägigen Andacht für sich bat, war: ebenfalls den kindlichen Geist der kleinen Therese zu erhalten.

Am Tage nach der Heilung von der Blindheit, am 30. April 1923, besuchte sie Dr. Seidl, der schon von der Heilung der Blindheit vernommen hatte. Auf seinen Gruß: „Wie geht's" antwortete sie freudig: „Ich sehe." Dr. Seidl gab, wie mir berichtet wurde, zunächst der Meinung Ausdruck, die Heilung werde die Wirkung der jüngst verschriebenen Arznei gewesen sein. Als er aber erfuhr, daß diese erst nach der Heilung angefertigt worden war — der Vermerk der Waldsassener Apotheke trägt das Datum 29. April 1923 — fragte er Therese, wie sie glaube, daß die Rückkehr der Sehfähigkeit vor sich gegangen sei oder wer ihr geholfen habe. Ihre Mutter erwiderte für sie, gestern sei die kleine Therese vom Kinde Jesu selig gesprochen worden und die — meinten sie — hätte ihr geholfen.

Von der Heilung der Blindheit
bis zu der der Lähmung am 17. Mai 1925

Am 29. April 1923 war die Blindheit von Therese Neumann genommen worden. Gleichzeitig war der Druck im Kopf und der Schmerz im Hinterkopf verschwunden, der während der ganzen Zeit der Blindheit angehalten hatte. Ihr sonstiger Zustand aber blieb nicht nur gleich, sondern es kamen andere neue Leiden hinzu. Unverändert blieb die Unfähigkeit zu sitzen, zu stehen oder gar zu gehen. Auch hielten die Krampf- und Ohnmachts-Erscheinungen mit ihren Folgen an, die bei ungeschickten Bewegungen, Umbetten usw. aufzutreten pflegten. Ebenso blieben die Schmerzen im Kreuz mit ihren Ausstrahlungen in den Leib, die unteren Gliedmaßen und den Kopf. Und ebenso die geschilderten Störungen der Blase und des Darms sowie die Aufliegegeschwüre; ebenso auch der Brechreiz.

Nur von einem Teil ihrer Leiden war sie also befreit worden. Allerdings war es gerade derjenige, der ihrer Teilnahme am Leben ihrer Familie ganz besondere Schranken gesetzt hatte.

In Therese Neumanns Pflege teilte sich die Mutter vor allem mit der ältesten ihrer im Elternhaus befindlichen Töchter namens Kreszentia, kurz „die Zenzl" genannt. Doch ruhte die Hauptlast auf der Mutter. Zenzl, der eine große Verschwiegenheit eignet, ist um acht Jahre jünger als Therese.

Von einzelnen besonderen Vorkommnissen während dieser Zeit ließen sich die folgenden feststellen: Wie schon früher, so traten auch jetzt nach der Heilung von der Blindheit bei Therese Neumann Halsleiden auf. So wurde sie offenbar im Juni/Juli 1924 von einem Halsgeschwür befallen. Das Geschwür, das ihr rasende Schmerzen bereitete, vergrößerte sich so, daß sie Atembeschwerden bekam und nicht mehr sprechen konnte. Die Eltern erzählten, der Hals sei zusammengeschwollen gewesen. Die Atemnot steigerte sich schließlich derart, daß Erstickungs-

anfälle auftraten, bei denen sie sich im Gesicht blau ver-
färbte. In dem einen, von ihr als besonders gefährlich bezeichneten Falle riefen die Eltern noch nachts den Pfarrer,
damit er sie mit den Sterbesakramenten versehe, weil sie
fürchteten, Therese würde ersticken. Sie habe immer
krampfhaft mit den Fingern am Bettuch gekratzt. Der
Pfarrer riet, sie aufzurichten. Als dies geschehen war,
brach das Geschwür auf. Therese Neumann sprach plötzlich stöhnend, daß es jetzt unten sei. Der Inhalt entleerte sich in den Magen und wurde von ihr dann unter
großen Schmerzen ausgebrochen. Die Erstickungsgefahr
war gewichen, aber etwas über ein Vierteljahr konnte sie
nur mittels eines Strohhalmes Flüssigkeit zu sich nehmen.
Diese Erkrankung wird von Therese Neumann und den
anderen Zeugen nach der Erinnerung in das Jahr 1924
verlegt. Unter den erhaltenen Rezepten Dr. Seidls für
sie finden sich für die Monate Juni—Juli dieses Jahres die
folgenden auf ein Halsleiden hindeutenden: 1. Vom
17. Juni 1924: *Phenacetin; Ac. acet. salicyl an 4,0, Morph.
muriat. 0,06, Div. in p. æqu. no VIII.* 2. Vom 23. Juni 1924:
Hydrogen. peroxyd. 120,0. 3. Vom 4. Juli 1924: *Hydrogen.
peroxyd. 100,0.*
Im November 1924 wurde Therese Neumann von einem
schweren Husten befallen. Denn wir finden unter den erhaltenen Rezepten Dr. Seidls die folgenden: 1. Vom
7. November 1924: *Apomorphin 0,01, Morph. mur. 0,04,
Liqu. ammon. anis. 1,0, Aqu. dest. 120,0, Sir. alth. ad*
150,0. 3—4 stündlich 1 Löffel.
2. Vom gleichen Tage: *Pyramidon Ers. 1,5, Phenacetin
2,5, Morph. mur. 0,03, Div. in p. æqu. no. V d.* nach Bericht. 3. Vom 13. November 1924: *Morph. mur. 0,2;
Aqu. dest. ad 20,0,* d. dreimal 10—15 Tropfen. 4. Vom
23. November 1924: *Morph. mur. 0,3, Aqu. dest. ad 30,0*
sig. H u s t e n tropfen, dreimal 10—15 Tropfen.
Im Vergleich zu den bisherigen Krankheitserscheinungen
bei Therese Neumann war neu ein Ohrenleiden, das ihrer
Erinnerung nach ebenfalls im Jahre 1924 erschien. Sie

bekam schreckliche Schmerzen im rechten Ohr, in dem sich zunächst ein Sausen und Stechen, das sehr schmerzhaft war, bemerkbar machte und dann allmählich ein Geschwür entwickelte, so daß aus dem Ohr schließlich Eiter und Blut floß. Auch konnte sie auf diesem Ohr nichts hören. Dabei hatte sie das Gefühl im Ohr, „wie wenn eine Fliege drin ummiflattert". Im linken Ohr hatte sie ebenfalls Schmerzen und Sausen, aber sonst keine Erscheinungen. Die Hörfähigkeit blieb hier erhalten. Dr. Seidl hatte die Absicht, das rechte Ohr aufzumeißeln, stand aber davon ab, da Therese Neumann zu schwach dazu war. Dr. Seidl scheint ihr damals unter anderem Kampfer verschrieben zu haben. Sie konnte mit Sicherheit sagen, daß sie des öftern in der Zeit ihrer Krankheit Kampfer fürs Herz erhielt. Da sie einen außerordentlich fein empfindenden Geruchssinn hat, hat sie sich den Geruch einzelner Arzneien genau merken können. Aus den Augen rann ihr zur gleichen Zeit ein wenig — nicht viel, wie sie sagt — eitriges Blut. Doch blieb die Sehfähigkeit ungestört.

Im Herbst 1924 — etwa im September — spielte Therese Neumann wieder einmal mit ihren jüngsten Brüdern. Sie beugte sich dabei zu weit aus dem Bett — vielleicht haben sie sie auch gezogen — jedenfalls stürzte sie hinaus, und zwar mit dem Kopf voran und blieb ohnmächtig und in Krämpfen am Fußboden liegen. Da die Kinder sie nicht wieder hineinzuheben vermochten und die Mutter auf der Wiese war, liefen sie zum Koudlenzen-Anwesen, ihre Schwester Marie zu holen. Diese machte sich sofort von ihrer Arbeit — sie war beim Backen — frei, lief hinüber und hob sie ins Bett. Als Therese Neumann wieder zu sich kam, bemerkte sie an sich starke Muskelzusammenziehungen. Das linke Bein, das bisher gestreckt lag, war im Knie abgebogen und so in der Hüfte gedreht, daß der linke Fuß unter dem unteren Ende des rechten Oberschenkels lag. Das rechte Bein aber war gestreckt. Es lag also ständig auf dem linken Fuß. Dazu gesellten sich starke Herzbeschwerden. Therese Neumann mußte in der folgenden Zeit ständig auf dem Rücken liegen. Auf der rechten Seite zu liegen, verhinderte der linke, unter den rechten Oberschenkel gezogene Fuß, auf der linken zu liegen, die Herzbeschwerden. Als Herzantreibungsmittel erhielt sie offenbar Kampfer- und gegen die Schmerzen morphiumhaltige Arzneien. Dieses ständige Liegen auf den gleichen Körperstellen führte zu schwerem Druckbrand am Rücken und an den Beinen. Der linke Fuß eiterte über ein halbes Jahr und besaß schließlich vom Knöchel bis zur Zehe keine Haut mehr. Der Knöchel selbst lag blank. Die Krankenschwester Regintrudis hatte ihr Ringe aus Watte angefertigt, damit der Fuß so aufgelegt werden konnte, daß der Knöchel von Druck entlastet war. Dr. Seidl war, wie Therese Neumann erzählte, dieses Aufliegegeschwür „ein rechtes Anliegen". Er befürchtete schließlich im April 1925, den Fuß abnehmen zu müssen und versuchte alles, diese Entwicklung hintanzuhalten. Aus dieser Zeit ist ein Originalrezept von ihm gegen Druckbrand erhalten. Es trägt das Datum: 2. 4. 25 und ist „für Frl. Therese Neumann, Konnersreuth Nr. 12" ausgestellt; es lautet: *Bals. peruv.* 10,0, *Arg. nitr.* 1,0, *Vaseline ad* 100,0. Die Verwendung dieser üblichen Salbe aus Vaseline, Perubalsam und Höllenstein erwies sich wie schon früher als erfolglos. Die Familie war in schwerster Sorge; die Eltern, zumal die Mutter, waren untröstlich über die immer dringlicher werdende Abnahme des Fußes. Therese Neumann schnitt der Jammer der Mutter noch mehr ins Herz, als das eigene Unglück. Deshalb meinte sie, es werde wohl nicht gegen den Willen Gottes sein, wenn sie um eine Linderung wenigstens dieses Übels bitten würde. Täte sie es doch nicht für sich allein, sondern noch mehr um der Mutter willen. Sie betete deshalb zwar nicht gerade um völlige Heilung, aber wenigstens um eine Milderung, welche ihrer Mutter die Sorgen etwas vermindern könnte. Ihre Schwester Zenzl hatte ihr eines Abends — es war Anfang Mai 1925 — einen frischen Verband um den Fuß gelegt. Am Abend des anderen Tages schob sie ihr zwischen den Verband und die Wunden Blätter von Rosen, welche am Grab der am 29. April 1923 seliggesprochenen kleinen Therese von Lisieux geblüht hatten, mit denen ihr Leib berührt und die dann geweiht worden waren. Therese Neumann verspürte zunächst keine Veränderung. Nach ein paar Minuten aber fühlte sie an der kranken Stelle ein starkes Jucken. Der Schmerz war verschwunden. Sie bat ihre Schwester, den Verband zu öffnen. Diese hielt es aber vor allem mangels Zeit nicht für veranlaßt, den Verband jetzt schon wieder zu erneuern. Als am nächsten Morgen der Verband untersucht wurde, zeigte es sich, daß Blut und Eiter ihn durchdrungen und am Bettuche festgeklebt hatten. Denn Bewegungen hatte Therese Neumann mit dem Fuß nicht machen können. Als der Verband abgenommen war, fand man über den Wunden eine neue, noch feine Haut, die bläulich aussah. Die Rosenblätter waren in das Blut und den Eiter des Verbandes miteingeklebt.

Die Heilung der Rückgratsverrenkung am 17. Mai 1925

Am Nachmittag des 17. Mai 1925 während der Maiandacht befanden sich die Eltern der Therese Neumann daheim in der Wohn- und Arbeitsstube im Erdgeschoß des Hauses. Sie hatten die Stubentüre nach dem Stiegenhaus offen gelassen, um besser hören zu können, wenn ihre Tochter — deren Zimmertüre offen stand — nach ihnen rief. Diese lag allein in ihrem Zimmer im ersten Stock und betete für sich den Rosenkranz, da sie ja an der Andacht in der Kirche wegen ihrer Lähmung nicht teilnehmen konnte. Und jetzt kam es zu einem Erlebnis, das Therese Neumann folgendermaßen schildert: Als sie beim zweiten Gesetzlein: „Der in den Himmel aufgefahren ist" angekommen war, mußte sie an den nachfolgenden Donnerstag, das Fest von Christi Himmelfahrt, denken. Es kam ihr in den Sinn, wie wohl die Gedanken und Gefühle der Apostel beschaffen gewesen sein mögen, als Christus in den Himmel auffuhr. „Wie wird's dene gwest sein, als der Heiland plötzlich fort ist. Sie mußten ja doch meinen, sie hätten ihn noch recht notwendig brauchen können." Da erschien plötzlich vor ihren Augen über dem Bett ein weißes Licht. Sie erschrak im ersten Augenblick sehr darüber und stieß, wie die Eltern erzählten, einen doppelten Schrei: „Auh! Auh!" aus, den diese bis in das untere Zimmer hörten. Die Eltern eilten daraufhin — und zwar der Vater voran — sofort in das Zimmer im ersten Stock und fanden ihre Tochter, wie sie unverwandt auf etwas vor sich hinsah. Der Vater schrie in seiner Bestürzung auf seine Tochter ein und hielt ihr etwas zum Trinken vor, weil er an einen Krampf dachte. Sie sprach auf beides nicht an und erklärte später, sie hätte nichts davon bemerkt. Dagegen bekam sie im Gesicht eine andere Farbe, als die Zimmerfarbe war, die sie vorher zeigte. Sie wurde im Gesicht rötlich und frisch.

Inzwischen kam eine Mallersdorfer Schwester, die als Krankenschwester in Arzberg tätig war und Therese Neumann öfters besuchte, — nämlich die schon erwähnte Schwester Regintrudis — ins Zimmer. Es war etwa um ½ 3 Uhr nachmittags. Pfarrer Witt hat den schriftlichen Bericht dieser Schwester abgedruckt (a. a. O. 1. Aufl., S. 90 ff.), dem ich entnehme: Therese Neumann befand sich bei ihrem Eintritt in das Zimmer, wie bei früheren Besuchen auch, im Bette. An ihrem Bett standen Vater und Mutter. Auf ihren Gruß erhielt sie von Therese keine Antwort. Denn diese blickte mit lebhaft geöffneten Augen unverwandt vorwärts nach oben rechts, also mehr gegen die Wand und nicht ins Zimmer hinein, wo die Anwesenden standen. Ihr Gesicht war „so freundlich und lieb", wie sie es bei früheren Besuchen noch nie gesehen hatte. Der Ausdruck „strahlende Freude" besagt zu wenig. Wiederholte Fragen an sie blieben ohne Antwort. Die Anwesenden hatten während der ganzen Zeit nichts gesehen, das „geeignet gewesen wäre, bei Therese eine solche außerordentliche Aufmerksamkeit zu erregen", wie die Mallersdorfer Schwester an der angegebenen Stelle erklärte. Die Schwester fühlte während der Schauung den Puls, der wie sonst normal war. Auch die Atemzüge gingen ruhig und regelmäßig. Aufregung, Schreck und Angst waren an ihr nicht zu bemerken. Die Anwesenden hatten den Eindruck, als ob Therese Neumann sich in einer sehr lebhaften Unterhaltung mit jemand Unsichtbarem befinde. Sie bewegte die Lippen wie beim Sprechen, nickte auch manchmal bejahend mit dem Kopfe oder schüttelte ihn wie verneinend. Mit den Händen machte sie leichte Bewegungen, wie es zu geschehen pflegt, wenn man mit jemand spricht oder ihm etwas erklärt. Ihr Mienenspiel war reich, meist zeigte es „eine liebliche Miene hoher Freude", dann wieder tiefen Ernstes. Worte waren nicht zu verstehen. Vater und Mutter ergänzten den Bericht der Krankenschwester dahin, daß ihre Tochter unverständlich gemurmelt habe. Ob sie den Mund dabei rührte, konnten die Eltern nicht mehr sicher angeben. Die Mallersdorfer Krankenschwester faßte ihren Eindruck dahin zusammen, man habe nicht das Gefühl der inneren Betrachtung oder der Beschauung, auch nicht des Selbstgespräches oder des Gebetes, sondern das einer direkten Zwiesprache gehabt. Therese Neumann „benahm sich wie zu einer Person, die ihr sichtbar gegenüberstehe" und ihr mehr gelte, als „wir und die ganze Welt".

Als die Krankenschwester das Zimmer betrat, riefen die Eltern ihr zu, Resl habe was. Die Schwester, in deren Begleitung sich eine Aspirantin befand, hatte schon längere Zeit Therese Neumann nicht mehr besucht. Jetzt hatte es sie getrieben, einmal wieder nach ihr zu sehen. Sie antwortete auf den Anruf der Eltern, deshalb habe sie wohl kommen müssen. Kurz nachdem die Krankenschwester hinzugekommen war, schrie Therese Neumann in der Ekstase „Herr Pfarrer". Die Mutter berichtet, sie habe entgegengefragt: „Willst du ihn?" aber keine Antwort mehr erhalten. Die Eltern schickten darauf ihre Tochter Anna zu Pfarrer Naber.

Therese Neumann selbst erzählt ihr Erlebnis in folgender Weise weiter: Aus dem wunderbar hellen Licht fragte eine überaus freundliche Stimme sie: „Resl, möchtest du nicht gesund werden?" Sie habe geantwortet: „Mir ist alles recht: leben und sterben, gesund sein und krank sein, was der liebe Gott will, der versteht's am besten." Die Stimme fragte erneut: „Hättest du eine Freude, wenn du heute aufstehen und gehen und dir wieder selbst helfen könntest?" Sie antwortete: „Ich habe an allem eine Freude, was vom lieben Gott kommt. Mich freuen alle Blümlein, die Vögel oder auch wieder ein neues Leiden. Am meisten freut mich der liebe Heiland." Die Stimme erklärte darauf: „Du darfst heute eine kleine Freude erleben. Du kannst dich aufsetzen, probier's einmal, ich helfe dir". Bei diesen Worten wurde sie an der rechten Hand emporgezogen, sie „hat aufgemüßt", wie sie berichtet. „Es hat mich was Kaltes gepackt." Sie spürte einen furchtbar schmerzhaften Riß und Ruck an der bisher schmerzenden Stelle der Lendenwirbelsäule, schmerzhaft wie nie zuvor, wie wenn etwas nach links rückwärts herausgerissen wird, währenddem, ihr unsichtbar, sie jemand bei der Hand genommen hatte. Sie schilderte mir ihr Gefühl folgendermaßen: es sei ihr gewesen, „wie wenn zwei Knochen übereinandergerieben würden. Das tut doch weh!" Es war, als wenn sie „nach links zur Wand vüre- (vor-)gedreht" würde und „so ähnlich, als wenn was zurückgedreht wird und einschnappt, was ausgedreht war". Während heutzutage bei Schauungen der Schmerz wegen eines Leidens, das sie schon vorher hatte, aussetzt, fühlte sie hier einen außerordentlich starken Schmerz. Die Mutter sagte mir, Therese habe in die Höhe gegriffen und dann nach jener Stelle im Rückgrat gelangt, wo der Schmerz früher gesessen habe. Sie habe dabei die Zähne „gebleckt" und geseufzt. Dann sei sie wieder zurückgesunken. Die Mallersdorfer Krankenschwester gibt a. a. O. an, die Anwesenden seien vom größten Erstaunen ergriffen worden, als sie sahen, wie sich Therese mit einem Male ohne fremde Hilfe in ihrem Bett aufsetzte. „Doch machte sie dabei ein recht schmerzliches Gesicht. Sie griff auch unwillkürlich mit beiden Händen nach der kranken Stelle im Rücken."

Zum Verständnis des folgenden sei vermerkt, daß Therese Neumann während der ganzen Schauung das Licht sah, daß aber nicht immer seitens der Erscheinung gesprochen wurde.

Nach dem ersten Aufrichten knaxte die Bettstatt und die Mutter hob, darüber verblüfft, daß Therese sitzen könne, das Oberbett am Fußende ein wenig auf, und sah den zweiten Fuß am Ende der Bettstatt liegen. Der linke Fuß, der bisher unter dem rechten Oberschenkel dicht am Knie zusammengezogen gelegen hatte, war gestreckt und befand sich in seiner natürlichen Lage. Die Mutter stieß voll Überraschung ihre Tochter Anna an und machte sie auf diese Tatsache aufmerksam. Während dieser Zeit hatte die Krankenschwester das neben dem Bett an der Wand befindliche Bildchen der seligen kleinen Therese von der Wand weggenommen, weil man glaubte, Therese Neumann schaue auf dieses. Therese Neumann behielt aber den Blick weiter in der gleichen Richtung.

Inzwischen war dem von der Nachmittagsandacht in den Pfarrhof zurückgekehrten Pfarrer Naber die Botschaft ausgerichtet worden, „Herr Pfarrer möchten kommen, wir wissen nicht, was Resl hat". Pfarrer Naber dachte sich, die heilige Therese — an diesem Tage war ihre Heiligsprechung — hole sie vielleicht, und nahm deshalb das Krankenöl und die Stola mit. Als er das Zimmer betrat, wollte er den ihm begegnenden Vater trösten. Wie er aber Therese Neumann sah, erklärte er: zum Sterben ist die Therese nicht, die lassen wir ruhig liegen. Pfarrer Naber schilderte in der Grenzzeitung vom 15. IV. 1926, er habe sie gefunden, die Augen unverwandt auf etwas vor ihr gerichtet, die Hände darnach ausgestreckt, das Antlitz freudig strahlend. Sie nickte mit dem Kopfe und

schüttelte ihn, als ob sie mit jemand spräche; plötzlich
setzte sie sich, nachdem sie das 6½ Jahre nicht mehr
gekonnt hatte, auf, aber unter großen Schmerzen an der
verletzten Stelle im Rückgrat. Nach der Schilderung
Therese Neumanns wandte sich die Stimme erneut an sie
mit den Worten: „Aber leiden darfst du schon noch viel
und lange, und kein Arzt kann dir helfen. Nur durch
Leiden kannst du deine Opfergesinnung und deinen Opfer-
beruf am besten auswirken und dadurch die Priester unter-
stützen. Durch Leiden werden weit mehr Seelen gerettet,
als durch die glänzendsten Predigten. Ich habe es früher
schon geschrieben" — wer das „es" sei, sagte die Stimme
nicht, sondern fügte nur hinzu: „du kannst auch gehen".
Bei der zweiten Wiederaufrichtung fühlte Therese Neumann nochmals einen Ruck an der schmerzenden Stelle
der Wirbelsäule und ein sehr schmerzhaftes Gefühl, aber
doch lange nicht so stark wie vorher, und dazu „einen
Knacks, wie wenn was einschnappt". Das Licht verschwand und sie merkte wieder, daß sie in ihrem Zimmer
im Bett saß. Sie weinte aus Trauer darüber, daß das Licht
verschwunden war. Körperlich aber war ihr ganz wohl,
der Rücken schmerzte sie nicht mehr. Von den Anwesenden
nahm sie keine Notiz. Unter ihrem Weinen dachte sie
an die Mutter und nahm den Stock, mit dem sie auf den
Zimmerboden zu stoßen pflegte, um die Mutter oder
irgendeinen Angehörigen im darunterliegenden Arbeits-
zimmer davon in Kenntnis zu setzen, daß er zu ihr herauf-
kommen möge. Wie sie nach dem Stock greifen wollte,
sprach sie der Pfarrer an: „Resl, wo bist du denn gewesen?"
Sie sah im Zimmer den Pfarrer, die Eltern, die Mallersdorfer Klosterschwester, die Aspirantin und ihre Schwester
Anna um das Bett herumstehen, die alle, mit Ausnahme
des Pfarrers, weinten. Aber statt einer Antwort erklärte
Therese Neumann plötzlich mit verblüffender Sicherheit:
„Was habt ihr? Ich kann jetzt sitzen und auch gehen."
Der Mutter schien das nach den vorausgegangenen Jahren
unmöglich, vor allem wegen des verkrümmten linken

Fußes, und sie schaute erneut nach diesem. Er lag aber, wie sie bereits beim ersten Nachsehen bemerkt hatte, wieder ganz richtig neben dem rechten, wovon sich jetzt auch die anderen Anwesenden überzeugten. Der Mallersdorfer Schwester schien die Behauptung Therese Neumanns ganz unfaßbar. Darum wollte sie einen kleinen Versuch machen und sagte zu ihr: „Resl, rück doch einmal höher hinauf." Diese stützte sich darauf mit beiden Händen auf das Bett und rückte mit Leichtigkeit nach oben. Der Pfarrer meinte darauf, man könne es ja mit dem Aufstehen probieren, zumal Therese Neumann energisch rief: „Ach! bringt's mir eine Montur!" (= Kleid). Die Mutter holte ihr rasch ein Kleid. Während der Vater nach seiner Erzählung noch dachte: „Aufstehen, das gibt's doch nicht; sie rutscht heraus und kugelt uns zusammen", hörten die Anwesenden Therese Neumann plötzlich fest sprechen: „Probieren mier's halt in Gotts Namen!" und sahen sie dann zu ihrer grenzenlosen Überraschung sofort aus dem Bett aufstehen und sich auf ihre beiden Füße stellen.

Die Eltern waren so aufgeregt, daß sie zu keiner Bewegung imstande waren. Pfarrer Naber, der am ruhigsten geblieben war, rief in seiner Sorge, sie könnte fallen, den Anwesenden zu: „Heft's ihr doch!" und griff selbst zusammen mit der Klosterschwester ihr unter die Arme. Auf den Ruf des Pfarrers trat der Vater hinzu und faßte sie unter den Armen, während der Pfarrer zurücktrat. Darauf ging Therese Neumann, von ihm und der Krankenschwester geführt, über das halbe Zimmer und wieder zurück. Da erklärte Pfarrer Naber: „Resl, jetzt langt's!" und Therese Neumann wurde wieder auf ihr Bett gesetzt, worauf sie beide Arme auf eine Stuhllehne stützte. Der Vater erklärte, man hätte sie nicht stark halten, sondern nur etwas führen müssen, dann hätte sie gehen können. Da man sie noch für zu schwach hielt, als daß man ihr ein längeres Aufbleiben zumuten dürfte, hieß sie der Pfarrer, sich wieder niederzulegen. Als das geschehen

war, wiederholte er seine Frage, wo sie denn vorher gewesen sei, sie müsse es ihm erzählen. Sie erklärte sich dazu
bereit, aber nur ihm allein gegenüber. Ihren Bericht an
den Pfarrer habe ich in der obigen Darstellung bereits
wiedergegeben.

Die Zeugen der Heilung warteten während dieser Unterredung zwischen dem Pfarrer und Therese Neumann
draußen vor der Türe des Zimmers. Als sie der Pfarrer
nach einiger Zeit wieder hineinrief, erklärte ihnen Therese
Neumann, der Rücken tue ihr nicht mehr weh, sie sollten
doch einmal nachschauen, ob sich da nichts geändert
habe. Die Krankenschwester sah daraufhin nach, wie es
mit ihrem Rücken stünde. Als sie ihn aufdeckte, rief sie
voll Überraschung: „Jesus, Maria und Joseph! Der
Rücken ist auch geheilt!" „Ja, das spür ich schon", antwortete Therese Neumann; kurz zuvor waren aber die
Wunden noch dagewesen. Das frische Hemd, das die
Mutter ihr unter Mithilfe ihrer Tochter Kreszentia am
Tage vorher angelegt hatte, war mit Blut und Eiter getränkt.

Von der Heilung der Rückgratsverrenkung bis zur Blinddarmentzündung am 7. November 1925

Seit dem 17. Mai 1925 konnte Therese Neumann das
Bett verlassen und gehen, allerdings nur mit Hilfe oder
mit einem Stock. Das linke Bein schien ihr anfänglich
etwas kürzer und sie hinkte ein wenig. Von diesem Zeitpunkt an sind bei ihr auch keine Krämpfe mehr aufgetreten. Die Ernährungsstörungen aber waren geblieben.
Es ist nach den mehr als sieben schweren Jahren, die
Therese Neumann und ihre Familie durchgemacht hatten,
begreiflich, daß die Eltern trotz der offensichtlichen Heilung ihrer Tochter nachdrücklichst verlangten, daß diese
sich zunächst noch größte Schonung auferlege. Sie verboten ihr daher streng, das elterliche Haus zu verlassen.
Sechsundzwanzig Tage mußte sich ihre Tochter diesem

Gebot fügen, das ihr deshalb so schwer wurde, weil sie gar zu gern die Kirche aufgesucht hätte, dort Gott Dank zu sagen. Erst am Fronleichnamstage, dem 11. Juni 1925, ließ sich die Mutter von ihren Bitten erweichen. Therese kleidete sich in ein schlichtes schwarzes Gewand und verließ mit vor Freude klopfendem Herzen — an der einen Seite auf den Arm des Vaters, an der anderen auf einen Stock gestützt — nach dem Mittagessen das Elternhaus erstmals wieder seit den traurigen Kirchweihtagen des Jahres 1918. In der Kirche weilte sie nur kurze Zeit, unterließ es aber nicht, nach ihrem Gebet auch deren festliche Ausschmückung genau zu betrachten. Schon während sie in der Kirche weilte, begannen die Bewohner Konnersreuths, in dem sich wie ein Lauffeuer die Nachricht von ihrem Gang verbreitet hatte, sich vor der Kirche und auf dem Marktplatz zusammenzufinden. Und als sie mit dem Vater den Heimweg antrat, standen rechts und links der kurzen Strecke in scheuer Entfernung dicht gedrängte Menschen, sie zu sehen. Am späteren Nachmittag fanden sich dann viele der näheren Bekannten glückwünschend im Neumannhause ein. Als Therese Neumann glücklich wieder daheim angelangt war, zeigte es sich, daß ihr erster Ausgang trotz des kurzen Weges sie doch recht angestrengt hatte.

An der Fronleichnamsprozession selbst hatte Therese Neumann, sehr zu ihrem Schmerze, noch nicht teilnehmen können. Auch für die zweite Prozession am Sonntag nach dem Fronleichnamstage sowie für den Besuch des Gottesdienstes erwies sie sich als zu schwach. Doch erreichte sie durch eindringliche Bitten von der Mutter, daß diese sie nach der Prozession vor einige Altäre auf der Straße führte.

Wegen ihrer Schwäche konnte sie in der elterlichen Wirtschaft nicht mitarbeiten, ja, sie bedurfte in den folgenden Monaten auch beim Gehen im Haus noch immer eines Stockes als Stütze oder sie mußte sich an Möbeln und Wänden halten. Sie mochte aber auch nicht müssig herumsitzen. Deshalb beschäftigte sie sich sehr viel mit Stricken. Sie hatte es sogar versucht, als sie blind war, es dann aber aufgeben müssen, als ihr die linke Seite gelähmt wurde. Später war sie, obwohl diese Lähmung gewichen war, auch zum Stricken zumeist zu schwach gewesen. Von der Heilung der Rückgratverrenkung und Lähmung bis zur Stigmatisation hat sie, wie sie mir erzählte, viel gestrickt. In dieser Zeit hat Dr. Seidl offenbar eine Magenkur mit ihr versucht, um die regelrechte Nahrungsaufnahme wieder zu erzielen und dadurch eine Kräftigung ihres Körpers zu erreichen. Aber ohne Erfolg. Ihre Unfähigkeit, feste Speisen bei sich zu behalten, hielt an; selbst die Aufnahme breiiger Nahrung wurde immer geringer.

Gegen Ende des Septembers hielt Therese Neumann eine Novene für eine Bekehrung. So lag sie am 30. September, dem Sterbetage der hl. Theresia vom Kinde Jesu, nachts ½ 1 Uhr noch wach im Bett und las beim Schein der elektrischen Lampe gerade die Litanei zu Ehren dieser Heiligen. Da stand plötzlich das gleiche Licht vor ihr, wie bei der Heilung von der Rückgratsverrenkung, und die gleiche Stimme sprach zu ihr: „Resl! Gott will haben, daß das in die Augen Fallende deines Leidens verschwinde. Du darfst jetzt ohne fremde Hilfe gehen. Das Leiden, das in die Augen fällt, darf abnehmen. Dafür aber wird Schwereres kommen. Muntere die Leute zum Gottvertrauen auf!" „Aber," erwiderte Therese Neumann, „ich weiß ja selbst nicht, ob ich eigentlich auf dem rechten Wege bin." Darauf die Stimme: „Folge in blindem Gehorsam deinem Beichtvater und vertraue ihm alles an! Du sollst dem eigenen Ich immer mehr absterben! Bleibe immer so kindlich einfältig!"

Dann schwieg die Stimme und das Licht verschwand. Therese Neumann sah wieder ihr gewohntes Zimmer. Nur das Gebetbuch, das sie vorher in der Hand gehalten hatte, lag am Boden. Sobald sie des Sinnes der Mitteilung voll bewußt geworden war, stand sie auf und — siehe da —

sie konnte ohne jede Stütze gehen. In ihrer Freude ging sie gut eine Viertelstunde frei im Zimmer herum. Dann legte sie sich zu Bett, konnte aber keinen Schlaf mehr finden und kaum den Tag erwarten. Als vom Kirchturm morgens der Englische Gruß erschallte, stand sie auf und ging in das Zimmer der Eltern im Erdgeschoß hinab. Die Mutter fragte erstaunt, ob sie keine Hilfe brauche. Sie aber antwortete nur kurz, sie gehe jetzt in die Kirche, sie brauche niemanden. Dem Vater, der sie fragte, ob wieder etwas vorgekommen sei, erwiderte sie nur: „Ja! Ich gehe jetzt in die Kirche". Dabei standen ihr Freudentränen in den Augen. Wie sie in die frische Morgenluft hinaustrat und ganz langsam vor sich hinschritt, fröstelte sie ein wenig. Trotzdem sie ihre Schritte zu beschleunigen suchte, brauchte sie doch einige Minuten für die kurze Strecke von ungefähr 80—100 m, bis sie vor der steinernen Treppe stand, die vom Marktplatz zur Kirche hinaufführt. Nur mit Mühe stieg sie sie empor. Aber schließlich konnte sie doch allein, ohne Hilfe und ohne Stock, die Kirche betreten.

Von der Kirche ging sie herum zum Pfarrhof, der von dieser nicht wesentlich weniger weit als das Elternhaus entfernt ist. Dort empfing sie die Pfarrhaushälterin, Anna Forster, sehr überrascht darüber, daß sie so allein daherkam. Dann schenkte sie Therese Neumann Rosen aus dem Pfarrhofgarten, mit denen diese freudig in die Kirche zurückkehrte und das Kruzifix und das Bild der hl. Familie hinter dem Altare schmückte, welch letzteres sie selbst einst von ihren bescheidenen Ersparnissen gestiftet hatte.

So konnte nun Therese Neumann allein ohne Hilfe und ohne Stock gehen. Das war die neue Besserung gegenüber dem Zustand nach der Heilung der Wirbelsäulenverrenkung, wie er im vorausgegangenen Abschnitt geschildert worden ist. Arbeitsfähig aber war sie auch jetzt noch nicht geworden, Stricken blieb ihre Haupttätigkeit. Bald aber setzte ein neues Leiden ein. Vor mir liegen zwei Rezepte von Dr. Seidl für Frl. Therese Neumann, Konnersreuth (landwirtschaftliche Berufsgenossenschaft). Das erste ist vom 9. Oktober 1925 und verordnet ihr: 1. *Urotropin*-Ersatz 20,0 nach Bericht. 2. *Cocain. mur.* 0,2, *Aqua dest. ad* 20,0; d. Vor Tisch 10—20 Tropfen z. n. Das zweite Rezept ist vom 26. Oktober 1925 datiert und lautet: 1. *Urotropin*-Ersatz 25,0; 2. *Fol. uvæ ursi* 50,0. Nach diesen Rezepten zu schließen, litt Therese Neumann an einer offenbar sehr schmerzhaften Erkrankung des Unterleibs, deren Sitz der Arzt in der Niere und Blase annahm, wie die Verordnung von *Urotropin*-Ersatz und Bärentraubenblättertee *(Folia uvæ ursi)* erschließen läßt. Daß sie sehr schmerzhaft war, darauf deutet die Verordnung von Cocain hin. Therese Neumann kann sich erinnern, daß sie in jener Zeit und auch später an Erkältungen litt, bei denen sowohl die oberen Luftwege wie die Blase angegriffen waren. Nicht mit Sicherheit, aber mit einer gewissen Wahrscheinlichkeit ist zu sagen, daß sie im Oktober 1925 auch an einer Erkrankung der oberen Luftwege litt, zu deren Linderung sie Lösungs- und Beruhigungsmittel, darunter auch Morphiumpräparate und deren Ersatz erhielt.

Die Heilung der Blinddarmentzündung am 13. November 1925

In der Nacht vom 6. auf den 7. November 1925 befiel Therese Neumann infolge einer Versuchung ihrer Leidensbereitschaft eine heftige Erregung mit sehr starkem Schweißausbruch. Am anderen Morgen erwachte sie sehr spät und behielt, um noch rechtzeitig zur Kirche zu kommen, die naßgeschwitzte Leibwäsche an. Der 7. November war ein eiskalter Tag, so daß sie sich in der Kirche eine schwere Erkältung zuzog. Im Laufe des Tages begann sie sich so krank zu fühlen, daß sie sich kaum mehr auf den Beinen halten konnte und sich zu Bett legen mußte. Nachts traten Schmerzen im Leib auf, die sich so steigerten, daß sie wie betäubt drei Tage lang vor Erschöpfung kaum mehr die Augen öffnen konnte. Als sie immer elender wurde, riefen die Eltern Dr. Seidl, der am 13. November 1925 abends gegen 6 Uhr ankam und als Ergebnis seiner Untersuchung angab, Therese Neumann habe Blinddarmentzündung im höchsten Grade. Sanitätsrat Dr. Seidl, der als Spezialist für Blinddarmerkrankungen in der ganzen Gegend bekannt ist und — wie er mir sagte — jährlich durchschnittlich sechzig Fälle operiert, erklärte, daß die Kranke sofort zur Operation nach Waldsassen ins Krankenhaus gebracht werde da er bei deren Vornahme erst am nächsten Morgen keine Gewähr mehr übernehmen könne. Von ihrer sofortigen Überführung in seinem eigenen Auto sah er nur deshalb ab, weil er sie schon für zu schwach hielt, als daß sie so lange sitzen könne. (Von Konnersreuth bis Waldsassen beträgt die Entfernung auf der Landstraße 6,2 km.) Die trostlose Mutter widersprach: Das Moidl komme ihr nicht aus dem Haus. Sie schrie laut, wie man einen so schwachen Menschen noch operieren wolle. Auch der Vater wollte auf den Rat des Arztes nicht eingehen, denn er war des Wortes der „Stimme" eingedenk: kein Arzt kann dir helfen. Er dachte bei sich, man werde sie morgen als Leiche heimfahren müssen. Dr. Seidl redete ihm deshalb nachdrücklichst zu, er solle doch vernünftig sein und sich um einen Wagen bemühen. Es sei keine Minute mehr zu versäumen. Unterdes brach Therese bereits „grün". Die Eltern wandten sich nun an den Pfarrer mit der Frage, ob es nicht besser sei, sie unter diesen Umständen überhaupt zu Hause zu behalten. Der Pfarrer erklärte ihnen nach einer Unterredung mit dem Arzte, er sei der Meinung, sie sollten in dem Urteil des Arztes den Willen Gottes erkennen und ihm folgen. Darauf lief der Vater fort, um beim Wirt Schiml Pferde und einen Landauer zu erbitten, während die Mutter in aller Eile laut weinend ein Bett, auf das ihre Tochter in dem Wagen gelegt werden sollte, und die notwendige Wäsche herrichtete. Der Arzt besuchte noch einen anderen Kranken und fuhr dann voraus, um im Krankenhaus selbst die nötigen Vorbereitungen zur Operation treffen zu lassen. Über diesem Hin und Her verging etwa eine halbe Stunde. Therese Neumann selbst war mit allem einverstanden, was kommen würde. Nur der trostlose Schmerz der Mutter traf auch sie aufs tiefste. Sie dachte deshalb, es könne kein Unrecht sein, wenn sie sich in dieser äußersten Bedrängnis an die hl. kleine Theresia wenden würde, zumal diese ihr ja versprochen hatte: „Ich werde dir auch in Zukunft helfen." Sie hatte schon vorher dem Arzte gesagt, sie wüßte gewiß, die hl. kleine Theresia würde ihr helfen, wenn sie sie darum bitten würde. Der Arzt, der hierin eine Versuchung sah, hatte ihr geantwortet: „Ja, bei dir müßte die hl. Theresia immer Wunder wirken." Deshalb befragte sie vorher den Pfarrer, ob ihr Gebet keine Versuchung Gottes sei. Dieser erhob keine Bedenken dagegen, wenn sie die hl. kleine Theresia bitten würde, ohne Operation zu helfen, wenn es Gott recht wäre.

Therese Neumann besitzt eine Reliquie der hl. kleinen Theresia vom Kinde Jesu, nämlich ein Haar, das ihr der Karmeliterpater Seraphim von Reisach am Inn geschenkt hatte. Diese Reliquie befand sich in einer Kapsel und war in ein Säckchen eingenäht. Mittels einer Schnur um den Hals trug sie sie in der Regel auf der Brust. Diese Reliquie wurde ihr von der Pfarrhaushälterin Anna Forster jetzt auf die schmerzende Stelle des Leibes gelegt, während die Anwesenden die hl. kleine Theresia zu bitten begannen. Therese Neumann konnte vor Schmerz nicht mit den anderen beten. Sie sprach nur: „Woißt, kleine Therese, du könntest mir helfen. Du hast mir scho öfters g'holfen. Mir is gleich. Aber hörst es doch, wie d' Mutter tut." Dabei wand sie sich nach der Schilderung des Pfarrers im Bette vor Schmerz wie ein Wurm. In seinem Schreiben an die Grenzzeitung in Waldsassen vom 15. April 1926 schilderte Pfarrer Naber als Augenzeuge den Vorgang, der — ergänzt durch Gespräche mit dem Verfasser — sich folgendermaßen darstellte: Urplötzlich richtete sich Therese Neumann etwas auf, öffnete die Augen, ihr Gesicht wurde wie verklärt. Sie hob die Hände und streckte sie nach jemandem vor ihr aus, sprach einige Male „Ja" und setzte sich dann ganz auf. Der Vorgang selbst spielte sich außerordentlich rasch ab, so daß die Umstehenden Therese Neumann sofort aus der Schauung herauskommen und sich mit dem Ausruf „wirkli?" an die früher schmerzende Stelle des Leibes greifen sahen. Therese Neumann erklärt, sie habe dieses „wirkli?" im Sinne von „ist's möglich" ausgerufen. Denn sie habe auf einmal keinen Schmerz mehr gespürt und sich wie verwandelt gefühlt. Darauf fragte Pfarrer Naber sie, ob vielleicht die hl. kleine Theresia wieder dagewesen sei und ihr geholfen habe. Sie antwortete: „Ja, und sie hat gesagt, ich solle gleich in die Kirche gehen und Gott danken. Mutter, bringts mir ein Gewand!" Nach Therese Neumanns Schilderung war ihr die hl. kleine Theresia auch diesmal nicht persönlich sichtbar erschienen, dagegen hatte sich ihr dasselbe Licht wie früher schon bei der Heilung von der Lähmung gezeigt und dieselbe Stimme hatte zu ihr gesprochen. Pfarrer Naber berichtet nach Angabe von Therese Neumann als ihre Worte: „Deine völlige Hingabe und Leidensfreudigkeit freut uns. Und damit die Welt erkenne, daß es ein höheres Eingreifen gibt, sollst du jetzt nicht geschnitten zu werden brauchen. Steh auf und geh gleich in die Kirche und danke Gott!" Hier hat die Stimme, wie ergänzend einzufügen ist, noch ein „Aber gleich, gleich!" ausgesprochen. Die Stimme fuhr dann fort: „Du wirst aber noch viel zu leiden haben und dadurch mitwirken dürfen am Heile der Seelen. Dem eigenen Ich mußt du immer mehr absterben. Und bleib immer so kindlich einfältig!" Mit der Erscheinung des Lichtes hatte sich ihr eine Hand entgegengestreckt. Der Vater hat den Eindruck gehabt, daß Therese ihre Hand so ausstreckte, als ob sie nach etwas greifen wollte, es aber nicht erreichen konnte, und befragte deshalb seine Tochter. Sie antwortete ihm, es sei ihr eine Hand erschienen, nach der sie — Therese Neumann — greifen wollte, die sie aber nicht habe „erwischen" können. Es sei eine weiße schmächtige Hand gewesen.

Ich habe schon berichtet, wie Therese Neumann ihre Antwort auf die erste Frage des Pfarrers mit den Worten geschlossen hat: „Mutter, bringts mir ein Gewand." Aus mütterlicher Besorgnis widersprach ihr diese unter Hinweis auf die Dunkelheit, sowie die Kälte des Abends. Da aber die Stimme den Befehl zum Aufstehen und zum Kirchgange durch ein „Aber gleich! gleich!" verstärkt hatte, bestand Therese Neumann der widerstrebenden Mutter gegenüber auf ihrem Vorsatz. Sie fand die Unterstützung des Pfarrers. Darauf erhielt sie ein Gewand, zog sich an und ging, begleitet von den Anwesenden, etwa zehn Personen, zur Kirche. Dort verweilte sie zwanzig Minuten. Sie besaß die Kraft, zweimal eine Kniebeuge bis zum Boden vor dem Hochaltar zu machen; während des Gebetes selbst kniete sie. Das ganze Geschehen von der Ankunft des Arztes bis zur Rückkunft aus der Kirche vollzog sich in der Zeit von 6 bis 7 Uhr abends.

In dem kleinen Markt Konnersreuth hatte sich natürlich unter den Einwohnern die Krankheitsfeststellung Dr. Seidls und das neue Unglück im Schneiderixenhaus sofort herumgesprochen. Ebenso war der Gang zur Kirche zu so ungewohnter Zeit — am 13. November um ½ 7 Uhr abends ist es schon Nacht — aufgefallen. Die teilnehmenden Nachbarn kamen daher sofort herbei und ließen sich von Therese Neumann ihr Erlebnis erzählen. Erst um ½ 11 Uhr entfernten sich die letzten Besucher. Gegen ½ 12 Uhr dann, so erzählte Therese Neumann, spürte sie ein „Rumoren im Leib" und es erfolgte eine Ausscheidung; zuerst war es dicker, gelber Eiter, dann Blut mit Eiter gemischt und schließlich ein etwa 10 Zentimeter langes und schmales, zähes, gelblichgraues, hautartiges, vereitertes Gebilde.

Am anderen Tage fuhren Pfarrer Naber und Therese Neumann gegen Mittag mit dem Postauto nach Waldsassen zu Sanitätsrat Dr. Seidl, der sie aufs höchste überrascht empfing. Er erklärte, es komme allerdings, aber nur höchst selten vor, daß sich der Eiter einer Blinddarmentzündung auf natürlichem Wege durch den Darm entleere. Aber die Ausheilung einer solchen Kranken beanspruche noch mehr Zeit als die nach einer Operation.

Von der Heilung der Blinddarmentzündung bis zur ersten Stigmatisation zu Ostern 1926

Therese Neumanns Leben verlief nach der Heilung von der Blinddarmentzündung den Winter 1925—1926 hindurch still im häuslichen Kreise. Wesentliche Ereignisse weiß sie aus dieser Zeit nicht zu erzählen. Wegen einer Urinverhaltung von etwa 10 Tagen, die nach einer Erkältung im Januar 1926 auftrat, ordnete Dr. Seidl die Katheterisierung an. Der normale Urinabfluß trat dann aber noch vor dem Eingriff ein. Näheres über diese Erkrankung ließ sich nicht feststellen, auch der Zeitpunkt ist unsicher. Die Wahrscheinlichkeit spricht für die angegebene Zeit.

Kurz vor der Fastnacht (16. Februar) 1926 begann dann ein neuer wichtiger Einschnitt in Therese Neumanns Leben: die Entwicklung, die zum Auftreten der Stigmatisation und der geschichtlichen Schauungen führte.

Am Samstag vor Fastnacht, dem 13. Februar 1926, wurde ihr während der Messe so schlecht, daß sie die Kirche verlassen und sich zu Hause ins Bett legen mußte. Sanitätsrat Dr. Seidl vermutete zunächst den Anzug einer Grippe. Nach einem Rezept für Frl. Neumann, Konnersreuth (Landw. Berufsgen.) vom 17. Februar 1926 verordnete er: 1. Phenacetintabl. (0,5) 10 St.; 2. *Apomorphin* 0,01, *Morph. muriat.* 0,04, *Ac. mur. dil.* 1,0, *Aqu. dest.* 120,0, *Liq. cort. Aur. ad* 150,0. 3—4 stdl. 1 Löffel. Therese Neumann scheint also auch an starkem Husten gelitten zu haben, denn am 22. Februar 1926 verordnete

er ihr — diesmal ist der Vorname genannt —: *Morph. mur.*
0,3, Aqu. dest. ad 30,0. S. Hustentropfen. 3 × 10—15 Tropfen z. n. Bald aber entwickelte sich bei ihr ein Ohrgeschwür
auf der rechten Seite. Sie hatte, wie berichtet ist, schon
früher damit zu tun gehabt. Diesmal entwickelte sich die
Erkrankung in der gleichen Weise, wenn auch nicht ganz
so stark wie im Jahre 1924. Aus dem Ohr lief Eiter. Es
wurde ihr deshalb, wie die Eltern erzählten, Watte, die
mit wässeriger Arznei getränkt war, in das Ohr gesteckt,
damit es nicht so roch. Eine weitere Behandlung
wurde nicht vorgenommen. Aus den Augen sickerte hin
und wieder ein wenig Blutwasser und Eiter; an den Freitagen aber nur wenig. Das Leiden zog sich bis zum Karsamstag, den 2. April 1926 hin, an welchem Tage das Geschwür aufbrach und Eiter und Blut sich durch den äußeren
Gehörgang entleerte. Während der ganzen Fastenzeit bis
Ostern lag Therese Neumann ständig im Bett. Sie erzählte
mir, daß sie in allen Jahren ihrer Krankheit in jeder Karwoche mehr zu leiden gehabt habe, als sonst. Auch diesmal verschlechterte sich ihr Zustand bereits während der
Fastenzeit derart, daß sie fast nichts mehr beten konnte.
Als die Karwoche selbst herannaht war, war ihr Schwächezustand so weit vorgeschritten, daß sie sich nicht einmal
mehr eine richtige Vorstellung von der religiösen Bedeutung dieser Zeit machen konnte.

Ehe ich jetzt die einzelnen Geschehnisse schildere, sei
hier nur kurz die Bemerkung der Therese Neumann ein-
geschoben, daß sie von Stigmatisationen damals noch
keine Vorstellung hatte, auch nie selbst den Wunsch
gehabt hatte, stigmatisiert zu werden. Ein solcher Wunsch
scheine ihr auch heute noch eine sündhafte Vermessen-
heit. Auch den hl. Franz von Assisi verehre sie erst
jetzt, seit sie wisse, daß er die Tiere und Pflanzen so
lieb gehabt habe.

In der Nacht des Donnerstags, des 4. März 1926, auf
den Freitag lag sie bei großer Schwäche wach in ihrem
Bette. Sie dachte an nichts Besonderes, ja, sie wußte

nicht einmal, daß es Donnerstag war. Da hatte sie plötzlich eine geschichtliche Schauung. Sie sah Christus im Garten am Ölberg knien. Sie sah auch die schlafenden drei Jünger, aber nicht den Engel, der Christus erschien. Zur gleichen Zeit, als sie Christus erblickte, fühlte sie plötzlich auf der linken Seite am Herzen einen Schmerz von solcher Stärke, daß sie meinte, sie müsse sterben. Gleichzeitig begann ihr aus derselben Stelle heiß das Blut herunterzurinnen. Die Stelle blutete leise fort bis zum Freitag Mittag und versiegte dann.

In der darauffolgenden Woche bis zur Nacht des Donnerstags, des 11. März 1926, auf den Freitag, den 12. März setzte sich der schon geschilderte Leidenszustand fort, ohne daß etwas Bemerkenswertes aufgetreten wäre. In dieser Nacht aber, und zwar in der Frühe des Freitags, erlebte sie ihre zweite geschichtliche Schauung. Sie sah Christus zuerst in der Nacht am Ölberg und in der Frühe an der Geißelsäule. Gleichzeitig blutete wieder die Seite wie acht Tage vorher bis zum Freitag Mittag. Dabei erfuhr sie erst am Morgen auf ihre Frage von der Mutter, daß es Freitag sei. Sie selbst hatte es nicht gewußt.

Die nächste geschichtliche Schauung wurde ihr am nächsten Donnerstag-Freitag, dem 18./19. März 1926, zuteil. Sie sah wieder Christus am Ölberg, dann die Geißelung und neu, wie Christus mit Dornen gekrönt wurde. Wiederum blutete die Seite,

Am „schmerzhaften" Freitag, nämlich dem Freitag vor dem Karfreitag, dem 26. März 1926, hatte sie auch die Schauung der Kreuztragung durch Christus und seines Sturzes unterm Kreuz. Die Seitenwunde blutete wieder. Das Bluten begann schon nachts mit der Ölbergschauung. Gleichzeitig trat auf dem linken Handrücken oben eine offene Wunde auf. Die Mutter bemerkte sie und fragte ihre Tochter, ob sie sich etwas getan habe. Diese antwortete ihr: „Na! na! Dies is selber gewachsen." Von den Schauungen hatte sie bisher nichts erzählt. Sie schwieg darüber auch noch in der nächsten Zeit. Da sie damals

während ihrer geschichtlichen Schauungen still im Bett
lag — also nicht aufgerichtet war und sie auch nicht
mit Gesten, wie später, begleitete — entbehrten diese
äußerer Anzeichen. So erklärt sich, daß Therese Neumann ihre Schauungen vor ihrer Familie verschweigen
konnte.

Das Vorhandensein der Brustwunde hatte Therese Neumann dank der Hilfe, die ihr ihre verschwiegene Schwester
Kreszentia zuteil werden ließ, ebenfalls bisher vor den
Eltern verbergen können. Es leitete sie dabei der Gedanke, der Mutter einen weiteren Schrecken zu ersparen.
So wusch ihr die Schwester die Leibwäsche und die Lappen,
die sie auf die blutende Stelle gelegt hatte, ohne daß die
Mutter, die ja nicht nur dem großen Haushalt, sondern
auch der Landwirtschaft vorstehen mußte und über-
beschäftigt war, etwas bemerkte. Ebensowenig der Vater,
der infolge der nahen Osterfeiertage an seine Schneiderarbeit besonders gefesselt war. Therese Neumann hatte
außerdem ständig ein schwarzes Tuch um die Schultern
gelegt, aus Sorge, von der Seitenwunde könnten Blutflecken durch die weiße Nachtjacke hindurchdringen.
Sie schützte der Mutter gegenüber, die ihr das schwarze
Tuch wegnahm, weil sie „wie ein Großmutterl" im Bett
liege, Frieren vor und erreichte auch durch vieles Bitten,
daß sie es ihr zurückgab.

Am schmerzhaften Freitag, dem 26. März 1926 aber,
an dem Tage, an dem das obere Stigma der linken Hand
auftrat, entdeckte der Vater nachmittags durch Zufall
das Vorhandensein des Herzstigmas. Er sah nämlich
seine Tochter einen Fleck Leinwand an ihrer Seite hervor-
ziehen und ihn heimlich im Bette verstecken. Darnach
bat sie ihn, ihr einen anderen Fleck zu geben, den sie acht-
fach zusammenlegte und plötzlich ebenso heimlich verschwinden ließ. Da wurde seine Aufmerksamkeit wach.
Er suchte in ihrem Bett, fand den ersten, den blutigen
Fleck, und zeigte ihn seiner Frau. So erfuhren die Eltern
von dem Vorhandensein einer blutenden Seitenwunde bei

Therese Neumann, allerdings ohne an diesem Nachmittag die Wunde selbst zu sehen.

In der Nacht vom Gründonnerstag zum Karfreitag (1.—2. April) 1926 und zwar um Mitternacht begannen für Therese Neumann erstmals die Schauungen des Leidensweges Christi vom Gang zum Garten am Ölberg bis zum Kreuzestod. Sie dauerten bis nachmittags 3 Uhr. Während der Schauungen verschlechterte sich ihr Zustand in besorgniserregender Weise. Als Pfarrer Naber sie vormittags besuchte, machte sie den Eindruck einer schwer Leidenden. Nachmittag brachte er das Krankenöl mit, da er ihren baldigen Zusammenbruch und Tod befürchtete. Ihr auch die Kommunion zu reichen, war bereits unmöglich. Pfarrer Naber berichtete: „Als ich sie am Karfreitag nach dem Mittagstisch mit noch einem Geistlichen besuchte, lag sie da wie ein Marterbild, die Augen von Blut ganz verklebt, zwei Streifen Blut über die Wangen, fahl wie eine Sterbende. Bis um 3 Uhr, der Todesstunde des Heilands, rang sie in furchtbaren Todesqualen. Dann wurde sie wieder ruhiger." Als Pfarrer Naber sie besuchte, bluteten die Augen bereits so stark, daß das Blut in der geschilderten Weise über die Wangen rann. Vorher war das Blut und der Eiter, die aus den Augen quollen, noch nicht so stark geflossen, so daß sie von der Kopfbinde, die sie wegen ihres Ohrgeschwürs trug, aufgefangen wurden. (Bericht in der Grenzzeitung, Waldsassen, unterm 15. April 1926.) Der Pfarrer erzählt mir, als Therese Neumann gefragt wurde, ob sie sterben werde, habe sie mit Ja geantwortet. Er aber habe mit der Spendung der letzten Ölung gewartet, weil er sich gedacht habe, bis 3 Uhr, wo Christus stirbt, werde das Leiden aufhören. Und so sei es auch geschehen.

Als Therese Neumann nach den Schauungen am Karfreitag wieder in ihren gewöhnlichen Zustand zurückkehrte, fühlte sie an ihren Händen und Füßen Schmerzen. Weil ihr aber die Augen von Blut verklebt waren, konnte sie nicht nach der Ursache schauen, sondern bat abends ihre Schwester Kreszentia, nachzusehen, was da wäre. Diese sah nach und erklärte ihr: „San so Fleck droben, so offene warme Wunden." Es waren die Stigmen an der Oberseite der Hände und Füße. Dann verband sie ihrer Schwester diese Wunden, sagte aber den Eltern nichts von ihrer Beobachtung. Die Wunden blieben diesen auch tatsächlich noch am Karfreitag verborgen, da sie an diesem Tage nicht wagten, ihre Tochter anzurühren, aus Angst, ihr wehe zu tun. Am Karsamstag, als sie sie umbetteten, konnten sie ihnen allerdings nicht mehr unbekannt bleiben. Die Eltern gingen darob zum Pfarrer Naber, sich bei ihm Rats zu erholen.

Der Pfarrer kam am Ostersonntag früh, Therese Neumann die Kommunion zu reichen. Therese, die nur sehr ungern ihr Geheimnis entdeckt sah, gehorchte seiner Aufforderung, ließ sich den Verband von den Händen und Füßen abnehmen und ihn die Wunden sehen. Pfarrer Naber erzählte mir, die Stigmen an den Füßen hätten so ausgesehen, wie wenn mit einem Messer in scharfem Schnitt die Haut herausgeschnitten worden wäre. Therese Neumann, die dem Gespräch anwohnte, meinte, die Handwunden, die sie bei ihrem erschöpften Liegen allein richtig sehen konnte, hätten den gleichen Eindruck gemacht. Die Stigmen waren kreisrund und von der jetzigen Größe. Von dem unerwarteten Anblick war Pfarrer Naber ebenso wie schon tags zuvor die Eltern aufs höchste betroffen und es währte lange, bis ihm die gewohnte innere Ruhe zurückkehrte. An sämtlichen Wunden empfand Therese Neumann ständig Schmerz.

In der Frühe des Ostertages wurde Therese Neumann wieder eine Schauung zuteil. Sie sah den auferstandenen Christus in weißem Gewande.

Nach dem Karfreitag blieben die fünf Wunden noch vierzehn Tage hindurch offen, so daß sie immer einen Verband tragen mußte. Sie waren zwar ständig feucht, bluteten aber nicht immer gleich stark. Am äußeren Rande waren sie erhöht, im Inneren ein wenig vertieft.

Dabei sahen sie frisch rot aus. Am 17. April 1926 hatte sich über ihnen ein durchsichtiges Häutchen gebildet, so daß die Stigmatisierte wieder die Hände und Füße wie früher waschen konnte. Eine Entzündung oder Eiterung war an den Wunden zu keiner Zeit bemerkbar, außer während ihrer Behandlung mit Arznei. Die Eltern waren der Meinung, die so plötzlich neu aufgetretenen Wunden müßten doch irgendwie zur Heilung gebracht werden können. Die Mutter versuchte es mit Hausmitteln. Sie fand dabei das bereitwilligste Entgegenkommen ihrer Tochter. Therese Neumann hat mir ihre damalige geistige Einstellung zu den Stigmen, die sie erhalten hatte, ohne ihre Bedeutung zu kennen, und zu den Schauungen, die ihr zugleich zuteil geworden waren, etwa folgendermaßen erzählt. Sie habe gedacht, was jetzt dies wohl sei und sein solle. Wenn jetzt dies aufkomme, wenn es wer sehe und dann auch die Seitenwunde aufkommt, ja, wenn sie dann sogar sagen müsse, sie habe den Heiland am Ölberg gesehen, so würden die Leute sagen, sie spinne (Dialektausdruck für: sie sei geisteskrank). „Denkens mal, Herr Doktor", — so ereiferte sie sich mir gegenüber — „Sie stehen morgens auf und haben Löcher in die Händ, wie ihnen dann zumut ist. Ich hab' denkt, weil i's in der Seiten kriegt hab, wie ich den Heiland am Ölberg g'sehen hab, werden die Wunden damit zusammenhängen. Hab aber nicht g'wußt, was das ist. Hab von Stigmen nix g'wußt und g'hofft, es werd' vorübergehn, wie die Aufliegewunden am Rücken." Sie war daher erschreckt, als sie erlebte, wie die Hausmittel der Mutter unwirksam blieben.

Inzwischen war auch Dr. Seidl aus Waldsassen gekommen, die Stigmen zu untersuchen. Er stellte fest, daß die Seitenwunde einen Durchmesser von etwa drei und ein drittel Zentimeter hatte und daß ihm Ähnliches in seiner langjährigen ärztlichen Praxis noch nicht vorgekommen sei. Er zeigte zuversichtliche Hoffnung, wie stets am Krankenbette, daß die Wunden bald heilen würden, verschrieb eine Salbe und gab genaue Vorschriften über ihre Anwendung. Sein Rezept vom 9. April 1926 für Fräulein Therese Neumann, Konnersreuth (landwirtschaftliche Berufsgenossenschaft), Oberpfalz, lautet: *Liqu. alumin. subacet.* 1,5, *Vaseline ad* 30,0, Verbandsgaze 1 mtr. Es war also eine ganz milde Essigsaure-Tonerdesalbe. Als diese einige Zeit auf den Wunden gelegen hatte, begannen die Hände, die Füße und die Seite stark anzuschwellen; das Blut sickerte dabei weiter aus den Wunden. Dazu stellten sich derart heftige Schmerzen ein, daß Therese Neumann meinte, sie könne es kaum mehr aushalten. Die Schwellung der Seite führte außerdem zu sehr starken Atembeschwerden. Wiederholt mußte ihr die Mutter Tropfen geben, weil ihr schlecht wurde. Ein Bruder des Arztes, der katholischer Pfarrer ist, kam öfters während dieser Zeit zum Pfarrer Naber, um nachzufragen, wie die von seinem Bruder verordnete Salbe wirke. Pfarrer Naber besuchte deshalb jeweils Therese Neumann, um sich nach der Wirkung zu erkundigen. Er erhielt den Bescheid, die Salbe sei mehrmals auf die Wunden gebracht worden, habe aber nicht gut getan. Er befahl darauf, die Salbe trotz der Schmerzen auf den Wunden zu belassen. „Wir wollen uns nicht nachreden lassen," so sagte er, „wir hätten die natürlichen Mittel nicht angewendet." Die Leidende, die seinem Gebote folgte, suchte er mit dem Zuspruch zu trösten, es werde schon wieder gut werden. Gingen die Wunden aber nach einiger Zeit nicht fort, so werde er an den Bischof schreiben. Therese Neumann erzählte mir, sie habe sich über des Pfarrers Worte „nicht ausgekannt", denn er habe ihr nichts weiter gesagt; auch nicht, warum er dann an den Bischof schreiben wolle. „Der Herr Pfarrer hat mich zobeln (zappeln) lassen", sagte sie wörtlich. Als ihr Zustand immer besorgniserregender wurde, schickten die Eltern ihren jüngsten Sohn Hans zum Pfarrer mit der Botschaft über ihren Zustand und der Frage, ob er sein Gebot aufrecht erhalte. Der Knabe aber vergaß unterwegs die Anfrage und richtete nur die Mitteilung über ihren Zustand aus und so blieb denn Therese Neumann, ihrem Seelenführer gehorsam, mit den Verbänden auf den Wunden in ihren Schmerzen weiter liegen, bis abends der Pfarrer aus eigenem Antrieb sie nochmals besuchte und angesichts ihrer Leiden die Verbände abzunehmen erlaubte.

Nach ein paar Tagen kam Dr. Seidl, um selbst nach dem Ergebnis seiner Kur zu sehen. In Gegenwart des Pfarrers verband er die Wunden aufs neue mit der bestimmten Weisung, die Verbände so lange unberührt zu lassen, bis er, Dr. Seidl, selbst sie abnähme. Dann verließ er mit dem Pfarrer zusammen das Neumannhaus. Als letzterer nach kurzer Zeit dorthin zurückkehrte, hatten sich bei Therese Neumann die früheren Schmerzen wieder eingestellt und sie hätte die Verbände wieder abgenommen, wenn der Pfarrer nicht erklärt hätte, er käme in einigen Stunden wieder; man solle abwarten, was weiter wird. Währenddessen nahm die Geschwulst der Seite, der Hände und Füße ständig zu; die Wunden bluteten stark. Drei Männer aus Konnersreuth wurden von dem Anblick ihrer Leiden so ergriffen, daß sie äußerten: „So eine Schinderei!"

Abends gegen 10 Uhr kam Pfarrer Naber wieder. Angesichts der Schmerzen der Therese Neumann und der Vorstellungen ihrer Mutter entschied er sich dahin, sein Gebot nicht aufrecht zu erhalten. Sie sollten tun, was sie für richtig hielten. Den Arzt noch in der Nacht eigens von Waldsassen herüberzubitten, wo es sich offenbar nicht um eine Sterbenskrankheit handelte und man sich auch selbst helfen konnte, erschien der Mutter und ihrer Tochter unziemlich. Sie beschlossen daher, die Verbände jetzt abzunehmen, für die Nacht einfache Leinwandflecke aufzulegen, aber am Morgen die alten Verbände wieder anzulegen. So geschah es auch. Rasch ließen die Schmerzen nach und verschwanden bald ganz. Ebenso schnell gingen die Schwellungen zurück.

In der Nacht, ungefähr um $^3/_42$ Uhr morgens des 17. April 1926, bat Therese Neumann die hl. Therese vom Kinde Jesu um Fürbitte, es möge ihr doch irgend-

wie ein Zeichen werden, wie man die Wunden, mit denen
niemand etwas anzufangen wisse, behandeln solle. Sie
erzählte mir ihre Zwiesprache mit der hl. kleinen Theresia folgendermaßen: „Weißt, kleine Therese, hast mir
doch schon so oft geholfen. Jetzt schau! Es ist ja nicht
zum Aushalten. Bitt den Heiland! Der soll's uns kenna
laun (= erkennen lassen). Wenns mit der Salb'n
g'heilt werden soll, ist mirs recht. Und wenn nicht,
na soll er uns au kenna laun, was mir daun (= tun)
solln."

Nicht lange, nachdem sie so gebetet hatte, fühlte sie,
wie die Leinwandfleckchen, welche auf den offenen
Wunden festgeklebt waren, sich lockerten. Sie weckte
ihre Schwester Kreszentia, die mit ihr das Zimmer teilte,
und hieß sie das elektrische Licht andrehen. Dann öffnete
sie die Verbände. Die Leinwandfleckchen fielen ab. Nun
klopfte sie, mit einem Stock auf den Fußboden ihres Zimmers aufstoßend, den im darunterliegenden Zimmer schlafenden Eltern und zeigte ihnen die Wunden. Sie waren
durch ein helles, wie Gelatine ausschauendes Häutchen
geschlossen, sahen aber heller aus, als heute im gewöhnlichen Zustand. Sie waren etwa hellrot. Seit jener Zeit
hat sie dort ein Schmerzgefühl in der Art, wie ich es bei
der Schilderung der Stigmen auf Grund eigener Beobachtungen beschreiben werde. Dr. Seidl äußerte kurz darauf
ihr und ihrer Mutter gegenüber sein Erstaunen über die
Eigenart der Wunden, die — wenn man sie in Ruhe lasse —
sich weder entzündeten noch eiterten. Die verordnete
Salbe bezeichnete er — nach dem Rezept mit Recht —
als die harmloseste, die er in seiner Praxis habe. Er ver-
zichtete von jetzt an auf eine weitere Behandlung der Wunden und wickelte nur eine Binde um sie, wie es Therese
Neumann heute noch tut. Bis zur Fastenzeit 1927 bluteten
die Hand- und Fußwunden nicht mehr, auch nicht an
Freitagen, an denen Therese Neumann die Schauungen
des Leidensweges Christi nebst Bluten der Herzwunde
und der Augen hatte.

Der Bericht des Pfarrers Naber
vom 15. und 17. April 1926

Hatten schon die Heilungen der Therese Neumann mit ihren merkwürdigen Begleitumständen in der näheren Umgebung Konnersreuths beträchtliches Aufsehen gemacht, so mußte sich dieses erheblich verstärken und verbreiten, als ihr auch die Stigmatisierung und die Schauungen des Leidens Christi zuteil wurden. Deshalb sah sich Pfarrer Naber veranlaßt, der Waldsassener Grenzzeitung einen Bericht zur Veröffentlichung (in Nr. 89 vom 21. April 1926) zu übergeben, der hier mit seiner Erlaubnis wiederholt wird, da er die älteste Schilderung der Erlebnisse jenes Augenzeugen darstellt, dem durch sein Amt ein besonders genauer Einblick in die Geschehnisse gewährt worden war.

„Konnersreuth, den 15. April 1926. Anscheinend sind nah und fern über auffallende Vorgänge, die sich in Konnersreuth in den letzten Jahren zugetragen haben, Gerüchte im Umlauf, die der Wahrheit nicht ganz entsprechen. Da es sich um ganz Ungewöhnliches und Erhabenes an einem scheinbar ganz gewöhnlichen Menschenkinde handelt, muß sich der in unserer Zeit steckende kritische Geist geradezu herausgefordert fühlen, und es ist zu befürchten, daß die kleinste Entstellung der Wahrheit schon ihn zu einem wegwerfenden Urteil über das Ganze veranlaßt. Deshalb halte ich es für meine Pflicht, die fraglichen Vorgänge in ihren Hauptmomenten der Öffentlichkeit einfach und schlicht so, wie sie sich vor unseren Augen abgespielt haben, vor Augen zu führen.

Die Schneiderstochter Therese Neumann in Konnersreuth hatte sich im Frühjahr 1918 im Alter von zwanzig Jahren gelegentlich eines Brandes beim Hinaufreichen von Wasser zum Löschen offenbar infolge von Überanstrengung eine Wirbelsäuleverletzung zugezogen. Sie war damals plötzlich zusammengeknickt, hat sich dann mühsam durch den Sommer geschleppt, um im Herbst, als die Grippe so gefährlich auftrat, von furchtbaren Krämpfen überfallen zu werden, zu denen sich die verschiedenartigsten Lähmungen und Muskelzusammenziehungen gesellten. Unter anderem war sie von 1919 an über vier Jahre stockblind. Am Seligsprechungstag der ehrwürdigen Theresia vom Kinde Jesu, am 29. April 1923, kehrte plötzlich das volle Augenlicht wieder. Die übrigen erwähnten Leiden dauerten fort bis zum Heiligsprechungstage Theresiens, bis zum 17. Mai 1925. An diesem Tage wurde ich zu der Kranken gerufen, weil man nicht wisse, was sie habe. Ich traf sie, die Augen unverwandt auf etwas vor ihr gerichtet, die Hände darnach ausgestreckt, das Angesicht freudig strahlend; sie nickte mit dem Kopfe und schüttelte ihn, als ob sie mit jemand spräche; plötzlich setzte sie sich, nachdem sie das sechseinhalb Jahre nicht mehr gekonnt hatte, auf, aber unter großen Schmerzen an der verletzten Stelle im Rückgrat. Als der außerordentliche Zustand geschwunden war, fragte ich, wo sie denn jetzt eben gewesen sei. Statt einer Antwort auf diese Frage erklärte sie mit verblüffender Sicherheit, sie könne jetzt aufstehen und gehen. Ihre Mutter sah alsbald nach dem linken Fuß, der seit ungefähr dreiviertel Jahren unter den rechten hinaufgezogen war; der lag jetzt wieder normal neben dem anderen. Hierauf stand die Kranke auf und von ihrem Vater und einer Krankenschwester geleitet ging sie über die halbe Stube hin und zurück. Auf meine erneute Frage, wo sie denn vorhin gewesen sei, erzählte sie: Plötzlich sei es, während sie betete, vor ihren Augen ganz wunderbar hell geworden und eine überaus freundliche Stimme habe sie gefragt, ob sie nicht gesund werden wolle; sie habe erwidert, ihr sei alles recht, gesund werden, krank bleiben, sterben, wie Gott es wolle. Darauf habe die Stimme gesagt: Sie solle heute eine kleine Freude erleben, sie solle aufstehen und gehen können; aber sie werde noch viel leiden dürfen und kein Arzt werde ihr helfen können; sie solle aber nicht verzagen: ‚Ich hab dir bisher geholfen und werde dir auch in Zukunft helfen.‘ Nachdem die Stimme noch über anderes, besonders über den Wert des

Leidens, gesprochen hatte, schloß sie: ‚Ich hab geschrieben: Durch Leiden werden mehr Seelen gerettet, als durch die glänzendsten Predigten.' (Siehe sechster Brief der hl. Theresia vom Kinde Jesu an die Missionäre!) Von da an waren die zwei Rückgratwirbel, die vordem etwas eingedrückt und seitlich verschoben waren, in natürlicher Lage, Krämpfe und Lähmungen blieben völlig aus, und die Kranke konnte, auf einen Stock und eine begleitende Person gestützt, gehen. Daß sie das nicht ganz frei konnte, war wohl die Folge allgemeiner Schwäche infolge ganz geringer Nahrungsaufnahme. — Die fünfzehn Tage vor Ostern hatte die Kranke überhaupt nichts, nicht einmal einen Tropfen Wasser, zu sich nehmen können.

Am 30. September, dem Todestag der hl. Theresia, erschien das wunderbare Licht wieder und dieselbe freundliche Stimme erklärte der Kranken, Gott wolle, daß sie von jetzt an ohne fremde Hilfe gehen könne. Und also konnte sie es.

Am 7. November 1925 wurde Therese Neumann wieder bettlägerig. Schließlich stellten sich rasende Schmerzen ein, unter denen sie drei Tage lang dalag, zuletzt so schwach, daß sie kein Auge mehr öffnen konnte. Der endlich am 13. November abends herbeigerufene Arzt — ein berühmter Chirurg — erklärte nach genauester Untersuchung, es liege Blinddarmentzündung vor, und die Kranke müsse sofort zur Operation ins Krankenhaus nach Waldsassen gebracht werden, für eine Operation am nächsten Morgen erst könne er keine Verantwortung mehr übernehmen. Von dieser Erklärung waren die Eltern ganz betroffen und sie schickten nun nach mir in der Hoffnung, ich würde vielleicht von einer Verbringung ins Krankenhaus abreden. Nach Rücksprache mit dem Arzte sagte ich den Eltern, sie sollten im Urteil des Arztes die Stimme Gottes erkennen und die kranke Tochter sofort ins Krankenhaus verbringen lassen. Nun lief der Vater nach einem Fuhrwerk für die Überbringung, die Mutter richtete Bett und Wäsche her, die Kranke aber rief mich zu sich und fragte, ob sie nicht die

kleine hl. Theresia bitten dürfe, ohne Operation zu helfen,
wenn es Gott recht wäre, nicht weil sie — die Kranke —
nicht operiert werden wolle, sondern weil halt die Mutter
gar so trostlos jammere. Auf meine bejahende Antwort
hin ließ sie sich eine Reliquie der hl. Theresia auf die
kranke Stelle legen. Während nun die Anwesenden zur
hl. Theresia beteten, wand sich die Kranke wie ein Wurm
im Bette. Urplötzlich aber richtete sie sich etwas auf,
öffnete die Augen, ihr Gesicht wurde wie verklärt, sie hob
die Hände und streckte sie nach jemand vor ihr aus,
sprach einige Male ‚Ja‘ und setzte sich dann ganz auf.
Hierauf drückte sie etliche Male auf die kranke Stelle mit
der Frage: ‚Wirklich?‘ Nun fragte ich, ob vielleicht die
hl. Theresia wieder da gewesen sei und ihr geholfen habe.
Antwort: ‚Ja, und sie hat gesagt, ich solle gleich in die
Kirche gehen und Gott danken. Mutter, bringt mir ein
Gewand!‘ Nun zog sie sich an und wir gingen, etwa zehn
Personen, zur Kirche. Aller Schmerz und alles Fieber war
verschwunden. Nächsten Morgen kommunizierte sie
wieder in der Kirche und mittags fuhren wir zum Arzt.
In der Nacht war aller Eiter abgegangen, einzig die Fieber-
krusten blieben noch über acht Tage an den Lippen. Dasselbe Licht und dieselbe Stimme waren wieder zur Stelle
gewesen und diesmal auch noch eine Hand. Die Stimme
hatte gesprochen: ‚Deine völlige Hingabe und Leidensfreudigkeit freut uns. Und damit die Welt erkenne, daß es ein
höheres Eingreifen gibt, sollst du jetzt nicht geschnitten
zu werden brauchen. Steh auf und geh gleich in die
Kirche und danke Gott! Du wirst aber noch viel zu leiden
haben und dadurch mitwirken dürfen am Heile der Seelen.
Dem eigenen Ich mußt du immer mehr absterben. Und
bleib immer so kindlich-einfältig!‘

Heuer zu Fastnacht wurde die Neumann neuerdings bettlägerig. Nach einiger Zeit fingen beide Augen zu bluten
an. Ihr Zustand verschlimmerte sich zusehends. Als ich
sie am Karfreitag nach dem Mittagstisch mit noch einem
Geistlichen besuchte, lag sie da wie ein Marterbild, die

Augen von Blut ganz verklebt, zwei Streifen Blut über die Wangen, fahl wie eine Sterbende. Bis um drei Uhr, der Todesstunde des Heilandes, rang sie in furchtbaren Todesqualen. Dann wurde sie wieder ruhiger. Am nächsten Morgen floß aus dem rechten Ohr eine Portion Blut und Eiter und der Kopf wurde wieder leichter. In der Nacht zum Ostersonntag schlief sie außerordentlich gut und mit dem Ostermorgen begann auch für sie ein neues Leben. In den Todesqualen des Karfreitags hatte sie des Heilands ganzes Leiden vom Ölberg bis zum Kalvarienberg vor ihren Augen sich abspielen sehen und daran lebhaften Anteil genommen, auch seine Verlassenheit am Kreuze geteilt. An der Oberseite der Hände und Füße hatte sie damals argen Schmerz verspürt. Jetzt tragen beide Hände und beide Füße an der Oberseite rundliche, offene Wunden, aus denen reines Blut fließt. In der Herzgegend war schon mehrere Wochen vor Ostern plötzlich eine längliche Wunde aufgebrochen, aus der zeitweise viel reines Blut floß. Der Arzt hatte all diese Wunden genau untersucht.

Von Vorstehendem — mit größter Zurückhaltung geschrieben, eher zu wenig als zu viel — war Unterzeichneter größtenteils Augenzeuge oder hat es von solchen, durchaus glaubwürdigen Zeugen vernommen, insbesondere von dem kranken Mädchen selbst. Dieses letzteren Glaubwürdigkeit in Zweifel zu ziehen oder von Hysterie, Autosuggestion oder dergleichen zu reden, wird keinem einfallen, der das Mädchen kennt. Die Beteiligten fühlen sich aber nicht berufen und berechtigt, ein Urteil über den Charakter der geschilderten Vorgänge abzugeben; sollte die zuständige kirchliche Behörde sich zu einem solchen veranlaßt sehen, unterwerfen sie sich demselben mit selbstverständlicher Bereitwilligkeit bis ins kleinste. Nur die Ehre Gottes und der kleinen hl. Theresia, welche die Kranke seit Jahren verehrt, sowie das Heil der Mitmenschen wollen wir im Auge haben.

Schließlich möchte ich noch dringend bitten, von Besuchen der Kranken, besonders längeren, absehen zu wollen, da dieselbe seit mehr als drei Jahren keine feste Speise, sondern nur etwas Flüssigkeit zu sich nehmen kann, infolge dessen und infolge starken Blutverlustes sehr geschwächt und deshalb der Ruhe sehr bedürftig und überhaupt am liebsten allein ist.

Nachschrift vom 17. April: In der vergangenen Nacht haben die Wunden zu bluten aufgehört und sind eingetrocknet. J. Naber, Pfarrer."

Von Ostern 1926 bis zu dem Auftreten von Kopfwunden am 19. November 1926

Der Tag von Christi Himmelfahrt, nämlich der 13. Mai 1926, ging vorüber, ohne daß Therese Neumann, die immer noch ans Bett gefesselt war, eine Schauung gehabt hätte. Am 17. Mai, dem Jahrestag der Heiligsprechung der hl. Theresia vom Kinde Jesu, mittags gegen ½1 Uhr unterhielt sie sich gerade mit Pfarrer Naber, der die Leidende besucht hatte. Den Anlaß des Gespräches bildete eine Bemerkung von ihr gegenüber einem Besuch, der ihr ein Bild des Christuskindes geschenkt hatte. Sie hatte gesagt, sie habe es nicht gern, wenn das Christuskind gar so unbekleidet dargestellt werde. Das Gespräch ging dann auf die Mädchenkleidung über. Therese Neumann erzählte, sie hätte sich schon als junges Mädchen gern einfach gekleidet, aber ihr Vater habe gewünscht, daß sie bunte Kleider trage. Sie sprach gerade den Satz: „Freili, der Herrgott hat auch Bunt's g'macht, Bleaml, rote, gelbe, blaue — und der Stieglitz da" — auf ihren Vogel im Bauer deutend — „mit seim schönen roten Köpferl..." Da wurde sie jäh in eine Schauung gerissen. Sie sah wieder das Licht, das ihr schon öfters erschienen war, und hörte die Stimme sprechen: „Habe Geduld und sei nicht verdrießlich! Heute sollst du eine kleine Erleichterung erfahren. Du wirst aber noch Vieles und Schweres zu leiden haben. Ich habe dir bis jetzt geholfen und dir immer gesagt: Du brauchst dich nicht zu fürchten! Bleibe demütig und verliere den kindlichen Geist nicht!"

Als Therese Neumann wieder in ihren gewöhnlichen Zustand zurückgekehrt war und den Anwesenden über das Gesehene und Gehörte berichtet hatte, äußerte sie einige Zweifel, denn sie verspüre nichts von einer Erleichterung, vielmehr sei ihr wie „alleweil". Pfarrer Naber sprach die Vermutung aus, daß sie gehen könne. Aber Therese Neumann äußerte erneut Zweifel. Sie hätte in der Frühe, als die Mutter ihr das Bett machte, zu stehen versucht, aber nicht genügend Kraft gehabt, sich auf den Beinen zu halten, da die Knie ihr eingeknickt seien. Pfarrer Naber ging darauf in den Pfarrhof zurück, war aber noch nicht lange dort, als es klopfte: Therese Neumann stand vor ihm. Als er das Neumannhaus verlassen hatte, hatte sie doch aufzustehen versucht. Es war gelungen. Ja sie hatte sogar sofort zur Kirche gehen können, Gott für die Genesung von dreizehnwöchigem Krankenlager zu danken.

Zu Pfingsten (23. Mai) 1926 wurde ihr keine Schauung zuteil, wohl aber am Tage der Verklärung Christi (6. August) 1926. Seit diesem Tage nahm sie in jeder Woche nur etwa eine Tasse Flüssigkeit zu sich. Feste Speisen genoß sie ja schon lange nicht mehr. Auch diese geringe Menge Flüssigkeit — nämlich gelegentlich etwas Kaffee, Tee oder Himbeersaft — nahm sie nur auf Drängen der Mutter. Ließ sie sich einmal überreden, mehr zu trinken, so brach sie es wieder aus.

Am Todestag der hl. Therese vom Kinde Jesu, (am 30. Sept.) 1926 hatte Therese Neumann wiederum eine Schauung. Etwa um 8 Uhr abends erschien ihr das Licht und die Stimme sprach zu ihr. Pfarrer Witt hat sich den Vorgang am anderen Tage von den Eltern erzählen lassen. Er berichtet darüber: a. a. O. 1. Auflage S. 242:

„Die Erscheinung geschah abends etwa um 8 Uhr und dauerte nur fünf Minuten. Wir hörten die Resl einige Male halblaut ‚Ja' sprechen. Sonst lispelte sie leise. Auf einmal war es wieder aus. Das Gesicht der Resl war nicht mehr freudig erregt und rot, vielmehr machte sie jetzt eher ein trauriges Gesicht. Niemand von uns hat etwas gesagt. Da sagte die Resl: ,Es ist ja ganz finster.' Wir hatten aber gemeint, es sei reichlich Licht in der Stube, weil das elektrische Licht und zwei Kerzen brannten. ,Ach, fuhr die Resl fort, ,bin ich wirklich noch da? Es ist ja nicht mehr schön. Aber', sagte sie dann, ,jetzt will ich gerne wieder leiden.' Und sie lachte nun in einem fort, weil sie das hat wieder schauen dürfen, wie schön dieses Licht sei. Plötzlich geschah diese Erscheinung noch einmal. Aber die ,Stimme' hat das zweite Mal nichts mehr zu Resl gesagt. Dieses zweite Mal dauerte die Erscheinung nur 1½ Minuten. Wir hatten aber gleich zu Beginn der ersten Erscheinung fortgeschickt, um ihre Schwestern holen zu lassen, weil diese die Resl noch nicht gesehen hatten, wie sie in der Verklärung daliegt. Und wir meinen, deswegen sei die zweite Erscheinung erfolgt. Die ,Stimme' hatte aber der Resl unter anderem namentlich dies wieder angekündigt: ,Du wirst noch Schweres zu leiden haben.' — Soweit die Erzählung der Eltern. Die Verlesung hat auch Therese mit angehört. —"

Pfarrer Witt berichtet weiter, Therese Neumann habe diesmal keine Angaben über den Inhalt der Worte der Stimme gemacht. Als ich ihr später diesen Bericht vorlas, nahm sie nur zwei Änderungen daran vor. Sie habe nicht „in einem fort gelacht", sondern sie habe sich sehr gefreut und dabei offenbar lächelnd dreingeschaut. Die Vermutung, die zweite Erscheinung des Lichtes sei erfolgt, damit ihre beiden Schwestern etwas sähen, wie sie eine solche Schauung hatte, lehnte sie als irrtümlich ab.

Am Herz-Jesu-Freitag, dem 5. November 1926, spürte sie ein bisher unbekanntes Gefühl im Kopf. „Ihr war eigen", wie sie mir sagte. Die Stigmen der Dornenkrönung kündigten sich an. Sie traten aber an diesem Tage noch nicht als blutende Wunden auf. Mit dem Beginn des Oktober 1926 zeigten sich bei Therese Neumann die Erscheinungen einer Erkältung, die sich zunächst auf die

Blase schlug. Am 11. Oktober 1926 verordnete ihr Dr. Seidl *Urotropin substitut.* 20,0. Dazu entwickelte sich ein quälender Husten, gegen den er ihr am 28. Oktober 1926 *Morph. mur.* 0,15, *Aqua dest.* 15,0 — als Hustentropfen zu bezeichnen — verschrieb, von denen dreimal 10—15 Tropfen zu nehmen seien. An einem Freitag in dieser Zeit war sie so elend geworden, daß Dr. Seidl den Beginn einer Lungenentzündnng vermutete und alle Besuche unbedingt verbot. Dann trat gegen die Mitte des November eine Erleichterung ein. Am 15. November 1926 glaubte Theresens Mutter unbesorgt zu Exerzitien nach Vierzehnheiligen reisen zu können. Denn ihre Tochter schien „gut beieinander". Aber am folgenden Tage wurde diese von einem Bronchialkatarrh und einer Lungenentzündung befallen, die sich bis zum Donnerstag rasch derart verstärkten, daß sie während der Beichte ohnmächtig wurde. Auch hatte sie solches Fieber, daß sie selbst ihr vertraute Personen nicht mehr erkannte. Sie wurde deshalb am Freitag früh vom Pfarrer, der das Schlimmste befürchtete, mit den Sterbesakramenten versehen. Am Donnerstag/Freitag, den 18./19. November, hatte sie die regelmäßigen geschichtlichen Schauungen des Leidens Christi vom Ölberg bis zum Kreuzestod. Während der Schauung der Dornenkrönung trat erstmals sichtbar für die Anwesenden in ihrem weißen Kopftuche an drei Stellen Blut durch. Als sie nachsahen, zeigte sich das Haar an diesen drei Stellen blutgetränkt. Dabei schmerzte ihr der Kopf bis zur Schauung des „Lichtes" am Abend auf das empfindlichste. In den Zwischenpausen zwischen den einzelnen Schauungen war sie äußerst schwach. Pfarrer Witt berichtet als bemerkenswert: „Wenn es da vorkam, daß sie eben zu husten begann und plötzlich eine Ekstase (der Vorgang, den ich mit Schauung bezeichne, d. Verf.) eintrat, dann war im Augenblick aller Husten weg. War die Ekstase vorüber, so hustete Therese fertig." Nach der Kreuzigungsschauung gegen 1 Uhr steigerte sich die Verschleimung der Luftwege derart, daß sie von Erstickungsanfällen und Ohnmachten befallen wurde. Von zwei Uhr nachmittags an gab sie auf Anreden und Anrufe kein Zeichen der Verstehens mehr. Auch das Herz schien Schwächeanfälle zu bekommen. Ungefähr von vier Uhr ab begannen Anfälle von Lungenlähmung. Der Pfarrer begab sich erst noch in den Pfarrhof und dann in die Kirche und kam erst nach fünf Uhr wieder. Therese war inzwischen so schwach geworden, daß ihr eine Schwester ständig den Kopf aufrecht halten mußte, damit sie noch etwas Luft bekam. Ihre Gesichtsfarbe war so fahl geworden, wie bei einer Sterbenden. Die Lippen waren aufgeschwollen, das Kinn etwas verzogen, die Augen waren trüb. Sie hielt sie halb offen und nach oben gekehrt. Das Gesicht verfiel und die Nase wurde spitz. Hände und Füße waren kalt und starr. Der Vater suchte ihr den Rücken zu reiben und steckte ihr von Zeit zu Zeit den Finger in den Hals, um Würg- und Hustenreiz herbeizuführen, der den Schleim hinausbefördern sollte. Dazu bewegten ihr zwei Schwestern die Arme. Aber Therese Neumann sank darüber in Ohnmacht. Ihre Atmung ging immer langsamer.

Die Anwesenden — auch Freundinnen der Therese Neumann hatten sich dazugesellt — flehten, ermuntert durch Pfarrer Naber, die hl. Therese vom Kinde Jesu, die ihr doch schon öfter helfen durfte, um Fürbitte an. Aber auch er, der immer noch auf Rettung gehofft hatte, gab schließlich alle Hoffnung auf. Er ließ ihr die Sterbekerze in die eine Hand geben, die von einer Schwester oben gehalten wurde; in die andere steckte er selbst ihr das Sterbekreuz. Die Glocke der Konnersreuther Kirche setzte gerade zum Angelusläuten ein, als der Pfarrer zusammen mit dem Benefiziaten Weber die Sterbegebete zu sprechen begann. Sobald der letzte Ton der kleineren, der hl. Therese vom Kinde Jesu geweihten Glocke verklungen war — man war im Sterbegebete zu der Stelle gelangt: Heute schon sei dein Aufenthalt am Orte des Friedens und dein Aufenthalt im heiligen Zion — schien es den Anwesenden, als verhauche Therese Neumann ihren letzten Atemzug.

Da auf einmal riß es die Liegende in eine Schauung empor. Sie atmete wieder, zeigte lebhaftes Mienenspiel und sank dann, wie gewöhnlich nach einer Schauung, ruhig in die Kopfkissen zurück. Ihr Aussehen war wieder das gewöhnliche, die Glieder waren wieder warm. Nach einiger Zeit begann der Pfarrer, der — als sie in die Schauung kam — vor Freude ob ihrer Rettung zugleich geweint und gelacht hatte, mit ihr ein Gespräch. Sie war in dem Zustand des Eingenommenseins; es war daher schwer herauszubringen, was mit ihr geschehen war. Das Gespräch wurde mir folgendermaßen geschildert, ohne daß diese Wiedergabe auf Vollständigkeit Anspruch erheben will: Therese: Mir is so kaltere g'worn und so angstere. Weiß aber net von was. Da is auf einmal ein Liecht g'wachsen und aus dem Liecht hat ebbes g'redt. Etze ist's da (auf ihre Brust zeigend) durchi gangen und sticht nimmer. I hab wieder gschnauft. Pfarrer: Resl, wer meinst, daß das Licht gewesen ist? Therese: Wer? Pfarrer: Das wird die hl. kleine Therese gewesen sein. Therese: Die kenn i net. Pfarrer: Die ist recht ein braves Mädel gewesen; die ist schon gestorben, noch nicht so alt wie du. Therese: Die is braver gwen als i und is im Himmel. Der Pfarrer sucht ihr nun die Erscheinung so klar zu machen: Der Heiland habe zur hl. kleinen Therese gesagt: Du gehst jetzt in Deinem Licht auf Konnersreuth zu der Schneiderixenresl und hilfst, daß es bei ihr in der Brust durchgeht und sie wieder schnauft. Darauf befragte sie der Pfarrer über die Worte, die die Stimme an sie gerichtet hatte. Therese berichtete, die Stimme habe gesagt: „Liebes Kind! Daß du ergeben bist, freut den Heiland. Um der Welt zu zeigen, daß es ein höheres Eingreifen gibt, sollst du wieder aufstehen können. Du darfst noch nicht sterben. Du darfst noch mehr leiden und mit den Priestern mitwirken am Heile der Seelen." Therese Neumann gibt die Worte der Stimme stets in Schriftdeutsch an, während sie sonst ausgesprochen oberpfälzische Mundart redet. Im Zustand des Eingenommenseins spricht sie sogar rein mundartlich.

Hieraus erklärt sich die folgende Bemerkung, die sie an die Wiedergabe der Worte der Stimme anschloß: „Wenn die im Himmi so olber redn? Naja! Muß mir nachher der Heiland lernen. Aber da wird er ein Arbet habn."

Gegen Morgen zu kehrte sie in ihren gewöhnlichen Zustand zurück. Der Schmerz war verschwunden. Sie bekam Hustenreiz und hustete den die oberen Luftwege füllenden Schleim aus. Am nächsten Tage konnte sie wieder aufstehen und herumgehen.

Wie ich schon berichtete, traten zunächst drei Stigmen am Kopf auf. Im Verlaufe der nächsten Freitagspassionsschauungen stieg ihre Zahl auf acht.

Weihnachten 1926

Der Heilige Abend des Weihnachtsfestes 1926 fiel auf einen Freitag. Therese Neumann hatte die Schauungen und Leiden wie an anderen Freitagen, an denen sie das Leiden Christi sieht. Nach der Schauung des Kreuzestodes war ihr Zustand in den des Eingenommenseins übergegangen. Versuche der Mutter und des Pfarrers, sie auf das Fest des Tages, die Geburt des Heilandes hinüberzulenken, begegneten deshalb völligem Unverständnis. Sie hatte doch eben erst den erwachsenen Heiland sterben sehen; wie sollte er da am gleichen Abend noch geboren werden? Während der Weihnachtsbescherung der Familie im Zimmer im Erdgeschoß lag Therese Neumann ruhend in ihrem Bette im ersten Stock, wie wenn sie schlummerte. Zur Christmette ging die Familie in die Kirche. Nur der Vater blieb daheim, das Haus zu hüten und die Tochter Therese zu betreuen. Während des Gottesdienstes las er im Goffine über das Weihnachtsevangelium. Von der nahen Kirche konnte er die Glocke bei der Wandlung schallen hören. Als er sich nach dem zweiten Läuten von den Knien erhob, hörte er plötzlich seine Tochter einen lauten Ruf ausstoßen. Erschreckt blickte er hin. Da sah er sie lächelnd mit offenen Augen daliegen, den Kopf zur Seite geneigt, als ob sie aufmerksam auf etwas aus der Ferne höre. Bald darauf hob sie den Kopf aus den Kissen mit allen Zeichen angespanntesten Horchens. Dann wandte sie das Gesicht voll in die Richtung, aus der der Schall zu ihr zu dringen schien. Ihr Mienenspiel wurde lebhafter, sie sah strahlend aus und lächelte selig; ein paarmal nahm das Gesicht auch einen ernsten Ausdruck an. Dabei breitete sie die Arme einem nicht sichtbaren Etwas entgegen und richtete sich währenddessen völlig auf. Inzwischen war die Familie einschließlich einer als Gast anwesenden verheirateten Schwester des Vaters aus der Kirche zurückgekehrt und versammelte sich nun um Therese. Der jüngste Sohn wurde zum Pfarrer geschickt, der eiligst kam. Die Schauung hat nach dem Hinzukommen der übrigen Familie noch etwa zehn Minuten gedauert.

Dabei waren ihre Augen jetzt ständig in einer ganz bestimmten Richtung festgebannt. Dann sank sie, die Augen schließend, in die Kissen zurück. Nach etwa zwei Minuten öffnete sie sie, blickte wie fremd die schweigend um sie Versammelten an und sprach ganz leise vor sich hin: „Jetzt möcht ich gern sterben." Als sie völlig in die Umwelt zurückgekehrt war, schlug sie die Hände vors Gesicht, um die Tränen zu verbergen. Pfarrer Naber fragte sie, warum sie weine. Sie antwortete, weil es hier nimmer schön sei, möchte sie fort. Sie möchte sterben Es sei hier so düster. Nachdem der Pfarrer sie einige Minuten dieser Stimmung überlassen hatte, sprach er sie von neuem an. Pfarrer Witt gibt dieses Gespräch folgendermaßen wieder: „Resl, wir kommen gerade aus der Mette." Darauf fragte Therese, welche diese Anrede nicht beachtet zu haben schien: „Was haben wir für eine Zeit?" Der H. H. Pfarrer antwortete: „Ein Uhr." „Nein, nein," erwiderte Therese, „das meine ich nicht." Nun sagte der H. H. Pfarrer: „Weihnachten ist, der hl. Abend." Aber Therese ging offenbar noch nicht auf die Rede des H. H. Pfarrers ein. Nun sagte der H. H. Pfarrer: „Das Christkind ist gekommen." Und dieses Wort traf nun bei Therese plötzlich ein empfängliches Ohr. Jetzt begriff sie mit einem Male, und wie frohlockend rief sie mit unnachahmlicher Betonung aus: „Ach ja, das ist ja das Christkind gewesen!" (Witt a. a. O. I. Aufl. S. 261 f.)

Ich habe die Wittsche Darstellung der Geschehnisse an Weihnachten 1926 Pfarrer Naber und Therese Neumann zwecks Nachprüfung vorgelesen und dabei erfahren, daß sie in der Angabe der Tatsachen mit der Erinnerung von beiden übereinstimmt und auch nicht der Ergänzung bedarf. Meine Darstellung schließt sich also an die von Pfarrer Witt an.

Nachdem Therese Neumann bewußt geworden war, daß sie das Christkind geschaut hatte, zeigte man ihr zwei Bildwerke, die in ihrem Zimmer standen und das Christuskind darstellten. Sie wies aber beide mit der Erklärung zurück, sie seien nicht so schön, und sprach lebhaft: das Christkind, das sie gesehen habe, sei ein lebendiges gewesen. Auf Verlangen des Pfarrers erzählte sie dann, was sie erlebt hatte.

Aus ihrem Schlafe war sie durch Gesang und Musik geweckt worden. Aber durch ein Singen und Musizieren, das viel schöner war, als Menschen es zustande bringen. Während der ganzen Erscheinung wurde stets das gleiche gesungen. Auf eine Frage des Pfarrers, was denn gesungen worden wäre, antwortete sie, sie habe es schon gehört, könne es aber nicht wiedergeben. Anfänglich habe der Gesang im Dunkeln ertönt. Plötzlich sei jenes Licht ihr vor die Augen getreten, das ihr schon öfters erschienen war. Zugleich habe wieder die Stimme zu ihr gesprochen: „Du darfst nicht bloß leiden mit dem Heilande. Du darfst dich auch freuen mit ihm. Aber bleib immer ergeben und kindlich!" Plötzlich wurde die Helle dieses Lichtes durch einen noch viel strahlenderen Glanz übertroffen, in dem sie ein wunderschönes kleines Kind auf einer weißen Wolke etwas erhöht vor sich stehen sah. Sie schaute das Kind mitten im Licht. Es war in ein weißes Hemd gekleidet, hatte ganz feine rote Backen, „nicht arg rot, nur ein bißchen" und schöne kleine Füße. Die feinen Haare waren blond und umrahmten mit leichten Locken das leuchtende Gesicht. Mit glänzenden tiefblauen Augen blickte das Kind, das die Arme nach Therese Neumann ausgestreckt hatte, diese an und lächelte ihr zu. Ihr sei so gewesen, als ob das Kind auf sie hermöchte, es habe zu ihr hingelangt. Auf die Frage des Pfarrers, ob sie nicht hätte zu dem Kinde hin mögen, antwortete sie, sie hätte schon hin mögen, aber sie habe sich nicht hingetraut. —

Mit Therese Neumann teilte während des Restes der Nacht die Tante das Zimmer, die in der Erregung über das Erlebte noch lange schlaflos blieb und deshalb von Theresens Bett vielfach den Ausdruck heftiger Schmerzen hörte, da sie litt. Da Therese offenbar meinte, die Tante schliefe, sprach sie öfters leise vor sich hin: „Ja, lieber Heiland, ich leid gern für di. Du bist ja so guet." Die Tante schilderte dieses Beten als eine Art Zwiesprache. Das dürfte auch nach meinen eigenen späteren Erlebnissen, bei denen ich ebenfalls, Therese Neumann unbewußt, Zeuge ihres Betens nach einer Schauung war, die richtige Bezeichnung sein.

Am andern Morgen konnte sie vor sehnsüchtigem Verlangen kaum die Zeit erwarten, bis ihr Pfarrer Naber die Kommunion brachte. Untertags aber äußerte sie wiederholt, daß sie sich vor lauter Freude gar nicht recht fassen könne. Seit Weihnachten 1926 hörte auch die bisherige Aufnahme von Flüssigkeit — durchschnittlich eine Tasse in der Woche — auf. Sie nahm nur mehr zur Kommunion einen Löffel Wasser.

Das Jahr 1927

Schauungen

Im Jahre 1927 verliefen die Freitage, die nicht in kirchliche Freudenzeiten fielen, so, wie schon berichtet ist. An den Freitagen der Fastenzeit bluteten auch Therese Neumanns Hände und Füße. Am Karfreitag zeigten sich auch an den Unterseiten der Hände und Füße Stigmen. Sie bluteten ebenso wie die der Oberseite. Therese Neumann erklärte, sie habe das Gefühl, daß diese Stigmen durch die Hände und Füße hindurchgehen. In dieser Zeit schwollen ihre Beine und ihr Leib allmählich sehr stark an. Sie konnte kein Wasser mehr lassen. Die Unbeweglichkeit der Beine wurde so stark, daß sie die Knie nicht mehr biegen konnte. Am 25. März 1927 hatte sie eine Schauung von Mariä Verkündigung. Vom Karfreitag bis zum Ostermontag ging dann viel Wasser ab. Am Ostersonntag mittags war sie schon wieder fähig, in die Kirche zu gehen. Am Gründonnerstag, den 14. April 1927, hatte sie Schauungen der Schicksale Christi, die mit der Zurüstung des Osterlammes im Abendmahlsaal begannen. Sie endeten in diesem Jahre am Karfreitag ungefähr um ½4 Uhr nachmittags mit der Grablegung. Es waren ungefähr fünfunddreißig Schauungen. Bei der Grablegung durfte sie mit Erlaubnis des Apostels Johannes einen Arm Christi mit Binden einwickeln helfen. Den Karsamstag verbrachte sie in einem Zustand, der den Eindruck erweckte, als schlafe sie; sie schnarchte auch. Sprach man sie an, so wehrte sie ab, ohne zu erkennen, wer eigentlich mit ihr sprach. Eine ihrer Antworten ist mir in der Form berichtet worden: „Heiland, i hab kei Zeit für di, daß i red mit Dir. I muß ausschlafen." Die Osterschauungen begannen um fünf Uhr morgens. Sie sah die Auferstehung in fünf Begebenheiten. Am Himmelfahrtstage schaute sie um vier Uhr morgens zuerst, wie Christus mit den Aposteln im Abendmahlsaal versammelt war und dann wie er auf dem Ölberg gen Himmel auffuhr. Am 17. Mai 1927, dem Jahrestag der Heiligsprechung der kleinen Therese vom Kinde Jesu, sah sie, hinter dem Hochaltar der Konnersreuther Kirche sitzend, das Licht, das ihr schon wiederholt erschienen war. Die gleiche Stimme wie früher sprach auch diesmal zu ihr. Dr. Erwin Freiherr v. A r e t i n berichtet in seinem Aufsatz „Die Erscheinungen von Konnersreuth" in „Die Einkehr", Beilage der Münchner Neuesten Nachrichten Nr. 58 vom 3. August 1927, über Vorgänge zu Pfingsten dieses Jahres: Bei der Pfingstekstase, in der sie die Predigt des Apostels Petrus deutsch hörte und „die in der Dorfkirche auf dem Platz stattfand, der der Resl, um sie der Neugier zu entziehen, hinter dem Hochaltar bereitet ist, kam auch jene Lichtbildaufnahme zustande, auf der das Wundmal der linken Hand durch den verdeckenden Handschuh hindurch gleich einer kleinen Sonne leuchtet. Jenes der rechten ist unsichtbar, weil diese Hand von der Kante aus aufgenommen ist. Ich habe das Bild gesehen. Von einem Plattenfehler kann keine Rede sein, ebensowenig von einer nachträglichen Retuschierung, eine Sache, an die im Banne so vieler unerklärlicher Begebenheiten wahrhaftig niemand zu denken einen Anlaß hat. Das menschliche Auge hat freilich noch niemals meines Wissens eine Lichterscheinung zu entdecken vermocht."

Dr. Freiherr v. Aretin ist hier bei der Zeitangabe ein Irrtum unterlaufen. Die Aufnahme stammt nicht von Pfingsten, dem 5. Juni 1927, sondern vom 17. Mai 1927, dem Jahrestag der Heiligsprechung der kleinen Therese. Sie wurde von Hauptlehrer Böhm in Konnersreuth gemacht und ist, wie mir dieser und Pfarrer Naber erzählten, auf folgende Weise zustandegekommen. Der Gottesdienst in der Kirche war bereits zu Ende, als Therese Neumann eine

Schauung erhielt. Einige Einwohner von Konnersreuth hatten das Presbyterium betreten und betrachteten aus respektvoller Entfernung Therese Neumann, die sich im Zustand der Schauung befand. Plötzlich riefen einige der Betrachter: Das Stigma an der linken Hand leuchtet, es gehen von ihm Strahlen aus. Andere bestritten diesen Vorgang. Pfarrer Naber, der das Leuchten nicht wahrnahm, rief dem Hauptlehrer, der den Gesangschor geleitet hatte und noch anwesend war, zu, er möchte doch seinen Photographierapparat holen und eine Aufnahme machen. Dieser eilte in seine Wohnung im benachbarten Schulhaus, brachte seinen Apparat und machte eine Aufnahme. In der Erregung hat er die Platte nicht voll belichtet. Ich habe die Platte (9: 12 cm), die sich im Besitz des Pfarrers Naber befindet, genau betrachtet und stimme der Ansicht von Dr. Freiherr von Aretin zu, daß ein Plattenfehler nicht vorliegt. Über die Angelegenheit habe ich mit ihm ein Jahr später ein Gespräch gehabt, in dem er mir erneut seine Überzeugung bestätigte, daß die Erscheinungen auf der Platte nicht durch einen Fehler derselben erklärt werden können. Seine Meinung ist mir um so wichtiger, als er seiner akademischen Fachausbildung nach Astronom ist und jahrelang beruflich an großen Sternwarten tätig war. Er hat bei dieser Tätigkeit sehr viele photographische Aufnahmen von Sternbildern gemacht und die entwickelten Platten mikroskopisch daraufhin untersucht, ob auf ihnen Plattenfehler auftraten.

Zu Pfingsten hatte Therese Neumann eine Reihe von Schauungen. Unter anderem sah sie, wie der Heilige Geist herniederkam und wie Petrus predigte. Im Gegensatz zu den Reden in anderen geschichtlichen Schauungen hörte sie ihn deutsch sprechen. Dann sah sie, wie die Apostel mit dem Volke zum Teiche hinauszogen; wie sie Dreitausend tauften; wie Petrus und Johannes am Nachmittag auf dem Tempelplatz einen Lahmen heilten und dann beide ins Gefängnis geworfen wurden. In der Nacht auf den Pfingstmontag sah sie beide im Kerker. In der

Frühe dieses Tages schaute sie die Sitzung des Hohen Rates, dann die Entlassung der beiden Apostel und schließlich eine Versammlung aller zwölf Apostel einschließlich des hinzugewählten Matthias im Abendmahlsaal.

An weiteren Schauungen dieses Jahres bis zur Weihnachtszeit ist mir noch bekannt geworden eine solche des Martyriums des hl. Laurentius am 10. August, dem Patrozinium der Konnersreuther Pfarrkirche, dann der Himmelfahrt Mariens am 15. August, ferner sah sie am Fest der Sieben Schmerzen Mariens, am 15. September, die Kreuzabnahme und Grablegung Christi; am 17. September die Stigmatisation des hl. Franz von Assisi. Am 30. September, dem Todestag der heiligen kleinen Therese vom Kinde Jesu, erschien ihr diese zum erstenmal in ihrer Gestalt als Karmeliterin und sprach zu ihr unter anderem, daß sie — Therese Neumann — „keine irdische Speise mehr benötige". Am 3. Oktober sah sie Christus und die hl. kleine Therese in der Kirche. Am 1. November, an Allerheiligen, sah sie im Himmel die Heiligen. Am 2. November, an Allerseelen, das Fegfeuer und am 8. Dezember, dem Fest der Unbefleckten Empfängnis, die Mutter Maria. Die Erscheinung wird bei der Angabe der Schauungen des Jahres 1928/29 näher beschrieben. Die Schauungen der Weihnachtszeit 1927 werden eigens behandelt.

Die fünfzehntägige Bewachung der Therese Neumann im Juli 1927

In der Zeit vom Donnerstag, den 14. Juli, bis zum Donnerstag, den 28. Juli 1927, wurde Therese Neumann auf Veranlassung des zuständigen bischöflichen Ordinariates in Regensburg mit Zustimmung ihrer selbst und der Angehörigen und unter Leitung von Sanitätsrat Dr. Seidl einer fünfzehntägigen Bewachung durch vier Mallersdorfer Schwestern unterzogen. Der Vater erklärt, es sei ihm vom Regensburger Generalvikar die Zusage gegeben worden,

daß keine weiteren Bewachungen verlangt werden würden.[1])
Die vier Schwestern wurden vor und nach der Beobachtung vom bischöflichen Ordinariat in Regensburg vereidigt. Ewald berichtet a. a. O. Seite 1990: „Die Schwestern waren während der ganzen Dauer ihrer Tätigkeit beständig in schriftlicher, mündlicher und fernmündlicher Verbindung mit dem Arzt" (Dr. Seidl), „der selbst neunmal Konnersreuth aufsuchte und ihre Tätigkeit kontrollierte. In den Donnerstag-Freitag-Nächten war der Arzt zur Beobachtung des Ekstasebeginnes anwesend. Urin, Erbrochenes, Blut wurden teilweise nach München, teilweise nach Erlangen zur Untersuchung eingeschickt." Die vier Mallersdorfer Schwestern machten nach Ewald a. a. O. S. 1982 „einen außerordentlich guten Eindruck und waren geschickt ausgewählt, medizinisch geschult, so daß sie durch die Erscheinungen nicht leicht düpiert werden konnten, eine frühere Operationsschwester, eine Röntgenschwester, eine Zahnarztschwester und eine stenographiegewandte Schwester. Sie ließen sich auch durch den Anblick der Ekstasen nicht verblüffen, waren beim Heraustreten des ersten Blutstropfens aus den Augen sofort mit dem Objektträger bei der Hand, haben alle Anordnungen des Kollegen Seidl aufs pünktlichste befolgt, arbeiteten stets zu zweit und ließen Therese während der vierzehn Tage keine Sekunde aus dem Auge." Die Anweisungen an die Schwestern waren die folgenden (a. a. O. S. 1990):

„1. Die vier Schwestern sollen in zwei Wachgruppen sich teilen. Jede Gruppe bekommt ein Gruppenheft ausgehändigt, in das über jede Wache Eintragungen gemacht werden müssen.

2. Die Therese Neumann darf keinen Augenblick allein gelassen werden, weder bei Tag noch bei Nacht, weder im Hause noch in der Kirche, noch im Freien (während der Beobachtungsdauer unterblieb die Ohrenbeichte). Der Abort darf während der Beobachtungszeit nicht benützt

---

[1]) Laut mir während des Drucks gewordener Mitteilung widerspricht Herr Generalvikar Dr. Scheglmann dieser Auffassung.

werden, sondern alle Abgänge sollen in eine Leibschüssel entleert werden.

3. Die Schwestern haben die Therese Neumann zu waschen. Dabei darf kein Schwamm, sondern nur ein ausgedrückter, feuchter Waschlappen zur Benutzung kommen.

4. Das von den Schwestern zu reichende Mundwasser muß vorgemessen, das benützte Wasser in eine Schale entleert und nachgemessen werden.

5. Auch das zum Herunterschlucken der hl. Hostie benützte Wasser muß von den Schwestern vorgemessen werden.

6. Alle Ausscheidungen: Urin, Gebrochenes, Stuhl, müssen aufgefangen, gemessen oder gewogen und zur Untersuchung dem Arzt sofort geschickt werden.

7. Es müssen fortlaufend Körperwägungen, Temperaturmessungen und Pulsbeobachtungen gemacht werden.

8. Von dem an den Freitagen austretenden Blute müssen auf gut gereinigten Objektträgern Blutausstriche gemacht werden. Ebenso müssen an irgendeinem anderen Wochentage Blutausstriche mit dem durch Einstich in das Ohrläppchen gewonnenen Blute gemacht und zu gleicher Zeit der Hämoglobingehalt dieses Blutes bestimmt werden.

9. Es müssen über den Beginn der Blutungen und den Verlauf der ekstatischen Zustände an den Freitagen genaueste Beobachtungen und Aufzeichnungen gemacht werden.

10. Es müssen die an den Beobachtungsfreitagen über die Herzwunde gelegten Kompressen sowie die an diesen Tagen benützten Kopftücher abverlangt und aufgehoben werden.

11. Es müssen photographische Aufnahmen von den Stigmen und soweit dagegen sich keine Schwierigkeiten erheben, von einzelnen Ekstasen gemacht werden. Wenn es einigermaßen möglich ist, soll auch hier ein oder das andere Stigma während der Freitagsekstasen photographisch festgehalten werden.

12. Es soll die Beobachtung der Schwestern auch auf das religiöse Leben sowie das Verhalten gegenüber ihren Angehörigen, gegenüber Personen aus dem nächsten und nahen

Bekanntenkreise sowie gegenüber fremden Besuchern sich ausdehnen.

13. Bei allen Zweifeln oder sich geltend machenden Widerständen sollen sich die Schwestern sofort schriftlich, mündlich oder fernmündlich an den Arzt wenden."

Die Protokolle dieser Schwestern sind nicht veröffentlicht worden. Ebensowenig das Gutachten, das Dr. Seidl dem Regensburger bischöflichen Ordinariat erstattet hat. Unsere Kenntnis beschränkt sich auf die Veröffentlichung von Professor Dr. Ewald in Erlangen,[1]) der seinen Ausführungen die genannten Dokumente zugrundegelegt hat. Ich gebe aus den Ewaldschen Veröffentlichungen nur die Tatsachen wieder (a. a. O. Seite 1990), lasse aber seine ärztlichen Schlußfolgerungen an dieser Stelle beiseite. Sie werden uns später beschäftigen. Das Ergebnis der Beobachtung ist nach Ewald das folgende: „Die Temperatur war dauernd normal, meist wenige Zehntel über 36°, erreichte nur zweimal abends 36,9°. Auch der Puls bot wenig Besonderheiten; während der ersten Ekstase wurden 60—80 Schläge gezählt, während der zweiten sogar nur 58—62 Schläge. Am Sonntag, den 17. Juli, nachts 1 Uhr hatte Therese einmal einen ,nervösen Anfall' mit Pulsanstieg bis 104. Sie soll dabei halb bewußtlos gewesen sein, um sich geschlagen und gerufen haben, es steche ihr durch das Herz[2]). . . . Nach dem Anfalle sei sie ruhig fünfunddreißig Minuten lang im Bett gelegen und habe gelächelt, als wenn sie etwas sehen würde. Der Puls war

---

[1]) „Die Stigmatisierte von Konnersreuth. Untersuchungsbericht und gutachtliche Stellungnahme" in Beilage zu Nr. 46 der Münchener medizinischen Wochenschrift vom 18. Nov. 1927.

[2]) Ob ein äußerer Anlaß gegeben war, wird von Ewald nicht angegeben. Die Möglichkeit besteht um so eher, als nach seinen Mitteilungen auf Seite 1982 am Abend eines Schauungsfreitags ein Leiden der Therese Neumann für die vier Schwestern und „einen Mann, der mitten in der Sache drin stehe, auf den viel ankomme, der aber nicht gläubig sei und sich vor den Menschen fürchte," stattgehabt hatte. Ob Therese Neumann über die Ursache des Leidens am 17. Juli seinerzeit gefragt worden ist, weiß ich nicht.

wieder ruhig geworden, 76. Bei gelegentlich vorkommenden Schwächezuständen war der Puls vorübergehend schwach, einmal sogar nicht fühlbar. Die Blutausstrichpräparate ergaben normale Verhältnisse. Das Hämoglobin betrug 70, das Blutbild bot keine Besonderheiten. Das Erbrochene enthielt reichlich Blut, das großenteils Umwandlung in Hämatin zeigte. Es ist daher anzunehmen, daß es aus dem Magen stammte. Freie Salzsäure konnte nicht nachgewiesen werden. Mikroskopisch fanden sich keine Speisereste."

Über die Nahrungsaufnahme

berichtet Ewald, daß dieser „während der ganzen Beobachtungsdauer die größte und angespannteste Aufmerksamkeit zugewendet" wurde und die Anordnungen bezüglich des Waschens, des Mundwassers usw. genau beobachtet wurden. „Trotz der angestrengtesten Beobachtung konnte nicht einmal beobachtet werden, daß die Therese Neumann, die keine Sekunde allein war, etwas zu sich nahm, oder irgendwie versuchte, etwas zu sich zu nehmen. Das Bett der Beobachteten wurde nicht nur beim Beginn der Beobachtung einer strengen Untersuchung unterzogen, sondern es wurde auch jeden Tag nicht etwa durch die Angehörigen, sondern durch die Schwestern gemacht. Weder der Arzt" — d. i. Dr. Seidl, d. Verf. — „noch die Schwestern meinten annehmen zu können, daß in Bezug auf Nahrungsaufnahme ein Beobachtungsfehler unterlaufen konnte." Nach Ewald hat Therese Neumann während der Zeit vom 14. Juli bis 28. Juli 1927 täglich nur ungefähr den achten Teil einer Hostie, also im ganzen etwa drei Hostien im Gesamtgewicht von 0,39 g zu sich genommen. Um ihr das Schlucken zu ermöglichen, wurde ihr bei der Kommunion Wasser von ungefähr 3 ccm Menge täglich gereicht. Die Gesamtmenge betrug also ungefähr 45 ccm, mithin etwa drei Eßlöffel Wasser. Gemäß den Anordnungen wurde Therese Neumann das Mundwasser von den

Schwestern vorgemessen, das benützte Wasser in eine
Schale entleert. Nur zweimal ergab sich, daß das entleerte
Wasser an Menge geringer war als das gereichte, und zwar
am 16. Juli um 5 ccm, wobei die Schwester bemerkte,
daß beim Ausspucken „etwas daneben auf den Boden gekommen sei"; der gleiche Unterschied ergab sich am
17. Juli nachts.

Über die Ausscheidungen

berichtet Ewald, daß Stuhl während der Beobachtungszeit
überhaupt nicht entleert worden war. Erst am 30. Juli
hat Therese Neumann etwas Stuhl entleert und zwar
„nach ihren Angaben etwa einen Löffel voll, der ein
schleimiges Aussehen gehabt habe. Sie habe sonst im
Laufe des Monats Juli überhaupt noch keinen Stuhl gehabt." Der Stuhl konnte nicht untersucht werden. Urin-
entleerungen hatten „am Freitag, den 15. Juli, in einer
Gesamtmenge von 345 ccm und in der Zeit vom Donnerstag nachts, den 21. Juli, bis Samstag, den 23. Juli, in einer
Gesamtmenge von nur 180 ccm" statt. „Erbrochenes
wurde entleert am Freitag, den 15. Juli, früh 8⁴⁸ Uhr.
Dabei soll es sich, wie man vermutete, nur um Blut, das
von den Augen in den Mund floß, gehandelt haben."
Ewald nimmt an, daß es sich wahrscheinlich um eine
gleichzeitige Blutausscheidung aus der Magenschleimhaut
gehandelt hat. Auch am Freitag, den 22. Juli, erbrach
Therese Neumann eine ganz geringe Menge Schleim und
Blut. Die von Therese Neumann abgegebene Schweiß-
und Blutmenge ließ sich nicht gewichtsmäßig feststellen.
Ewald erwähnt dann noch, daß in der Nacht vom Donnerstag, den 14. Juli, auf Freitag, den 15. Juli, sowohl von
dem Blut, das aus den Augen wie dem, das aus der Herzwunde quoll, Blutaufstriche auf Objektträger gemacht
wurden. Außerdem wurde am 18. Juli Therese Neumanns
Ohrläppchen Blut entnommen. Als Ergebnis der Urin-
untersuchungen gibt Ewald an: I. Der am Freitag, den

15. Juli, entleerte Urin wurde in einem klinischen Laboratorium in München untersucht. Die Sendung kam in gutem Zustand an. „Die Gesamtmenge des Urins betrug 345 ccm, das spezifische Gewicht 1025. Reaktion sauer, Eiweiß und Zucker enthielt er nicht, Indikan in geringer (normaler) Menge, Kreatinin 0,15 Proz., Kreatin vorhanden. Wesentlich ist, daß er sehr starke Azetonreaktion (+ + +) und Reaktion auf Azetessigsäure gab. Die Atezessigsäure entsprach 1,7 Prom. Daraus ist zu schließen, daß tatsächlich ein Hungerzustand, wenigstens Abstinenz von Kohlehydraten, vorliegt. Sonst wurde noch quantitativ bestimmt: Kochsalz 0,657 Proz., Stickstoff 1,28 Proz., Kreatinin 0,152 Proz. II. Untersuchungsergebnisse des in der Zeit vom 21. bis 22 entleerten Urins, ausgeführt von dem gleichen Münchener Laboratorium: Gesamtmenge 180 ccm. Spezif. Gewicht 1024. Reaktion sauer. Eiweiß und Zucker negativ. Kreatinin 0,24 Proz., Kreatin vorhanden, wenig. Azeton + +. Azetessigsäure Spur. Indikan Spur. Gesamtstickstoff 2,24 Proz., Kochsalz 0,84 Proz. III. Das Untersuchungsergebnis des am 29. und 30. Juli (also zwei Tage [Freitag und Samstag] nach der Beobachtungszeit) entleerten Urins, ausgeführt in einem klinischen Laboratorium in Erlangen, war folgendes: Menge 45 ccm (wohl kaum Gesamtmenge). Reaktion sauer. Spezifisches Gewicht 1033. Farbe dunkel strohgelb. Eiweiß und Zucker negativ. Kreatinin positiv. Azeton und Azetessigsäure Spuren. Kochsalz 1,08 Proz., Stickstoff 1,193 Proz. IV. Die Untersuchung des am 5. August entleerten Urins, ausgeführt in einem klinischen Laboratorium in Erlangen, ergab folgendes Ergebnis: Farbe blaß strohgelb, trüb (im wesentlichen Phosphate). Reaktion amphoter. Menge 75 ccm (ob Gesamtmenge, war wiederum nicht festzustellen). Spezifisches Gewicht 1014. Eiweiß negativ, Zucker negativ. Kreatinin höchstens Spuren. Azeton und Azetessigsäure völlig negativ. Kochsalzgehalt 1,02 pro 100 ccm. Gesamtstickstoff 0,482 pro 100 ccm.“ Aus den Ewaldschen Angaben über Therese Neumanns

Gewichtsverhältnisse

ist folgendes zu entnehmen. Sie wurde ohne Schuhe und immer in der gleichen Kleidung gewogen. Es ergab sich am Mittwoch, den 13. Juli, ein Gewicht von 55 kg. Am Samstag, den 16. Juli, ein solches von 51 kg; am Mittwoch, den 20. Juli, ein Gewicht von 54 kg; am Samstag, den 23. Juli, 52,5 kg. Am Donnerstag, den 28. Juli, 55 kg. „d. h. das am ersten Tage festgestellte Gewicht war wieder erreicht."

Die Stoffwechselvorgänge bei Therese Neumann zeigten, wie bereits berichtet worden ist, eine Entwicklung. Seit Weihnachten 1922 hat sie nichts Festes mehr zu sich genommen; seit Weihnachten 1926 auch nichts Flüssiges mehr, mit Ausnahme eines Teelöffels Wasser bei der Kommunion. Seit dem 30. September 1927 ist auch dieser Löffel Wasser fortgeblieben. Sie nimmt seitdem nur mehr entweder eine kleine Partikel einer Hostie, wenn sie sich nicht im erhobenen Zustand befindet oder eine ganze Hostie, wenn sie in dem letzteren Zustand ist. Die Schilderung dieser mystischen Kommunion findet der Leser in dem Abschnitt über meine eigenen Erlebnisse in Konnersreuth bei den ersten drei Besuchen im Herbst 1927.

Auch ihre Ausscheidungen sind nicht immer zur gleichen Zeit aufgetreten. Der Zwischenraum zwischen den einzelnen Ausscheidungen hat sich immer mehr verlängert, so daß beispielsweise meines Wissens nach einer Darmausscheidung zu Beginn des Jahres 1929 bis zum 12.—22. Mai keine weitere Darmausscheidung aufgetreten war. Ob und wann eine solche später vor sich gegangen ist, ist mir nicht bekannt. Bei Freitagsleiden hatte Therese Neumann früher des öftern Harndrang, der aber häufig erfolglos war. Wie es heute hiermit beschaffen ist, kann ich nicht sagen.

Bezüglich der von Ewald berichteten dritten und vierten Harnuntersuchung — der Urin war nach Abschluß der Bewachung und Abreise der Schwestern am 29. und

30. Juli und 5. August entleert — wurde in dem Prozeß Dr. Aigner gegen Friedrich v. Lama vor dem Amtsgericht in München am 15. April 1929 nach Zeitungsberichten festgestellt, daß der Urin nicht sachgemäß behandelt worden war. Er war nach der Ausscheidung längere Zeit offen gestanden, so daß innerhalb zweier Tage eine Verflüchtigung des Azetons eintreten konnte.

Die öffentliche Erörterung des Falles Therese Neumann

Seit der Stigmatisation an Ostern 1926 hatte sich das Interesse, das die nähere Umgebung von Konnersreuth bereits seit der Heilung von der Lähmung und der Blinddarmentzündung an Therese Neumann nahm, immer mehr verbreitet. Der Markt wurde schließlich Freitags das Reiseziel von Tausenden, die die Stigmatisierte in ihren Leiden zu sehen und sie zum Teil auch andern Tags im gewöhnlichen Zustand zu sprechen wünschten. Aufrichtiges seelisches Bedürfnis mischte sich mit Neugierde. Der aufmerksame Beobachter konnte dabei regelmäßig erleben, wie auch solche Menschen, die gleichgültig oder spottend auf den Augenblick warteten, wo sie die Stigmatisierte in ihrem Leiden sehen würden, beim Anblick selbst ernst und nachdenklich wurden. Ich habe noch den letzten derartigen Massenbesuch vor der Einschränkung durch die bayerische Bischofskonferenz miterlebt und diese Wirkung gesehen. Gleichzeitig setzte natürlich die öffentliche Erörterung ein. Die Presse aller Richtungen beschäftigte sich mit dem Fall Therese Neumann. Die ärztlichen Berichterstatter der Zeitungen, aber auch andere Ärzte, die zahlreich Konnersreuth besuchten, waren fast ausnahmslos einig in dem Urteil, es liege ein Fall von schwerer Hysterie mit bewußter oder unbewußter Täuschung in der Ernährungsfrage vor. Diese Feststellungen in breitester Öffentlichkeit konnten aber die Anziehungskraft nicht vermindern, im Gegenteil, sie lenkten die Aufmerksamkeit immer breiterer Kreise auf das Geschehen und der Besuch wurde ständig stärker. Auch die Parapsychologen bemächtigten sich des Falles. Sie suchten ihn z. T. durch Vampyrismus, also durch Kraftentnahme aus dem Körper der Personen der Umgebung oder durch Apport von Astralmaterie zu erklären. Später tauchte auch die Theorie von ihrem Atmen durch die Stigmen auf. Vielen weltanschaulich radikal eingestellten Richtungen wurde der Fall immer unbequemer und es setzte eine heftige Erörterung ein, auf die ich in der Einleitung bereits hingewiesen habe, denn sie gab für mich den Anlaß, die Verhältnisse und den Vorgang selbst in Augenschein zu nehmen. Dieser Kampf gegen Konnersreuth arbeitete vielfach mit außerordentlich starken Übertreibungen. Aus dem Ausbau eines Giebels im Neumannhause wurde die Herstellung eines großen Hauses; die sehr einfachen Gasthäuser in Konnersreuth verwandelten sich in diesen Aufsätzen in Hotels; auch die Spekulation begann sich zu interessieren. In Wirklichkeit hatte sich mit Ausnahme des erwähnten Giebels im Neumannhause und des Einbaues von ein paar Zimmern im ersten Stock eines schon lang bestehenden Gasthofes sowie dem Aufschlagen einer Bretterbude, in der den Fremden jeweils am Donnerstag Auskunft über freie Zimmer zum Übernachten erteilt wurde, nichts geändert. Auch die Preise waren durchaus landesüblich geblieben, sie hatten keineswegs jene schwindelnde Höhe erreicht, von der manche Gegner der Vorgänge in Konnersreuth sprachen. In der linksradikalen Presse verstieg sich der Kampf zu offenen Drohungen mit Gewalt, wenn die bayerische Regierung sich nicht entschlösse, Therese Neumann zu internieren. An die Kirche bzw. den zuständigen Bischof wurde geradezu die Forderung gerichtet, sie in einem Kloster vor der Öffentlichkeit zu verschließen, widrigenfalls würden organisierte Anhänger dieser Richtungen nach Konnersreuth ziehen und selbst mit Gewalt ihre Forderungen verwirklichen. Der zustän-

dige Bischof von Regensburg hatte bisher den Konnersreuther Vorgängen gegenüber größte Zurückhaltung bewahrt. Gemäß der Tradition der katholischen Kirche
verhielt er sich abwartend, wie sich der Lebensausgang
von Therese Neumann gestalten werde. Angesichts der
immer stürmischer werdenden öffentlichen Erörterung
erschien es aber der bayerischen Bischofskonferenz vom
Beginn des Oktobers 1927 tunlich, einen Beschluß bezüglich Therese Neumann zu fassen, den das bischöfliche
Ordinariat Regensburg dann im „Oberhirtlichen Ver-
ordnungsblatt für die Diözese Regensburg" (Nr. 10, 1927)
in folgendem Wortlaut veröffentlichte:

„Die diesjährige Konferenz der hochwürdigsten Herren
Bischöfe Bayerns hat folgenden Beschluß gefaßt: ‚Die
Bischöfe Bayerns auf der Konferenz in Freising sprechen
hiermit die eindringlichste Mahnung aus, über die Vorgänge in Konnersreuth nicht abschließend zu urteilen, bis
die kirchliche Autorität selbst entschieden hat, und alle
Besuche dort zu unterlassen, wie der zuständige Bischof
von Anfang an davor gewarnt hat. Die Presse wird um
Abdruck dieser Kundgebung ersucht." Das bischöfliche
Ordinariat bemerkt dazu: „Dieser Beschluß nimmt in
keiner Weise Stellung zu den Konnersreuther Ereignissen
selbst. Er war aber notwendig, um nicht eine Art Wall-
fahrt entstehen zu lassen, bevor deren Grundlagen eine
kirchliche Beglaubigung trugen, noch mehr aber um mit
voller Sicherheit Böswillige fernzuhalten, welche unter
Berufung darauf, daß sie selbst in Konnersreuth gewesen
seien, Lügenberichte veröffentlichten, mit unberufensten
Federn über Dinge sprachen, von denen sie nicht das
geringste Verständnis hatten, Irrtümer verbreiteten, alles
Übernatürliche und Heilige lästerten. Es war nicht ausgeschlossen, daß unter dem hetzerischen Vorgehen sich
allmählich die Veranstaltung wüster Auftritte und von
Gewalttaten in Konnersreuth vorbereitete. Dem allem
ist jetzt vorgebeugt, und wenn dabei viele ernste, nur
wohlmeinende Christen sich eine Entsagung auferlegen

138

müssen, so ist ihr Opfer nicht umsonst gebracht. Inzwischen geht die kirchliche Untersuchung, wie bisher, ruhig und sicher ihren Gang. Unter anderem wurden vier zu diesem Zweck besonders geeignete Mallersdorfer Franziskanerinnen ausgewählt, um in einer fünfzehntägigen, Tag und Nacht ununterbrochenen Beobachtung den gänzlichen Mangel an Nahrung,fester sowohl als flüssiger, bei Therese Neumann zu prüfen. Die Schwestern legten zunächst vor einem bischöflichen Kommissar einen Eid ab, daß sie ihre Aufgabe auf das gewissenhafteste und nur nach den Weisungen des leitenden Arztes, Sanitätsrates Dr. Seidl von Waldsassen, ausführen würden, worauf sie in Waldsassen noch zwei Tage lang von dem genannten Arzte speziell instruiert wurden. Dann begannen sie in Konnersreuth ihre Tätigkeit mit einer genauen Untersuchung des Zimmers der Neumann. Beständig waren die Augen von zwei Schwestern auf sie gerichtet, regelmäßig wurde sie gewogen, das Mundspülwasser vor und nach dem Gebrauch gemessen, Blut aus den fließenden Wunden sowohl wie aus einem kleinen Einschnitte in ein Ohrläppchen gewonnen und an auswärtige Laboratorien geschickt zur Untersuchung, ob es Hungerblut sei. Hierzu traten noch andere chemische Untersuchungen. Somit waren mehrerlei Wege eingeschlagen, welche alle zu dem gleichen Resultate führten, nämlich: Es fand nicht die geringste Nahrungsaufnahme statt. Dabei war die Therese Neumann, die keineswegs auffallend abgemagert ist, nicht immer bettlägerig, sondern stand gewöhnlich auf, blieb in ihrem Zimmer, ging in die Kirche oder in das benachbarte Pfarrhaus. Ganz rätselhaft war die weitere Erscheinung, daß trotz des absoluten Fastens zweimal auf nicht unbedeutende Gewichtsabnahmen ungefähr gleiche Gewichtszunahmen folgten. Herr Sanitätsrat Dr. Seidl erschien während der fünfzehn Tage neunmal, darunter zweimal bei Nacht, unangemeldet zur Kontrolle in Konnersreuth. Zeitweise zog er auch Herrn Universitätsprofessor Dr. Ewald von Erlangen bei. Nach Vollendung ihrer Aufgabe wurden die

vier Schwestern, deren tadelloser Pflichterfüllung ärzt-
licherseits hohes Lob gespendet wurde, abermals vereidigt.
Der umfangreiche eingehende Bericht des Herrn Sanitäts-
rats Dr. Seidl mit einem Passus aus der Hand des Herrn
Universitätsprofessors Dr. Ewald nötigt in Verbindung
mit den zwei Gruppentagebüchern der vier Schwestern zu
der Überzeugung, daß die ursprünglich angestrebte, aber
nicht durchführbar gewesene Beobachtung in einem Spitale
oder in einer Klinik auch keinen besseren Erfolg hätte
bringen können.

Die somit gewonnene naturwissenschaftliche Grundlage
bietet erst den Boden für die philosophisch-theologische
Prüfung des Phänomens. Der hochwürdige Klerus, welcher
von Vorstehendem beliebigen Gebrauch machen kann, wird
seinen Einfluß geltend machen, um weitere Besuche in
Konnersreuth hintanzuhalten. Eine eindringlichste Mahnung des Episkopates wird für die Katholiken Gewissens-
sache sein. Regensburg, den 4. Oktober 1927. gez. Dr.
Scheglmann, Generalvikar. Wührl, Sekretär."

Im Anschluß an diesen Beschluß und diese Erklärung
sprach das bischöfliche Ordinariat in Regensburg den
Wunsch aus, daß Katholiken bei Besuchen der Therese Neumann seiner schriftlichen Erlaubnis bedürften, unter dem
Vorbehalt, daß die Eltern mit dem Besuch einverstanden
seien. Die Verfügung wurde später dahin verschärft, daß eine
Empfehlung des für den Gesuchsteller zuständigen Pfarramtes unter Angabe von Gründen beigelegt werden mußte.

Mit einer Predigt „Sieben Grundsätze über Konnersreuth"
im Dom zu München am 6. November 1927 griff auch
Kardinal Dr. v. Faulhaber in die Erörterung über Therese
Neumann ein, indem er die grundsätzliche Stellungnahme
der katholischen Kirche zu derartigen Erscheinungen und
die bisherige Bedeutung der Therese Neumann für die
religiöse Erweckung der Zeit darlegte. Da ich mich reli-
giöser Erwägungen in dieser Arbeit grundsätzlich enthalte,
beschränke ich mich auf den Hinweis, daß diese Predigt
in „Welt und Kirche" Nr. 86, v. 8. Nov. 1927, einer Beilage

des „Bayerischen Kurier" in München, wörtlich abgedruckt ist.

Der linksradikale Kampf gegen Therese Neumann ging inzwischen ungehemmt weiter. Man versuchte es jetzt mit Verleumdungen ihrer Person. In der zweiten Hälfte des Oktober 1927 veröffentlichte die Breslauer kommunistische Wochenschrift „Die Tribüne" in einer Sonderausgabe folgende Erklärung:

„Die ‚Heilige von Konnersreuth' entlarvt! Aus ihrer Vergangenheit. Die Geliebte des Gauklers. Das uneheliche Kind der Heiligen. Was sagt die Kirche dazu?

Konnersreuth wird wohl kaum in späterer Zeit noch Wallfahrtsort sein — sintemalen sich die Schatten der Vergangenheit erheben. Es wird in Zukunft sehr viel guter Willen dazu gehören, um auf Resls Bluff weiterhin hereinzufallen. In einem kleinen Ort bei Konnersreuth lebt heute noch eine Frau Fink, und bei ihr hat vor Jahren die Resl recht und schlicht Aufwartedienste verrichtet, Wäsche gewaschen und was es sonst noch in einem bürgerlich-katholischen Haushalt in Markredwitz (sic!) zu tun gibt. Bis die Resl eines schönen Frühlingstages im Jahre 1920 verschwand, auf einige Wochen. So etwas kommt vor im Frankenlande, es ist dieses vielleicht nichts Besonderes. Bedeutung gewinnt dieser Vorfall jedoch mit dem gleichzeitigen Verschwinden des Artisten Laurens Rolf Wilhelm Löwenich aus dem Rheinlande. Dieser war gegen Ende des Krieges bei dem belgischen Zirkus ‚Lamain' tätig gewesen. Später trat er als Fakir auf sogenannten Rummelplätzen auf. Er schluckte Feuer, war Telepath und war schmerzunempfindlich. Als Beweis dafür ließ er sich von irgend einem beliebigen Zuschauer mit einem scharfen Rasiermesser auf der Zunge und den Handgelenken herumschneiden. Es war dieses wohl sehr schön — brachte aber in Markredwitz (sic!) sehr wenig Geld ein. Und so verschwand er mit Resl aus dem Logis bei Frau Fink. Die Zeche vergaß er bei seiner plötzlichen Abreise zu begleichen. Nach ungefähr acht Wochen tauchte Resl wieder auf.

141

Äußerlich etwas ramponiert und innerlich von den Erinnerungen der Fremde zehrend. Sie erzählte unter anderem Frau Fink von ihrem Auftreten auf Kirmes- und Rummelplätzen. Herr Laurens Löwenich oder wie er sich nannte, wenn er Turban trug, Herr ‚Reha-Akra' war mit ihr überall herumgezogen. Bamberg, Würzburg, Frankfurt a. M., bis er sie eines Tages sitzen ließ. Wieder wusch Resl Wäsche zur Aushilfe und ging fleißig zur Messe. Im Dezember 1920 verschwand Resl wieder. In der Richtung nach Bamberg. Aus dem Verzeichnis des Standesamtes in Bamberg geht klipp und klar hervor, daß die ‚unverehelichte' Therese Neumann aus Konnersreuth am 7. 1. 1926 (sic!) einem Kinde weiblichen Geschlechts das Leben gegeben hat. Dieses Kind heißt Anna Maria und lebt noch heute bei den Ursulinerinnen in Bamberg, wahrscheinlich ohne zu wissen, daß es eine so berühmte Mama hat. Was sagt die hochwürdige Geistlichkeit zu diesen Tatsachen? Sollten sie dieser nicht bekannt sein? Eine Angelegenheit, von der doch immerhin mindestens acht Menschen in Markredwitz (sic!) und Wunsiedel wissen. Hat die Resl nicht immer gebeichtet? Oder fürchtet man, daß es zu denken gäbe, wenn man erfährt, daß die Resl immerhin Kenntnisse besitzt, welche man auf Rummelplätzen verwertet? Oder, daß ein ‚Fakir' ihr Freund war? Soll sich die Zuschauermenge an den Passionsfreitagen noch länger den Kopf zerbrechen über die Prädestination der Resl zur ‚*Mater dolorosa*'. Ich bin der Meinung, daß jede Mutter es auch kann — aber sie muß erst bei ‚Reha-Akra' in die Schule gegangen sein. gez. C. C. R.

Ich erkläre hiermit an Eidesstatt, daß vorstehende Tatsachen mir als bestimmt von Frau Gusti Fink, wohnhaft Markredwitz (sic!) Franken, in Gegenwart von Zeugen als wahr versichert wurden. Da mir Frau G. Fink als unbedingt glaubwürdig bekannt ist, übernehme ich die volle Verantwortung für Vorstehendes. Frau G. Fink hat mit eigenen Augen die Geburtsurkunde des Kindes Anna und auch einen Schein zur Erhebung von Stillgeld gesehen.

Breslau, den 7. Oktober 1927, gez. Curt C. Rhodin, wohnhaft Berlin C., Schiffbauerdamm 2, bei Kindt. Verantwortlich für diese Seite: gez. Curt C. Rhodin, Berlin C., Schiffbauerdamm 2."

Das Ergebnis der Prüfung dieser Behauptungen war das folgende:[1]) Laut Erklärung des Stadtrates von Marktredwitz in Oberfranken ist eine Frau Gusti Fink dort nie wohnungsamtlich gemeldet gewesen. Auch konnte niemand über eine Person dieses Namens Aufschluß geben. Therese Neumann selbst war in Marktredwitz nie als in Stellung befindlich gemeldet worden. Das Standesamt in Bamberg erklärte, daß der Name Neumann seit 1876, also seit mehr als fünfzig Jahren, in den standesamtlichen Büchern nicht mehr erscheint. Eine unverehelichte Therese Neumann ist daher auch nicht als Mutter eines am 7. Januar 1926 geborenen Kindes weiblichen Geschlechtes, namens Anna Maria, erschienen. Es befindet sich in Bamberg auch kein Ursulinerinnenkloster. In den standesamtlichen Büchern von Konnersreuth ist keine Geburt verzeichnet, die die am 9. April 1897 geborene Therese Neumann zur Mutter hätte, es ist also auch kein außereheliches Kind von ihr nach Konnersreuth zuständig. Von den Ortseinwohnern sind die behaupteten Geschehnisse niemandem bekannt. Die weitere Nachforschung ergab, daß an der angegebenen Berliner Adresse ein Curt C. Rhodin, der den Artikel eidesstattlich bestätigt hatte und verantwortlich zeichnete, nicht bekannt war. Er ließ sich überhaupt nicht ermitteln. In den Strafverfahren, die gegen Presseerzeugnisse durchgeführt wurden, welche den obigen Artikel ganz oder teilweise nachgedruckt hatten, wurden die angegebenen Berichtigungen erwiesen und die verantwortlichen Schriftleiter wegen Verbreitung unwahrer Behauptungen bestraft.

Skrupellose Geschäftsmache führte weiterhin dazu, daß ein Berliner Vorstadttheater „Ein Legendenspiel: Das

---

[1]) Vgl. Konnersreuther Zeitung 1. Jahrg. Nr. 3 vom 28. Okt. 1927.

Rätsel von Konnersreuth" aufführte, daß ferner die Verfilmung ihrer Schauungen in Leipzig versucht wurde und daß ihre Büste auf offenen Schaustellungen, zum Beispiel beim Münchner Oktoberfest, gezeigt wurde. Gegen diese Unternehmungen, ebenso wie gegen die gewerbliche Vervielfältigung ihres Bildes, ging Therese Neumann gerichtlich vor. Das bischöfliche Ordinariat in Regensburg stellte ihr später dafür Rechtshilfe zur Verfügung.

Ungefähr zur gleichen Zeit wurde in der öffentlichen Erörterung über die Konnersreuther Vorgänge viel von einem schlesischen Bergmann, namens Paul Diebel, gesprochen, der nach Presseberichten angeblich schmerzunempfindlich war, sich an Händen und Füßen annageln ließ und gerötete Linien und Geschwüre durch Willenskonzentration hervorrufen konnte. Auch soll bei ihm tatsächlich die willkürliche Hervorrufung von Blutstropfen, z. B. oberhalb des rechten Knies, beobachtet worden sein. Ferner soll er sich hellsichtig betätigt haben. (Vgl. „Berliner Nachtausgabe" vom 27. September 1927, erstes Beiblatt.) Nach den Presseberichten hat er sich wiederholt Ärzten vorgestellt, die die Echtheit der Geschehnisse bestätigt haben sollen. Diebel trat dann in Varietés auf. Es wurde über ihn mit sensationellen Überschriften, z. B. „Er übertrumpft Konnersreuth", berichtet. Daß nach den Zeitungsmeldungen Diebel im Gegensatz zu Therese Neumann immer einige Zeit „sichtlicher Willensanstrengung" vor seinen Vorführungen bedurfte und daß trotzdem seine Experimente gelegentlich „nur zum geringen Teil gelangen", wenn er genauer beobachtet wurde, fand in der öffentlichen Erörterung wenig Beachtung. Man sah in Diebel eine Wiederlegung der Annahme außernatürlicher Vorgänge bei Therese Neumann und wies auf ihn als den Beweis hin, daß durch Willen und Autosuggestion sich die Erscheinungen bei Therese Neumann erklären ließen. Um Diebel wurde es allerdings in dem Augenblick still, als er sich selbst entlarvte und die künstliche Vorbereitung seiner Vorführungen eingestand.

Wie sich das Leben von Therese Neumann und ihres Kreises während dieser Zeit der öffentlichen Erörterungen in Wirklichkeit abspielte, zeigen die folgenden Ausführungen, die ich auf Grund meiner Besuche in Konnersreuth am 6. November 1927 in der „Einkehr" Nr. 81, Beilage der Münchner Neuesten Nachrichten, veröffentlichte und hier im Wortlaut wieder vorlege, da diese Nummer der „Einkehr" vergriffen ist.

Meine ersten Erlebnisse in Konnersreuth

„Wenn ich im folgenden meine Konnersreuther Erlebnisse der Öffentlichkeit vorlege, so fühle ich dabei die Verpflichtung, die Berechtigung dieses Unternehmens gleich eingangs anzugeben.

Vom 15. bis 18. September war ich in Konnersreuth und hatte reichlich Gelegenheit, Therese Neumann zu beobachten und zu sprechen. Mich leitete die Absicht, mit eigenen Augen einen Menschen und Geschehnisse kennen zu lernen, über die ernsthafte Beobachter Feststellungen machten, die der Erklärung zu spotten scheinen. Deshalb wollte ich selbst die Tatsachen sehen. Die Eindrücke dieses ersten Besuches lösten in mir den Wunsch nach Nachprüfung aus. Vom 22. bis 25. September und vom 14. bis 18. Oktober hielt ich mich erneut in Konnersreuth auf. Während ich beim ersten Male nur untertags als Gast des Pfarrers im Hause anwesend war — allerdings auch zum Teil bis tief in die Nacht hinein —, wurde ich beim zweiten und dritten Male eingeladen, auch im Pfarrhof zu übernachten. Während aller dieser Tage haben mir sowohl der Pfarrer wie Therese Neumann jede Möglichkeit zu Beobachtungen, um die ich nachsuchte, bereitwillig gewährt. Dabei waren sie von vornherein davon unterrichtet worden, daß ich Protestant bin.

Nun zu den Erlebnissen selbst. An dem strahlend schönen Herbstmorgen des 15. September holte mich mein Freund, der Hochschulprofessor Dr. Franz Wutz, mit seinem Auto in München zur Fahrt nach Konnersreuth ab. Da die Ekstasen der Therese Neumann, in denen sie das Leiden Christi sieht, erst in der Spätnacht des Donnerstag einsetzen, hatten wir Zeit, und da Wutz seinen Wagen selbst steuerte, ungestört Gelegenheit zu ausführlichem Gespräch über den heutigen Stand der Geschehnisse in Konnersreuth. Im Pfarrhaus wurde ich einem weißhaarigen Herrn von ausgesprochen distinguierter Erscheinung vorgestellt, der bereits bei der Begrüßung den gütigen, freundlichen Menschen verriet; es war der Ortspfarrer Joseph Naber. Kurz darauf stand ich einem Mädchen in schwarzem Gewande mit Kopftuch gegenüber: Es war Therese Neumann, die mir beim Gruß leicht die mit schwarzen Stutzeln beschuhte Hand bot. Im Verlaufe dieses ersten Gespräches wurden mir die Stigmata an den Händen gezeigt. Der Tag bot noch Gelegenheit, aus der Entfernung dieses Mädchen mit dem neutralen, blaßen, etwas runden Gesicht, den merkwürdig lebhaften Augen und entsprechendem Wesen zu beobachten. Vorwegnehmend will ich berichten, warum ich im folgenden Therese Neumann stets Resl anrede. Am Sonntag vormittag, als ich sie — wie bis dahin immer — mit der Anrede „Fräulein Neumann" ansprach, sagte sie: „Herr Doktor, Sie sag'n immer Fräulein Neumann zu mir. Wissen's, Fräulein Neumann mag i scho gar net hör'n, sag'n S' doch auch Resl zu mir!" In der Ekstase redet sie jeden ausnahmslos mit „Du" an und wird ebenso angesprochen.

Als ich am Freitag morgen ihr Zimmer im Pfarrhaus betrat, befand sie sich in der Ekstase; sie hatte gerade die Dornenkrönung Christi gesehen. Das weiße Kopftuch war frisch durchblutet. Das Gesicht zeigte breite Streifen Blutes, die von den Augen herabbrannten, und auf denen bei näherer Beobachtung — ich konnte stundenlang im Zimmer verweilen, auch zeitweilig zu ihr ans Bett treten — immer wieder herabrinnende Blutstropfen sich über- und nebeneinander lagerten, zum Teil auch auf die

146

weiße Nachtjacke und das Bett tropften. In der Gegend des Herzens zeigte sich ein großer feuchter Blutfleck auf der Nachtjacke. Ich kann auf eine ausführliche Schilderung ihrer Ekstasen und Visionen vom Leiden Christi am Freitag bis 1 Uhr den Lesern der „M. N. N." gegenüber verzichten. Denn meine Beobachtungen bestätigen auf das genaueste ihnen schon Bekanntes, nämlich das, was mein Kollege Dr. Erwein Freiherr von Aretin in Nr. 57 der „Einkehr" der „Münchner Neuesten Nachrichten" vom 3. August 1927 berichtet hat. Nur sei hervorgehoben, daß ich bereits an diesem Freitagvormittag dank den gütigen Bemühungen meines Freundes von ihr selbst Schilderungen von dem, was sie gesehen und wie sie es gesehen, hören konnte, ebenso einen Teil ihrer Äußerungen in einer Sprache, die Professor Wutz als aramäisch bezeichnete. Diese Befragung vollzog sich in den von Baron Aretin als Zwischenzustand zwischen den normalen Freitagsekstasen bezeichneten Pausen. Daß sie zu Zeiten der Visionen selbst befragt werden kann, ist mir nicht bekannt. Ich sah sie hierbei stets stumm. Dagegen beobachtete ich, daß die stigmatisierten Hände, die sie in wachem Zustande bei ungeschicktem, kräftigem Anfassen heftig schmerzen, in den ekstatischen Zuständen offensichtlich keinen Schmerz bereiten. Ob sie in dem Augenblick, wo sie visionär die Kreuzigung Christi sieht, Schmerz an Händen und Füßen spürt, weiß ich nicht. Dagegen greift sie sich nach den einzelnen Visionen der wiederholten Aufdrückung der Dornenkrone auf das Haupt Christi mit dem Ausdruck starken Schmerzes auf dem Gesicht an den Kopf und macht mit den Händen Bewegungen, als ob sie sich die Dornen ausziehen wolle.

Am Freitag nach der Vision des Kreuzestodes nötigten mich leider private Aufgaben, das Pfarrhaus für kurze Zeit zu verlassen. So hörte ich nur von der diesmal (16. September) sich anschließenden Grablegungsvision. Als ich nach etwa 2½ Stunden das Zimmer betrat, in dem Therese Neumann lag, befand sie sich wiederum in einem ekstatischen Zustand, aber von ganz anderer Art, als die normalen Freitagsekstasen sind. Denn als ich an ihr Bett trat, begann sie zu sprechen und mir eine richtige Schilderung meines Innenlebens zu geben. Der Wechsel ihrer Zustände spielte sich von meinem Eintritt an folgendermaßen ab: Zunächst befand sie sich in dem soeben bezeichneten Zustand der Kenntnis des Seelenlebens Anwesender. In diesem Zustand zeigte sie tief eindringendes Denken. Ihre Rede wandte sich dabei an den Pfarrer: „Da kommt auch der andere Herr Pfarrer (Prof. Wutz, der mich hineingeführt hatte) und dann ist noch einer da...." (Ihr Oberpfälzer Dialekt ist hier und im folgenden gemildert.) Nach einiger Zeit wechselte dieser Zustand mit dem regelmäßigen Zwischenzustand (auch dem bisherigen Nachzustand) der Freitags-Passions-Ekstase ab. In letzterem sieht sie die Leidenserlebnisse des Heilandes als seine Begleiterin. Die einzelnen handelnden Personen bezeichnet sie als „die Manner, die mit dem lieben Heiland gehen" (die Apostel); „die Manner, die ihn binden" (die Häscher des Hohenpriesters); „der Mo, der den lieben Heiland gern gehabt hat" (Judas Ischariot); „der Ohrwaschelabschneider" (Petrus); „der Mo ohne Haar" (Pilatus); „der Mo mit dem roten (bzw. weißen) Bart" und so weiter. Maria Magdalena ist „das ander Moidl". Nur Maria, die Mutter Gottes, erkennt sie als die Mutter des Heilands, aber sie richtet ihre Aufmerksamkeit nicht besonders auf sie; diese ist vielmehr völlig konzentriert auf Jesus, der für sie nicht ein „Mo" (Mann), sondern stets „der lieb Heiland" ist und der ihr immer als der Erlöser bewußt bleibt. Während sie ferner einzelne Szenen der Passion rein bildmäßig deutet, zum Beispiel Judas für einen Freund des Herrn hält, weil er ihn küßt, ist für sie Jesus der „lieb Heiland" von Anfang an. Auch seine Gefangennahme, Mißhandlungen usw. machen sie nie an seiner göttlichen Erlösereigenschaft irre. Dabei erklärt sie, die Worte, die sie sprechen hört, in ihrer Bedeutung nicht zu verstehen. Verstände sie sie, so würde sie z. B.

148

aus den Zurufen der Jünger an Judas Ischariot entnehmen
können, daß diese ihn für einen Verräter halten. Doch
darüber später.

Auch am Nachmittag wurden eingehende Versuche mit
dem Aramäischen gemacht. Bei keiner Wiederholung war
es möglich, eine Veränderung der Worte herbeizuführen.
Ein kleines Intermezzo möge zeigen, wie wenig sich Therese Neumann in diesem Zustande von außen beeinflussen
ließ. Professor Wutz versuchte, sie zu Schilderungen von
Äußerlichkeiten des Weges Christi, wie Häusern usw. zu
bewegen. Sie gab zunächst widerwillig Auskunft, schloß
aber mit der Bemerkung: „Frag mich doch nicht so laars
(leeres) Zeug!" Wutz ließ sich nicht irre machen und
fragte weiter, worauf er die Antwort bekam: „Geh, frag
mich doch nicht so ‚olber‘ (albern); störst mich bloß
im Denken an den Heiland!" Da er mit seiner Frage-
stellung fortfuhr, wandte sie unwillig den Kopf von ihm
ab und sagte: „Na, wennst scho mit mir redn willst, na
redst vom Heiland!" Und als er auch daraufhin mit seinen
Fragen nicht aufhörte, kam die Antwort: „Also wennst
net vom Heiland redn willst, na haltst 's Mäu, damit i
allein an den lieben Heiland denken kann!" Dieser Zustand ging dann unvermittelt in den andern über. Sie
erklärte dabei ihre Fähigkeit, in die Seelen zu blicken und
der Menschen Vergangenheit z. T. auch Zukunft zu wissen,
ja, von Abwesenden, die sie nie gesehen, Kenntnis zu
haben, folgendermaßen: „Weißt, bin's nicht ich, der Heiland läßt's mich wissen." Manchmal kommt auf Fragen
auch die Antwort: „Das läßt mich der Heiland net wissen."
Während des Gespräches, das anfänglich über den Pfarrer
geführt wurde, entstand in mir der Wunsch, ihre Auffassung über eine religiöse Frage kennen zu lernen, die
eigentlich nicht zu dem zur Zeit besprochenen Thema
gehörte. Ich wollte gerade den Kopf zu dem neben mir
stehenden Pfarrer wenden, ihn zu bitten, ihr die Frage
vorzulegen, als schon ihre Antwort erklang: „Das ist fein
net so, wie du meinst. . ." Und nun entwickelte sie aus-

führlich ihre Auffassung über die Stellung des Heilands zu den Menschen. Nach Abschluß dieses Gespräches fragte mich Wutz: „Hast du sie das gefragt. Wir sahen, wie du die Lippen zu bewegen begannst, als sie plötzlich vom Thema absprang und mit dir sprach. Wir hörten aber kein Wort deiner Frage."

Unterdessen hatten die Mutter, eine Schwester und ein Karmeliterpater das Zimmer betreten. Das Gespräch ging über auf Therese Neumanns Vision der Grablegung Christi. Sie nannte jetzt bei ihrer Schilderung alle Personen mit ihren Namen und zeigte auch bei dem allgemeinen Gespräch über die Geschichte Christi die gleiche genaue Kenntnis. Judas war für sie in diesem Zustand der Verräter des Heilands. Es kam dann die Rede auf ihre in diesem Zustande früher schon abgegebenen Erklärungen über Echtheit oder Nichtechtheit von Reliquien. Der Pfarrer legte ihr einige gefaßte Reliquien vor, die sie, ohne die Augen aufzuschlagen, als Teil des Kreuzes Christi („dös is vom liebn Heiland seinem Kreuz"), mit genauer Angabe des Teiles des Kreuzes, von dem die Partikel nach dem Wissen, das sie zu erhalten glaubt, stammt, bezeichnete. Oder: „Die is von   ., aber sie is bloß ang'rührt." Plötzlich zog der Pater ein etwa 12 cm hohes und 1 cm dickes silbernes Kreuz hervor. Der Pfarrer hielt es in die Nähe von ihren Lippen. Sofort sagte sie etwa folgendes: „Da drin is was (sind Reliquien) von dem Moidl, das sie in den Hals gestochen haben, Cäcilie heißt man's. Und dann ist noch was drin von der hl. Therese." Pfarrer: „Von der hl. Theresia vom Kinde Jesu?" Therese Neumann: „Na, von der großen Therese. Und dann sind noch drei drin. Die sind aber bloß ang'rührt." Auf Befragen nannte sie auch deren Namen. Der Pfarrer war überrascht, da er das Kreuz nicht für ein Reliquienkreuz gehalten hatte und bemühte sich vergeblich, den Mechanismus des Öffnens zu finden. Als der Pater darauf vor uns das Kreuz öffnete, befanden sich darin in der Tat die von ihr bezeichneten Reliquien.

Dieser Zustand ging dann unvermittelt wieder in den Zwischenzustand über, wie er bei der Freitag-Vormittags-Ekstase bemerkbar ist. Ihre Mutter schickte sich an, ihr jetzt das eingetrocknete Blut vom Gesicht abzuwaschen und zwar mit den Worten: „Resl, jetzt müssen wir dich doch auch mal waschen!" Therese Neumann: „Ja, warum denn? I bin doch gar net dreckig!" Mutter: „Freili, Resl, du hast das ganze Gsicht voll Blut gschmiert!" Sie: „Ich? 's ganze Gsicht voll Blut? Na i net! Des andere Moidl (Maria Magdalena), des is voll Blut worn, des is ganz nah am Kreuz gwen, i net, i hab ganz hintn gstanden!" Und erst, nachdem man ihr sagt, der Heiland verlange, daß sie sich waschen läßt, erreicht man ihre Bereitwilligkeit. Bemerken möchte ich noch, daß direkt nach dem Waschen — während dieser Freitagszwischenzustand weiter anhielt — das Reagieren ihres Auges auf Licht und Berührung untersucht wurde. Es zeigte sich dieser Reizung von außen her nicht zugänglich. Als ich am Freitag abend das Pfarrhaus verließ, um mich zur Ruhe zu begeben, war sie noch nicht in ihren Normalzustand zurückgekehrt.

Am andern Morgen sitze ich in der Küche des Pfarrhauses. Man hatte mir gesagt, sie habe in der Frühe geschlafen. Plötzlich geht die Türe auf, ein lächelndes Gesicht zeigt sich, eine Stimme ruft der freundlichen Pfarrhaushälterin zu: „Gebts ma mein Kamm und gebts ma mei Gwand, ich will mich waschn und anziehn, daß i in die Kirch gehen kann." (Die blutigen Haare muß sie sich selbst waschen, da ein Waschen durch Dritte, auch durch die Mutter, ihr zu viel Schmerz bereitet.) Ein freundlicher Gruß, als sie mich erblickt. Nachdem sie das Gewünschte erhalten, geht sie fort, um nach einiger Zeit gerichtet wieder zu kommen und heiter zu plaudern. Vor dem Besucher steht wieder das harmlos fröhliche, allerdings auch schlagfertige und witzige Bauernmädchen.

Der Samstag (17. Sept.) war der Tag der Stigmatisation des hl. Franziskus. Der Pfarrer erwartete entsprechend ihrer Voraussage eine Ekstase. Als sie bis nach 10 Uhr nachts nicht eintrat, verabschiedete ich mich, um mich in das gegenüberliegende Schulhaus zu begeben, wo mich der Hauptlehrer und seine Frau in liebenswürdigster Weise aufgenommen hatten, als nach etwa 10 Minuten die freundliche Nichte der Pfarrhaushälterin im Auftrage des Pfarrers mich zurückrief. Ich fahre beim Eintritt in Therese Neumanns Zimmertüre überrascht zurück. Sie sitzt aufrecht im Bett und sieht, nach ihrem späteren Bericht, wie der Heiland dem hl. Franziskus auf dem Berge Alverno die Stigmata verleiht. Ihr Gesicht ist verwandelt, es strahlt von Glück; denn sie darf den verklärten Heiland sehen. Ich sah noch nie ein Frauenantlitz von einer solchen schier überirdischen Schönheit.

Aus der Überraschung heraus hatten kurz nach mir zwei Personen das Zimmer betreten, denen Therese Neumann in einer Ekstase vor einigen Tagen die Anwesenheit bei der Franziskusvision untersagt hatte. Kaum hatten diese die Türschwelle überschritten, als die Vision abbrach, sie ins Kopfkissen zurücksank und im ekstatischen Zustand etwa sagte: Es sind zwei anwesend, die nicht da sein dürfen. Sie sollen das Zimmer verlassen. Im Anschluß daran machte sie auch dem Pfarrer Vorhalt, daß er an das Verbot nicht gedacht und den Betreffenden den Zutritt erlaubt hatte. Kaum hatten die beiden Personen das Zimmer verlassen, so richtete sie sich wieder auf, die Franziskusvision vollendete sich. Ihr schloß sich jener ekstatische Zustand an, in dem sie in die Seelen blickt und in dem man mit ihr über die verschiedensten Fragen sprechen kann. Sie erzählte, sie habe einen Cherub, einen leuchtenden Jüngling mit großen Flügeln gesehen, vor dem in noch höherem Glanz der Heiland gestanden habe, während der hl. Franziskus vor ihm kniete. Auf die Frage des Pfarrers, wer der erste Stigmatisierte sei, antwortete sie ohne Zögern: „Der hl. Paulus". Professor Wutz, zum Pfarrer gewendet, sagte sofort: „Frage sie doch, ob man an Paulus die Stigmata gesehen hat!" Sie antwortete:

„Nein, man hat sie nicht gesehen, er trug sie nicht äußerlich, sondern in seinem Leibe, er hat sie nur gespürt." Worauf Wutz sagte: „Das ist Streitfrage. Es ist uns sonst nicht überliefert, daß Paulus stigmatisiert war, nur er selbst erklärt im Galaterbrief, er habe die Stigmata und zwar heißt es in der Vulgata in *corpore meo*, im griechischen Text: ἐγὼ γὰρ τὰ στίγματα τοῦ κυρίου Ἰησοῦ ἐν τῷ σώματί μου βαστάζω (denn ich trage die Stigmata des Herrn Jesus **in** meinem Leibe)."

Die Antwort Therese Neumanns beschäftigte mich sehr stark, so daß ich eine Reihe von Ausgaben und Übersetzungen des Galaterbriefes (Kap. 6, Vers 17) eingesehen habe. Die von Wutz angegebenen Texte stimmen. Ebenso dürfte Therese Neumanns Darstellung als korrekte Interpretation des Wortlautes anzusprechen sein. Die mir zugänglichen Übersetzungen — sowohl protestantische wie katholische, wie solche von modernen Wissenschaftlern rein nach dem Wortlaut vorgenommene — übersetzen in Übereinstimmung: „Denn ich trage die Stigmata des Herrn Jesus **an** meinem Leibe." Ferner wird meines Wissens ganz allgemein der hl. Franziskus als erster Stigmatisierter bezeichnet. Das Problem ließ mich aber nicht los und so benutzte ich denn bei meinem letzten Besuche eine Gelegenheit, sie in wachem Zustand zu befragen. Wir befanden uns gerade in der Konnersreuther Kirche, in der unter anderen ein Franziskusbild hängt. „Sagen Sie mal, Resl," sagte ich, „wissen Sie eigentlich, wer der erste Stigmatisierte war?" Sie: „Ja natürlich, der hl. Franziskus." Ich: „Ach Resl, besinnen Sie sich doch. Es stimmt ja nicht, der hl. Franziskus ist ja gar nicht der erste Stigmatisierte!" Sie: „Gehn S', Herr Doktor, selbstverständlich." Ich: „Resl, Sie wissen ganz genau, daß er es nicht ist." Sie: „Herr Doktor, ich weiß nichts anderes. Ich weiß bestimmt, der hl. Franziskus ist der erste." Ich: „Resl, vor vier Wochen haben Sie in der Ekstase gesagt, der hl. Paulus ist der erste Stigmatisierte. Er trug die Stigmata, äußerlich nicht wahrnehmbar in seinem Körper; er spürte sie. Im Galaterbrief 6, 17 steht es auch." Sie verdutzt: „Davon weiß ich nichts."

In der genannten Ekstase der Samstagnacht, 17. September, schilderte sie übrigens auch auf die Frage richtig den Zustand eines Menschen, der im Augenblicke der Befragung mehrere hundert Kilometer weit von Konnersreuth entfernt lebte und den sie im Leben nie gesehen hat. Wir sprachen mit ihr noch vielerlei. Erst nach längerer Zeit erklärte sie — immer noch in der Ekstase, — mit dem Pfarrer allein reden zu wollen.

Vom Sonntag ist nur das Folgende zu berichten: Therese Neumann hatte ein Bild von Gößweinstein mit Vierzehnheiligen von jemandem geschickt bekommen, der von ihrer Fahrt nach Bamberg erfahren hatte. Sie freute sich sehr darüber und erzählte begeistert von der Fahrt und zwar von den Schönheiten der Fränkischen Schweiz. Von Vierzehnheiligen selbst sprach sie nicht. Es hatte sie nur deshalb interessiert, weil ihre Eltern dorthin öfters Wallfahrten gemacht hatten.

Mit der Schilderung der Unterhaltungen über die Stigmatisation des Apostels Paulus bin ich bereits zu den nächsten Besuchen übergegangen, die ich im wesentlichen in der Absicht unternahm, die ersten Eindrücke nachzuprüfen. Vor allem löste die Eigenart des Menschen selbst in mir den Wunsch aus, ihn genau kennen zu lernen. So machte ich denn von der liebenswürdigen Einladung des Pfarrers und Therese Neumanns gerne Gebrauch und erschien eine Woche später wieder in Konnersreuth, diesmal allein. Der Pfarrer befand sich mit ihr gerade im Gang des Pfarrhauses, als ich eintrat. Er lud mich auf das liebenswürdigste ein, diesmal als sein Gast auch im Pfarrhause selbst zu wohnen, damit ich die ihm mitgeteilte Absicht nächtlicher Beobachtungen bequemer durchführen könnte. Sie selbst pflichtete eifrig bei und erklärte, daß ich jederzeit, Tag und Nacht, ihr Zimmer betreten dürfe.

Nach dem Abendessen, ungefähr ½ 10 Uhr — Therese Neumann hatte sich schon vor einer Stunde niedergelegt, —

setzten sich der Pfarrer und ich zu ihr ans Bett und begannen mit ihr zu plaudern. Sie war munter wie je, erzählte aus ihrer Jugendzeit; vor allem wie sie als Magd während der Kriegsjahre gearbeitet hat, dann wie sie und ihre Schwester im Winter Wiesen dräniert hätten. Mit besonderer Freude schilderte sie, wie im Winter die Rebhühner auf die überschneiten Fluren gekommen wären und sich von ihnen hätten füttern lassen. Eine Frage, ob nicht auch Krähen angeflogen wären, führt das Gespräch zu den Dohlen des Bamberger Doms, die sie sehr interessiert hatten. Sie war während des ganzen Gespräches derart lebhaft und frisch, daß wir den Eindruck hatten, es würde diesmal zu keiner Ekstase kommen, zumal die Uhr des Pfarrers schon 12 Uhr nachts überschritten hatte, während sonst die Ekstasen in der Regel kurz vor 12 Uhr nachts beginnen. Der Zeiger wies fünf Minuten nach 12 Uhr. Sie plauderte heiter und lebhaft weiter über die Dohlen des Domes. Da plötzlich brach sie mitten im Satze ab, richtete sich im Bette auf, der Blick wandte sich in die Ferne; kurz, es zeigten sich alle äußeren Zeichen der Freitagsekstase. Überrascht zog ich die eigene Uhr heraus. Siehe da, des Pfarrers Uhr war vorgegangen, es war erst drei Minuten vor 12 Uhr.

Da ich Zweifel darüber gelesen hatte, ob sie wirklich blutige Tränen weine, blieb ich an ihrem Bette bis zu der Zeit, in der die erste große Pause eintrat, nämlich als Christus nach seinem Verhör vor Kaiphas ins Gefängnis („dös Luch" [Loch], eine unterirdische Gruft) gebracht wird, um in der Frühe dem Landpfleger Pilatus vorgeführt zu werden. In den Zwischenzuständen der Ekstasen befragten der Pfarrer und ich sie jeweils nach dem, was sie gesehen hatte, und auch wir mußten feststellen, daß sie nicht 2, 3, 4, 5, 8 usw. zählen konnte und auch kein Verständnis für diese Zahlworte zeigte, wenn man sie ihr vorsprach. Befragt darüber, wie im Garten Gethsemane sich die Jünger, „die Manner, die mit dem lieben Heiland gehen" (so muß man für Jünger sagen) verteilt hätten, erklärte sie: Die einen wären mit dem Heiland gegangen fast bis zu dem Platz, wo er betet, während die andern vorher gewartet hätten. Befragt, wieviel die einen und die andern wären, zählt sie auf: „Einer und einer und einer." Das waren die drei Jünger, die mit dem Heiland gingen — und „einer und einer und einer und einer und einer und einer und einer und einer", das waren die acht, die draußen warteten. Nannte man ihr die Zahlworte drei und acht, so fragte sie: „Was ist dös?"

Um 12 Uhr 25 Minuten nach meiner Uhr bemerkte ich, wie ihr in der Vision des ersten Betens Christi wässerige Tränen in die Augen traten. Um 12 Uhr 40 Minuten, bei der Vision des zweiten Betens, trat Blut aus ihren Augen in Form eines feinen Bandes unter den Wimpern des unteren Augenlides. Das erste Blut schien sich ganz fein über den Augapfel verteilt zu haben, dann zwischen den Augenlidern durchgepreßt und zwar von dem oberen Augenlide durch die Wimperhaare des unteren hindurch auf dieses herabgeschoben zu sein. Denn der feine Streif zeigte eine der Haarreihe entsprechende Schraffierung. Um 12 Uhr 45 Minuten, im Zwischenstadium, verstärkte sich dieser Blutstreif. Um 12 Uhr 51 Minuten, beim Sehen des dritten Betens, lief beiderseits aus den inneren Augenwinkeln ein frischer roter Tropfen Blutes die Wange herab. Ich habe diesen Vorgang in der Weise beobachtet, daß ich mit einer elektrischen Nachtlampe in der linken Hand ihr aus etwa ¼ Meter Entfernung das Gesicht beleuchtete, während meine Augen selbst ungefähr gleich weit von ihren Augen entfernt waren. Da ich sie seit etwa ½ 10 Uhr ständig beobachtete, hätte mir eine künstliche Vorbereitung oder Herbeiführung des Augenblutens nicht entgehen können.

Die ersten blutigen Tränen rannen der Therese Neumann so über das Gesicht herab, daß sie in ihren offenen Mund zu tropfen drohten. Geschieht dies, so bekommt sie erfahrungsgemäß Erstickungsanfälle, weshalb man ihr diese Tränen wegwischen muß. Da ein Tuch hierfür aus

Versehen nicht bereitgelegt war, gab ich der Mutter, die kurz vorher ins Zimmer gekommen war, rasch ein reines Taschentuch, mit dem sie das Blut auftupfte. Im gerichtlich-medizinischen Institut der Universität München hat Herr Professor Dr. Merkel, dem ich das blutbefleckte Taschentuch vorlegte, zusammen mit Herrn Privatdozent Dr. Walcher dieses am 31. Oktober in liebenswürdigster Bereitwilligkeit untersucht. Nach seiner Erklärung konnten die Blutflecken in dem ihnen von mir vorgelegten Taschentuch zweifelsfrei als durch Menschenblut verursacht festgestellt werden.

Für die Art, in der Therese Neumann in den Zwischenstadien ihre Gesichte schildert, sei angeführt, was sie über das Verhalten Christi nach dem dritten Beten erzählte. „Ein liechter Moa (= lichter Mann, ihr Ausdruck für Engel) hat zum Heiland was gsagt. Der is drauf ruhig wordn. Der Heiland hat drauf die Manner aufgeweckt und die werdn jetzt heimgehn und schlafen, denn sie hatten soviel Schlaf. Der Heiland wird heimgehen, dies gfreut mich. Ich geh auch heim." (Therese Neumann ist ihrer Vorstellung nach Begleiterin des Heilands.) Ist auch schon Nacht. Er soll heim." Und plötzlich kommt ihr der Gedanke: „Heiland, wie ist denn dees? Du bist doch in mir (das heißt durch die Kommunion. Der Verfasser) und dort seh ich dich auch!" Aus der Gefangennahme sei berichtet, daß sie sagt, der eine, der geschlafen hat, hat einem ein Ohr abgeschnitten. Das ist ihre Schilderung der Szene, wie Petrus dem Malchus sein Ohr abschlägt. Vom Judaskuß sagt sie, „der eine (das heißt einer von der Schar, die den Herrn gefangen nahm und von Judas geführt war) hat den Herrn gern ghabt, den habn aber die andern net mögn". Auf den Einwand des Pfarrers, der eine (Judas) hat den Herrn nicht gern ghabt, kommt die Antwort: „Meinst, des kenn i net, daß er den Heiland gern ghabt hat". Sie hat die Vision der Gefangennahme noch nicht gehabt. Auf den weiteren Einwand des Pfarrers: der eine (Judas) hat den Herrn nur geküßt, damit er den

Häschern ihn als den bezeichnet, den sie zu binden haben, entgegnet sie ganz erregt: „Meinst, der Heiland läßt sich bindn, da darfst warten! Dös gibt's net! Der will den Heiland bindn! So dumm! Dös gibt's net!" Erst nach der Vision der Gefangennahme ist es möglich, sie zu Überlegungen zu bringen, daß Judas den Herrn vielleicht doch nicht gern gehabt habe. Eine feste Überzeugung herbeizuführen, gelingt aber nicht. Wiederholt in den Zwischenzuständen von uns befragt, was „die Manner, die mit dem Heiland gehen", dem, der angeblich den Herrn gern gehabt hat (Judas) entgegengerufen haben, antwortete sie die nachfolgenden Worte, die ich sofort dem Klange nach notiert habe: *kanappa, magera!* Schon vorher hatte sie spontan einmal erzählt, es seien die Worte: *machate, machate* ausgesprochen worden, ebenso *jeschua nazarea* und andere mehr, auch längere Partien, die ich nicht genau verstand und deshalb nicht aufzeichnen konnte. Als der Pfarrer, der ebenfalls nicht aramäisch kann — Prof. Wutz befand sich nicht in Konnersreuth — andere Worte nachsprach, die wir vernommen zu haben glaubten, erhält er die Antwort: „Es ist nicht so recht." Wie mir Prof. Wutz später (30. Oktober) sagte, ist die obige, meinem Protokoll entnommene Schreibweise zum Teil falsch. Sie muß richtig heißen: *gannaba* = Dieb, *magera* = Verräter, *ma hada* = was gibt's? *jeschua nasarija* (?) = Jesus von Nazareth.

Wutz erklärte mir bei dem Gespräch am 30. Oktober übrigens auch, daß bei einzelnen längeren Sätzen und auch bei ganz kurzen Einzelworten ein sicheres Erfassen der zugrundeliegenden Form schwer gelingen will, bzw. daß Mittelstücke, die Therese Neumann nicht mehr in der Erinnerung hat, ihm nicht sicher bekannt sind. Die Gewinnung mancher Form gelang überhaupt nur auf dem Weg, daß er, Wutz, der Therese Neumann ihr schon bekannte Partien vorsprach und sie den fehlenden Rest zu ergänzen vermochte.

Da die Ansicht vertreten wird, daß das Aramäische in

Therese Neumann hineingefragt wird, gebe ich die Frage-
stellung von Prof. Wutz wieder: Wutz: „Resl, weißt du,
was der und der (z. B. der liebe Heiland) gesagt hat bei
der und der Gelegenheit?" Sie: „Mei, dös verstehst du
net. Die redn so olber (albern)." Wutz: „Jo, jo, dös mußt
mir schon sagn." Sie: „Wart a weng. Woist dös kannst
dir net recht mirka (merken)." Sie gibt dann von längeren
Aussprüchen auf aramäisch Anfang und Schluß wieder
und erklärt, das Mittelstück habe sie sich nicht merken
können. Ich erlebte es selbst, wie Professor Wutz am
16. September des öfteren mit dieser Methode der Frage-
stellung operierte. Der Wortlaut des Gespräches wechselt
je nach den einzelnen Szenen der Passion, zeigt aber immer
ähnliche Formen. Sobald ihr Professor Wutz die aramäischen Sätze vollständig vorsprach, sagte Therese Neumann zu ihm: „Du hast gut ghört, warst du auch dabei?"
Wutz antwortete darauf: „Ich war ja in deiner Nähe."
Sie: „Ich hab dich aber net gsehn." Wutz: „Ich stand
hinter dir, du konntest mich nicht sehen." Sie: „Nein,
gsehn hab i di net, aber ghört hast gut." Dieses Gespräch
soll sich bei Wutz' Forschungen nach den aramäischen
Reden, die Therese Neumann hört, regelmäßig wiederholen. An dem Tage, an dem ich anwesend war, machte
Professor Wutz einige Minuten nach diesem Gespräch mit
Therese Neumann folgende Probe: Er fragte sie erneut
nach den soeben besprochenen Sätzen. Therese Neumann
gab die Sätze sofort auf aramäisch wieder, aber wiederum
mit den Lücken in der Mitte und der Erklärung auf Wutz'
Befragen, das habe sie sich nicht merken können. Wutz
konnte es nicht erreichen, sie dahin zu beeinflussen, daß
sie auch die Mittelstücke der Sätze, die er ihr vorsprach,
wiedergab. Dagegen erlebte ich, daß sie ihn korrigierte,
wenn er absichtlich Sätze mit Auslassungen vorsprach.

Nachdem die Pause eingetreten, verließen der Pfarrer
und ich das Zimmer, um ein wenig zu ruhen. Um 5 Uhr
morgens betrat ich in der Annahme, daß jetzt die Vision
der Vorführung Christi vor Pilatus eintritt, das Zimmer

Therese Neumanns, diesmal allein. Ich befand mich in einem Irrtum. Er wird, wie ich später erfuhr, zu Kaiphas geführt. Um 5 Uhr 35 Minuten frage ich sie in der Überzeugung, sie habe sicher bereits die Vision von Christi Erscheinen im Palast des Pilatus gehabt (wie gesagt, immer noch allein mit ihr im Zimmer verweilend): „Resl, gell, der Heiland steht jetzt vor dem Mann ohne Haar?" (Pilatus). Worauf die Antwort kommt: „Na, der Heiland is eingsperrt in dös Luch." Nach der Dornenkrönung, bei der sich das bisher blütenweiße Kopftuch von Blut rötet, verlasse ich das Zimmer, um anderen Platz zu machen. Es war um 9 Uhr.

Erst nach der Pause in den Visionen, die der eigentlichen Kreuzigung vorausgeht, das heißt um 12 Uhr herum, betrat ich von neuem ihr Zimmer, um es bis zu der Vision des Kreuzestodes, kurz nach 1 Uhr, nicht mehr zu verlassen. Während dieser ganzen Zeit, also weit über eine Stunde, sitzt sie aufgerichtet im Bett, bald streckt sie die Hände flehentlich vor, bald faltet sie sie ineinander und drückt sie schmerzlich ringend an die Brust. Bald dreht sie den Kopf mit der Geste des Horchens schief in die Richtung, aus der ihr die Worte der Schächer klingen, und schließlich sinkt sie mit dem Ausdrucke des Todes auf dem Gesichte zurück in das Kopfkissen, um regungslos liegen zu bleiben. Berühre ich die Hände, als sie während der Vision erhoben sind, so geben sie dem leisesten Druck nach, um nach Freigabe sofort in die alte Stellung zurückzuschnellen. Von irgendeiner krampfartigen Starre des Körpers ist nichts bemerkbar. Vom Nachmittag des Freitag bis in den Abend hinein wiederholten sich die Erfahrungen der Vorwoche. An diesem und auch an anderen Tagen war ich Zeuge ihrer Sühneleiden, ebenso von Prüfungen ihrer absoluten Hingabe an Christus und Leidensbereitschaft auf seinen Willen.

Der Samstag bot dann wie auch andere Tage Gelegenheit zu zwanglosem Beisammensein und Gesprächen. Aus ihnen möchte ich einige kleine Erlebnisse berichten. Ich schildere diese gegenüber den eigentlichen Problemen belanglosen Kleinigkeiten nur, um ein möglichst getreues Bild davon zu geben, wie sich Therese Neumanns Leben abspielt. Sie liegt nicht, wie vielfach angenommen, zumeist krank im Bett, auch trägt sie im privaten Leben kein betont frommes oder gar bigottes Wesen zur Schau. Sie bringt vielmehr möglichst viel Zeit außerhalb des Bettes zu. Ihr Wesen ist ein heiteres und lebendiges. Längeres Stillsitzen macht ihr offenbar Beschwerden. Sie steht danach zumeist schwer und unsicher auf. Sie würde sich sicher noch viel mehr herumbewegen, wenn nicht die Stigmata an den Füßen sie zwängen, auf den Fersen und Kanten und damit etwas unbehilflich zu gehen. Auch behindern sie die Handstigmata, fester zu greifen, und verbieten daher eine eigentliche Tätigkeit. An einer harmlos fröhlichen Unterhaltung hat sie ausgesprochene Freude. Die Menschen, die mit ihr näher verkehren, zeigen nicht, daß sie sie für außergewöhnlich halten. Soweit meine Beobachtungen reichen, fängt sie auch aus eigener Initiative keine religiösen Gespräche an. Etwas anderes ist es natürlich beim Empfang von Besuchen zu diesem Zwecke. Einmal hatte ich Gelegenheit, sie dabei zu beobachten. Sie wollte einen Besuch im Elternhause machen und es mir zeigen. Auf dem Wege begegnete uns eine Familie von auswärts. Großmutter und Mutter mit einem etwa elfjährigen Mädelchen, das schwer an den Folgen der Kinderlähmung litt. Sie forderte die Damen auf, zu ihr ins Elternhaus zu kommen, und sprach dann mit ihnen und dem Kinde in einer seltsam gütigen, trostspendenden Weise. Das Ergreifende dieser Szene wurde noch dadurch verstärkt, daß ein infolge von Kopfgrippe geistig zurückgebliebener ortsansässiger Knabe von etwa zwölf Jahren dazukam, dem sie auf seine Bitten einen ihrer Singvögel schenkte, ihm gleichzeitig gute Ermahnungen gebend. Später zeigte sie mir ihr Aquarium — ein kleines Aquarium hat sie auch im Pfarrhaus — und ihre Singvögel. Hatte ich schon beim ersten Besuch Gelegenheit gehabt, die

Eltern und auch flüchtig das sehr bescheidene Haus
kennen zu lernen, so konnte ich diesmal den Bau selbst
genau sehen, auch längere Zeit mit den Eltern und Ge-
schwistern sprechen, die in ihrer Bescheidenheit einen
recht sympathischen Eindruck machen.

Therese Neumanns Kleidung ist stets schwarz, hoch
geschlossen und reicht bis zu den Füßen. Ebenso der
Mantel, der die Gestalt eines Kragens hat. Auf der Straße
und auch zumeist im Hause trägt sie ein schwarzes Kopftuch, das sie von ihrer Feldarbeit her gewöhnt ist. Des
Nachts und überhaupt im Bett hat sie ein weißes Kopftuch, auch sah ich sie hin und wieder im Haus und Garten
mit dem letzteren. Das Kopftuch wird, wie ich oft beobachten konnte, sehr sorgfältig gelegt, das weiße regelmäßig morgens und abends gewechselt. So hörte ich eines
Morgens zur Haushälterin die Worte: „Gebts ma a neus
Kopftuch, dös is zerknittert." Pfarrhaushälterin: „Resl,
mir ham keins da, wir müssen erst eins von der Mutter
holen." „So, na bügelts mir dies wenigstens aus. Meinst
vielleicht, daß ich so herumlauf." Und richtig mußte das
Kopftuch ausgebügelt werden, worauf sie es sorgfältig
faltete und umschlug. Bei dieser und ähnlicher Gelegenheit
sah ich sie auch ohne Kopftuch. Die dunkelbraunen Haare
trägt sie gescheitelt und zu Zöpfen geflochten. Bei einer
solchen Gelegenheit, es war am Samstagmorgen meines
letzten Besuches, bat ich sie, mir die Kopfwunden zu zeigen.
Bereitwillig ging sie darauf ein, setzte sich und hielt mir
ihren Kopf hin. Ich wußte, daß die Kopfwunden klein
sind. Da das Haar vom Freitag her von Blut durchtränkt
und verklebt war, machte ihr das Suchen Schmerz, so daß
ich schließlich davon Abstand nahm. Obwohl sie mir erlaubt hatte, nach dem Waschen, wenn das Haar aufge-
lockert ist, sie erneut zu untersuchen, unterblieb dies aus
irgendeinem Zufall, so daß ich die Kopfwunden nicht
gesehen habe. Sonntags kleidet sie sich in ein Festtags-
gewand für den Kirchgang, das sich nicht durch Farbe
und Machart, sondern durch den Stoff vom Werktags-

gewand unterscheidet. Als ich einmal scherzend zu ihr sagte: „Resl, werden S' nur net zu eitel!" antwortete sie etwa: „Das wär noch schöner, wenn man sich nicht für die Kirch sauber anziehn tät". „Da schaun S', Herr Doktor, an meinem Mantel ist ein Dreckstreif, sind S' so gut, nehmen S' die Bürstn und bürsten S' mich ab!" Erst wenn sie überzeugt ist, daß kein Stäubchen Schmutz an ihrem Gewand klebt, geht sie zur Kirche.

In Berichten las ich, daß sie die außerordentlich zahlreichen Briefe, die an sie abgesandt werden, nicht liest, sondern sich höchstens hin und wieder einen Brief vorlesen läßt. Das ist meinen Beobachtungen nach nicht richtig. Sie liest nach Möglichkeit die Briefe und schließt auch diejenigen Absender, die es wünschen, mit in ihr Gebet ein. Sie empfindet es allerdings als angenehm, wenn ihr jemand die Briefe aufschneidet. Dagegen beantwortet sie sie nicht. Denn die Stigmata der Hand erschweren ihr das Schreiben. Trotzdem hat sie eine klare Schrift.

Therese Neumann macht es große Freude, aus den zahlreichen Blumenspenden — Blumen hat sie sehr gern — jeweils einzelne selbst auszuwählen und zu geschmackvollen Sträußen zu binden. Mit ihnen schmückt sie ihr Zimmer, vor allem aber das Kruzifix hinter dem Altar, gegenüber ihrem Kirchenstuhl. An diesem ist ein elektrisches Heizkissen für den Rücken und die Füße angebracht, da sie leicht friert. Die aufklappbaren Armlehnen biegen sich nach vorn so weit zusammen, daß sie bei Ohnmachten, die sie öfter haben soll, nicht herabfallen kann. Der Stuhl ist so hinter dem Hochaltar aufgestellt, daß sie vom Kirchenschiff aus nicht gesehen werden kann. Sie ließ sich viel Zeit für das Straußbinden und probierte immer von neuem eine andere Zusammenstellung, so daß ich schließlich sagte: „Wissen S', Resl, mit dem Blumenbinden werden S' auch amal net Ihr Brot verdienen können!" Worauf sie antwortete: „Mei, Herr Doktor, was i zum Essen brauch, verdien i allweil damit." Dann gab sie mir die Sträuße zum Halten, freute sich diebisch, als ich mich an den Rosen stach und erklärte dazu: „So, jetzt müssen S' wenigstens die Händ still halten" — eine Anspielung darauf, daß ich vorher ihr die Sträuße aus gewollter Ungeschicklichkeit etwas zerzupft hatte — „nachdem Sie den Mund ohnehin net still halten." Als sie mit dem Straußbinden fertig war, begleitete ich sie in die Kirche, ihr Blumen, Vasen und Wasser tragend.

Nach Konnersreuth war die Kunde gedrungen, daß auf dem Oktoberfest in München eine Wachsfigur Therese Neumanns gezeigt wird, was bei ihr die größte Empörung hervorrief. Bei Gelegenheit war sie ja früher schon mit der Erwirkung einstweiliger Verfügungen gegen die gewerbsmäßige Verbreitung ihres Bildes vorgegangen. Ebenso stellte sie an diesem Vormittag einen entsprechenden Antrag gegen den Schausteller, dem erfreulicherweise stattgegeben wurde. Am Sonntag vormittag hatte ich dann noch Gelegenheit zu einem fast zweistündigen Gespräch mit ihr über religiöse Fragen, bei dem sie eine große Überlegtheit und tiefes Eindringen zeigte. Allerdings nicht in dem gleichen Maße, wie bei Gesprächen über dieses Thema, wenn sie in der Ekstase ist. Lebhaft bedauerte ich es, als der Sonntagmittag herankam und Berufspflichten mich zwangen, Konnersreuth zu verlassen. Freundliche Einladungen vom Pfarrer und ihr selbst, bald wiederzukommen, gaben mir den Abschiedsgruß.

Es war, wie schon gesagt, am Freitag, den 14. Oktober, als ich nachmittags etwa ¼ nach 5 Uhr erneut im Konnersreuther Pfarrhof erschien. Der Pfarrer lud mich nach freundlicher Begrüßung ein, wieder sein Gast zu sein und führte mich sofort an Therese Neumanns Bett, die, im Gesicht schon vom Blut gereinigt, in ekstatischem Zustande war. Auf meinen Gruß erschien auf ihrem Gesicht ein freundliches Lächeln, das Gesicht selbst — die Augen waren geschlossen — wandte sich dem Eintretenden zu: „Da bist du ja wieder!" Sofort entwickelte sich ein Gespräch mit ihr, das vor allem die Versuche betraf, ihre

Erscheinungen natürlich zu erklären. In lebhafter Weise, schließlich im Bett aufgerichtet, mit dem Finger auf mich, der ich am Fußende stand, deutend, disputierte sie, oft heiter zu den einzelnen Gründen lachend, vor allem dann, wenn sie meine Argumentation besonders schlagend widerlegt hatte. Man mußte sich immer wieder gewaltsam daran erinnern, daß man nicht einen wachen, geistig sehr hochstehenden und gewandten Menschen, sondern ein Bauernmädchen in der Ekstase vor sich hatte, das die Fähigkeit besaß, seinem Gesprächsgegner auch die nicht ausgesprochenen Zweifel an der Übernatürlichkeit der Vorgänge offen vorzuhalten. Statt einer Schilderung des Gespräches, die schon deshalb nicht möglich ist, weil im raschen Hin und Her von Grund und Gegengrund und in der Anspannung der Aufmerksamkeit auf die Erörterung selbst das Gedächtnis nicht fähig war, die Einzelheiten des Verlaufes zu behalten, möchte ich den Gesamteindruck wiedergeben, der darin bestand: der Ausgangspunkt der Erklärungen Theresens, nämlich der Heilandswille, entzieht sich natürlich verstandesmäßiger Beweisbarkeit. Nimmt man ihn als gegeben an, so zeigt sich für den Verstand keine Schwierigkeit mehr, einen auch der menschlichen Vernunft plausiblen Sinn für die verschiedensten Geschehnisse zu finden. Geht man aber von den bisher mir zur Kenntnis gelangten Erklärungen tatsächlicher und vermeintlicher Wissenschaftler aus, so gerät man sehr bald in ein Gestrüpp für mich bis jetzt unlösbarer Widersprüche.

Ich betone ausdrücklich, daß Therese Neumann sich während dieses Gespräches in Ekstase befand und daß sie, wie an einem Einzelfall genau nachprüfbar war, am nächsten Tage von dem Gespräche selbst und seinem Inhalte nichts wußte. Ich will hier nachtragen, daß sie regelmäßig erklärt, von den Gesprächen, die sie in dem besonderen ekstatischen Zustande führt, in dem sie in das Innere der Menschen blickt, im wachen Zustande nichts zu wissen. In diesem Fall war eine Nachprüfung in der

folgenden Form möglich: Sie hatte in der Ekstase zu mir
gesagt, daß wir am Samstag vormittag gemeinsam die
Kirche besuchen und ich Zeuge ihres Kommunizierens
und des damit verbundenen neuen Geschehens sein solle.
Ich hatte mich bisher selbstverständlich stets wieder entfernt, wenn ich, was öfters geschah, sie zur Kommunion
in die Kirche geführt hatte. Am Samstag (15. Oktober)
saß ich morgens mit ihr in der Küche des Pfarrhauses.
Sie plauderte mit mir, während ich frühstückte. Plötzlich
sah sie auf die Uhr und sagte: „Also, Herr Doktor, ich
muß jetzt in die Kirch hinübergehen." Ich fragte dagegen:
„Resl, gehen Sie jetzt zur Kommunion?" worauf sie bejahend sich entfernen wollte. Darauf ich: „Warten S' Resl,
ich geh mit!" Sie blickte mich erstaunt an, weil ich nie
eine derartige Absicht geäußert hatte und ich setzte hinzu,
sie habe gestern in der Ekstase erklärt, daß ich Zeuge
ihres Kommunizierens sein soll. Ohne ein Wort weiter
zu sagen, ließ sie sich in die Kirche an ihren Platz hinter
dem Altar führen und ich stellte mich neben ihren Stuhl.
Als sie den Pfarrer die Sakristei betreten hörte, sagte sie
zu mir: „Bitte, Herr Doktor, rufen Sie doch den Herrn
Pfarrer, ich hab' etwas allein mit ihm zu reden." Ich trat in
die Sakristei hinaus, richtete den Auftrag aus und schloß
hinter dem Pfarrer die Türe, aus der dieser nach kurzer
Zeit mit der Aufforderung wieder heraustrat, den Platz
neben ihr erneut einzunehmen. Er erzählte mir, sie hätte
gefragt, ob es wahr sei, daß sie in der Ekstase gesagt hätte,
ich solle Zeuge ihres Kommunizierens sein. Als der Pfarrer,
der selbst diese Erklärung mit angehört hatte, ihre Frage
bejahte, fügte sie sich ohne weiteres und ich hatte auf
diese Weise Gelegenheit, die neue Erscheinung zu beobachten, die beim Kommunizieren auftritt, so oft sie hierbei den Heiland sieht.

Die Kommunion vollzog sich in folgender Weise: Als
der Pfarrer mit dem Ziborium um die Ecke des Altars
kam, geriet Therese Neumann beim Anblick der Hostie in
Ekstase und zeigte höchstes Verlangen, dem Heiland ent-

166

gegenzugehen, woran sie ihr Stuhl durch seine vorn schließenden Armlehnen hinderte. Ihr Gesicht strahlt, ihre Augen leuchten, die Hände sind etwas ausgestreckt, die Füße sind in Bewegung. Der ganze Körper ist etwas gehoben, als ob sie aufstehen möchte. Der Pfarrer gab mir Anweisung, direkt vor ihr so niederzuknien, daß ich ihr genau in den Mund sehen könnte. Das geschah. Bei der Annäherung der Hostie öffnete sie weit den Mund und streckte etwas die Zunge heraus. Die Hände hielt sie vor die Brust. Der Pfarrer legte vorn auf ihre Zunge eine ganze Hostie und trat sofort von ihr zurück. Sie nahm die Zunge, auf der die Hostie sichtbar lag, ein wenig zurück, aber nur so weit, daß die Spitze noch die Unter-lippe berührte und nur die Zähne des Unterkiefers ver-deckte, so daß ich weiter die hintere Zungenpartie und den Gaumen sehen konnte. Plötzlich war die Hostie ver-schwunden. Therese Neumann streckte sofort einige Zeit hindurch die Zunge weit heraus. Der Mund war weit geöffnet, sie schloß ihn von dem ersten Öffnen an nicht, ebenso machte sie keine Schluckbewegungen von der ersten Öff-nung des Mundes an. Die Hostie war in der Mundhöhle und am Gaumen, die ständig offen vor mir lagen, nicht zu sehen. Nach einiger Zeit innerster Konzentration be-gann sie lange ekstatisch zu sprechen. Schluckbewegungen waren auch in der ganzen Folgezeit nicht zu beobachten. Wasser wurde nicht verabreicht. Ich bemerke, daß der Pfarrer, nachdem er die Erklärung der Therese Neumann im ekstatischen Zustande vernommen hatte, ich solle Zeuge ihres Kommunizierens sein, um das neue Geschehen zu sehen, mich noch am Freitag abend von diesem unter-richtet hatte. Ich war mir also bei dem Geschehen am Samstag vormittag wohl bewußt, daß und worauf ich genau zu achten hatte. Der Platz in der Kirche selbst ist hell.

Wie ich schon betonte, soll sich diese neue Erscheinung bei der Kommunion nur dann zeigen, wenn Therese Neu-mann beim Herantragen des Ziboriums in Ekstase kommt und den Heiland visionär sieht. Ist letzteres nicht der Fall, so soll sich die Kommunion in der alten Weise vollziehen. Ich erinnere daran, daß Baron Aretin in der „Einkehr", Nr. 57 vom 3. August 1927 die gewöhnliche Form der Kommunion etwa folgendermaßen schildert: Ein Teil einer Hostie wird in etwas Wasser aufgeweicht und ihr auf die Zunge gelegt. Baron Aretin sagt dann wörtlich: „Wer je, wie ich, solcher hl. Handlung beiwohnen durfte, weiß, mit wieviel Schmerzen und Beschwerden der oft minutenlange Versuch verbunden ist, selbst dieses quantitative Nichts in den Schlund gleiten zu lassen."

Das Mißtrauen, das Therese Neumann zeigte, als ich ihr erklärte, ich sollte an ihrer Kommunion teilnehmen, versteht man, wenn man bedenkt, daß sie sich nur höchst ungern bei ihrer religiösen Betätigung zuschauen läßt, wie sie ja auch die Betrachtung durch das Publikum und die Besucher trotz inneren Widerstrebens nur erträgt, weil sie sich einem Auftrag der inneren Stimme verpflichtet fühlt. Aus meinen eigenen Beobachtungen habe ich die feste Überzeugung gewonnen, daß sowohl ihr, wie dem Pfarrer nichts Erwünschteres geschehen kann, als wenn die zahlreichen Besuche Fremder, besonders die des Freitags, aufhören würden. Aber der Gehorsam spielt in ihren Vorstellungen eine sehr große Rolle, wie sie ja auch selbst immer wieder ihre absolute Bereitwilligkeit betonte, den Befehlen ihrer kirchlichen Obern zu gehorchen. Sie empfindet ihren Zustand rein als Gnade des Heilands, der sich ihres Erachtens auch von ihr wieder zurückziehen kann, wenn sie ihre Demut verlöre oder die Menschen die jetzigen Erscheinungen mißbrauchen. Auch in den ekstatischen Zuständen ebenso wie im Wachen fühlt sie sich nur als Werkzeug: „nicht ich spreche, der Heiland spricht aus mir," oder: „Der Heiland schaut durch mich, ich bin nur ein Schatten vor ihm", sind Worte von ihr.

Im übrigen verlief der Samstag, es war Therese Neumanns Namenstag, ohne Ekstase und Leiden. Erst als der Sonntag anbrach, traten, wie mir der Pfarrer an diesem

Vormittag sagte, Erscheinungen ein. Sonntag und Montag war ich Zeuge stundenlanger Leiden und Gespräche im ekstatischen Zustande, deren Inhalt sich öffentlicher Berichterstattung entzieht. Nur soviel sei erwähnt, daß mir an beiden Tagen — am Montag sogar dreiviertel Stunden — Gelegenheit war, in diesem Zustande mit ihr allein unter vier Augen zu sprechen.

Für ihre Scheu, Schaustück der Öffentlichkeit zu sein, war besonders charakteristisch das folgende Erlebnis am Sonntag. Es war Kirchweihtag. Ich hatte den Wunsch geäußert, den Pfarrer predigen zu hören und mich nach der Zeit erkundigt, es aber unterlassen, Therese Neumann schon zur täglichen Kommunion hinüberzubegleiten, weil ich von ihr nur aufgefordert war, nach der Kommunion zu ihr in die Kirche zu kommen. Als ich mich durch die Sakristei an ihren Platz hinter dem Altar begab, erzählte sie mir sehr aufgeregt: Als sie auf dem Weg zur Kirche gewesen sei, habe sich plötzlich in einem der benachbarten Häuser ein Fenster geöffnet und ein Mann habe sie gefilmt. Sie war sehr empört über diese Zudringlichkeit und wußte nicht recht, wie sie ihr beim Rückweg von der Kirche in den Pfarrhof entgehen könnte. Ich holte darauf meinen Schirm und führte sie nach dem Gottesdienst — durch den aufgespannten Schirm vor dem Photographen verdeckt — in den Pfarrhof zurück, unter Heiterkeit des Publikums und auch sehr zum Vergnügen Therese Neumanns selbst.

Einige Tage vor meinem letzten Besuche in Konnersreuth hatte die verheiratete Schwester der Therese Neumann ihr zweites Kind bekommen. Therese Neumann war Patin des Mädchens geworden. Mit großem Eifer bekümmerte sie sich um sein Wohlbefinden. Das ältere Kind ihrer Schwester, ein strammer, bald zweijähriger Bub, wird ihr oft in den Pfarrhof gebracht. Er ist sehr darauf aus, die „Pad", wie er sie nennt, zu besuchen, und wenn er einmal einige Tage nicht gebracht wird, schickt die Tante nach ihm, die gern und lange mit ihm spielt. Ich

169

erlebte einmal, wie Therese Neumann, in den Anfangsstadien eines Leidens liegend, den kleinen Buben an ihrem Bette hatte und mit ihm plauderte. Das Sprechen wurde für die Leidende zusehends beschwerlicher, es kamen allmählich nur mehr in größeren Pausen einzelne Worte, und schließlich war ihr Zustand, der dann in eine Ekstase überging, so weit vorgeschritten, daß die Entfernung des Kindes nötig wurde.

Am Samstag nachmittag war ich von ihr wiederum ersucht worden, ihr zu helfen, das Kruzifix gegenüber ihrem Kirchenstuhl zu schmücken. Nachdem dies geschehen, forderte sie mich auf, mit ihr zum Altar vorzugehen, der wegen des kommenden Kirchweihfestes besonders geschmückt war. Freudig zeigte sie mir dessen Schönheit; was sie aber besonders hervorhob, waren die Blumen und Blattpflanzen. Denn große Liebe zur Natur zeigt sie bei jeder kleinsten Gelegenheit. Da fiel mir ein, daß geäußert war, sie entnehme ihr Schauen des Leidensweges Christi in der Freitagsekstase von den Bildern der Stationen in der heimatlichen Kirche. Ich wußte zwar bereits von ihr — auch in der Ekstase — daß sie das Kreuz Christi nicht in der Form der rechtwinkelig gekreuzten zwei Balken, sondern in der Form des großen lateinischen Y, also aus drei Balken in spitzem Winkel zusammengesetzt, sieht. Deshalb fragte ich beiläufig, als wir durch die Kirche gingen: „Gell, Resl, was Sie am Freitag sehen, das schaut so aus, wie die Stationen dort?“ worauf sie antwortete: „O mei, Herr Doktor, ganz anders. Das schaut sich gar net gleich.“ Am nächsten Tage fragte ich wieder beiläufig: „Na, Resl, was ist denn von den Bildern da oben eigentlich so, wie Sie es am Freitag sehen?“ Worauf mir die Antwort wurde: „Eigentlich gar nichts. Ein wenig ähnlich sind noch die Soldaten.“ Ich darf hier vielleicht einfügen, daß Professor Wutz, als ich mit ihm einige Tage später diese Antwort besprach, mir erzählte, sie habe einmal zu ihm gesagt: „Herr Professor, ich mag gar keinen Kreuzweg mehr anschaun, so wenig stimmen die Bilder mit dem, was ich sehe.“

170

Sprechen wir noch von der Nahrungsaufnahme: Ich sah Therese Neumann nie essen und trinken; auch bei der Kommunion unterblieb der Löffel Wasser, den sie früher nahm. Doch erregt dies im Konnersreuther Rahmen viel weniger Aufsehen, als der Außenstehende meint. Ich habe im Pfarrhaus des öftern am Tische gesessen, während sie uns beim Essen Gesellschaft leistete, ja sogar mir das Essen auf den Teller vorlegte, ohne eigentlich das Gefühl zu haben, es ist etwas ganz Ungewöhnliches, daß der Mensch da neben dir schon lange keine feste und auch keine flüssige Nahrung mehr zu sich nehmen soll. Denn man kann den Löffel Wasser, der, wie man mir erzählte, bis etwa zum Beginn der vorletzten Septemberwoche ihr bei der Kommunion gereicht wurde, ja schließlich nicht als „Zusichnahme von Getränken" bezeichnen. Ich bin mir natürlich bewußt, daß meine Besuche in Konnersreuth mir keine Berechtigung geben, die Nahrungsfrage zu entscheiden. Nur um Mißverständnissen vorzubeugen, betone ich, daß ich nicht die geringste Beobachtung gemacht habe, die ich dahin hätte deuten können, daß eine Nahrungsaufnahme vor mir verborgen werden sollte.

Dieser Bericht wäre unvollständig, wenn er nicht auch ein Wort über Therese Neumanns religiöses Leben enthielte. Sie lebt völlig in dem Gedanken an Christus. Am besten ist ihr seelisches Verhalten wohl durch ihre eigenen Worte geschildert, die sie am Sonntag (18. September) vormittags während eines Gespräches über religiöse Fragen zu mir sagte: „Wissen's, Herr Doktor, wenn ich auch so mit Ihnen rede, denk ich dabei doch an den lieben Heiland. Ich denk überhaupt immer an den lieben Heiland." — „Heiland! Wenn du's willst, leid ich ja gern!" hörte ich wiederholt von ihren Lippen, während ihr Körper sich in Schmerzen wand.

Ich habe schon berichtet und noch öfter erlebt, daß Therese Neumann in der Ekstase mir auf ausgesprochene oder nur gedachte Fragen spontan Auskünfte über Vorgänge und Personen gab, die sie nicht kannte. Ich habe aber zweimal auf direkte Fragen auch die folgende Antwort bekommen: „Das läßt mich der Heiland nicht wissen. Du weißt's ja und ich brauch's nicht zu wissen. Du denkst grad dran und wenn ich es dir jetzt sagen dürfte, dann würdest du ja doch bloß meinen, ich hätte deine Gedanken gelesen." Wie man hieraus ersieht, war ihr meine ständige Bemühung, für die sich vor mir abspielenden Vorgänge natürliche Erklärungen zu finden, durchaus bewußt. Je eingehender ich nun Therese Neumann studiert habe, um so mehr zwingen mich meine Wahrnehmungen und Erlebnisse zu dem Geständnis, daß für mich wenigstens die bisher bekannten Erklärungsversuche nicht ausreichen. Aber nicht dies allein ist es, was auf mich einen so starken Eindruck gemacht hat. Den stärksten Eindruck machte auf mich dieser Mensch in seiner absoluten Einstellung auf die christliche Religion. Ich habe eine vollkommenere Erfüllung der christlichen Forderungen bisher jedenfalls noch nicht erlebt.

Als ich mich am Dienstag morgens von Therese Neumann verabschiedete, war sie krank, versäumte aber trotzdem nicht, Grüße an diejenigen ihrer Bekannten aufzutragen, von denen sie annahm, daß ich sie in den nächsten Tagen treffen würde.

Damit sei dieser Bericht geschlossen, der, wie ich schon eingangs betonte, den Zweck verfolgt, die Leser von dem zu unterrichten, was ich selbst in Konnersreuth erlebte. Denn eingehendste Kenntnis aller Geschehnisse gibt ja erst die Möglichkeit richtiger sachlicher Beurteilung.

Die Bewußtseinsformen der Therese Neumann

Dieser Bericht meiner Erlebnisse behandelt bereits ausführlicher jene Bewußtseinsform der Therese Neumann, die kurz vor meinem ersten Besuche in Konnersreuth neu aufgetreten war und damals schlechthin Ekstase genannt wurde. Es war das jener Zustand, in dem sie ein Wissen

um die Seele von anderen Menschen und auch um die Zukunft und Vergangenheit zeigte, das sie auf normalem
Wege nicht erwerben konnte. Da es zum Verständnis der
Geschehnisse notwendig ist, die verschiedenen Bewußtseinsformen der Therese Neumann scharf auseinanderzu-
halten, soll hier ein Versuch ihrer Beschreibung folgen.
Die von ihm gewählten Begriffsbestimmungen wurden erstmals zu Weihnachten 1927 von Pfarrer Naber und mir mit
Therese Neumann im erhobenen Ruhezustand besprochen.
Der Wortlaut, der hier wiedergegeben wird, beruht im
engeren Sinne auf Aufzeichnungen von Pfarrer Naber, die
dieser im Laufe des Jahres 1928 auf Grund von weiteren
Gesprächen mit Therese Neumann in diesem Zustand
gemacht hat. Ich halte mich nicht für befugt, diesen Wortlaut irgendwie zu ändern. Nur war es notwendig, zum
besseren Verständnis für diejenigen, die nicht in Konnersreuth diese verschiedenen Bewußtseinsformen selbst wahrgenommen haben, einige Ergänzungen anzufügen, die ich
ebenfalls auf Grund von eigenen Erlebnissen und Gesprächen
vorgenommen habe.

Bei Therese Neumann sind bis jetzt folgende seelische
Zustände zu unterscheiden:

1. Der gewöhnliche Zustand

Er entspricht durchaus dem Seelenzustand eines normalen Menschen und zeigt nichts Außerordentliches. Therese Neumann tritt uns hier als ein sehr kluger, lebhafter
und freundlicher Mensch von gereiftem Geiste entgegen.

2. Der erhobene — ekstatische — Zustand

Dieser Zustand tritt in zwei auch äußerlich ganz verschiedenen Formen auf. In der einen hat sie Schauungen
(Visionen) und zwar

a) geschichtliche Schauungen, in denen sie
tatsächliche Vorgänge der Geschichte des Christentums

aus nächster Nähe beobachtet, z. B. das letzte Abendmahl, das Verhör Christi, die Geißelung, Dornenkrönung, Kreuzigung, Grablegung, dann Erscheinungen Christi nach der Auferstehung, aber auch Ereignisse des Marienlebens, die Steinigung des Stephanus, Wunder und Tod des Apostels Johannes, ferner die Stigmatisation des Franz von Assisi und der großen Theresia, den Tod des Franz von Sales, den Engelsturz u. a. mehr. Es kann aber auch geschehen, daß sie tätig teilnimmt, nämlich bei der Einhüllung des Leichnams Christi mithilft, einen Arm mit Binden zu umwickeln. (Siehe S. 125.)

Der erhobene — ekstatische — Zustand bringt ferner b) b i l d l i c h e S c h a u u n g e n, z. B. das Christuskind in Verklärung auf einer Wolke.

Sowohl bei den geschichtlichen wie bei den bildlichen Schauungen ist Therese Neumann von der Außenwelt völlig abgeschlossen. Man kann sie nicht ansprechen, sie ist unempfindlich gegen Berührung. Dieser Schauungszustand ist meist äußerlich charakterisiert durch ein Aufrichten des Oberkörpers aus der liegenden Stellung und durch Erheben der Arme. Pfingstmontag 1929 erhielt sie die Schauung, als sie im Pfarrhausgarten stand und dem Felderumgang zusah, bei der Verlesung des vierten Evangeliums. Die Augen sind geöffnet und schauen in die Ferne. An ihre geschichtlichen und bildlichen Schauungen — abgesehen von den gehörten fremden Sprachen — hat sie im gewöhnlichen Zustand eine ausgezeichnete Erinnerung. Auch schon äußerlich weicht von diesem Bild die dritte Form des erhobenen Zustandes ab, nämlich

c) d e r e r h o b e n e R u h e z u s t a n d. Er bringt Therese Neumann das Gefühl der Vereinigtseins mit Christus und die Teilnahme an dessen Glückseligkeit und Allwissenheit, soweit Christus es zuläßt. Hierbei ruht Theresens Leib aus und stärkt sich neu, weshalb man diesen Zustand am besten als erhobenen Ruhezustand bezeichnet. Sie liegt dabei gewöhnlich in die Kopfkissen zurückgestreckt mit über der Brust gekreuzten Händen. Doch habe ich sie in diesem Zustand auch schon aufgerichtet und mit den Händen gestikulierend gesehen. Die Augen sind in diesem Zustand in der Regel geschlossen. Dabei dient ihr Körper noch als Ausdrucksmittel. Sie spricht im erhobenen Ruhezustand auf das lebhafteste. Der Übergang in den gewöhnlichen Zustand aber vollzieht sich in den äußeren Formen des Erwachens, meist mit lautem Gähnen, Strecken der Glieder usw., wie Menschen gewöhnlich aus dem Schlaf zu erwachen pflegen. Von diesen Gesprächen im erhobenen Ruhezustand weiß sie im gewöhnlichen Zustand nichts. Im Gegenteil, sie nimmt an, sie habe geschlafen und ist oft sehr verblüfft, wenn man ihr die Tatsache und den Inhalt des Gespräches erzählt. Gelegentlich wird auch dem Gesprächsteilnehmer im erhobenen Ruhezustand der ausdrückliche Auftrag, ihr vom Inhalt des Gespräches im gewöhnlichen Zustand nichts mitzuteilen, da sie davon nichts zu wissen brauche.

Nach den geschichtlichen Schauungen folgt

3. der Zustand des Eingenommenseins,

von dem eben Geschauten. In ihm ist die Erinnerung fast an alles früher Gelernte oder Erlebte ausgelöscht. Es stehen ihr in diesem Zustand des Eingenommenseins nur die Gedankenausdrucksmittel eines etwa fünfjährigen Kindes zur Verfügung. Sie besitzt dabei aber die Denkfähigkeit eines geistig geweckten Erwachsenen. Der Zustand wurde früher Zwischenzustand genannt, weil er erstmals bei der Passions-Schauung beobachtet worden ist, die eine Reihe von Schauungen darstellt, zwischen denen dieser Zustand des Eingenommenseins eintritt. In diesem Zustand hat sie keine Kenntnis von dem Kommenden des Geschehniskreises, den sie gerade sieht. Betrifft er Vorgänge, die sie schon in einer früheren Schauung gesehen hat, so fehlt ihr daran die Erinnerung, auch wenn die Schauungen schon oft stattfanden. Dagegen vermag sie sich in diesem Zustand an andere früher gehabte Schauungen, soweit sie außerhalb des gerade gesehenen Geschehniskreises liegende Vorgänge betrafen, sehr wohl zu erinnern, aber auch hier mit den erwähnten Gedankenausdrucksmitteln eines fünfjährigen Kindes. So weiß sie bei der Freitagspassion bei dem Gang Christi nach Golgatha noch nicht, daß er auch tatsächlich gekreuzigt wird. Sie deutet deshalb in Unkenntnis der Zukunft die jeweilige Schauung aus dem äußeren Eindruck, da sie ja die Sprache der gesehenen Personen nicht versteht. Das bekannteste Beispiel hierfür ist, daß sie Judas, der durch einen Kuß Christus den Häschern des Hohen Rates kennzeichnet, um dieses Kusses willen für einen Freund des Heilandes hält und lebhaft Widerspruch erhebt, wenn man sie darauf hinweist, daß dieser Kuß das Zeichen des Verrates ist.

Im Zustand des Eingenommenseins verhält sich Therese Neumann zunächst gewöhnlich äußerlich ruhig, manchmal regungslos. Spricht man sie an, so bemerkt man, daß sie innerlich sehr erregt über das Geschaute ist, wenn es ein sie erregender Vorgang war, und auch entsprechend erzählt. Man hat immer wieder den Eindruck, daß sie sich offenbar gern über das Erlebte ausspricht. Hat sie sich durch eine solche Aussprache seelisch entspannt, dann tritt als Rückwirkung sehr häufig eine große Müdigkeit auf und man muß das Gespräch abbrechen. Infolgedessen kann man in diesem Zustand fast immer nur einen Teil des Tatbestandes erfahren, zumal die innere Erregung Therese Neumann immer wieder auf diejenigen Teile des Geschauten zurückkommen läßt, die sie besonders gefesselt haben, während sie an der Schilderung der Äußerlichkeiten kein Interesse hat; ja, manchmal ausgesprochen Widerwillen dagegen zeigt. Ihre Sprache ist in diesem Zustand unverfälschter Konnersreuther Dialekt. Ihre geistigen Fähigkeiten im Zustande des Eingenommenseins sind schon kurz geschildert worden. Hier ist nur noch zu bemerken, daß sie gerade in diesem Zustand eine gewisse Fähigkeit besitzt, die gehörten Sprachen mechanisch nach dem Klang wiederzugeben, und zwar in einem ziemlichen

Ausmaße, während in der Erinnerung des gewöhnlichen Zustandes nur wenige Worte haften bleiben, und zwar meist solche, die sie bereits öfters gehört hat. Auch im Zustand des Eingenommenseins gibt sie Sprachen, die sie oft hört, z. B. das Aramäische, sehr viel umfänglicher wieder als solche, die sie selten oder nur einmal gehört hat.

Im erhobenen Ruhezustand, in dem sie — wie gesagt — an der Allwissenheit in dem Umfang teilnimmt, wie es Christus zuläßt, begegnet es auch, daß sie fremde Sprachen spricht. Abgesehen von Fragen über einzelne Worte verfüge ich hiebei nicht über eigene Erlebnisse und zwar schon aus dem Grund, weil ein Experiment mit ihr in diesem Zustand unmöglich ist. Die Voraussetzung eines solchen Erlebnisses wäre also, daß man Zeuge eines Gespräches mit einer Person würde, die Deutsch nicht versteht. Eine solche Gelegenheit habe ich bisher nicht gehabt. Ich habe nur sehr oft an mir selbst erlebt, daß die gewohnte Unsitte des akademisch Gebildeten, griechische und lateinische Fachausdrücke zu wählen — auch solche sehr spezieller Art — das Gespräch mit ihr in diesem Zustand in keiner Weise stört, sondern daß die Antwort das volle Verständnis für den fremdsprachlichen Fachausdruck zeigt. Im erhobenen Ruhezustand kann man aber nicht jene Nötigung zur Antwort ausüben, die im gewöhnlichen Zustand möglich ist. Man erhält des öfteren die Antwort: das ist nicht wichtig oder: das brauchst du nicht zu wissen.

Weihnachtsschauungen

Zu Weihnachten 1927 hatte ich erstmals Gelegenheit und Zeit, genaue Aufzeichnungen über den Inhalt von Schauungen der Therese Neumann zu machen, wie sie ihn in dem anschließenden Zustande des Eingenommenseins berichtete. Pfarrer Naber hatte die Güte, mir eigene Aufzeichnungen über die gleichen Schauungen zur Verfügung zu stellen und dazu auch über solche vom 22., 23. und 24. Dezember 1927, die vor meinem Eintreffen in Konnersreuth stattgefunden hatten. Sein Bericht der Schauungen vom 22., 23. und 24. Dezember 1927 ist auf Grund von Angaben der Therese Neumann im erhobenen Ruhezustand verfaßt. In denen der späteren Schauungen finden sich gelegentliche Bemerkungen von ihr in diesem Zustand. Sie sind aber im einzelnen nicht mehr auszuscheiden. Pfarrer Naber war so liebenswürdig, mir seine Aufzeichnungen zur Verfügung zu stellen und mir die Erlaubnis zu geben, sie hier abzudrucken. Da Therese Neumann auch im erhobenen Ruhezustand lebhaft und springend erzählt und Einzelheiten in der Regel erst auf Fragen beantwortet, ist die fortlaufende Erzählung das Werk des Pfarrers. Die Schilderungen ihrer Berichte im Zustand des Eingenommenseins nach den Schauungen geben die Gespräche gekürzt wieder; sie lassen die bei Therese Neumann in diesem Zustand sehr häufig vorkommenden Wiederholungen und insbesonders fast allgemein die Fragen der Anwesenden an sie fort. Diese Fragen werden — wie hier ausdrücklich erwähnt sei — durchwegs in der folgenden Form gestellt: „Resl, was hast du gesehen? Wie sah dies aus? Erzähl doch mal!" Kurzum, sie suchen aus der Erzählung ein Gespräch zu machen, da sie ohne diese Bemühung in der Regel gar nicht, und ohne die Fragen jedenfalls nicht, den Ort, den Häuserbau, die Sprache und ähnliches schildern würde.

Die Zusammenfügung der Naberschen Aufzeichnungen mit meinen eigenen hat einige stilistische Änderungen im Naberschen Text nötig gemacht. Sachliche Änderungen dagegen wurden nirgends vorgenommen. Auf Grund meiner eigenen Beobachtungen in Konnersreuth kann ich der Überzeugung Ausdruck geben, daß die Naberschen Ausführungen getreulich die Darstellungen der Therese Neumann wiedergeben und sich eigener Zutaten streng enthalten. Denn ich habe selbst ebenfalls mit ihr, wenn sie im erhobenen Ruhezustand war, über den Inhalt von Schauungen, die sie hatte, wiederholt gesprochen, kenne also die Art, wie sie dann berichtet, und kenne auch die Wahrheitsliebe von Pfarrer Naber. Die Schauungen vom 22. Dezember bis zum

24. Dezember abends ungefähr sechs Uhr kann ich nur auf Grund der Aufzeichnungen von Pfarrer Naber geben, da ich erst zu dem letzteren Zeitpunkt in Konnersreuth und im Neumannhaus eintraf. Ich beginne nun mit dem Bericht über die Weihnachtsschauungen.

22. Dezember 1927

Die Schauung der Abreise von Nazareth

Kurze Zeit vorher war Joseph aus der Arbeit mit der Mitteilung an Maria heimgekommen, sie müßten entsprechend dem Befehl des Kaisers Augustus nach Bethlehem zur Aufschreibung gehen. Maria erklärte sogleich, sie müßten gehorchen, Joseph hatte Sorge, Maria möchte die Reise zu beschwerlich werden, und wollte deshalb allein reisen. Maria aber erwiderte ihm, Gott werde helfen, sie gehorche der Obrigkeit. So rüsteten sie sich denn zur Reise. Als Reit- und Tragtier nahmen sie eine Eselin, weil sie ihre Milch gebrauchen konnten. Ihr wurde das graue Zelttuch aufgelegt und darüber eine graue Wolldecke. Das übrige Gepäck wurde ihr beiderseits heruntergehängt; links ein Pack, bestehend aus einer grauen Wolldecke für Joseph, in die ein warmes Obergewand für ihn und Brot und Früchte eingewickelt waren. Rechts hingen zwei Päcke herunter; der vordere, kleiner als der hintere, bestand aus einer einfachen Wolldecke, die zu Windeln zerschnitten werden konnte und in die Windeln und Hemdchen für das zu erwartende Kind eingewickelt waren. Den rechten hinteren Pack bildete ein Hanfsack, in dem ein warmes Obergewand für Maria und Eßwaren eingepackt waren. An ihm waren die drei Zeltstangen wagerecht befestigt. Etwa um 6 Uhr früh brachen sie auf. Maria setzte sich so auf die Eselin, daß ihre Füße links herunterhingen. Joseph ging links vorn neben dem Tier, das er mit der rechten Hand an einem schwarzbraunen Lederzaum führte. In der Linken hatte er einen übermannshohen oben rundgebogenen Reisestab. Er war mit einem dunkelgelben Rock und braunem Mantel bekleidet. Maria trug einen warmen graubraunen Mantel, rotbraunen Rock und wollgelben Schleier unter dem Mantel. Das Wetter war ziemlich kalt und regnerisch, die Wege rauh und rutschig. Die Reise ging an diesem Tage gut, aber ein Ort zum Übernachten war nicht zu erreichen. So schlugen sie denn im Freien in einer öden Gegend bei einigen Bäumen abends ihr Zelt auf und ruhten auf den mitgebrachten Decken. Die Eselin wurde an einem Baum festgebunden.

23. Dezember 1927
Auf der Reise nach Bethlehem

Am nächsten Tage brachen Maria und Joseph etwa um ½6 Uhr morgens auf. Sie zogen ohne Hindernis bis gegen Mittag voran, indem sie sich immerfort mit dem zu erwartenden Kinde beschäftigten. Um die Eselin zu schonen, war Maria streckenweise abgestiegen. Besonders gegen den Mittag zu wollte sie das Tier nicht mehr beschweren, da sie bemerkte, daß es matt wurde. Da sie selbst auch müde geworden waren, beteten sie um Hilfe. Da sahen sie in der Ferne ein Haus, sie dankten Gott und gingen dorthin. Hier wohnten ein paar arme, ganz alte Leute mit einem Knaben und einem Mädchen. Joseph ging in das Häuschen und bat um das Notwendige. Der alte Mann ging hinaus zu Maria und nötigte sie, hereinzukommen. Die Leute kannten zwar Joseph und Maria nicht. Aber weil sie dieselben so freundlich, dazu Maria hochgesegnet und ganz gelb und blaß sahen — sonst sah sie gesund und kräftig aus —, traten sie ihnen ihr warmes Mittagessen ab. Der Heiland hat es ihnen später gelohnt. Die Alten starben zwar als Heiden, aber gut. Die beiden Kinder wurden Christen. Sie hörten erst auf die Predigt Johannes des Täufers, und der Bruder ließ sich von ihm taufen. Er folgte dann dem Heiland unter den 72 Jüngern nach, worauf die Schwester das Häuschen übernahm. Während sie gerade beschäftigt war, alles Abgöttische in ihrem Hause zu vernichten und eben ein Götzenbild vom Dache entfernen wollte, kamen ihre Verwandten dazu und stürzten sie vom Dach hinunter zu Tode.

Die zweite Nacht blieben Maria und Joseph in einem kleinen Ort in einer Herberge, in der sie für die Aufnahme bezahlen mußten. Sie ruhten da gut und stärkten sich für den kommenden Tag.

24. Dezember 1927
Die Ankunft in Bethlehem

Um 6 Uhr früh brachen Joseph und Maria wieder auf. Nach dem Mittag konnte die Eselin nur mehr mit Mühe weiter; in einer Ortschaft erhielten sie von Leuten umsonst Futter für das Tier. Das Wetter war regnerisch und kalt.

Ungefähr um $^3/_4$6 Uhr abends sah Therese Neumann Maria vor dem Nordtor von Bethlehem von der Eselin absteigen und dann hinter Joseph neben dem Tier durch das Tor schreiten. Bethlehem zählte damals ungefähr 1100 Einwohner. Die Häuser waren wie in Jerusalem oben flach. Sie besaßen rechteckige, schmale und auch runde Fenster ohne Glas mit Holzgittern und Vorhängen. Am Tor innen und auf der Straße — Therese Neumann sah nur eine — brannten bereits Feuerkörbe. Es waren Pfannen, die in einer Gabel an ungefähr 2 m hohen Pfählen hingen und in denen Feuer unterhalten wurde. Die Straße war mit großen Steinen gepflastert. Die Häuserreihen waren gradlinig, aber nicht lückenlos geschlossen. Joseph tritt in ein Haus rechts der Straße, währenddessen Maria die Eselin am Zaum festhielt. Bald kam er wieder heraus. Mit trauriger Miene machte er Maria die Mitteilung, daß sie hier nicht unterkommen könnten. Dann gingen sie einige Häuser weiter und Joseph fragte in einem langen breiten Hause, einer Fremdenherberge, nach Unterkunft. Er erhielt die Antwort, es sei kein Platz mehr frei. Betrübt ging er zu Maria zurück, die ihm tröstend zuredete. Nun versuchten sie es weiter vorn in einem Hause links der Straße, ebenfalls ohne Erfolg. Es war dies das Haus,

aus dem Joseph stammte und in dem er sich aufschreiben lassen mußte. Weil eben ein großer Andrang war, wollte er die Einschreibung auf den nächsten Tag verschieben. Aber Maria drängte auf heute, da ihre Stunde bevorstehe. Deshalb warteten sie zwischen einigen Häusern, bis das Haus freier wurde. Dann ließen sie sich noch einschreiben. Schließlich fragte Joseph noch einen Mann um Unterkunft, der auf einer geländerlosen Stiege stand, die an der rechten Außenseite eines Hauses rechts der Straße hinaufführte. Er erhielt die Antwort, hier sei kein Platz mehr. Doch wies der Mann nach dem südlichen Stadttor, wo auch ein Feuerkorb brannte. Über dieses Stadttor hinaus sollten sie auf der Straße eine kurze Strecke weiter gehen, dann würden sie etwas rechts einen Stall finden, in dem er ihnen Quartier zu nehmen erlaube. Der Mann hatte Anteil an dem Stall. Seine Hirten waren bei den Hirten, die dort später anbeteten. Maria und Joseph folgten seiner Weisung. Unter dem Stadttor zündete Joseph das mitgebrachte Schnabellämpchen an, das in einer nach vorn offenen, dachähnlichen, oben mit einer Handhabe versehenen Umhüllung untergebracht wurde. Dann zogen beide zu Fuß, Maria hinter Joseph links neben dem Esel schreitend, etwa 200 m weit auf der Straße südwärts, bogen dann rechts in einen Fußweg ein, der zu einem ungefähr 50 m von der Straße entfernten Stall führte. Der Stall hatte in der Mitte der Vorderwand eine außen angebrachte Schiebetür. Joseph schob sie nach rechts zur Seite und betrat dann ungefähr um 8 Uhr mit Maria und der Eselin den Stall. Der Stall war ungefähr 7 m breit und 4 m tief. Er war an den Ostabhang eines Hügels gebaut und zwar im Anschluß an eine Felsenhöhle, die oben und auf der nördlichen Seite ungefähr 1 m tief war und die Rückwand bildete. Nach Süden fiel der Hügel ab und es verlief die Höhle. Das Stalldach war ein halbes Dach; es begann vorne 2 m über dem Boden und war hinten ½ m höher; es bestand aus dicken alten Brettern, die wagerecht aufeinander lagen und nach rechts etwas schräg herunterliefen. Die Vorderwand und die Seitenwände waren gleichfalls aus Brettern errichtet. In der rechten Seitenwand befand sich ein kleines, nach oben längeres, rechteckiges Fenster. Um den Stall herum standen Herdenpferche. Joseph band die Eselin in der hinteren linken Ecke des Stalles an einen Pfahl, später an einen Pfahl zu Häupten des Kindes, damit sie dasselbe erwärmen half. Die mitgebrachte Lampe hängte er in der Mitte des Stalles an die Decke. Dann richtete er für Maria und sich das Nachtlager her. Für Maria breitete er an der rechten Seitenwand auf Stroh das Zelttuch und die graue Wolldecke aus, während er sich selbst an der linken Seitenwand auch auf Stroh und einer Wolldecke zur Ruhe legte. Der Himmel war bewölkt.

Während dieser letzten Schauung von Therese Neumann betraten Professor Wutz und ich ihr Zimmer, in dem neben der Familie auch Pfarrer Naber anwesend war. Ehe ich im Bericht von ihren Weihnachtsschauungen fortfahre, will ich versuchen, kurz die Vorgänge zu Weihnachten 1927 in ihrem Zimmer zu schildern. Bei unserem Eintreten fanden wir sie in ihrem Zimmer im Bett liegen. Die Adventszeit hindurch hatte sie schwer zu leiden gehabt, vor allem zahlreiche Sühneleiden durchmachen müssen. Am Freitag, den 23. Dezember, hatte sie wie immer die Passionsschauung gehabt. Trotzdem war sie sehr heiter und aufgeräumt. Das Erste, an dem wir teilnahmen, war die Weihnachtsbescherung in der Familie. Für Therese Neumann war eine Reihe von kleinen Geschenken angekommen, auch wir brachten solche, die uns von Freunden aufgegeben waren, mit. Die Bescherung von Therese Neumann erweckte sehr bald große Heiterkeit. Es zeigte sich, daß einige der freundlichen Geber in ihrer Ratlosigkeit, was man einem Menschen, der nicht ißt, trinkt und raucht, schenken soll, andererseits aus dem Wunsche, ihr wenigstens ein Zeichen des Gedenkens zu senden, schließlich auf — Lebkuchen, Zuckerbäckereien, Bonbons, ja sogar Zigarren verfallen war. Sie hatten sich offenbar mit dem Gedanken geholfen, Therese Neumann werde schon jemanden finden, dem sie mit derartigen Geschenken Freude machen könnte, was dann auch prompt geschah. Für sich selbst behielt sie eigentlich nur Wäsche und einige Schachteln und verschließbare Kassetten für Briefe. Aber auch hier wußte sie sofort für die schönsten eine Verwendung für kirchliche Zwecke. Mit größtem Eifer setzte sie dem Pfarrer sogleich auseinander, wofür man die einzelnen brauchen könnte. Wie in allen Familien zu Weihnachten wurden aber sehr bald die Jüngsten, nämlich die Enkelkinder, vor allem der kleine Bub, das Josephle, der Mittelpunkt der Geschehnisse. Es war eine frohe Weihnachtsfeier, wie sie in jeder größeren Familie statthaben kann.

Nachdem wir selbst der Gastfreundschaft des Pfarrers teilhaft geworden waren, fanden wir uns mit ihm nachts kurz vor 11 Uhr wiederum in Therese Neumanns Zimmer ein.

Nachts 11^{13} Uhr, mitten in einem Gespräch über ihren Stieglitz, wurde sie erneut in eine Schauung gerissen, die bis 11^{19} Uhr dauerte. Ihr Gesicht strahlte Freude. Ihre Bewegungen waren äußerst lebhaft, sogar die Füße bewegten sich und mit den Fingern suchte sie fortwährend zu greifen. Dann sank sie zurück und schloß die Augen, um sie nach einer Minute wieder zu öffnen und lebhaft zu erzählen — sie befand sich jetzt im Zustand des Eingenommenseins: „Da bin ich grad in einem Stall gewen, da ist ein kleins Butzerl (= Kindchen) gewen. Das war in Decken gewickelt. Ich hab die Händchen gesehn, die san ganz klein gewen und die Augen hat das Butzerl (= Kindchen) viel zugehabt. Recht kalt ist's gewen." Immer wollte sie in ihrer Freude von dem „kleinen Butzerl" sprechen und es gelang nur mit Mühe, sie zur Schilderung der ganzen Begebenheit zu veranlassen. Schließlich erzählte sie, während ich in Stichworten notierte und zusammen mit Professor Wutz nach ihrer Beschreibung mitzeichnete: „Ich bin in einem Stall aus Holz gewen, der an einem Berg angelehnt war; es war ein schwarzgrauer Stein. Die Gegend war nicht eben, sondern es lagen Trümmer (= Fels-

brocken) herum. Der Stall hat am Felsen gehängt und hat
ein halbschräges Dach ghabt. In dem Stall san an der
Wand hinten und auf der Seiten Pfeiler gewen, fast 1 m
hoch." Sie selbst habe links neben der Türe gestanden,
erklärte sie auf eine Frage. Sie schaute also in den Stall
hinein. Deshalb war für sie links, was vom Christuskind
aus gesehen rechts war. „Hinten links an dem Pfeiler ist
ein Esel angehängt gewen." Auf die Frage, ob nicht auch
ein Ochse dagewesen sei, erwiderte sie: „Sonst ist kein
Viech dagewen. Das Butzerl hat in einer Krippen gelegen.
Woißt (= weißt), nicht in einer solchen Krippen, aus
denen man bei uns hier das Viech füttert, sondern anders.
Sie ist aus Holz gewen und hat auf gekreuzten Füßen gestanden. Die hintere Wand ist zwei Hand breit höher
gewen und gerade. Es san mehrere Krippen dagewen. So
Stückerer fünf. Die, in die s' das Butzerl (= Kind) gelegt
haben, die hat mehr in der Mitten und zwar fast gegenüber dem Eingang gestanden. Woißt, aber ebbes (= etwas)
nach der rechten Seiten zu. Das Butzerl hat mit dem
Kopf zur hinteren Wand gerichtet gelegn; die Krippen ist
schräg in den Stall hineingestanden, etwa 1 ½ m von der
Mauer weg und ³/₄ m hoch ist sie gewen." Therese Neumann fragte jetzt fortwährend, wer wohl das Butzerl gewesen sei. Als ihr darauf gesagt wurde, daß es der Heiland
sei, wurde ihre Freude erst recht groß. „Die Mutter ist
neben dem Heiland links g'standen und hat das Kind erst
an den Handerln gestreichelt. Joseph war rechts vom
Kind, er hat erst die Händ gefaltet und was Lauts g'sagt,
was ich nicht verstandn hab. Maria hat die Arme gekreuzt. Das Kind hat dunkelblaue Augen gehabt und
gekräuselte helle Haar. Das Stroh, auf dem's gelegn, ist
stärker gewen als das bei uns und hübsch dunkel." (Es
war, wie sie im erhobenen Ruhezustand später erklärte,
in der Krippe nur unten Stroh gebreitet und darauf Binsen;
das war offenbar das stärkere dunkle Stroh.) „An der
Wand links ist Weizenstroh und solch dunkles starkes
Stroh aufgeschichtet gewen. Da drüber ist eine graue

Decken gelegt gewen. Auch ein Licht habens gehabt. Das hat von der Stalldecken heruntergehängt und aus einem Schnabel gebrannt."

In dieser Weise ungefähr, immer unterbrochen von Fragen, was für Gegenstände im Stalle und wie sie beschaffen seien, erzählte Therese Neumann ihre Wahrnehmungen. Da sie trotz ihrer genauen Beobachtung der Äußerlichkeiten immer nur Interesse für die Hauptpersonen ihrer Schauungen hatte und immer wieder auf die Beschreibung des Christuskindes zurücksprang, wiederholte sie natürlich öfters die gleichen Vorgänge. Deshalb ist die Unterhaltung im Wortlaut kaum wiederzugeben. Durch immer erneutes Lenken ihrer Erzählung war es aber möglich, gleichzeitig einen Plan des Stalles aufzunehmen, der mit den schon teilweise berichteten früheren Angaben übereinstimmt und später sowohl aus ihrer Erinnerung im gewöhnlichen Zustand wie von Pfarrer Naber aus ihre Angaben im erhobenen Ruhezustand nachgeprüft und ergänzt werden konnte. Es ergibt sich daraus der folgende Grundriß:

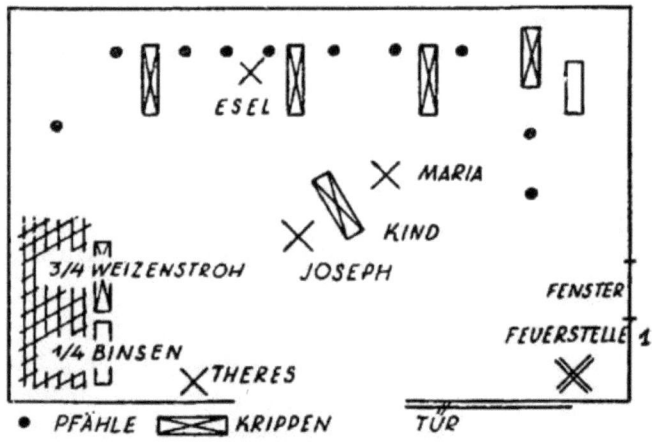

¹ Im Eck rechts der Türe hat Joseph mit Hilfe der Hirten eine Feuerstelle aus Steinen errichtet.

186

Zu diesem Grundriß bemerkt Pfarrer Naber: „Wie hier angegeben, sieht Therese Neumann den Stall. Sie selbst hat ihren Stand links von der Türe. An der Felswand und den Seitenwänden sind etwa zehn $^3/_4$ m hohe Pfähle eingerammt, die oben mit Ringen zum Anhängen des Viehes versehen sind. Ebenso stehen an den Wänden ungefähr sechs Krippen, bestehend aus einem Gestell von zwei durch eine Stange verbundenen Kreuzfüßen und einem Trog aus einem Bodenbrett, zwei Seitenbrettern, einem Vorder- und einem höheren Hinterbrette; bei zwei Krippen im rechten Hintereck und links vor dem Strohhaufen liegen die beiden Krippenteile auseinander."

Die Geburt Christi

selbst hat Therese Neumann nicht gesehen. Die Angaben, die Pfarrer Naber hierüber aufgezeichnet hat, entstammen allein ihrem Wissen im erhobenen Ruhezustand. Sie lauten wörtlich: „Ungefähr um 11 Uhr nachts kommt Maria in Ekstase. Sie erhebt sich in kniende Stellung und kreuzt die Hände über der Brust. Das göttliche Kind verläßt um Mitternacht den Schoß der Mutter, der unverletzt und in voller Ordnung sich alsbald wieder schließt, ohne daß Vor- und Nachwehen stattgefunden hätten. Joseph, der bald nach Maria sich erhoben hatte, richtete eine Krippe mit Stroh zurecht. Er tat zuerst Weizenstroh hinein und darauf Binsen, der Weichheit halber. Die Krippe war ungefähr einen Meter lang; nicht alle Krippen im Stall waren gleich groß. In jene Krippe legte Maria das göttliche Kindlein, nachdem sie es abgetrocknet, in Windeln gehüllt, mit einem Hemdchen mit langen Ärmeln und über die Füße hinabreichend bekleidet und in eine Wolldecke eingewickelt hatte. Dann beteten sie, Joseph zu seiner Rechten, Maria zu seiner Linken, das Kindlein an. Joseph betet, die Hände vor der Brust erhoben und die Finger ineinander geschlungen. Maria hat die Arme vor der Brust gekreuzt. Mit der Geburt Christi wurde der Himmel sternenklar."

187

Diese Anbetung hat Therese Neumann in der um
11¹³ Uhr beginnenden schon berichteten Schauung gesehen.
Während des

Mettenamtes

war Therese Neumann wie schon den ganzen Samstag
daheim im Bett geblieben. Als sie nun von der nahen
Kirche zur Wandlung läuten hörte, riß es sie in eine
Schauung. Die Haltung, die sie dabei einnahm, war ruhiger
als in der vorausgehenden. Sie blickte, die Arme aus-
streckend, nach oben, mit einem seligen und verlangenden
Ausdruck des Gesichtes. Nachdem sie wie immer zunächst
mit geschlossenen Augen zurückgesunken war, begann
sie kurz darauf — und zwar diesmal nicht im Zustande
des Eingenommenseins, sondern im gewöhnlichen Zustande
— zu sprechen; aber zunächst für sich. „Ach nein, ach
nein, Heiland bist du guet! Ich mag ja gern sterben, um
zu dir zu kommen. Na, wie du willst! Ach Heiland, bist
du guet. Wenn dich alles kennen tat (= täte, würde),
müßte dich alles arg (= sehr) und arg gern haben." Nach
etwa einer Minute derartigen Selbstgespräches begann sie
zu erzählen. „Ich hab den Heiland als kleins Butzerl
(= Kind) von etwa ½ m Größe auf einer kleinen weißen
Wolke stehen sehen. Er hat die Armerl zu mir hergestreckt.
Er hat ein weißes Rockerl (= Röckchen) bis zum Hals
angehabt. Von der Weiten hab ich singen gehört. Vorher
hat das Butzerl (= Kind) natürlicher ausgeschaut. Jetzt
war's verklärt. Sonst war's gleich wie im vorigen Jahr.
Nur hat's jetzt heller blaue Augen gehabt. Dazu helle
gekräuselte Haare." Einer der Anwesenden bemerkte
darauf zu ihr: „Resl, einmal nimmt er dich doch mit,
was sagst nacha (= darnach)?" Resl: „Gern!" — Pause. —
„Oder wie der Heiland mag! I hab jetzt zwei Monate lang
schwer glitten, aber i leid gern, wenn der Heiland will.
Mei, wenn man den Heiland sieht, was ist da die Freud
auf derer Welt, 's graut einem davor!"
Therese Neumann hat hierüber später Pfarrer Naber

noch folgende Schilderung gegeben. Sie sah von der Wandlung bis zur Kommunion des Mettenamtes das Christkind in Verklärung, ungefähr 40 cm groß, mit einem schneeglitzerigen Hemdchen bis zum Hals und zu den Knöcheln reichend und mit langen weiten Ärmeln. Es stand auf einer lichten Wolke, die Händchen mit freundlichem Lächeln entgegenstreckend, die Haare hellblond und gekräuselt, die Augen dunkelblau; alles himmlisch schön. In der Ferne hörte sie währenddessen einen wunderbar herrlichen Gesang.

25. Dezember 1927.

Um 1²⁰ Uhr früh hatte Therese Neumann erneut eine Schauung. Sie schilderte in dem darauffolgenden Zustand des Eingenommenseins die

V e r k ü n d i g u n g   d e r   G e b u r t   C h r i s t i

durch den Engel an die Hirten. Sofort darauf betrat Pfarrer Naber im Chorrock, gefolgt von den Familienangehörigen, die an der Mette teilgenommen hatten, und einigen näheren Verwandten und Freunden das Zimmer, um Therese die Kommunion zu bringen. In diesem Augenblick riß es Therese erneut in eine bildliche Schauung des Christkindes und sie empfing eine ganze Hostie, die — wie immer im erhobenen Zustand — in der Form der mystischen Kommunion in sie einging.

Ich werde die Schilderung der Verkündigung, um den Leser nicht zu ermüden, hier nicht in der Form ihrer Ausdrucksweise im Zustand des Eingenommenseins, sondern gleich in der des erhobenen Ruhezustandes wiedergeben; denn der Zustand des Eingenommenseins nach der Verkündigungs-Vision ging sehr bald in den der erhobenen Ruhe über. Eingefügt sei nur, daß sie in letzterem Zustand auf eine Frage des Pfarrers erwiderte: „Das darf ich dir jetzt sagen, jetzt ist der Heiland bei mir, im vorigen Zustand hab ich's nicht gewußt." Ich lasse nun den Bericht folgen, wie sie ihn später nochmals und zwar ausführlicher dem Pfarrer gegeben hat.

Therese Neumann sah sich vor eine Hütte versetzt, die ungefähr eine halbe Stunde südlich des Stalles und etwa 50 m links von der Straße an einem Hügel lag. Die ganze Flur war hügelig. Die Hütte war nicht ganz 2 m hoch, mit Binsen schräg gedeckt und in eine Felsenecke eingefügt, so daß die Vorder- (West-) Seite mit drei dicken runden Tragstangen und die Südseite mit noch einer solchen Stange am Felsen offen waren. Die Hütte war ungefähr halb so groß wie der Stall bei Bethlehem. In derselben hatten acht Hirten ihr Nachtlager auf Binsen und Binsenbüscheln unter dem Kopf. Allerlei Decken- und Fellzeug lag umher. Auch befanden sich 13 größere und kleinere, weiße und braune Schafe, die Lieblingsschafe der Hirten, sowie ein mittelgroßer schwarzer und ein kleiner brauner Hund, beide mit langen Haaren und hängenden Ohren und Schweifen, in der Hütte. Um dieselbe herum waren sieben Pferche mit ungefähr fünfhundert Schafen. Plötzlich wurde es blendend hell. Alles in der Hütte schreckte auf. Furchtsam spähten die Hirten aus der Hütte heraus nach der Ursache der Erscheinung. Was war zu sehen? In einer Entfernung von etwa 3 m und in Höhe von etwa 3 m stand vor der Westseite der Hütte auf einer lichten Wolke ein Engel höherer Ordnung, eine Jünglingsgestalt aus Licht in glänzend weißem Gewand mit langen weiten Ärmeln, bis zum Hals und zu den Knöcheln reichend und umgürtet. Die langen Haare fielen in der Mitte auseinander. Die linke Hand lag auf der Brust, die rechte war erhoben. Er hatte keine Flügel. Die ganze Umgegend wurde von dem Licht, das von dem Engel ausging, erhellt. Wie beruhigend, aber klar, freudig und feierlich, sprach der Engel zu den Hirten in deren Sprache. Zweimal wies er mit der Rechten in der Richtung nach links. Als er zu sprechen aufgehört hatte, erschienen um ihn herum viele andere Engel (gewöhnliche Engel, ungefähr sechshundert) in gleicher Lichtgestalt auf lichtem Gewölk. Nachdem sie einen herrlichen Gesang gut ein halbes dutzendmal unter Begleitung von Musikinstru-

menten (Saiten- und Blasinstrumenten) unter gespann-
tester Aufmerksamkeit der Hirten, offenbar in deren
Sprache, wiederholt hatten, entschwand die ganze himm-
lische Erscheinung. Die Hirten besprachen sich jetzt
etwa eine Viertelstunde lang, was nun zu tun sei. Hierauf
machten sie sich auf und zogen gegen Bethlehem. Die
dreizehn Lieblingsschafe und die zwei Hunde liefen ihnen
nach. Der Stall, in dem der Erlöser geboren worden war,
gehörte den Herren dieser Hirten. In ihm hofften sie das
neugeborene Knäblein zu finden. Ihre Hoffnung steigerte
sich, als sie von der Straße her Licht aus dem Stallfenster
kommen sahen.

Hernach schaute Therese Neumann die Anbetung des
Heilandes durch die Hirten im Stalle. Erst sah sie die
acht Männer mit ihren Schafen und Hunden vor dem
Stalle. Der anscheinend Älteste derselben rüttelte an der
Stalltüre (sie war mannshoch und etwa $^5/_4$ m breit), worauf
Joseph an derselben erschien und die Türe öffnete. Die
Hirten erzählten, wie wohl aus ihrem Deuten gegen Süden
zu schließen ist, was sie eben erlebt hatten, worauf Joseph
einiges zu ihnen sprach und auf das Kind und seine Mutter
hinwies. Dann führte er sie zur Krippe, in der das Kindlein
lag. Die Hirten betrachteten dieses mit sichtlicher Liebe
und Freude. Hierauf sprachen sie einige Worte zur Mutter,
die bei ihrem Eintritt rechts der Krippe auf einer Decke,
unter der wohl Stroh war, gesessen und nunmehr aufgestanden war. Sie zeigte unter einigen Worten den
Hirten das recht frisch aussehende Kindlein, das sie etwas
auswickelte. Voll Staunen und Begeisterung betrachteten
sie alle, besonders der Älteste, das Kind. Dann knieten
sie alle um die Krippe nieder und beteten, Maria an-
dachtsvoll die Hände über der Brust gekreuzt; sie war
in braunrotem, gegürtetem Obergewand, wollgelbem
Schleier, großem wollenem Schultertuch und Ledersandalen. Auf dem Stroh in der linken vorderen Ecke lag
ein Mantel. Joseph hatte die Hände vor der Brust in
Kinnhöhe erhoben und die Finger ineinandergeschlungen;

er war in dunkelgelbem, gegürtetem Rock. Gegürtet hatten Maria und Joseph den Rock mit einer Binde von gleicher Farbe und anscheinend gleichem Stoff wie der Rock; an der linken Seite war die Binde geknüpft, die beiden Endteile hingen in ungleicher Länge herunter. Joseph war ohne Kopfbedeckung. Seine Haare waren ziemlich schwarz und hingen etwas wirr vom Scheitel in der Mitte bis zu den Schultern hinab. Sein Bart war mittellang, dicht, nicht geteilt, und schien etwas heller. Der Ausdruck seines Gesichtes war ruhig, mild und freundlich. Von den Hirten war einer ziemlich alt, ein zweiter war schon bejahrt, beide graubärtig, vier standen in mittleren Jahren. Diese letzteren waren bartlos, während die anderen alle einen ungepflegten Vollbart hatten. Den Kopf hatten vier umbunden, zwei trugen runde Hauben aus Fellen, zwei waren ohne Kopfbedeckung. Die Haare fast aller reichten bis zu den Schultern. Einige hatten Röcke, die bis zu den Knöcheln, andere solche, die bis zu den Waden reichten. Sie waren in der Mitte gebunden. Andere waren nur mit ärmellosen Fellen bekleidet, die bis zu den Knien reichten und um die Lenden mit einem Strick zusammengehalten wurden. Andere trugen Röcke und dazu Felle um die Schultern. Die Füße waren bei einigen ganz bloß, einige trugen Sandalen, einige hatten die Füße und Unterschenkel mit Binden umwickelt. Etwa sechs hatten über mannshohe, oben gebogene Stecken. Der Älteste betete mit ausgespannten Armen, die anderen hielten die Hände wie Joseph. Dieser Älteste trug den Kopf umbunden, er hatte lange weiße Haare und einen gleichfarbigen Bart. Bekleidet war er mit einem braunen Rock bis zu den Knöcheln, um die Schultern lag ein großes wollgelbes Fell, um die Füße waren Binden gewickelt. Alle Hirten waren sehr andächtig. Die Schafe und Hunde hatten sich zwischen sie gedrängt. Nur ein Lamm war innen an der zugeschobenen Stalltüre stehen geblieben. Eines ihrer Schafe schenkten die Hirten der hl. Familie. Schon bald aber schenkten es Maria und Joseph wieder weg an einen sehr armen Hirten. Ein Mutterschaf mit einem Lamm, das sie später geschenkt erhielten, verkauften sie, um sich mit dem Erlös Notwendiges zu erwerben.

In dem schon erwähnten erhobenen Ruhezustand nach der Schauung der Verkündigung des Engels an die Hirten erklärte Therese Neumann, daß sie in dieser Nacht nichts mehr sehen dürfe, erst am andern Morgen in der Kirche werde ihr unter dem Amt nach der Wandlung der Heiland wieder als Kind — so wie in der schon geschilderten bildlichen Schauung—erscheinen, was auch geschah.

Den Tag des 25. Dezembers verbrachte Therese Neumann außer dem Bett. Sie war aber von der vorausgegangenen Leidenszeit her noch etwas schwach. Sie hatte allerdings — wie sie sagte — kein eigentliches Leiden, „nur ein bisserl am Herzen"; ohne Leiden sei sie ja selten. Abends nach 9 Uhr stürzte sie im Zimmer zusammen; es folgte eine Ohnmacht, die in einen erhobenen Ruhezustand überging, in dem sie neu gestärkt wurde.

26. Dezember 1927

Die Schauung der Verurteilung und Steinigung des Stephanus

Am zweiten Weihnachtstag 6[02] Uhr morgens wurde Therese Neumann wieder in eine Schauung gerissen. Das Spiel der Mienen und Hände war sehr stark und lebendig. Infolge eines Katarrhs rann ihr während der Schauung die Nase und wurde geputzt, ohne daß sie ein äußeres Zeichen der Wahrnehmung dafür gab. Um 6[12] Uhr endete die Schauung; nach kurzer Ruhe sprach sie, und zwar im Zustand des Eingenommenseins: „Ein gunger Mo (= junger Mann) ist dag'west. Und oben ist einer g'west, den hab' i schon oft g'sehn. Dös ist der, der sein'n Kittel (= Kleid) zerrissen hat vorm Heiland. Er hat was umg'habt um die Stirn und da drauf war was einkrag'lt (= eingeschrieben), was ich schon g'sehn hab. Es schaut so aus, wie das, was einkrag'lt (= angeschrieben) ist überm Kreuz." (Es waren die hebräischen Zeichen für Jahwe, die der Hohepriester an der Stirne trug. D. Verf.)

Um 6¹⁵ Uhr riß es sie in eine weitere Schauung. Sie nahm wieder eine stark bewegte Haltung an, ein paarmal rang sie unter Kopfabwenden die Hände. Dann schaute sie verklärt und freudig, dann machte sie die Geste des Horchens und schaute nach oben. 6¹⁹ Uhr sank sie in das Kissen zurück. Nach einigen Minuten begann sie unverständlich lallend vor sich hinzusprechen, mit Bewegungen, wie wenn sie aus dem Schlaf erwachte. Das Sprechen wurde allmählich verständlich, obwohl sie noch vor sich hinsprach, wie aus tiefem Schlaf erwachend. Man hörte. „Was ist denn dies g'west (= gewesen)?" Immer wacher werdend, wiederholte sie: „Was ist denn dies g'west? Ich muß mich mal b'sinnen". Dann zu dem Pfarrer, der sie ansprach, „was ist heute, sag's nur." Pfarrer: „Denk nur nach." Therese Neumann: „Der Gunger (= Junge), der ist mir so bekannt." Der Pfarrer ermahnte sie, schärfer nachzudenken. Therese Neumann: „'s ist mir auf der Zung'." Pfarrer: „Es ist der hl. Stephanus." Therese Neumann: „Der, wo oben g'sessen ist, ist der nämliche Mo (= Mann) und Platz, wie der Heiland da war." Pfarrer: „Das war der Hohepriester Kaiphas." Therese Neumann: „Er hat sei Kappl (= Kappe) aufg'habt, mit so Sichln und vorn sei Tafel und sei Mantel (diesmal sagte sie nicht Kittel. D. Verf.) mit Goldfransen; es san (= sind) da viel Manner (= Männer) rum'gsessen; es geht so halb nauf (= hinauf) in den Saal. Es san (= sind) auch viel dabei g'west (= gewesen) wie beim Heiland. Aber die san nicht dabei g'west, die fürn Heiland g'west sind. Stückera (= ungefähr) sechs, die für'n Heiland g'west sind, die haben unten g'standen. Der droben hat dann was g'sagt. Stephanus hat nichts g'sagt, da hams ihn gebunden. G'fürchtet hat er sich doch nicht, als sie ihm die Arme über Kreuz ge-

194

bunden ham (= haben). Dann hat Stephanus gered't und zum Himmel hinaufgedeut't. Fest hat er g'red't. Der hat sich nit g'fürcht! Das hat mi g'freut. I sag auch, was wahr is. Ich halt auch zum Heiland. Sonst kann's mir gehn wie'm Waschlabschneider (Petrus), der hat auch Sprüch (= große Worte) g'macht und nachher ist's nichts g'west. Sei Red hab ich nicht verstanden. Er hat dieselbe Sprach g'habt wie der Heiland. Wie er g'storben ist, hat er gebet't. Stephanus ist begeistert g'wen (= gewesen) und sei (= sein) G'sicht hat g'strahlt, wie er g'redt hat. Die Manner (= Zeugen) haben gegeneinander g'redt. Der Stephanus hat kürzer g'redt. Dann hams (= haben sie) dem obern Mo (= Mann) eine Rolle Papier bracht (= gebracht). Daraus hat er g'lesen. Dann ist er aufg'standen und hat machtig (= mächtig, gewichtig) g'redt. Er hat was Langs ang'habt, das hat er g'schlitzt und dabei g'schrien und noch was Machtigs (= Mächtiges) g'sagt. (*Sachla dimauta* erinnerte sich Therese Neumann gehört zu haben. D. Verf.) Die oben ummi g'sessen, ham (= haben) eine Wut auf Stephanus g'habt. Von oben zwei da hätt' man meinen können, die wären für Stephanus. Aber die waren nicht fest. Keiner ist für ihn eingetreten. Von unten waren anfangs fünf für ihn; aber zuletzt haben sie sich auch g'fürcht. Nachdem der oben was Machtigs (= Mächtiges, Gewichtiges) g'redt hat, ist's aus g'west (= gewesen). Da habn s' den Stephanus gebunden durch die Straßen geführt; da durchi (= hindurch), wo auch der Heiland gangen (= gegangen) ist." Sie beschrieb den Weg näher. Plötzlich gähnte sie laut. Auf Lachen eines Zuhörers sagte sie sofort: „Das g'hört auch dazu." „Sie haben ihn also nausg'führt, sei' Montur (= Gewand) auszogen und ei'm gungen Mo (= jungen Mann) geben. Täuscht's mi net, so war er Ende zwanzig. Der war net (= nicht) gut g'sinnt auf Stephanus. Dann habens Steiner (= Steine) g'nommen, der Gunge (= Junge) nicht. Vorher habens ihre Montur (= Gewand) auszogen, daß die Arm bloß waren. Dann habens fortwährend Steiner auf ihn g'worfen. Stephanus hat zum Himmel aufg'schaut und stehend gebet't. Dann hat er gekniet. Von allen Seiten habens Steiner g'worfen. Im Kreis habens g'standen; an G'sicht, Kopf und Händ hat er blutet. Einer nach dem andern hat g'schmissen. Eine Freud hams g'habt. Andere ham Steiner zutragen. Ein weißwollens langs G'wand hat er ang'habt, der Stephanus, und so Schuch, die mit Riemen bunden (= gebunden) waren (= Sandalen). Als s' ihm dann große Steiner in die Seiten g'schmissen ham, hat's ihn so g'rissen (= niedergerissen), (sie machte den Sturz nach). Da hat er gebet't und *Abba* . . . g'sagt. Auf einmal ist er matt und gelb worden; dös (= das) G'sicht ist lang worden; er ist niederg'sunken. Der Kopf ist so niederg'sunken (sie machte die Bewegung nach). Ein Liecht (= Licht) ist von ihm aussa (= heraus) in d' Höch (= Höhe) g'fahren. Dann ist er ganz niederg'sunken. Dös Liecht war a breiter Strahl von der Brust aussi (= heraus) und is lang in die Höch' gangen. Sobald der Liechtstrahl von seiner Brust weg ist, ist er ummig'fallen (= umgefallen)." Der Pfarrer ergänzte aus einer früheren Vision, daß der Tod des Stephanus im gleichen Jahre gewesen sei, wie der des Heilandes. Er erzählte Therese Neumann, daß Stephanus ein Anhänger des Heilandes gewesen sei. Worauf Therese sagte: „So, der hat den Heiland kennt (= gekannt). Deshalb hat er so g'redt. Jetzt freut's mich doppelt. Ich möcht' auch sterben." Professor Wutz stellte noch einige Fragen nach den Worten, die gefallen waren. Therese Neumann wußte aber nicht viel anzugeben, da sie sehr müde wurde.

Später hat Therese Neumann dem Pfarrer noch folgenden Bericht gegeben: Sie sah sich in der ersten Schauung in den Hohen-Rats-Saal vor der ersten Säule links des Eingangs in der Mitte der Rückwand versetzt. Der Hohe Rat —· er hatte achtundsechzig Mitglieder — war bereits unter dem Vorsitz des Kaiphas versammelt. Dieser trug heute einen Mantel — wie einen Vespermantel — mit gelbrotem Untergrund und daraufgestickten goldenen Blumen und handbreitem goldenem Saum. Stephanus wurde von zwei jüdischen Soldaten, neben denen noch zwei andere einhergingen, hereingeführt. Die vorne herabhängenden Hände waren ihm kreuzweise mit einem Stricke zusammen- und am Leibe festgebunden. Um die Mitte war ihm ein Ledergürtel gelegt, von dem rechts und links ein Strick zum Führen ausging. Er trug einen weiten, bis zu den Knöcheln reichenden wollgelben, in der Mitte mit einer Binde gleicher Farbe gegürteten Rock, der bis an den Hals reichte und lange, weite Ärmel besaß; darüber einen Rock von weißer Grundfarbe mit ungefähr 3 cm breitem goldenem Saum an allen Enden und zwei goldenen Längsstreifen links und rechts über Brust und Rücken. Der Rock war um den Hals sehr weit ausgeschnitten; unter den Achselhöhlen wurde der vordere und der hintere Teil mit weißen Bändern zusammengehalten. Er reichte bis zu den Knien, seine Ärmel ziemlich weit bis zu den Ellbogen. Am Kopfe hatte er einen ungefähr 5 cm breiten Kranz von ebenso langen schwarzen Haaren. Die übrigen Haare waren nur halb so lang, die Augen schwarz, das Gesicht bartlos. An den Füßen trug er Ledersandalen. Hinter Stephanus erschienen acht Männer, offenbar Zeugen für die Verhandlung, die sich — vier links, vier rechts — neben ihm etwas nach vorn zu aufstellten, und zwar im untersten Raume, vor den Stufen. Zuerst redete Kaiphas zu Stephanus. Dieser erwiderte kurz mit kräftiger Stimme. Dann sprachen die Ratsherren untereinander. Nach einigen Worten des Kaiphas an die Zeugen sprachen diese ziemlich aufgeregt. Hierauf hielt Stephanus eine lange Rede, feuerrot im Gesicht, zuletzt sogar schwitzend, voll Begeisterung und überzeugter, furchtloser Zuversicht. Gegen Schluß der Rede wurden die Zeugen und viele Ratsherren unruhig und zornig, wehrten mit den Händen ab und hielten sich die Ohren zu. Nachdem sie kurze Zeit miteinander sehr aufgeregt gesprochen hatten, ergriff Stephanus neuerdings das Wort.

Die Augen zum Himmel gerichtet, das Angesicht wie verklärt, sprach er mit mächtiger, feierlicher Stimme nur
mehr ganz wenig. Aber seine Feinde ergrimmten ganz
unbändig und Kaiphas stand auf, schrie einige Worte und
zerschnitt mit einem rundgebogenen Messer, das er unter
seinem Mantel hervorgezogen hatte, den Saum desselben
an der linken unteren Seite und machte einen Riß hinein.
Er sprach etliche Worte, worauf die Soldaten den Stephanus abführten, der von den nachdrängenden Zeugen
wild angefahren und gestoßen wurde.

Zweite Schauung: Therese Neumann sah, wie die Soldaten den Stephanus zu einem rundbogigen Stadttor
hinausführen, von den acht Zeugen und einem jungen
Manne gefolgt. Eine kurze Strecke hinterdrein gingen
etwa dreißig Personen. Vom Tor aus ging es talabwärts
zu einem eingetrockneten Bach mit vielen Steinen. Die
Soldaten nahmen Stephanus den Gürtel mit den Stricken
ab und gingen fort. Nunmehr fielen die Zeugen über Stephanus her und zogen ihm das Gewand aus bis auf das
Skapulier und das Lendentuch. Ersteres war ein ärmel-
loses Unterkleid mit einem runden Ausschnitt zum Durch-
schlüpfen des Kopfes, der Brust- und Rückenteil unter
den Achselhöhlen mit Bändern und weiter unten durch
das darüber zusammengebundene Lendentuch zusammengehalten. Letzteres glich einem kurzen, bis zu den Knien
reichenden Rock, der seitlich oben mit Bändern zusammengebunden wurde. Das abgenommene Gewand übergaben
sie einem jungen Manne, der es neben sich hinlegte. Dieser
hatte schwarze, bis zu den Schultern reichende Haare,
einen kurzen, struppigen, schwarzen Vollbart und machte
ein grimmiges Gesicht. Er trug einen enganliegenden, bis
zu den Knien reichenden buntgestreiften, goldgeblumten
Rock mit kurzen Ärmelansätzen, darüber einen mehrfarbigen gestreiften Mantel und an den Füßen bis an die
Knie hinauf geschnürte Sandalen aus Leder. Hierauf
zogen die Zeugen ihre Mäntel — nicht alle hatten einen
solchen an — und ihr Obergewand aus und übergaben

sie ebenfalls dem jungen Manne, der sie neben das Gewand des Stephanus hinlegte und bewachte. Hinter ihm gegen die Stadt zu standen etliche hundert Zuschauer. Die acht Zeugen stellten sich rund um Stephanus auf, der kniend, bald mit ausgebreiteten, bald mit über der Brust gekreuzten Armen, bald auch mit ineinandergeschlungenen Händen betete. Aus einer Entfernung von 3—5 m warfen sie nacheinander mit aus dem Bachbett aufgelesenen Kieselsteinen auf ihn. Seine Augen waren zum Himmel gerichtet, kein vorwurfsvoller Blick fiel auf seine Feinde. Von seinem Kopf, seinem Gesicht und den Armen sah Therese Neumann das Blut fließen, zweimal hörte sie ihn schließlich sehr laut beten, dann sank er nach links hin zu Boden. Kurze Zeit röchelte er noch. Dann ging ein Lichtstrahl von seiner Brust gen Himmel; die Steiniger schienen davon nichts zu merken, sie warfen weiter, und von den Zuschauern vernahm Therese Neumann begeisterte Zurufe.

Am 27. Dezember 1927

früh 8 Uhr während der Messe sah Therese Neumann von der Opferung bis zum Sanktus den

Apostel Johannes beim letzten Abendmahle.

Der Heiland hatte den Aposteln offenbar eben gesagt: Einer von euch wird mich verraten. Diese Worte veranlaßten ein Hin- und Herfragen unter den Aposteln, wer das wohl sei. Petrus redete hinter dem Heiland herum zu Johannes und forderte ihn auf, diesen nach dem Verräter zu fragen. Johannes lehnte nun seinen Kopf an die Brust des Herrn und zu ihm aufschauend fragte er. Wehmütig antwortete der Heiland.

Therese Neumanns Kommunion vollzog sich darauf in der Form der mystischen Kommunion mit ganzer Hostie. Sie hatte dabei die bildliche Schauung des Heilandes als Kind.

Nachmittags 1 Uhr hatte sie erneut eine Schauung, nämlich den Apostel

Johannes, dem der Giftbecher geieicht wurde und der Tote erweckte,

wobei sie sehr ausdrucksvolle Bewegungen machte. Als sie darnach in den Zustand des Eingenommenseins gekommen war, fragte Pfarrer Naber sie, wo sie gewesen sei. Sie antwortete: „In einem Ort, aber nicht da, wo der Heiland g'west (= gewesen) ist. Es war hügelig an dem Ort, er war nicht extra kleiner wie Jerusalem. Es war da ein großer Platz. Aber die Häuser waren anders als in Jerusalem, sie hatten viele Säulen. Und keine flachen Dächer, sondern Giebeldächer. Aber" — wandte sie sich an den Pfarrer — „woißt, net (= nicht) so wie bei uns." Dabei zeichnete sie mit den Händen spitzgiebelige Dächer. — „Sondern so, flacher." Sie zeichnete mit beiden Händen die Form des griechischen Tempeldaches. Dann zog sie mit der einen Hand durch die Luft eine Linie zwischen den äußern Enden dieses Giebeldaches und sagte: „Da san Balken g'west und dann Säulen nunter (= hinunter) und Treppen nauf (= hinauf). Und an den größeren Häusern san (= sind) unterm Giebel Manner (= Männer) abgebildet g'wen (= gewesen). Bei den kleinen aber nicht. Es ist ein großer Platz g'wen. Auf dem hat ein großes Haus g'standen mit Säulen und Treppen. Auf einer Seit'n hab i eine Mauer g'sehn, aber die Tür hab ich nicht g'sehn. Viele Manner haben unten auf dem Platz gestanden. Und vor ihnen einer, ein Älterer, der hat ausg'schaut wie einer vom Heiland, wie der gunge Mo (= junger Mann, so bezeichnet Therese Neumann im Zustand des Eingenommenseins den Apostel Johannes nach seinem Alter, in dem er während der Passionsschauungen erscheint. D. Verf.). Aber er hat einen Bart g'habt. Der hat g'schekket (= gescheckt, seltsam) g'red't. Der Höchere (= Höhere) hat auf was g'sessen, das hat so drei Staffeln (= Stufen) aufwärts g'habt, die zwei haben miteinander g'redt.

Dann san ein dag'wesen — sie zählte auf ihre bekannte Weise zwei, — die haben s' g'bunden g'bracht. Da hat einer was bracht (= gebracht), das haben's g'trunken. Na san s' hing'fallen. Dann is ausg'wen (= ausgewesen). Nacha is wieder angangen." (Therese Neumann erzählte diesmal die in zwei Bildern stattgehabte Schauung im Zusammenhang nach der Schauung des zweiten Geschehens. D. Verf.) „Na ham (= haben) die — der, der ausschaut wie der gunge Mo (= junge Mann), und der Höchere, der da droben g'sessen ist, — miteinander g'redt. Na ham's wieder so was bracht." — Der Pfarrer fragte darauf, wie das ausgeschaut habe. Sie sagte, es habe eine Form gehabt, wie der Kelch in der Kirche. — „Na hat der Schwarze, woaßt (= weißt du), der Höchere, es ihm geben. Na hat er's Kreuz drüberg'macht und zum Himmel naufg'schaut und halblaut g'sprochen. Na hat er trunken. Na hat der, der trunken hat, in die Höch zeigt (= gezeigt) und g'redt. Da ist ein recht's Durcheinander (= rechte Aufregung) unter den Leuten entstanden. Dann hat der, der trunken hat, auf die, die dalagen, hindeut' (= hingedeutet) und dann hat er und der Höchere wieder miteinander g'redt. Na ist er näher zu dem Höcheren hingangen. Weißt", — sagt sie zum Pfarrer — „ihre Sprach ist schöner. In Jerusalem reden's so batzerer (= holpriger). Na ist der, der trunken (= getrunken) hat, zu den Toten hingangen, hat zum Himmel g'schaut, die Händ' aufg'hoben, gefaltet, über jeden 's Kreuz gemacht, wieder zum Himmel g'schaut, jedem dreimal übers G'sicht g'strichen und dazu halblaut g'sprochen. Na sind die beiden aufg'standen. Die Leut ham sehr laut g'schrien. Der Höchere hat den Mantel und das, was so an ihm runtergehängt (= heruntergehangen) hat — woißt, wie ein Skapulier — ausgezogen, zu Boden g'schmissen, ein anders G'wand ang'legt, mit dem andern d' Händ g'nommen, gut g'redt und zum Himmel zeigt. Von dene Menschen san (sind) einige davon, andere hat's sehr g'freut." — Dann fragte sie den Pfarrer: „Was meinst wohl, wer das g'wen ist, der so ausg'schaut hätt, wie der gunge Mo (= junge Mann), wenn er den Bart net g'habt hätt'?" Pfarrer: „Das war der Apostel Johannes; der hat jetzt einen Bart, weil er älter ist." Therese Neumann: „Mei! freili! — Bin i dumm!" Zu uns allen: „Habt ihr dös schon gwißt (= gewußt)?" Pfarrer: „Freilich! Du hast es ja schon in der Frühe gesagt, daß du das schauen wirst". Therese Neumann: „Ja, warum habt ihr denn nacha (= hernach) nix g'sagt und laßt bloß alleweil mi reden?" Versuche, die Sprache, die sie gehört hatte, festzustellen, hatten nur geringen Erfolg. Therese Neumann erzählte, sie hätte sich nichts Einzelnes merken können, weil die Worte so „z'samm'zogen (= zusammengezogen) g'sprochen" worden wären. Auf unser dringendes Zureden suchte sie den Ruf der Menge nach der Erweckung der an Gift Gestorbenen nachzumachen; es gelang ihr aber nur: *zo* Da kommt noch was dahinter" (= *zosin*, sie leben, d. Verf.) und „*hyie tä-u*" (Sohn Gottes, d. Verf.) wiederzugeben. Die große Melodik des Griechischen gegenüber dem Semitischen hatte sie schon oben mit der Bemerkung: „Woißt, ihre Sprach ist schöner. In Jerusalem redens so batzerer", ungefragt von sich aus geschildert.

Da der Apostel Johannes in Ephesus lebte, nahmen wir an, er habe das Wunder auf dem dortigen Marktplatz getan. Denn nach der Beschreibung des Platzes war Therese Neumann in eine Stadt mit griechischer Bauweise versetzt gewesen. In einem später folgenden erhobenen Ruhezustand aber sagte sie, es sei auf einem Platz in Smyrna gewesen.

Ich gebe nun wiederum die Schilderung von Pfarrer Naber:

Nachmittags 1 Uhr war Therese Neumann in der Stadt Smyrna auf einem freien Platz vor einem heidnischen Tempel. Sie sah griechische Bauweise, die Häuser mit flachen Dächern, teilweise mit verzierten Giebeln und griechischen Inschriften (Buchstaben, wie sie die zweite Zeile der Kreuzigungsinschrift hatte, sagte sie). Der Tempel war ein mächtiges Gebäude mit vielen, etwas verzierten Säulen an der Front, zu denen ziemlich viele Stufen hinaufführten. In der Mitte hinter den Säulen befand sich eine große rechteckige Türe mit abgerundeten oberen Ecken. Rechts und links zwischen den Säulen und der Tempelwand waren auf kleineren Säulen Brustbilder, aus Stein gemeißelt, aufgestellt. In der Mitte unten vor den Stufen stand der jetzt 52 jährige Apostel Johannes. Er hatte langes, dunkles, in der Mitte gescheiteltes Haar und einen mittellangen, dunklen Vollbart. Er trug einen bräunlichschwarzen, in der Mitte mit gleichfarbiger Binde gegürteten Rock, darüber einen bis an die Hüften reichenden, wollgelben Umhang, der auf der linken Schulter durch etliche Schließen zusammengehalten war. An den Füßen hatte er Ledersandalen. Um ihn herum standen viele Leute, anscheinend größtenteils Christen, wie aus ihrer Kleidung und ihren Gebärden geschlossen werden möchte. Vor ihm auf der obersten Stufe saß der heidnische Oberpriester auf einem niedrigen Stuhl mit einer verzierten Rücklehne. Er war ein Mann in mittleren Jahren und bartlos; die Haupthaare reichten ihm nicht ganz bis zu den Schultern; auf dem Kopfe trug er eine silberfarbene stumpfkegelige Haube mit mehreren gleich um dieselbe laufenden Goldstreifen; er war bis zu den Knöcheln mit einem rötlichen, enganliegenden, vorne hinab mit Schließen zusammengehaltenen Rock mit engen Ärmeln bekleidet, und hatte darüber einen weißen, mit goldenen Blumen durchwirkten, bis nahe an die Knie reichenden Mantel geschlagen, der an Hals und Brust und unter den Oberärmeln mit Schließen zusammengehalten war. Die Füße schienen bis zu den Knien ähnlich umwickelt zu sein, wie der Kopf bedeckt war. Um ihn herum standen zwischen den Säulen gut zwanzig junge Männer. Sie waren ebenfalls bartlos und trugen mittellanges Haupthaar. Bekleidet waren sie mit bis zu den Lenden anliegenden, von da an weiten, gefalteten, mit engen Ärmeln versehenen Röcken, die nicht alle gleichfarbig waren und bis zu den

Knien reichten. Die Füße waren bis zu den Knien umwickelt. Links und rechts an den Stufen hinauf standen viele,
meistenteils nur halbbekleidete Leute, offenbar Heiden.
Johannes hatte den Oberpriester sehr lieb, weil er ein
Mann guten Willens war und hätte ihn gern für das Christentum gewonnen. Die Wahrheit des Christentums sollte
durch eine Probe darauf erwiesen werden, ob das Wort
Christi sich erfülle: „Wenn ihr Gift trinkt, wird es Euch
nicht schaden." Johannes hielt eine lange Rede, während
der der Oberpriester mit Hilfe zweier Diener seinen Mantel
ablegte. Zum Schluß der Rede entstand eine große Erregung unter den Heiden. Dann sprach der Oberpriester
— der schließlich seinen Mantel anzog — und gab vier
Dienern Befehl, zwei wegen ihres Glaubens zum Tode ver-
urteilte Christen herbeizuführen. Zwei andere Diener
mußten einen großen Becher mit giftigem Tranke bringen,
der den Verurteilten gereicht wurde. Kaum hatten diese
getrunken, so verdrehten sie die Augen und taumelten zu
Boden. Hierauf ließ der Oberpriester für Johannes einen
Becher mit Gift holen. Johannes breitete die Hände
darüber; zum Himmel schauend machte er das Kreuzzeichen (so: +) über den Becher. Hierauf trank er, ohne
Schaden zu nehmen. Nun erhob sich ein sehr erregtes
Geschrei; der Oberpriester bezichtigte Johannes der
Zauberei, worauf dieser erwiderte und auf die Toten
hinwies. Nach Zustimmung des Oberpriesters ging Johannes zu diesen hin, erhob die Hände — erst ineinandergeschlungen, dann ausgebreitet — und betete laut,
die Augen zum Himmel gerichtet, dann breitete er die
Hände über die Toten, machte das Kreuzzeichen über
jeden und strich schließlich jedem dreimal mit der
rechten Hand über das Gesicht. Da erhoben sich die
Toten. Der Oberpriester und fast alles Volk rief freudig
erregt: *Ζῶσιν*! (Sie leben!)
Ersterer riß Mantel und Obergewand, Kopfbedeckung
und Fußbekleidung herunter und warf sie von sich. Nun
hatte er nur mehr ein wollweißes Unterkleid ähnlich einem

Hemd ohne Ärmel an. So ging er unter dem Jubel des hinter Johannes stehenden Volkes zu diesem herab und redete freudig und freundlich mit ihm.

Am gleichen Tage abends 7⁴⁷ bis 7⁵⁴ Uhr wurde Therese Neumann mitten aus einem Gespräch über die fränkische Schweiz wieder in eine Schauung gerissen. Sie sah den

Tod des Apostels Johannes.

Sie zeigte wiederum sehr ausdruckvolle Bewegungen. Nachdem sie in den Zustand des Eingenommenseins gekommen war, begann sie zu sprechen. „Heiland, hätt'st mi halt mitla(sse)n! Na war'n mir z'viert g'wen (= gewesen). Heiland, das ist ja zuviel, das halt i nit aus, was Du mich all's erleben läßt. Heiland, o bist Du guet! Hätt'st mich halt mitg'nommen! I war' net schwar (= schwer) g'wen (= gewesen)! Was tu i denn da auf derer Welt? Aber wie Du willst!" Der Pfarrer fragte, was sie habe. Worauf sie sagte: „Der Mo (= Mann) ist g'storben; den ham s' mitg'nommen. Woißt, da war a ganz a alter Mo (= Mann). Der hat fei kein Bett und kein Kissen g'habt wie i. Der hat am Boden auf Decken g'legen. Und unterm Kopf hat er so was Zamdrahts (= Zusammengerolltes) g'habt. Da haben Manner rumg'standen, die ham wie Herren Pfarrer ausg'schaut und ham g'weint. Weißt, der g'storben ist, ist auf einmal ein liechter Mo (= lichter Mann) g'west — net aus Fleisch —, als der Heiland und sei Mutter ihn g'nommen ham. Er hat an langen weißen Kittel (= Gwand) ang'habt. Der Heiland und sei Mutter san (sind) miteinander kemmen (= gekommen). Der Heiland hat den linken Arm um ihn g'legt und die rechte Hand in seine rechte Hand. Die Mutter hat die rechte Hand in seiner Linken g'habt und die ander (ihre linke) Hand an ihre Brust g'legt. Der Mo (= Mann) ist sehr alt g'west (= gewesen), als er g'storben ist. Als liechter Mo hat er ausg'schaut wie der Mo, der heut wo was trunken (= getrunken) hat. Der Heiland und sei Mutter hat Fleisch g'habt. Sie warn dabei auch liecht, aber wie wenn's a andere Masse

wär." Dann überwältigte sie der Schmerz darüber, daß
sie nicht mitfolgen durfte: „Sterben ist schon 's Aller-
schöner (= Allerschönste),“ und das Gespräch mußte abgebrochen werden.

Ich lasse nun den Bericht über Johannes Tod folgen,
wie ihn Pfarrer Naber gewonnen hat.

Abends sah Therese Neumann den heiligen Johannes
sterben. Johannes kam mit Maria im Jahre 35 nach Ephesus. Im Jahre 37 erhielt er ein prächtiges Haus mit sieben
Räumen, ungefähr fünf Minuten südöstlich von Ephesus
gelegen, geschenkt. Das Sterbezimmer des Johannes war
das Zimmer, in dem Maria vom Jahre 37—49 gewohnt
hatte, zu Beginn welch letzteren Jahres Johannes mit
Maria nach Jerusalem zog, um nach dem Tod Mariens
wieder nach Ephesus zurückzukehren. Das Sterbezimmer
war ungefähr 6 m breit und 5 m tief. In der Mitte der
einen Breitseite befand sich eine große runde Bogentüre,
gegenüber ein ebenso großes Rundbogenfenster (nahezu
1½ m breit und ebenso hoch, ungefähr ½ m über dem
Boden). Es war mit einem zweiteiligen, wagerecht braun,
schmal gelb und dunkelblau gestreiften, dem Rundbogen
angepaßten Vorhang verhängt. Die etwas über 2 m
hohen Seitenwände waren hellbraun getäfelt und mit
einem ungefähr 25 cm breiten, eingeschnittenen Blumen-
ornament verziert, das sich in handbreiter Entfernung vom
weißen, marmornen Gesimse hinzog, auf dem ein marmor-
mornes, ziemlich flaches, weißes Gewölbe ruhte. In der
Mitte des letzteren hing an drei goldglänzenden Stäben
eine anscheinend kupferne Lampe mit drei Schnäbeln.
Eine einfache Lampe (mit Schnabel, Ölbehälter und
Handhabe) hing an einem Stab, der von einem goldigen,
an der Unterseite mit Goldornamenten verzierten, etwa
einen halben Meter langen Arm getragen wurde, welcher
mitten an der rechten Seitenwand unter dem Gesimse befestigt war. Der Fußboden bestand aus glänzendem, weißgrauem Marmor. In der Mitte des Zimmers befand sich
ein ungefähr eineinhalb Meter langer, dreiviertel Meter

breiter, rechteckiger, hellbrauner, polierter Tisch mit zwei
Kreuzfüßen. Um ihn standen auf der Türseite zwei ge-
polsterte, bis zum Boden verhängte, dreiviertel Meter lange
Sessel mit seitlicher Lehne; ferner ein solcher auf der
gegenüberliegenden Seite und je ein gepolsterter, bis zum
Boden verhängter gleichseitiger Sitz ohne Lehne an den
Schmalseiten. Auf dem Tisch lagen etliche gelbliche Rollen.
An der linken Seitenwand befand sich eine große, einen
Meter lange, einen halben Meter breite Tafel aus anscheinend dunklem Naturholz mit einer Inschrift in ver-
tieften vergoldeten griechischen Buchstaben. Ferner war
eine etwa halb so große gleiche Tafel an der rechten Seitenwand und noch eine etwa zwei Meter lange und zwanzig
Zentimeter breite mit zwei Zeilen an der Fensterwand
über dem Fenster angebracht. In der rechten vorderen
Ecke befand sich das Lager des Apostels Johannes. Es
war etwa fünfunddreißig Zentimeter über dem Boden errichtet und zwar in der Art der Sessel. Der Stoff des Vor-
hangs, der Sessel und des Bettlagers war der gleiche. Unter
dem Haupte hatte der Apostel einen Polster von gleicher
Farbe; eingehüllt war er in eine grau-, gelb-, grün- und
rotgemusterte zottige Decke. Der neunundneunzigjährige
Johannes hatte langes, dickes, weißes Haupthaar und
ebensolchen Bart. Er war mit einem wollgelben, mit
weiten Ärmeln versehenen Gewand bekleidet, das vorne
mit Schließen zusammengehalten wurde. Der Ausdruck
seines Gesichtes war müde, ruhig und mild. Sein Lager
umstanden die Bischöfe der sechs anderen kleinasiatischen
Kirchen, die ähnlich wie Johannes beim Wunder in
Smyrna gekleidet waren. Nur zwei trugen ein wollweißes
Käppchen auf dem Kopfe. Es waren ältere und sehr alte
Männer, wohl keiner unter fünfzig Jahren. Außerdem
waren noch zwei jüngere Männer anwesend, die sich um
Johannes viel bemühten, Sie waren ohne Überwurf; es
waren Priester seiner Kirche. Eine Zeitlang betete man
gemeinsam; Johannes betete vor, die anderen nach. Hierauf knieten sich die Bischöfe, dann die Priester, vor Jo-

hannes weinend nieder, legten ihre Hände auf seine Schultern, drückten ihre linke Wange an seine linke Wange, nahmen dann seinen Kopf zwischen die Hände und küßten ihn auf die Stirne, legten darauf die Hände wieder auf die Schultern und küßten die rechte Wange und den Mund des Johannes, worauf dieser jedem die rechte Hand unter Segensworten auf das Haupt legte. Der zunächststehende Bischof stützte dabei Johannes den Arm. Einer der Priester reichte ihm dann aus einer Schale zu trinken, indem er mit der linken Hand seinen Kopf stützte. Hierauf schaute Johannes noch einmal alle liebevoll an und mahnte die herzlich Weinenden mit schwacher Stimme ein letztesmal: „Kindlein, liebet einander!“, worauf alle schluchzend nickten. Jetzt fing Johannes zu röcheln an, die Anwesenden aber beteten laut. Als er den letzten Atemzug getan hatte, drückte ihm der nächststehende Bischof die Augen zu. Therese Neumann sah jetzt Johannes über dem entseelten Leib jugendlich frisch in lichter Gestalt (mit Bart und in wallendem Gewand) auf einer leuchtenden Wolke, zu seiner Rechten den Heiland. So schwebten sie zum Himmel empor.

Am 28. Dezember 1927

nach 1 Uhr mittags hatten, durch die Kälte veranlaßt, der Pfarrer, Therese Neumann und ich ein Gespräch über Fensterläden. Therese hatte sich ins Bett gelegt, sie fühlte sich nicht wohl, und der Pfarrer hatte ihre linke Hand ergriffen, um zu fühlen, ob sie Fieber habe. Da wurde sie plötzlich um 1^{15} Uhr mitten im Gespräch in die Schauung des

Befehls des Herodes zum Bethlehemitischen Kindermord

gerissen. Ihre linke Hand riß sich gewaltsam aus der des Pfarrers heraus und beide Arme nahmen die erhobene Haltung an. Die ganze Schauung dauerte von 1^{15} bis 1^{18} Uhr. Im Zustand des Eingenommenseins erzählte sie

dann auf Frage: „Da is ein Mo (= Mann) dag'west (= dagewesen) und viele andere Manner. Sie san in einem
großen Haus g'sessen. Oben is ein alter Mo g'sessen, der
hat etwas Funkelts (= Funkelndes) rund ummi (= herum)
um den Kopf g'habt. Auch der Mantel hat g'funkelt. Er
is net groß g'west (= gewesen), hat aber bös und grantig
(= zornig) dreing'schaut. Bei ihm oben san (= sind)
andere Manner g'sessen, ältere. Zu denen hat er g'redt.
An den Seiten san wieder Manner g'standen und auch
unten. Die Manner unten haben Eisen auf dem Kopf
g'habt; in den Händen haben s' was Langs g'habt. Es
is was Runds gwen, so lange Spieß. Die Ein'n haben
auch keine Spieß g'habt."

Nach drei Minuten befand sie sich wieder in einer
Schauung, die von 1²¹ bis 1²⁷ Uhr dauerte. Sie sah die

Ermordung der bethlehemitischen
Kinder.

Ihre Haltung war sehr ausdrucksvoll, mit deutlichen
Gebärden schmerzlichen Abscheus. Sie machte Bewegungen, als wollte sie eingreifen und helfen, ballte die
rechte Hand zur Faust und versuchte zuzuschlagen, warf
zornige Blicke und rang schließlich die gefalteten Hände.
Als sie in das Kissen zurückgesunken war, rief sie der
Pfarrer an. Sie antwortete darauf: „Wer bist du?"
Pfarrer: „Ich bin der Herr Pfarrer, was hast du denn jetzt
gesehen, Resl!?" Therese Neumann: „Die armen klein'
Butzerln (= Kinder)!" Ganz aufgeregt: „Wenn i einen
derwischt (= erwischt) hätt'!" Pfarrer: „Geh, erzähl doch,
wir wissen ja nicht, was gewesen ist." Therese Neumann:
„Woißt, viel Manner sind gangen (= gegangen), mit Eisen
wie Messer, so groß", — sie zeigte mit den Händen eine
Länge von etwa 30 bis 40 cm. — „Wo Häuser gwest
(= gewesen), san s' (= sind sie) einigangen. Woißt da,
wo s' dem Heiland sei Mutter nicht einig'lassen ham
(= haben). Jetzt ham s' (= haben sie) die Butzerln
(=Kinder) abg'stochen (= erstochen). Den Weibern ham

sie s' einfach wegg'rissen. Auf an großen Platz ist's g'wen, dann san die ein (= einen) Manner kemmen, ham die Weiber mitbracht mit den Butzerln, und haben s' die Butzerln abg'stochen. Oin (= ein) Vater war auch dabei. Anderswo ham sas (= sie sie) auch tot g'macht, net bloß auf dem Platz. Mit den Weibern von den toten Butzerln san s' (= sind sie) dahingegangen, wo die lebendigen noch waren. Manche Butzerln haben schon laufen können. Woaßt, die Messer ham s' ihnen so vorn — (sie zeigte auf die Brust) — „einig'stochen (= hineingestochen). Mei, ham die Weiber g'schrien." Auf meine Frage, was sie denn geschrien hätten, antwortet sie: „*Mahada!* haben die Weiber am öftesten geschrien." Auch sonst gibt sie noch einige fremdklingende Worte wieder, die ich aber klanglich nicht so genau erfassen konnte, daß ich sie hätte aufzeichnen können. — Professor Wutz, der das Aramäische nicht nur klanglich, sondern auch sprachlich erfaßt, hatte leider schon gleich nach der Schauung des Wunders in Smyrna am 27. Dezember mittags abfahren müssen. *M a h a d a* ist — wie schon an anderer Stelle erwähnt ist — nach Mitteilung von Professor Wutz aramäisch und heißt: Was gibt es denn? oder sinngemäß noch besser übersetzt: Was soll das sein (bedeuten)?

Von 1^{37} bis 1^{41} Uhr erfolgte die dritte Schauung. Therese Neumanns Gesichtsausdruck war dabei lebhaft und freudig. Sofort nachdem die Schauung beendet war, begann sie zu sprechen. „Wo bin ich da g'west (= gewesen)? Na, jetza so was! Da ham s' an Haufen so Butzerln (= Kinder) abg'stochen g'habt. Lauter kloane (= kleine). So Stückera siebsig werden's schon g'wen sein; denn zehn so Butzerln sind bloß ein kloans (= kleines) Häuferl. Die san (= sind) nacha (= darnach) in den Himmel zogen. Woast, an dem Stall, wo i an Weihnachten schon mal gwen (= gewesen) bin, ist 'n Hügel. Auf dem sans' so in die Höch gangen; sie ham ein liechtes Gwand og'habt (= angehabt). Es war weiß, aber net so schön wie das G'wand vom Christkind, aber so gmacht. Woaßt" (und damit wendet sie sich zu dem zweijährigen Neffen Joseph), „'s war kein Prozessionszug zum Himmel. Sie wurlten (= liefen) so durch einander. G'sungen ham s' (= haben sie) auch. Ganz fein! Aber i hab's nit verstanden." Plötzlich zu ihrem Neffen Joseph: „Hast du an Haring g'habt?" Nach der Erörterung dieser Frage, ob ihr kleiner Neffe einen Hering zum Essen bekommen hätte, erzählte sie weiter. Nachdem ihr der Pfarrer gesagt hatte, der Mann mit dem funkelnden Reif um den Kopf, den sie vorher gesehen hatte, sei der König Herodes gewesen, erzählte sie weiter: „Bei dem Mo san einige Soldaten blieben. Dös Haus, in dem der Mo (= Mann) g'sessen, war hübsch lang baut. Lauter Säulen waren ummi (= herum). Und eine Treppen ging hoch aufi." Auf eine Frage des Pfarrers antwortete sie: „Die Butzerln (= Kinder) san (= sind) so in die Höch," (sie zeigte mit der Hand schräg hinauf). „Ob in den Himmel eini (= hinein), hab ich net g'seh'n." Wiederum auf Frage. „Herodes hat recht ein rotes Gsicht g'habt und war ziemlich dick." Auf die Frage, ob sich denn die Väter das Abstechen der Kinder so ohne weiteres hätten gefallen lassen, antwortete sie: „Na, es war auch mal 'n Kampf. Ein Mo (= Mann) ist gegen die Soldaten losgangen. Andere Manner haben zu den Fenstern rausgschrien." Dann ermüdete sie und das Gespräch mußte abgebrochen werden.

Ich berichte im folgenden wiederum nach der Aufzeichnung des Pfarrers.

Erste Schauung am Nachmittag um 2 Uhr: Ein Saal in der Burg des Herodes, der nämliche, in dem der Heiland später verspottet wurde. Er war etwa 10 m breit, 12 m lang, rechtwinkelig, ohne Rückwand, mit Säulen an den vier Seiten; in einiger Entfernung von der Mauer lief auf den Säulen ein Gesimse und ein flaches Gewölbe. Alles war anscheinend aus Marmor, die Säulen aus dunklerem, aber alles ungeschliffen. Im vorderen Drittel führten etwa zwölf Stufen aus dunklerem polierten Marmor zum Thron des Herodes aus weißem polierten Marmor mit großer Rückwand; links und rechts an derselben befanden sich Säulchen, dazwischen Verzierungen; auf dem Sitz und Seitenlehnen sowie an der Rückwand waren rote Polster. Links und rechts des Thrones standen je sechs Sessel mit roten Polstern und geschnitzten Rückenlehnen aus braunem Holz auf dem polierten, weißen Marmorpflaster. Herodes trug ein um die Brust gefaltetes, um die Lenden zusammengezogenes, bis zu den Knöcheln reichendes weißrot-gestreiftes, golddurchwirktes Untergewand mit weiten Ärmeln und einem an der Brust geschlossenen, bis zum Boden reichenden Purpurmantel mit goldsilbern glänzender Fußbekleidung. Den Kopf schmückte ein goldener Reif mit dreieckigen Zacken und Edelsteinen. Das rötliche Haar reichte ihm bis zur Schulter, das Gesicht war rund und rot mit struppigem Vollbart; Herodes war ein mittelgroßer und wohlbeleibter Mann. Die auf den Sesseln Sitzenden waren besser gekleidete ältere Männer. Hinten herum und auf den Seiten standen viele Diener. Vor den Stufen standen fünfzehn jüdische Soldaten. Nachdem Herodes mit den Zwölfen, die um seinen Thron saßen, gesprochen hatte, gab er Weisungen an die Soldaten, die daraufhin fortgingen.

Zweite Schauung: Therese Neumann sah in Bethlehem einige junge Leute mit einer grauen, steifen Kopfbedeckung herumlaufen, die wie ein spitzer Kegel mit aufgebogenem Rand aussah. Sie trugen einen an der Brust eng anliegenden, um die Lenden festzusammengezogenen, dann weit und faltig werdenden, bis zu den Knien reichenden Rock, der bei den meisten gestreift war. Ferner hatten sie bis zu den Knien geriemte Sandalen an. Es waren als Büttel gebrauchte Rekruten. Diese sollten mit Gewalt die Mütter, welche Knäblein unter zwei Jahren hatten, mit diesen zusammen auf den Marktplatz Bethlehems bringen, wenn sie der Aufforderung nicht selbst nachkämen. Die Geborenen waren in einem Register eingetragen, nach dem die Befehle zur Herbeibringung erlassen worden waren. Auch Soldaten gingen in den Häusern herum, um nach solchen Knäblein zu suchen. Es gab Widerspruch und Widerstreben bei Vätern und Müttern. Die Soldaten ergriffen die auf den Platz gebrachten und vor die Häuser herausgeholten Kinder, die teils nackt, teils mit langen Röckchen bekleidet waren, beim rechten Arm, stießen ihnen die etwa 40 cm langen Schwerter in die Brust und warfen sie auf den Boden hin. Der Kinder, die so gemordet wurden, waren aus Bethlehem 55, aus der Umgebung 19. Aus etlichen Familien waren es sogar zwei Kinder.

Dritte Schauung: Therese Neumann sah die gemordeten Kinder über dem Stall von Bethlehem in Lichtgestalt mit glänzend weißen Röckchen bis zu den Knöcheln und mit weiten, langen Ärmeln und hörte sie fein und zart singen. Nach einiger Zeit entschwebten sie schräg nach oben in südwestlicher Richtung, dem nach Ägypten entfliehenden Jesuskind nach.

Am Abend dieses Tages hatte Therese Neumann außer der Reihe der auf diese Zeit des Kirchenjahres bezüglichen Schauungen noch eine solche vom

Tod des hl. Franz von Sales.

Ich war bei dieser Schauung und auch bei einer Wiederholung am Festtag des hl. Franz von Sales (29. Januar 1929) anwesend. Doch will ich den Leser nicht dadurch ermüden, daß ich eine Schilderung des Gespräches mit Therese Neumann im Zustand des Eingenommenseins gebe. Nach der ersten Schauung sagte uns Therese Neumann, die Sprache, die sie gehört habe, sei „so olber", so „mhmhmh" und sie begann Laute kauend wiederzugeben. Wir forderten sie auf, uns doch zu sagen, was sie gehört habe. Vielleicht ein Gebet. Sie erklärte aber, sie könne es nicht wiedergeben. Es wäre so angegangen: *omon!* Wir sprachen ihr darauf vor: *o mon Dieu*, worauf sie antwortete: „Ja, so war's. Ihr wißt es ja, warum fragt ihr denn nacha (= darnach)?" Über den Inhalt der Schauung

berichte ich wieder auf Grund der Aufzeichnungen des
Pfarrers.

Abends 8 Uhr sah Therese Neumann den hl. Franz
von Sales sterben. Das Sterbezimmer sah folgendermaßen
aus

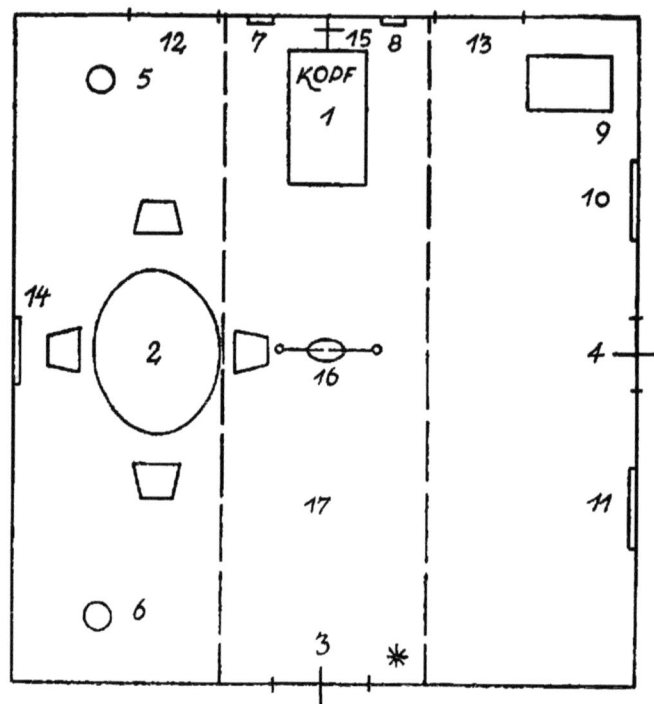

* Standplatz der Therese Neumann.

1. Niedriger Bettladen mit eckigen Füßen, gelbfarbig,
mit hochaufragendem verziertem Kopfteil.

2. Ovaler gelber Tisch mit einem Fuß in der Mitte und vier
braungepolsterten Sesseln mit Rücken- und Seitenlehne.

3. Große Bogenholztüre ohne Vorhang.

4. Türe mit Vorhang innen (braun).

5. und 6. Auf etwa meterhohen Säulen anscheinend
aus Holz geschnitzte Brustbilder, Nr. 5 das des Evangelisten Johannes und Nr. 6 jenes des Paulus.

7. und 8. Bilder mit Goldrahmen, auf gelbweißem Grund in schwarzer Zeichnung, Nr. 7 darstellend die Auferstehung, Nr. 8 die Geburt Christi.

9. Anscheinend ein Schreibpult auf vier hohen eckigen Füßen.

10. und 11. Dunkelgelbe Mittelreliefs, Nr. 10 den brennenden Dornbusch, Nr. 11 Isaaks Opferung darstellend.

12. und 13. Fenster mit geschlossenen schweren, braunen Vorhängen, die an Goldleisten mit gleichfarbiger Verzierung hängen (ebensolche Leisten bei Nr. 4).

14. An der Wand neben dem Tisch eine am Rand verzierte, gelbbraune Tafel mit Inschrift in eingeprägten silbernen, lateinischen Buchstaben.

15. Über dem Kopfteil der Bettlade ein aus rohem dunkelgrauen, rundem Naturholz zusammengefügtes Kreuz ohne Christus.

16. An einer goldglänzenden Stange eine von der Mitte der Decke herabhängende Lampe mit ovalem Brennmaterialbehälter und zwei Armen für die Lichter.

17. Großer, schwerer, bunter, etwa 3 m von der Türe (Nr. 3) bis zur Bettwand reichender Fußteppich. Fußboden anscheinend aus weißgrauem poliertem Marmor. Zimmer gut 2,50 m hoch, ungefähr 5 m lang und breit. Seitenwände und Decke mit gelbem Holz getäfelt und mit erhabenen Verzierungen versehen.

Franz von Sales hatte nur mehr am Hinterkopf einen Kranz dunkelblonder Haare, einen mittellangen, dunkelblonden, graumelierten runden Vollbart, ein volles Gesicht von großer Milde und Freundlichkeit; auf dem Kopf hatte er ein schwarzbraunes Käppchen, bekleidet war er mit einer gelbbraunen, am Hals mit einer braunen Schnur zusammengebundenen Jacke mit ziemlich weiten Ärmeln, aus denen etwas Weißes herausschaute. Sein Kopf lag auf einem dunkelbraunen Polster. Bedeckt war er mit einer mehrfarbigen Wolldecke, auf der er die Hände liegen hatte. Um sein Lager standen ein Diener in schwarzem Frack, zwei Geistliche in Talar und Cingulum, um die Schultern einen kleinen schwarzen Kragen, am Hals einen weißen umgeschlagenen Kragen; sie waren ohne Bart. Hinzukamen nacheinander erst ein mittelalter Mann mit buntem Rock und grauem Mantel darüber, der mit Franz herzliche Worte wechselte, dann zwei ältere Männer, die nur ein paar Worte mit Franz sprachen, seinen Segen durch Handauflegung empfingen und dann weiter gingen; hierauf erschien eine Mutter in mittleren Jahren mit drei Kindern im Alter von etwa 8 bis 12 Jahren; diesen Kindern legte Franz die Hände auf, worauf sie mit ihrer Mutter wieder gingen. Nunmehr knieten sich die noch Anwesenden nieder und beteten laut; hernach kniete jeder einzeln vor dem Bischof hin, um dessen letzten Segen zu empfangen. Dieser legte mit Hilfe seines Dieners jedem die rechte Hand auf das Haupt und sprach einige liebevolle Worte. Bald darauf verschied Franz ruhig und ein handbreiter, fast meterlanger Lichtstreifen schwebte von seiner Brust hinweg zum Himmel.

Es sei hier noch bemerkt, daß Therese Neumann während dieser Weihnachtstage im Amt von der Wandlung bis zur Kommunion und bei der eigenen Kommunion täglich eine b i l d l i c h e S c h a u u n g d e s C h r i s t u s - k i n d e s hatte. Meist saß sie dabei in der Kirche auf ihrem Platz hinter dem Altar.

Das Jahr 1928

Schauungen

Am 1. Januar 1928 hatte Therese Neumann die Schauung
der

Beschneidung Christi

Sie begann um 1 Uhr nachmittags. Therese Neumanns
Gesichtsausdruck war anfangs freudig, dann kamen
stärkste Zeichen der Empörung und des Zornes, sogar
ein Faustdrohen. Dann begann sie den Kopf zu schütteln
und schmerzliche Teilnahme zu zeigen. Aber bald packte
sie wieder der Zorn. Beide Hände ballten sich zu Fäusten,
mit denen sie drohte. Darauf begann sie zu weinen. Doch
ging dieses allmählich wieder in eine mitleidige Freude,
dann in ein freudiges Nicken und Winken mit dem Kopf
und eine entsprechende Bewegung der Hände über. Dann
wieder begann das Gesicht ernste Spannung zu zeigen,
Kopf und Augen nahmen eine forschende Haltung an und
wiederum zeigte sie Freude. Nun blickte sie in die Höhe
und suchte mit den Augen; plötzlich zeigte sie starke
Freude, die Finger bewegten sich, als ob sie greifen wollte.
Darauf sank sie in das Kissen zurück und begann allmählich grübelnd vor sich hinzusprechen. „Wenn die
Mutter die Tür zugmacht hätt, hättens nicht 'einkönnt
(= hineingekonnt), na wär's g'schehn g'west (= gewesen).
Heiland, wie Du groß g'wen (= gewesen) bist und g'storben,
da sind solche auch dabei g'wen." Sie faßte sich plötzlich
an Gesicht und Augen: „Bin i denn naß? Was ist denn
das?" Das nachdenkliche Vorsich-Hinsprechen brach ab.
Sie bemerkte uns und erzählte auf die Frage, wo sie gewesen sei: „Ich hab das Christkind im Stall gesehn. Das

ist der nämlich gewesn, wie in der Weihnacht. Das Christkindl ist schon etwas größer g'west. Joseph und die Mutter san (= sind) dag'wesn und das Kindlein ist in der Krippe gelegen." Auf die Frage, wie es denn im Stall ausgeschaut habe, antwortete sie: 's ist schon schön g'west. 's war schön zammgeräumt (= zusammengeräumt). In der Krippe ist Stroh gewen und Decken darüber. Vom Christkind hab ich die Handerl (= Händchen) sehn können, sie san weiß gewen, die Fußerln waren mit einbunden (= eingebunden)." Auf Frage: „Ich hab im Stall g'standen. Da san drei zur Tür reinkommen. Einer ist schöner anzogen gwen. Zwei nicht so schön. Der eine hat ein schönes G'wand angehabt. Ein bißerl g'schecket (= scheckig), weit und weiß, durch einen Gurtstreif (= Gürtel) mitten angebunden. Das G'wand hat Ärmel g'habt. Der Mantel war ohne Ärmel und auf der linken Seit'n zammg'macht. Um den Kopf hat er was ummig'wickelt (= umgewickelt) g'habt. Das hat links ein bisserl abig'hängt (= herabgehängt). Aber net weit nunter (= hinunter), und war weiß und golden. Der Mo (= Mann) hat was G'schriebenes in der Hand g'habt. So ein Rutel (= Rolle), die ihm ein anderer geben hat. Einer hat ein Kastl (= Kästchen) tragen. Diese haben ein dunkles Gewand angehabt, so rotbraun und 'n Kittel (= Rock). Der eine Mo (= Mann) hat zur Mutter und zum Joseph was g'sagt, ihnen aber nicht die Händ geben. Auf Frage, wie er denn gegrüßt habe, sagte sie: „Er hat ein wenig geknixt. Joseph hat mit ihnen geredet, die Mutter hat nur wenig geredet. Der ist ein bißl hart (= weh) g'west (= gewesen). Dann war da ein Tisch, wie ein Bankl (= kleine Bank) mit gekreuzte Füß und einem Stamm durch. Der Tisch war länglich. Da war etwas Großes, Rundes droben wie zum Essen. Es war kleiner wie 'n Kürbis, und dann noch was, wie Weintrauben. Das hat man wegtan und das Kastl (= Kästchen) hing'stellt. Der eine hat sein'n Mantel runtergetan, dann habns ihm was am Fuß abägetan (= weggetan). Das hab ich aber nicht sehen können, weil die Krippen davorg'west (= davor gewesen) ist. Der Tisch hat im rechten Eck hinten g'standen. Da ham s' (= haben sie) wieder miteinander g'redt. Dann hat die Mutter dem Christkind sein langes Hemderl (= Hemdchen) abzogen, hat 's in der Krippen in eine Windel bis an die Arm eing'wickelt. Dann hat man das Christkindl hintragen zum Tisch. D' Mutter hat net hing'schaut, sondern zum Himmel naufg'schaut. Ein Mo (= Mann) hat die Rutel (= Rolle) aufgerollt und einer hat sie rechts und einer links g'halten. Der eine aber hat draus g'lesen. Der hl. Joseph hat näher bei der Mutter g'standen. Immer wieder ham s' (= haben sie) ein Stückel (= Stückchen) abg'rollt und wieder aufg'rollt. Dann hat der eine das Kindl ausg'wickelt, a krumms Messer g'nommen und das Kindl g'schnitten. Und das Kindl hat g'schrien und blut' (= geblutet). Na ham s' (= haben sie) ihm so was wie gelbe Schafwoll' aufg'legt. Dös bißl Haut, die s' außag'schnitten (= herausgeschnitten), hat er auf a längliche kleine Schale, bräunlich wie Kupfer, g'legt. Auf dem Tisch, da war noch was droben, so wie a Büchsel (= kleine Büchse), so" — sie zeigt mit den Händen ungefähr 10 cm — „hoch, so rund, wie wenn was drin g'west ist. Das Kindl ham s' liegen lassen, bis es nicht mehr so arg blutet hat, dann haben sie ihm aus dem Büchsel was hing'schmiert. Dann ham s' wieder was g'lesen, dreimal" — so zählte sie auf ihre Art — „ham's g'lesen, jetzt das zweite Mal" — wie sie wieder zählte. „Na hat die Mutter was g'sagt und dann ham sie 's Kindl wieder in die Windeln gewickelt. Mit Wolle ham's das Blut auf dem Tischl aufg'wischt. Dann ham s' wieder was g'lesen und was Langs miteinander g'sungen. Davor ham s' was g'sagt wie Jeschua. Dann ist's aus g'west (= gewesen). Ich bin froh g'west. Dann hat die Mutter das Kindl wieder in die Krippen g'legt, dann ham s' miteinander Komplimenter g'macht und san (= sind) fort. Müd bin i, schlafri (= schläfrig) bin i."

Um 1⁴⁵ Uhr kam Therese Neumann in den Zustand der erhobenen Ruhe, in dem sie gestärkt wurde. Während dieses Zustandes entwickelte sich zwischen ihr und uns ein Gespräch privater Natur. Nach dem Erwachen hielt sie, ohne uns zu bemerken, ein Zwiegespräch mit dem Heiland. Dann sah sie uns plötzlich und sagte lebhaft: „Jetzt bin i in Bethlehem g'west," und fuhr — auf ein Gespräch über eine Eisenbahnfahrt vor der Schauung zurückgreifend — fort, „der Zug geht schnell; da braucht man kein' D-Zug mit Schlafwagen."

Ich lasse nun wiederum Pfarrer Nabers Bericht folgen. Nachmittag 1 Uhr im Pfarrhof. Therese Neumann befand sich links von der Tür im Stall zu Bethlehem. Der Stall war sauber aufgeräumt. Joseph band gerade die Eselin an den letzten Pfahl links hinten. Ein Schaf und ein Lamm liefen frei um die Eselin herum. Maria aber redete — auf der linken Seite des in der Krippe liegenden Kindleins stehend — mit einer Frau rechts neben ihr. Beide kehrten Therese Neumann den Rücken zu. Diese Frau trug einen langen, in der Mitte gegürteten dunkelroten Rock, darüber einen gelblichen, über den Armen um die Brust geschlungenen Mantel, über diesem einen gleichfarbigen Schleier von leichterem Stoff. Unterdessen kamen durch die Stalltüre drei Männer. Der ältere war ein Priester aus Bethlehem. Er war mit einem weißgelben, weitgefalteten, bis zu den Ledersandalen reichenden Rock bekleidet. Darüber trug er einen anderen golddurchwirkten weißen Rock, der am Halse und der Brust gefaltet und um die Lenden mit einer starken gelben Schnur zusammengehalten war, deren mit Troddeln ausgehende Enden links ziemlich weit herunterhingen. Dieser letztere Rock reichte bis unter die Knie. Er war am Hals, an den Ärmel- und Knieenden mit einem Goldsaum eingefaßt. An letzteren hingen noch goldglänzende Kugeltroddeln. Die Ärmel waren mittelweit und reichten bis zu den Handgelenken. Darüber trug er einen weiten, mehrfarbig gestreiften, an der linken Schulter zusammengeschlossenen

Mantel. Auf dem Haupte trug er eine Kopfbedeckung, die aus zwei halbkugelförmigen, nach oben zulaufenden, in der Mitte von vorn nach hinten durch eine Spalte getrennten Teilen bestand, die durch ein etwa drei Finger breites, enganliegendes, steifes Band unten um den Kopf herum zusammengehalten wurden. Die Kopfbedeckung war weiß und golddurchwirkt. Seitlich hinten hingen handbreite Bänder gleicher Farbe herunter. Die bis zur Schulter herabfallenden Haupthaare und der runde Vollbart waren graumeliert. Seine Begleiter, zwei Synagogendiener, trugen einen langen, gelbblauen Wollrock, der in der Mitte mit einem Bande zusammengehalten wurde, darüber einen gleichen Mantel wie der Priester. Den Kopf hatten sie mit einem weißen, goldgestreiften Tuch umwunden, das an der rechten Seite zusammengebunden war und in zwei Streifen bis auf die Schulter hing. Sie hatten einen schwachen, schwarzen Vollbart und schwarze, nicht ganz bis zu den Schultern reichende Haupthaare. Den Eintretenden ging Joseph entgegen und begrüßte sie mit Verneigung und Worten. Dem Priester half er den Mantel ablegen und brachte diesen zugleich mit den Mänteln der beiden anderen, die ihm von diesen übergeben wurden, zu einer Krippe neben dem Strohhaufen. Die drei gingen nunmehr zur Krippe. Nach gegenseitiger Begrüßung mit der Mutter und der Frau und einigen Worten zwischen dem Priester und der Mutter gingen der Priester und die Diener gegen das Fenster zu, während Maria das Kindlein entkleidete und dann in ein fast weißes, längliches Wolltuch bis unter die Arme wickelte. Hierauf übergab Maria das Kindlein dem herzugekommenen Joseph mit einigen Worten, auf die dieser kurz erwiderte, und ging dann in die Stallecke links vorn, wo sie sich an eine neben der Krippe mit den Mänteln an dem Strohhaufen angelehnte Krippe lehnte. Joseph aber übergab das Kindlein der Frau, die es dem Priester brachte. Er selber blieb zunächst bei der Krippe stehen, später ging er an die Seite der Mutter und gegen Schluß der Beschnei-

dung in die Nähe des Priesters. Die Frau brachte das
Kind zu dem Priester beim Fenster drüben. Vor diesem
stand ein rechteckiger, etwa 65 cm zu 70 cm großer, ungefähr 60 cm hoher Tisch aus gelbbraunem Holz mit drei
schräg eingesetzten, graubraunrindigen Füßen. Auf diesem
Tisch waren zuvor zwei Binsenkörbchen mit Früchten
(Datteln, Feigen, Aprikosen-, orangen- und melonen-
ähnlichen Früchten) gestanden. Diese befanden sich jetzt
auf dem Boden, auf dem Tisch aber stand vorne das von
einem Diener in einem gelblichen Holzkistchen — das
an einem herumgebundenen Strick zu tragen war — mitgebrachte, anscheinend aus weißgrauem Marmor gefertigte,
achteckige Steinkästchen von etwa 40 cm Durchmesser,
oben mit einem gleichstoffigen, eingelassenen Deckel verschlossen. Daneben lagen die von dem anderen Diener
mitgebrachten zwei Schriftrollen. In dem Kästchen
waren drei kleine, kupferfarbene, runde Gefäße und ein
einbiegbares, gelbliches Messer mit krummer Spitze.
Eines der Gefäße enthielt Wasser aus dem Tempelbrunnen,
ein anderes Salbe, das dritte war bestimmt zur Aufnahme des ausgeschnittenen Hautteilchens. Gefäße und
Messer nahm der rechts vom Priester stehende Diener —
einer der Unterpriester, die später Priester wurden —,
der sie getragen hatte, aus dem Kästchen, legte sie neben
die Schriftrollen, brachte den Deckel wieder auf das
Kästchen, reichte dann dem Priester die wohl in dem
Kästchen mitgebrachten, jetzt neben den Schriftrollen
liegenden Deckchen — erst ein rotes mit gleichfarbigen
Fransen, das das Steinkästchen bis an den Tisch verhüllte,
dann ein weißes Deckchen mit goldenem Saum, das nur
bis zu den Fransen des roten Deckchens hinabreichte.
Unter Gebet aus der von den beiden Dienern seitlich aus-
einander- und ihm vorgehaltenen Schriftrolle breitete der
Priester die Deckchen über den Tisch. Vor dem Tischchen
stand schräg gegen die Fensterwand ein Stuhl, ähnlich
einem Liegestuhl, mit Kreuzfüßen und rechteckiger Lehne
aus graurindigen Stäben und buntgestreiftem Stoff. Auf

diesen Stuhl setzte sich der Priester. Zuerst nahm er das Kind auf den Schoß, schaute dann nach oben zurück nach dem Fenster, hierauf nach vorn in die Höhe; dann wickelte er das Kind aus dem Tuch, das die Frau nahm, und legte es mit dem Oberkörper auf das bedeckte Kästchen. Die zwei nebenan knienden Diener hielten jeder ein Füßchen und Ärmchen, der rechts vom Priester reichte das Messer. Der etwas aufgeregte Priester — ihm war der Gedanke gekommen, ob das Kind nicht etwa gar der verheißene Erlöser sei; er wurde später auch wirklich ein Anhänger Christi — schnitt erst nicht gerade, so daß er den Schnitt verbessern und etwas auch von der äußeren Haut wegschneiden mußte. Das von der inneren Haut vorschriftsmäßig weggeschnittene Teilchen legte er in das ihm vom Diener rechts hingehaltene niederste der drei Gefäße. Nach Beiseitestellen desselben hielt ihm derselbe Diener das größte der drei Gefäße hin, aus dem der Priester einen wassergetränkten Schwamm nahm, mit dem er die beschnittene Stelle betupfte und den er dann wieder zurücklegte. Hierauf reichte der Diener das mittlere Gefäß, aus dem der Priester etwas nahm, womit er die beschnittene Stelle bestrich. Nachdem er das wieder zurückgelegt hatte, nahm er aus dem wieder dargereichten größeren Gefäß den Schwamm mit der linken Hand, reinigte die Finger der rechten Hand und trocknete sie mit dem Tüchlein, das die Frau nebst Wolle auf den Tisch gelegt hatte. Der Diener rechts trocknete dann mit dem Tüchlein und der Watte das heruntergetropfte Blut auf. Das Tüchlein brachte die Frau der Mutter. Während der Beschneidung hatte das Kindlein ziemlich stark geweint. Auch die Mutter hatte geweint. Joseph schaute ebenfalls sehr teilnahmsvoll drein. Auch Therese hatte geweint und ungehalten gegen die getan, die die Beschneidung vornahmen. Die Frau wickelte das Kindlein jetzt in das Wolltuch, in das es schon vorher gehüllt gewesen war, und trug es zur Krippe, zu welcher nun auch die Mutter trat, worauf sie beide das Kind in eine lange, gut zwei Hand breite, wollweiße Binde von den Füßchen, die sie einzeln umwickelten, bis unter die Ärmchen einhüllten. Darüber wanden sie eine dunkelrote Binde, in welche sie das Kind bis zum Halse samt Füßchen und Ärmchen (erstere auch nicht mehr einzeln) hüllten. Die Frau gab das Kind der Mutter in den Arm, die Mutter reichte es dem hl. Joseph, dieser dem nun stehenden Priester. Der legte es auf das gedeckte Kästchen, schaute zum Himmel und sprach mit ausgebreiteten Armen laut einige Worte. Dann wandte er sich an Joseph mit der Frage nach dem dem Kinde zu gebenden Namen, worauf Joseph kurz erwiderte. Nun schaute der Priester längere Zeit sinnend vor sich hin. Auf ein Zeichen hielten ihm die beiden Diener eine Schriftrolle hin, aus der er laut betete. Hernach sangen alle drei mitsammen. Darauf nahm der Priester das Kind und übergab es der Frau. Die Frau übergab es der Mutter. Diese aber legte es auf das Steinkästchen, worauf die Mutter und der Priester über dem Kind die rechte Hand kurze Zeit mit zum Himmel gerichtetem Blick ineinanderlegten. Die Mutter ging nun weg, worauf die Frau das Kind zur Krippe trug. Dort fing es an zu weinen, weshalb die Frau das Kind vorne in die linke Ecke zur Mutter brachte. Inzwischen legte der Priester die Deckchen betend zusammen. Die Diener brachten die Gefäße und das Messer in das Kästchen, welches sie in das Holzkistchen stellten. Die Deckchen legten sie darauf. Dann gingen alle drei, der eine Diener mit dem Kistchen an einem Strick, der andere mit den zwei Schriftrollen zum Strohhaufen. Joseph war dem Priester beim Mantelanziehen behilflich. Dann nahmen jene, sich verneigend und grüßend, Abschied von Maria. Joseph aber begleitete sie hinaus, während die Mutter mit dem Kinde zur Krippe ging.

Am 6. Januar 1928 hatte Therese Neumann die Schauung

der Heiligen Drei Könige.

Berufsgeschäfte hatten mich genötigt, Konnersreuth bereits vorher zu verlassen. Den folgenden Bericht verdanke ich Pfarrer Naber, doch konnte er ihn wegen Überlastung mit Amtspflichten bisher nicht vervollständigen.

Therese Neumann erzählte im erhobenen Ruhezustand: Die Namen Kaspar, Melchior und Balthasar für die Hl. Drei Könige stimmen ungefähr. Sie waren wirkliche, herrschende Fürsten, selbst sehr reich, nicht herrschsüchtig, sondern recht gemütlich mit den Leuten. Balthasar kam aus Nubien, einem goldreichen Lande. Er stand anfangs der Vierziger und reiste mit ungefähr siebzig Dienern, zwanzig Soldaten, acht Gelehrten, von denen jeder zwei Diener hatte — solche Gelehrte hatte Balthasar in die zwanzig — und einer Frau. Melchior kam aus Arabien, einem Lande, reich an Getreide und Gewürzen. Er war Mitte der Fünfziger und nahm ungefähr vierzig Diener, fünfzig Soldaten, fünf Gelehrte mit je zwei Dienern und zwei Frauen mit. Kaspar kam aus Medien, einem an Harz und Weihrauch und Früchten reichen Lande. Er stand Mitte der Vierziger, war von ungefähr zwanzig Dienern, vierzig Soldaten und vier Gelehrten mit je zwei Dienern begleitet.

In den drei Ländern wurde die Sternkunde besonders gepflegt, vor allem in Medien. Man baute eigene, hohe, hölzerne Türme zur Beobachtung der Gestirne. Die Fürsten hielten sich eigene Sternkundige, Magier. Die dorthin zerstreuten Juden, die vielfach — was ihnen eigen war — sehr alt, bis zu ungefähr zweihundert Jahren wurden, brachten die Kenntnis des einen wahren Gottes und des verheißenen Erlösers mit, insbesondere auch Balaams Prophezeiung: „Es wird ein Stern aufgehen aus Jakob . . .“ In Nubien wurde der Stern schon drei Wochen vor der Geburt des Erlösers von zwei Magiern gesehen, die dann zum König kamen und ihm erzählten, sie hätten am Himmel einen sonderbaren Stern gesehen; er sei von außerordentlicher Größe und besonders starkem Licht und habe einen eigenartigen Schweif, der lang und am Ende gebogen sei. Der König ließ nun die Gelehrten zusammenkommen. Sie kannten sich aber nicht recht aus, weshalb er Gesandte zu seinem Freunde, dem König Melchior in Arabien, zwecks Erholung von Aufklärung schickte. In Arabien und Medien war der Stern wie in Nubien zu sehen gewesen, aber es gingen dort in jenen Wochen Gelehrte nicht auf den Turm. Nur in Arabien war einer droben gewesen, hatte den eigenartigen Stern gesehen und gesagt, man sollte doch näher nachforschen. Aber die Magier waren nicht alle beisammen und so unterblieb es; auch der König kümmerte sich nicht weiter darum. Nun aber bestieg er selbst den Turm und schickte dann Gesandte nach Medien, ob man dort nicht auch einen so ungewöhnlichen Stern gesehen habe. In Medien war der König selbst in den Tagen der Geburt des Heilandes auf den Turm gegangen und hatte den Stern entdeckt, auch seine Gelehrten zu Rate gezogen, die aber nichts Rechtes hatten herausbringen können. Als aber die Gesandten aus Arabien kamen und berichteten, da ging ihm ein Licht auf und er befahl, sich reisefertig zu machen, um zu einer Besprechung nach Arabien zu reiten. Während die arabischen Gesandten auf dem Wege nach Medien waren, ritt der König von Nubien nach Arabien und mit dem König dieses Landes weiter nach Medien, wo sie eintrafen, während der dortige König die Vorbereitungen zur Reise nach Arabien traf. Von Medien aus zogen sie gemeinsam dem Stern nach, der oft tage- und monatelang nicht zu sehen war und so die Weiterreise verzögerte. Die Männer waren Monotheisten, kannten die Prophezeiung Balaams und glaubten, dessen Stern jetzt vor sich zu sehen.

Am 6. Januar 1928 ungefähr 6 Uhr morgens sah Therese Neumann bei aufgehender Sonne aus einem weitläufigen, aber niederen Gebäude mit vielen goldverzierten Säulen über viele lange und breite Stufen herab einen Mann mit zahlreichem Gefolge (König Balthasar) kommen. Das Gebäude war von vielen, weitzerstreuten runden und eckigen Hütten umgeben, die anscheinend mit Rinde verkleidet und in Pult- oder Spitzdachform mit Binsen gedeckt waren. Das Haus des Mannes (Königs) war aus dunkelgrauem Stein, die Säulen aus etwas hellerem Stein gebaut und von oben bis unten mit Gold verziert. Die Stufen waren dunkel wie die Mauern. Der Mann (König Balthasar) war ziemlich groß und stark, von braunschwarzer Hautfarbe, hatte mittellanges, krauses schwarzes Haupthaar und ebensolchen Vollbart; auffallend waren Therese Neumann seine roten Lippen, die weißen Zähne und das Weiße der Augen; seine Kopfbedeckung bestand in einem blendend weißen, mit einem hängenden Goldband umschlungenen Wulst, auf dem sich oben ringsum Goldstäbchen mit goldenen Kügelchen befanden, deren jedes mit einem Edelstein geziert war. Innerhalb der Stäbchen und etwas über dieselben hinaus ragte eine kegelförmige, weiße, golddurchwirkte Haube empor. Er trug einen buntgestreiften, in der Mitte mit einem bunten Gürtel zusammengehaltenen, über und unter demselben faltigen Rock, der bis etwas unter die Knie reichte und dort einen breiten, dagegen an den langen weiten Ärmeln vorne und am Halse einen schmaleren Goldsaum hatte. An den Füßen trug er Sohlen, von denen aus goldene Bänder kreuzweise um Füße und Unterschenkel geschlungen waren. Auf der Brust war der Rock mit Goldstickereien versehen. Um den Hals trug er etwa fünf am Rock festgemachte, mit Perlen gezierte goldene Ketten verschiedener Form, an denen vorn verschiedenformige, goldene Münzen mit eingeprägten Verzierungen übereinander hingen. Der Mantel, der nur etwas über die Schultern vorreichte, und vorn mit silbernen Bändern und silberner Schließe zusammengehalten wurde, zeigte einen weißen Untergrund mit eingewirkten, verschiedenfarbigen Blumen und war mit einem handbreiten Goldsaum eingefaßt; er war faltenreich und nachschleppend und wurde von zwei Dienern nachgetragen. Des Königs Frau kam hinter diesem, begleitet von vier Dienerinnen. Sie trug einen mit zarten Blumen bestickten, in der Mitte mit einem gestickten Gürtel zusammengehaltenen, sehr faltenreichen Rock, der bis zu den Knöcheln reichte und nachschleppte. Vom Hals hingen ihr mehrere goldene Ketten, die mit Perlen besetzt und an der Brust verschlungen und befestigt waren. Um den Hals selbst trug sie einen goldenen Reifen; an den Ohren ein auf den Schultern noch aufliegendes, goldenes, mit Perlen besetztes Gehänge, in den bis auf die Schultern reichenden, offenen, schwarzen, krausen Haaren feine Goldkettchen, mit Perlen besetzt, über den Ohren je zwei krumme Spangen mit Edelsteinen. Die Sohlen an den Füßen wurden durch gestickte, um die Knöchel geschlungene Bänder festgehalten. Über dem Rock lag ihr ein weißer, großblumig gestickter Mantel, der über die rechte Schulter hereinhing und von da über den Rücken und die linke Schulter nach der rechten Hüfte geschlungen war, so daß er am Boden noch nachschleppte. Zu beiden Seiten ging je eine Dienerin, die der Königin das Gewand emporhielt. Diese trugen gelbliche, blumengestickte, etwas nachschleppende, in der Mitte mit gelben Bändern, deren Enden seitlich herabhingen, gegürtete faltenreiche Röcke; um den Hals etliche Goldkettchen mit etlichen Steinen, ebenso im mittellangen Haar; auch Ringe in den Ohren. Hinter den Dreien gingen noch etliche feinere Dienerinnen, Kleines tragend. Dann kamen bepackte Diener und Dienerinnen, letztere in einfachen, bunten oder gestreiften, bis zu den Knöcheln reichenden, hinten meistens längeren Röcken, ohne Schmuck außer in den Ohren, mit mittellangen, offenen, krausen Haaren. Der König hatte zwei Diener rückwärts zur Seite, die den Mantel nachtrugen. Sie hatten einen gelblichen Rock mit farbigen, eingestickten Verzierungen an, der bis unter die Knie reichte und in der Mitte mit einem Band zusammengehalten war, dessen Enden an der Seite herabhingen und mit goldenen Quasten versehen waren. Um den Hals trugen sie einige goldene Ketten; um den Kopf einen goldenen Reif. Ihre Fußbekleidung ähnelte der des

Königs. Hinter ihnen folgten noch viele Diener — auch vor dem König war schon ein Trupp Diener heruntergegangen. Die einen waren vollständig mit bunten Gewändern bekleidet, aber ohne Schmuck; nur teilweise trugen sie Ohrringe. Insbesondere die Diener um den König trugen einen krummen Dolch mit weißem oder kupferfarbenem Griff. Andere Diener hatten nur ein buntes Lendentuch oder ein solches und ein Tuch über eine Schulter und die Brust geschlungen, welch letzteres unter dem Lendentuch festgehalten wurde, und waren barfuß.

Hier endet der Bericht des Pfarrers. Ich selbst erlebte diese und die weiteren Drei-Königsschauungen der Therese Neumann erst am 6. Januar 1929 und hörte damals auch ihren ausführlichen Bericht im Zustand des Eingenommenseins.

Ich bin im Jahre 1928 öfters in Konnersreuth gewesen, darunter zu Ostern vierzehn Tage und im Spätsommer und Herbst 1928 ununterbrochen fast sieben Wochen. Doch reichten diese Besuche nicht aus, aus eigenem Miterleben die Geschehnisse bei Therese Neumann vollständig zu berichten. Pfarrer Naber hatte deshalb die Güte, mir Aufzeichnungen mit der Erlaubnis zur Verwendung in dieser Arbeit zur Verfügung zu stellen. Sie beginnen mit dem 18. März 1928 und enden mit dem 3. März 1929. Gelegentlich ergänze ich sie aus eigenen Aufzeichnungen bei Besuchen. Aus dem Ganzen ergibt sich folgendes Bild der weiteren Schauungen für das Jahr 1928:

18. März 1928: Gegen Abend schaute Therese Neumann das Wunder der Brotvermehrung, von dem das Evangelium des Tages erzählt: die Speisung der Fünftausend.

19. März 1928: ½7 Uhr schaute Therese Neumann das Leben des hl. Joseph in Nazareth, wie er mit den Seinigen verkehrte, aß, arbeitete; sie sah ihn schließlich krank und sterben und in Verklärung. Abends erschien er ihr nochmals in Verklärung.

20. März 1928: Therese Neumann litt an Gelenkrheumatismus und hatte insbesondere an der rechten Schulter,

an der sie die Schmerzen der Kreuztragung spürte und Blutunterlaufung aufwies, große Schmerzen.

21. und 22. März 1928 ebenso.

23. März 1928: Therese Neumann hatte die Schauungen wie gewöhnlich an den Freitagen. Es bluteten alle Wunden. Ungefähr um 2 Uhr früh, 6 Uhr früh nach der Kommunion, 9 und 11 Uhr vormittags und ½2 Uhr nachmittags trat ein erhobener Ruhezustand ein. Nach der Kreuzigungsschauung hatte sie starke Erstickungsanfälle. Gegen Abend schaute sie die Auferweckung des Lazarus, wie sie das Tagesevangelium erzählt. Einige Zeit später trat ein Sühneleiden auf, wobei sie rasende Schmerzen an der rechten Schulter hatte.

24. März 1928: Bei der Kommunion sah Therese Neumann den Heiland. Sie nahm eine ganze Hostie ohne jede Schluckbewegung in sich auf.

25. März 1928: Um Mitternacht schaute Therese Neumann das im heutigen Sonntagsevangelium Berichtete: Jesus spricht zu den Scharen der Juden: „Wer von euch kann mich einer Sünde beschuldigen?" usw., worauf ihn die Juden steinigen wollen. (Johannes-Evangelium, 8. Kapitel, 46.—59. Vers).

26. März 1928: Ungefähr um 3 Uhr nachmittags schaute Therese Neumann „Mariä Verkündigung".

27. März 1928: Ungefähr 4 Uhr nachmittags hatte Therese Neumann einen schweren Leidenanfall und darnach einen erhobenen Ruhezustand. Die angekündigte Lungenentzündung machte sich jetzt stark bemerkbar. Daneben hatte sie besonders Gelenkrheumatismus und Schulterwundenschmerz.

28. und 29. März: Leiden wie gestern.

29. März 1928: Abends schaute Therese Neumann das im Tagesevangelium Berichtete: Jesus sitzt zu Tisch beim Pharisäer Simon, und Magdalena salbt ihm die Füße.

Aus eigenen Aufzeichnungen bemerke ich ergänzend: Es war abends 7 Uhr, als Therese Neumann in die Schauung kam. Sie lächelte zunächst freundlich und nahm eine

ruhige Haltung an. Die Schauung dauerte drei Minuten.
Nach einer halben Minute Ruhe trat eine neue Schauung
ein. Ihr Lächeln verstärkte sich, sie suchte mit den
Augen, horchte, den Kopf nach rechts vorneigend, schaute
noch freudiger und bewegte leicht den Kopf und den Oberkörper. Nach drei Minuten sank sie ins Kopfkissen zurück.
Aus ihrem Bericht im Zustand des Eingenommenseins
habe ich folgende Angaben notiert: „Der Heiland ist mit
viel Leuten von dem Tor vom Weg eingangen (= hineingegangen); viel Leut san (= sind) vor und nach ihm ins
Haus hinein, wo zum Essen hergerichtet war. Manner
mit Bart" — sie schilderte Pharisäer — „waren da. Im
Hof war'n arme Leut. Die sollten fortschafft (= fort-
gewiesen) werd'n, aber der Heiland hats net g'litten. Nacha
hams (= haben sie) z'essen kriegt. Zu Tisch saßen Manner"
— der Schilderung nach Pharisäer — „und der Heiland und
andere Manner. Da ist ein Moidl (= Mädel, Mädchen)
kommen, dös hat helle Haar g'habt. Dös (= diese) hab i
schon g'sehn am Kreuz und bei der Erweckung von dem
alten Mo (= Mann), dem Toderer (= Toten), den der
Heiland wieder lebendig g'macht hat. Das Moidl (= Mädel)
hat viel g'weint über die Füß vom Heiland und hat die
Füß mit den Haaren getrocknet und g'salbt." Da Therese
Neumann in dieser Woche vor der Osterwoche schon sehr
erschöpft war, erzählte sie nur einzelne Bruchstücke. So
habe ich noch ihre Angabe notiert: „Der Mo (= Mann)"
— den sie als Pharisäer beschrieb, nämlich Simon — „hat
dem Heiland ang'schafft (= gesagt), daß er austeilt.
Lichtln (= Lichter) san umananda (= umeinander)
g'hangen, zum Einhenken." Sie gab fünfmal drei an.
„Fenster hams koine (= keine) g'habt. Koin Glas, aber
Vürhang (= Vorhänge) zum Zuziehn." Aus der Unterhaltung zwischen Christus und dem Pharisäer Simon gab
sie auf eine Frage einzelne Worte: „„kep‘, habens zwischen-
nein g'sagt," auch glaubte ich „maju" zu hören. Um 7²⁵ Uhr
trat bei Therese Neumann ein erhobener Ruhezustand
ein, mit dem die Befragung über die Schauung abbrach.

30. März 1928: Die Freitagsvorgänge waren wie sonst. Da auf diesen Tag das Fest „Mariä sieben Schmerzen" fiel, durfte Therese Neumann nach dem Wort „Siehe deine Mutter!" Maria näher treten und auch noch die Herzdurchbohrung, Kreuzabnahme und Grablegung des Heilands sehen. — Ungefähr um 11, ½2, 5 und ⅛8 Uhr hatte sie Erstickungsanfälle. Sie durfte heute eine Seele aus dem Fegfeuer erlösen.

31. März 1928: nichts Besonderes.

1. April 1928: Ungefähr um ½5 Uhr nachmittags sah Therese Neumann den feierlichen Einzug des Heilandes in Jerusalem, wie ihn das Palmsonntagsevangelium berichtet.

2. April 1928: Um 6 Uhr abends schaute Therese Neumann das im Tagesevangelium Berichtete: Maria salbt in Bethanien die Füße Jesu, Martha bedient.

3. April 1928: Große Schmerzen und Schwäche hauptsächlich durch den Gelenkrheumatismus.

4. April 1928: Wie am 3. April.

5. April 1928: Wie am 3. April.

6. April 1928: (Karfreitag). In der Nacht vom Donnerstag zum Freitag und Freitags ungefähr bis ¼4 Uhr nachmittags schaute Therese Neumann ungefähr von ½11 Uhr nachts an das Essen des Osterlamms, die Fußwaschung, die Einsetzung des Altarsakramentes, den Gang zum Ölberg usw. bis zur Grablegung. Die Kreuzigungsschauung dauerte heute nahezu zwei Stunden. Auch diesmal kam sie wieder einige Male in den erhobenen Ruhezustand, wie sie auch wieder etliche Male Erstickungsanfälle hatte. Meine eigenen Beobachtungen folgen in einem besonderen Kapitel.

7. April 1928: Seit Freitag abends 10 Uhr ungefähr lag Therese Neumann in tiefem Schlaf, der — so weit Pfarrer Naber weiß — nur am Vormittag für einige Zeit von dem erhobenen Ruhezustand unterbrochen wurde. Die Kommunion empfing sie der Schlafversunkenheit wegen auch heute nicht; der Heiland werde vom Donnerstag her bis zum Ostersonntag sakramental in ihr bleiben, hatte sie vorausgesagt.

8. April 1928 (Ostersonntag): Um 5 Uhr morgens erhob sich Therese Neumann aus dem seit Karfreitag andauernden tiefen Schlaf und schaute in fünf Bildern die Auferstehung des Heilands und die sich anschließenden Vorgänge im Grabgarten, nämlich Magdalena und drei Frauen beim Grabe, Petrus und Johannes beim Grabe, der Heiland erscheint Magdalena, der Heiland erscheint den Frauen. Nur die Wunden an Händen und Füßen und der Seite machten sich jetzt bei Therese Neumann noch etwas bemerkbar, alles übrige Leiden, auch die wunde Schulter, war verschwunden. Ihr möchte das Herz zerspringen vor Freude. Der Pfarrer solle heut auf der Kanzel immer nur: „Der Heiland ist gut, der Heiland ist gut" sagen, wenn sie ihn auch für närrisch halten, trug sie ihm auf. Am Abend schaute sie, wie der Heiland zehn Aposteln und denen, die mit ihnen waren, erschien, ihnen die Wundmale zeigte, vor ihnen aß und dann das Bußsakrament einsetzte. Im erhobenen Ruhezustand erklärte sie, im Urtext sei richtig gestanden: „zehn", beim Abschreiben sei „elf" daraus gemacht worden.

Aus eigenen Aufzeichnungen ergänze ich: Pfarrer Naber, Professor Wutz und ich hatten uns etwas vor 5 Uhr morgens am Bette der Therese Neumann eingefunden. Sie schlief. Auf Anruf antwortete sie: „I mo (= muß) schlofen. Schlaf a! Wie der Heiland g'storbn is, bin i eing'schlafen." Sie begann wieder zu schlafen. Mit Schlag 5 Uhr der Kirchenglocke riß es sie vom Schlaf in die erste Schauung. Nach meiner Uhr dauerte diese von 5^{02} bis 5^{05} Uhr. Therese Neumann nahm zuerst die Haltung ruhigen Beobachtens ein. Dann gab sie Zeichen des Schreckens, um jäh zu freudigstem Gesichtsausdruck mit lebhaften Bewegungen überzugehen. Aus ihrem Bericht im Zustand des Eingenommenseins auf eine Frage durch den Pfarrer habe ich notiert: „I hab den Heiland g'sehn. Es hat alles gewackelt zum Fürchten. Weißt, wo s' an Heiland neing'legt (= hineingelegt) ham als an Toderer (= Toter). Auf einmal is er lebendig g'wen (= gewesen) und is aussa (= hinaus). Ein liechter Mo (= lichter Mann, Engel) hat den Stein furt. Einer is von oben einig'hupft (= hineingesprungen) und drin g'west (= gewesen)." Auf die Frage, ob sie den Heiland gekannt habe, sagte sie: „Freili, i hab an Heiland glei kennt. Er is net blutig g'wen. Ein schön langes weißes G'wand hat er ang'habt. Er is gefliegt (= geflogen), net gangen (= gegangen). Gut hat er auf mi hing'schaut." Auf eine weitere Frage nach dem Schicksal der Grabwächter erklärte sie: „Die andern habn g'wackelt." Fünf — wie sich aus ihrer bekannten Zählweise ergab — „san hing'falln, der oin (= eine), der hat den Heiland durchstochen, der is net hing'falln, der is bloß g'wackelt." Auf eine Frage, wie viele Wächter da waren, zählte sie sechs auf („oiner [= einer] und oiner und oiner und oiner und oiner und oiner"). Über den Heiland berichtete sie: „Der Heiland war g'heilt an d' Händ und d'Füß; wo 's blutig g'wen is, hats g'leuchtet. Der Heiland is net liechter (= licht) g'west. Er is Fleisch g'west."

Von 5¹² bis 5¹⁵ Uhr kam Therese Neumann in die zweite Schauung. Sie gestikulierte lebhaft und drehte umschauend den Kopf. Dann schaute sie hinauf wie zu einem Berg, dann horchte sie, nickte und winkte. Im Zustand des Eingenommenseins berichtete sie: „Da hätt'n oin (= einige) den Heiland findn mögen. Dös gung' Moidl (= junge Mädel, Magdalena) hat unterm Kreuz arg gegreint (= geweint). Ein Lichtl hats unter der Montur (= Gewand) g'habt. Noch oine (= eine) war dabei, die auch unterm Kreuz war. Und noch oine und noch oine, die ham (= haben) den Heiland g'wickelt. Die san (= sind) in den Garten gangen (= gegangen). D' Sonn hat 'n bißl g'scheint. Die ham sich g'fürcht, wie die Manner so verdraht (= verkehrt) dagelegen san. Ich hätt's ihnen sagn mögen. Das gunge Moidl (= junge Mädel) is 'nei und noch oine, so 'ne lange. Oine und oine sind draußen geblieben. Alle waren mit lange Kittel; kurze gefallen dem Heiland nicht. Die ham was mitbracht. Dös gunge Moidl hat die Tür aufg'macht und einen liechten Mo (= lichten

Mann, Engel) g'sehn. Dann is das Moidl (= Mädel) weit furt (= fort) g'rennt (= gerannt), zu dene Weiber hat s'was hing'sagt. Dann san die hinein durch die Manner durch, die wie tot da lagen. Jetzt hams (= haben sie) noch oin liechten Mo g'sehn. Der hintere liechte Mo hat nachher zu den . . . ." hier brach ihre Erzählung ab, da sie in die dritte Schauung gerissen wurde, die von 5^{22} bis 5^{26} Uhr dauerte. Sie schaute erst ruhig, machte dann die Gesten lebhaften Redens, blickte umher und begann wieder ruhig zu schauen. Dann berichtete sie im Zustand des Eingenommenseins: „Das gunge Moidl (= junge Mädel) hat dem gungen Mo (= jungen Mann, Johannes) was g'sagt. Na sans (= sind sie ge-)gangen. Die andern Manner, die mit dem Heiland gangen sind, die ham sich eing'sperrt und wollten net hören. Na hats Moidl (= Mädel) in die Tür neing'schlagen (= hineingeschlagen)". Auf Befragen beschrieb sie den Weg zu dem Hause, in dem die Apostel versammelt waren. Sie erzählte sehr aufgeregt und sprunghaft, so daß mir manches nicht ganz verständlich wurde, da ich nur dieses eine Mal eine Osterschauung von ihr erlebt habe. Weil die Schauungen rasch aufeinander folgten, war auch der jeweilige Zustand des Eingenommenseins so kurz, daß nicht viele Fragen gestellt werden konnten. Ich fahre in meinen Aufzeichnungen über den Bericht der Therese Neumann fort. „Der, der gegreint (= geweint) hat, wie der Heiland ihn ang'schaut hat, woißt, der dem Mo (= Mann) das Ohrwaschl (= Ohrmuschel) abg'schnitten hat (Petrus), is rauskemmen (= herausgekommen). Dös Moidl hat ihm was g'sagt. Na sans gerennt (= darauf sind sie gerannt). Der gunge Mo voraus. Wies am Garten ankemmen san (= angekommen sind), hat er den mit dem Bart vorausgelassen (Petrus). Der is 'nei in dös Grab, hat die Montur (= Gewand) vom Heiland ang'langt, di is laar (leer) g'wen. Da is der ander auch hinein. Die Manner san noch dag'legen. Die san tot g'west. Oiner (= einer) is schon mehr bei-'nander (bei sich) g'west (= gewesen). Woißt, der den Heiland g'stochen und nacha zum Grab getragen hat

(Longinus). Nacha san die Manner fortgerennt, die da grad kommen san. Nicht durchs große Tor, sondern durchs kloine." Sie beschrieb dann auf eine Frage die Tore, klagte, daß der Heiland nicht mehr da sei und antwortete auf eine weitere Frage, daß sie von ihrem Standplatz nicht zum Kreuz schauen konnte. Die Frage wurde gestellt, um herauszubringen, ob sie von dort auf die Kreuzigungsstätte hätte sehen können.

Von 5^{33} bis 5^{36} Uhr erlebte sie die vierte Schauung. Sie sah erst ruhig, schüttelte den Kopf, dann zeigte sich auf ihrem Gesicht ein freudiges Aufleuchten, sie horchte mit lebhaftem Ausdruck und versuchte, sich irgend einem Etwas zu nähern. Plötzlich zeigte sie Enttäuschung und Trauer und schaute aufgeregt suchend umher. Auf die Frage des Pfarrers im darauffolgenden Zustand des Eingenommenseins antwortete sie: „I hab den Heiland g'sehn." Und plötzlich: „Wer denn du bist?" Auf die Antwort: „Der Herr Pfarrer" wollte sie ihm nur vom Heiland erzählen und wurde erst mit Mühe dazugebracht, die Begebenheit zu berichten: „Dös (= dies) Moidl (= Mädel) is g'laufen kommen und hat ins Grab g'schaut. Helle Haar hats g'habt. Dös hab i seh'n können, dös Tuch ist ihr wegen 'm Laufen hinterg'rutscht. Liecht hats koins (= keines) mehr g'habt. Die Manner san aufg'standen und fortgangen. Der oine (= eine) ist vor den Garten und hat g'spitzt (= beobachtet), als ob er den Heiland hätt schaun wollen. Dös Moidl hat greint (= geweint). Dann hats neing'schaut, ein liechter Mo (= lichter Mann, Engel) vorn hat mit ihr g'redt. Wo die Sonn g'scheint is, is ein Mo (= Mann) gangen in hellem G'wand. Dös war in der Mitten abgebunden. Dem Heiland sein G'wand is net abgebunden, außer wie es ihm so hart (= weh, am Ölberg) war. Dös Moidl red't mit dem Mo. Glaubst mir nicht" — wandte sie sich an den Pfarrer — „aber es is wahr: Auf einmal is der Mo der Heiland g'west." Auf die Frage, was der Heiland gesagt habe, gab sie an: „*Marjam*," und aus den Worten Magdalenas: „*Rabboni*". Dann erzählte sie weiter: „Das Moidl wollt' zum Heiland hin und is niedergekniet. Der Heiland hats so g'macht" — sie wies mit der Hand nach oben — „und hat *Abba* g'sagt. I sag dir nacha (= nachher) mehr. Na is er weg g'wen. Dös Moidl is zu dene Weiber im Garten, nacha hats nochmal ins Grab g'schaut und dann is s' gerennt und gerennt, wieder zu den Häusern. Obs dem Heiland nichts tun?" fragte sie den Pfarrer besorgt und erzählte ihm einzelne Begebnisse aus der Leidensgeschichte: wie sie den Heiland geschlagen haben und was auf den Kopf gesetzt und geschrien: *„schelamalka de Judahija"*.

Von 5⁴⁴ bis 5⁴⁹ Uhr erlebte Therese Neumann die fünfte Schauung. Sie sah erst ernst, dann zeigte sie lebhafteste Freude, dann folgte ein betrübtes Suchen und Schauen. Auf die Frage des Pfarrers, was sie gesehen habe, antwortete sie im Zustand des Eingenommenseins: „I hab den Heiland gesehn. Wer du bist?" — „Der Herr Pfarrer." Therese Neumann fuhr darauf fort: „Hast du ihn g'sehn? Der Heiland hat lang gewachsenes Haar bis auf die Brust herunterg'habt und in die Händ Löcher." Sie griff sich dabei an ihre Handstigmen und sagte, das täte ihr so weh. „Hab i das unterm Schlafen kriegt?" Dann fuhr sie in der Erzählung fort: „Dö Weiber" — sie zählte drei — „san ummigangen (= sind umhergegangen). Der Mo (= Mann), der den Heiland g'stochen hat, ist nochmal einigangen (= hineingegangen) ins Grab und hat die Montur (= Gewand) vom Heiland ang'langt. Wie die einen Manner" — sie zählte zwei, nämlich Petrus und Johannes — „fortgangen sind, is er auch fort." Auf eine Frage des Pfarrers äußerte sie, „na i hab dann nimmer neing'schaut, jetzt hätt ichs dir bald falsch erzählt." Ich vermochte aber nicht festzustellen, worin sie sich geirrt zu haben glaubte. Sie fuhr dann fort: „Auf einmal is der Heiland dag'west, net am Boden sondern höcherer (= höher). Die Weiber wollten zu ihm hin, der Heiland aber hat sie zurückgehalten. Er hat so" — sie macht eine zurückweisende Bewegung mit der Hand — „hingedeut't und was g'sagt. Dann is

der Heiland fortg'west. Nacha¯ (= darnach) san die
Weiber zum Grab gangen und ham (= haben) vor Freud
g'weint." Auf eine Frage erklärte sie: „Der liechte Mo
(= lichte Mann, Engel) hat den Stein ummidraht (= herum
gedreht), wie wenn er ein Papier g'habt hätte." Dann
brach sie mit der Erzählung ab. „Jetzt bin i frisch, jetzt
hab i g'schlafen. Jetzt tut mir dös (=dies) nimmer weh",
— sie faßte sich an die rechte Schulter. „Dös hab i verschlafen. Jetzt kann i auch heuchen (= atmen). Au der
Buckl (= Rücken) tut mir nimmer weh. Das Reißen,
Schwitzen und Kopfweh is auch fort; scheints, hab i alles
weggeschlafen. Dös an die Händ und am Herz tut a
nimmer so weh."

5⁵⁸ Uhr wachte sie auf, das heißt, sie kehrte in der Form
des Erwachens in den gewöhnlichen Zustand zurück, bemerkte aber die Anwesenden noch nicht, sondern sprach
leise vor sich hin: „Was is denn dies alles g'west? Da hab
i denkt, i bin an dem Berg da, na bin i daheim. Aber den
Heiland hab i doch g'sehn. Jetzt bin i frisch." Sie gähnte
laut und bemerkte die Anwesenden: „Da sind ja Leut da."
Dann schaute sie auf die vom Karfreitag her noch blutige
Bettdecke und sprach: „Was ist denn das? Woher hab
i denn das Blut? Was haben wir denn in der Zeit? Von
Donnerstag an, was ist denn g'wesen." Nachdem sie Aufklärung erhalten hatte, sagte sie: „Hab doch nicht den
ganzen Samstag verschlafen und heut is Ostersonntag.
Hättet's mich halt aufgeweckt." Auf die Antwort: „Resl,
das haben wir ja" erwiderte sie: „Ich weiß nichts." Überrascht begrüßte sie den seit Donnerstag nacht anwesenden
Bruder aus Landsberg und ihre Schwester Ottilie aus Waldsassen, die die Nacht vom Samstag zum Sonntag mit ihr
im gleichen Zimmer geschlafen hatte. Das Gespräch ging
dann auf einen weißen Kanarienvogel in ihrem Zimmer
über. Zu seinem Verständnis ist notwendig, daß ich kurz
die Vorgeschichte erzähle. In der zweiten Woche vor
Ostern hatte Therese Neumann den Katalog einer Vogel-
handlung gesehen, in dem ein weißer Kanarienvogel mit

einer kleinen schwarzen Haube abgebildet war. Diesen
Vogel wünschte sie sich sehnlichst. In einem Gespräch,
bei dem sie fiebernd im Bett lag und schließlich auch im
Fieber leicht delirierte, hatten der Pfarrer und ich mit ihr
über diesen weißen „Kanari" gesprochen. Sie hatte erklärt,
die schwarzen Haare oben auf dem Kopf wolle sie ihm
abschneiden, damit er ganz weiß sei. Der Pfarrer hatte
ihr erwidert, das dürfe sie doch nicht, denn die habe doch
der Heiland wachsen lassen. Sie hatte darauf sofort geantwortet, ihm habe der Heiland ja auch die Haare lang
wachsen lassen und doch schneide er sie ab. Dann hatten
wir ihr gesagt, wir würden ihr einen „Kanari" aus Por-
zellan kaufen, der sähe auch weiß aus. Sie wehrte ab,
worauf wir erklärten: „Wart, Resl, wir werden dich
schlenken. Wir streichen dir einen deiner gelben Kanarien-
vögel weiß an." Therese Neumann, die während dieser
Zeit sehr litt, hatte mit Freuden diese Scherzrede mitgemacht, da sie sie von ihren Schmerzen etwas ablenkte.
Schließlich aber war sie, wie schon erwähnt, bei dem Gespräch in ein kennbares Fieberdelirium geraten. Professor
Wutz, der bei dem Gespräch nicht anwesend war, hatte
von ihrem Wunsche gehört und ihr bei seinem Besuch
am Karfreitag einen weißen Kanarienvogel mitgebracht.
Der befand sich seit Samstag in einem Bauer an jener Wand
ihres Zimmers, an der auch ihr Bett steht, so daß am
Sonntagmorgen beim Erwachen ihr Blick sofort auf den
Vogel fiel. Sie sagte darauf: „Der Kanari is ja weiß
worden. Den habts mir ang'strichen, den wollts mir zum
weißen Vogerl machen." Erst als ihr der Käfig näher gebracht wurde, ließ sie sich überzeugen, daß es ein echter
weißer Kanarienvogel war. Dann faßte sie wieder die
Freude über den Heiland. „Der Heiland ist gut, das is
eine Freud", äußerte sie wiederholt und konnte sich gar
nicht recht fassen. Dann: „Der Heiland is nimmer in mir.
Das is noch ein Schmerz. In mir is so öd." Darauf wandte
sie sich an den Pfarrer, der ihr vorschlug, mit ihrer Kommunion bis nach der Messe zu warten: „Ich bring dem

Heiland das Opfer und wart bis nach der Messe, das is fei
ein großes Opfer."

Soweit meine Aufzeichnungen über die Schauungen am
Morgen des Ostersonntages. Am Nachmittag von 6²⁵ bis
6²⁸ Uhr wurde sie mitten in einem Gespräch über Stall-
zwiebeln und Maiglöckchen wieder in eine Schauung gerissen. Im Zustand des Eingenommenseins berichtete sie:
„Viel Manner sind da g'west in einer Stub'n; die einen
ham g'sessen, die andern g'standen. Es war da, wo der
Heiland g'west is und gessen und trunken hat. Der mit
dem Bart, woißt der Waschlabschneider (= Ohrabschnei-
der = Petrus) und ein gungerer haben alleweil (= immerfort) g'redt. Zuerst ham die etwas erzählt, die andern
ham (= haben) alleweil g'horcht. Einer hat so g'macht"
— sie schüttelte den Kopf — „der hat's nicht glaubt. Das
war ein Langer, Dürrer."

6³¹ Uhr kam sie in die zweite Schauung. Sie sah erst
ruhig, dann fuhr sie jäh und freudig zusammen, machte
lebhafte Handbewegungen des Näherkommenwollens und
ein freudig lächelndes Gesicht. Im nachfolgenden Zustand
des Eingenommenseins berichtete sie: „Die Manner haben
g'redt. Die oin (= einen) ham immer 's gleiche g'sagt.
Dazu hams [Fisch] gessen und Brot." Sie bezeichnete
die Fische als „Wasserhupfala" (= Wasserspringer). „Auf
einmal is der Heiland dag'west." Auf eine Frage, was er
gesprochen habe, erklärte sie: *Schelam lachon! Ana la-
teru"* — Friede sei mit Euch! Ich bin es. — „Die Manner
ham ihn kennt (= gekannt). Einer hat hing'langt an den
Heiland. Auch an seine Seiten." Befragt schilderte sie
diesen so, wie sie sonst Petrus schilderte. „Der Heiland
hat ernst g'redt. Nacha hams (= haben sie) dem Heiland
z'essen geb'n, na hat er gessen. Nacha hams eine Freud
g'habt. Nacha is der Heiland wieder aufg'standen und
hat g'redt. Er hat wie vorher ang'fangt." Auf Frage, wieviel Männer anwesend gewesen wären, zählte sie in der
bekannten Form bis zehn. Auf eine weitere Frage, ob das
auch stimme, zählte sie öfters nach: „I find koin' (= kei-

nen) mehr. I siech (= sehe) doch.“ Dann berichtete sie
weiter: „Der Heiland hat auf die Manner hing’heucht
(= hingeatmet) und was g’sagt. Dann is er wegg’west.
Er hat jedem ins Gesicht hineing’heucht.“ Auf die Frage,
wie viele er so einzeln angehaucht habe, zählte sie bis zehn.
Dann fuhr sie fort: „Dann hat der Heiland auch über die
andern wegg’heucht“ — sie zählte bis drei — „und das
gleiche g’sagt.“ Nach ihrer Schilderung befanden sich also
im Abendmahlsaal zehn Apostel und eine Anzahl Jünger.

9. April 1928: Gegen Abend schaute Therese Neumann
das im Ostermontagevangelium Berichtete, nämlich wie
Jesus den beiden Jüngern auf dem Weg nach Emmaus
begegnete.

Ich ergänze aus meinen Aufzeichnungen: 6^{55} Uhr abends
bis 7 Uhr wurde Therese Neumann in eine Schauung gerissen. Wir hatten mit ihr vorher ein Gespräch über Aus-
grabungen gehabt. Sie sprach gerade den Satz: „Was
doch allerhand auf der Welt gibt, das sollt man ja doch
nicht für mög . . .“. Da kam sie in die Schauung. Ihr Gesichtsausdruck war längere Zeit ein neutraler. Dann
schaute sie suchend herum, lächelte freudig, um plötzlich
wieder streng zu schauen. Auf Frage berichtete sie im
nachfolgenden Zustand des Eingenommenseins: „I hab
einen Mo (= Mann) g’sehn und noch einen. Die hab i
scho (= schon) beim Heiland g’sehn.“ Sie erzählte dann
aus Schauungen des gestrigen Tages, um weiter die heutige
Begebenheit wie folgt zu berichten. „Ein Mo (= Mann)
is schon hübsch (= recht) alt g’west (= gewesen). Einer
nicht alt. Sie san (= sind) traurig g’west. Na is no oiner
kemmen (= noch einer gekommen), der hat ein G’sicht
g’habt, wie vom Heiland, und i mein, er war’s doch net.
Der Heiland hat doch in Händen und Füßen was g’habt,
wie i ihn heut g’sehn hab,“ — sie hatte beim Amt in der
Kirche den verklärten Heiland gesehen. „Aber G’sicht
und Haar war’n fei bald wie vom Heiland. I mein doch,
es könnt der Heiland g’wen sein. Es geht mir net recht
ein. Na hat er was g’sagt zu dene Manner.“ Sie vermochte

aber kein Wort anzugeben. Professor Wutz sprach ihr darauf aus dem schon gesicherten Texte „geora" vor. Darauf Therese Neumann: „Du hast gut g'hört. Bist du auch dabei g'west. I hab mir's net mirken (= merken) können. Geora is dabei g'west." Sie beschäftigte sich nun wieder mit dem Manne, der wie der Heiland ausschaute, und berichtete, daß ihm die Ärmel bis zu den Fingern vorhingen und sie deshalb die Hände nicht sehen konnte: „Der wie der Heiland ausschaut, hat erzählt." Sie gab dann die Worte „Meschéjam saléba" wieder.

Von 7⁰⁶ bis 7¹¹ Uhr kam sie in eine zweite Schauung. Sie sah erst neutral drein, dann winkte sie wie zuredend, zeigte ein dringlich zuredendes Mienen- und Gebärdenspiel, bekam dann einen freundlichen Gesichtsausdruck und sah nach aufwärts und horchte. Dann schaute sie genau nieder, wie auf einen Tisch. Plötzlich trat ein freudiger Gesichtsausdruck auf, wobei sie hörbar die Luft einzog. Dann auf einmal suchte sie betroffen, horchte, schaute traurig um sich und schüttelte den Kopf. Im folgenden Zustand des Eingenommenseins berichtete sie auf Frage: „Der Heiland is da g'west. I hab ihn g'sehn. Auf einmal is er fortg'west." Der Pfarrer forderte sie auf: „Erzähl von Anfang an!" Therese Neumann: „Dies is lang." Sie erzählte darauf ganz kurz und sträubte sich gegen einen ausführlichen Bericht. Sie wollte immer wieder vom Heiland reden. Auf dringende Ermahnung des Pfarrers, richtig zu erzählen, erklärte sie schließlich: „Na ja, i folg," und berichtete dann: „Die Manner, die i grad g'sehn hab, sind zu einem alleinstehenden größern Haus gekommen, das obenan war. Es waren noch kleinere in der Näh. Der Heiland sollt mit einigehn (= hineingehen) und is auch mit einigangen. In dem Haus sinds in eine Stubn gangen und ein Mo (= Mann) hat ihnen zu essen bracht." Sie schilderte das Brot als eirunde, flache Fladen von „hübsch heller" Farbe, die längs und quer gerieſelt waren. Außerdem brachte der Mann Fische — „Wasserhupfala" (= Wasserspringer) sagte sie—: „Die essens gern. Die waren

242

in einer langen Schüssel. Die hams (= haben sie) aufs
Brot g'legt und Messer hams g'habt. Die waren auf-
[ge]bogen und gelblich. Damit ham's Stücke von dene
Wasserhupfala abg'schnitten. Gegessen ham's mit die
Händ'. Der Heiland hat mitgessen. Na hams trunken."
In diesem Augenblick bekam sie einen Hustenanfall mit
Schmerz in der Brust und stöhnte „Heiland!" Dann fuhr
sie fort: „Zuletzt hams so was gessen, wo Viehcherl (=
Tierchen) neinhupfen (= hineinspringen)" (Honigwaben).
„Jetzt hab i vergessen: wie die zu Essen ang'fangen, is der
Heiland g'standen, hat die Händ übers Brot g'halten, dann
hat er das Brot in die Höch (= Höhe) g'hoben und hat's
gebrochen. Da habens ihn erkannt. Dann is der Heiland
g'schwebt, hat a bißl (= bißchen) Brot mitgessen und
dann is er fortg'west. Wegg'west is er wie nichts." Auf
eine Frage erklärte sie: „Wie die Manner zum Heiland
g'sagt ham (= haben), daß er essen soll, da hat er ein
bißl mitgessen."
Von 7²⁰ bis 7²²½ Uhr kam sie in die dritte Schauung.
Sie sah erst ruhig, suchte dann in der Höhe, zeigte später
starke Zeichen des Unwillens, ballte die rechte Faust und
schüttelte den Kopf. Im darauf folgenden Zustand, des
Eingenommenseins berichtete sie: „Die Manner san (=
sind) etze (= jetzt) heimgangen. Daheim san (= sind)
viel g'west (= gewesen). Da bin i schon oft g'west. Die
oin' (= einen) san g'sessen" — sie zählte auf die bekannte
Weise zehn — „die andern san g'standen. Da wär i bald
ein wenig kritisch (= zornig) worden. Die Manner,
die gekommen san, die hab'n vom Heiland erzählt. Sie
haben oft Rabboni g'sagt. Die gekommen san, die ham
(= haben) eine Freud g'habt. Die andern hams nicht
geglaubt. Ich habs doch g'sehn. Wenn man die Wahrheit sagt, muß mans glauben. Auch der Ohrwaschlab-
schneider (= Ohrmuschelabschneider = Petrus) hat's
nicht glaubt. Der hats überhaupt immer recht wichtig
(wichtig haben = wichtig tun)". Sie berichtete dann,
daß sie gestern auch „solchen Streit" gesehen habe. Das

Gespräch mit ihr ging auf die Worte über, die sie bei ihren Schauungen gehört hatte. Sie erwähnte wieder *Abba bejadach afked ruchi.* Ferner notierte ich noch: *selamalka,* dann *salabo* und *slam* — dieses Wort dürfte nicht vollständig sein. Therese Neumann erwähnte es, als das Gespräch auf die „kleinen Butzerln" (= kleinen Kinder), nämlich die Bethlehemischen Kinder, überging. Die Unterhaltung wurde abgebrochen, weil sie erklärte, sie könne so schwer atmen.

10. April 1928: Therese Neumann sah noch einmal, wie der Heiland am Auferstehungstage den versammelten Aposteln erschien, wie davon das Evangelium dieses Tages erzählt.

11. April 1928: Therese Neumann schaute, wie der Heiland sieben Jüngern am See Tiberias erschien, dem Petrus das oberste Hirtenamt übertrug und den Kreuzestod voraussagte.

12. April 1928: Therese Neumann schaute den in der Epistel der Messe vom Donnerstag nach Ostern berichteten Vorgang, wie der Apostel Philippus dem Kämmerer der Königin von Äthiopien die Heilige Schrift auslegte und ihn taufte.

13. April 1928: Therese Neumann sah, wie der Heiland den elf Aposteln auf dem Tabor erschien und die apostolische Sendung gab.

14. April 1928: Am Mittag sah Therese Neumann den Auferstandenen auf dem Wege zum Kalvarienberge Maria und Johannes erscheinen. Am Abend schaute sie, wie der schon über achtzig Jahre alte Petrus in Rom taufte, die Kommunion austeilte und die Getauften nach Ablegung ihrer weißen Kleider firmte. Gesprochen wurde griechisch. Therese Neumann hatte in der Osterwoche fast täglich in der Messe von der Wandlung bis zur Kommunion und jeden Tag bei ihrer Kommunion den Auferstandenen geschaut und zwar in wallendem, schneeglitzerigem Gewande, mit leuchtenden Wunden und Freude und Freundlichkeit strahlendem Antlitz. Abends kam

244

sie in einen erhobenen Ruhezustand, in dem sie Anweisungen über die Behandlung der Blinddarmentzündung
eines benachbarten Bauern gab, nach deren Befolgung die
von ihr vorausgesagte Heilung eintrat. Dem erhobenen
Ruhezustand war hinter dem Altare an ihrem Stuhl infolge
Umkippen des Fußschemels ein Sturz vorausgegangen, bei
dem sie sich das Schienbein abschürfte; als sie aufgehoben
und in den Stuhl gesetzt worden war, fiel sie zunächst in
eine Ohnmacht, die dann in den eben erwähnten erhobenen Ruhezustand überging.

15. April 1928: 12 Uhr mittags sah Therese Neumann
den zweiten Teil des Weißensonntags-Evangeliums, wie
der Heiland den mit Thomas im Abendmahlsaale versammelten Aposteln acht Tage nach seiner Auferstehung
erschien. Am Abend dieses Tages begann wieder ein
Sühneleiden zur Bekehrung eines Lebenden.

16.—21. April 1928: Während dieser sechs Tage durfte
Therese den Heiland etliche Male bei der Kommunion
schauen, kam auch öfter in den erhobenen Ruhezustand,
hatte aber auch immer wieder zu leiden.

22.—28. April 1928: In dieser Woche trug sich nichts
Außerordentliches zu.

29. April 1928: ³/₄6 Uhr morgens erschien Therese Neumann die hl. Theresia vom Kinde Jesu in lichter Gestalt
und gab ihr Mahnungen und Aufträge. Es war am selben
Tage zu selber Stunde, wo vor fünf Jahren — am Seligsprechungstag der kleinen Theresia — Therese Neumann
das Augenlicht plötzlich wieder erhalten hatte. Abends
ungefähr um 9 Uhr sah sie den auferstandenen Heiland
erst im Abendmahlsaale erscheinen, wo zehn Apostel
(Johannes fehlte) zu Tische waren und Fische und Honig-
kuchen aßen, was auch der Heiland tat. Im Saale waren
außerdem noch an die vierzig Jünger anwesend. Hernach
sah sie den Auferstandenen seiner Mutter, dem Johannes,
der Magdalena, der andern Maria und der Salome an dem
Stadttor, wo Jesus die weinenden Frauen angeredet hatte,
erscheinen. Diese gingen dann zum Abendmahlsaale und

erzählten sich gegenseitig von dem eben Vorgefallenen. Diese Erscheinungen fanden ungefähr zwanzig Tage nach der Auferstehung statt.

Hernach hatte Therese Neumann noch ein schweres Sühneleiden durchzumachen, bis schließlich der erhobene Ruhezustand eintrat. Das beim Fall hinter dem Altar am 14. April abgeschürfte Schienbein war äußerlich zugeheilt, dann aber hatte es sich entzündet und stark Eiter angesetzt.

30. April und 1. Mai 1928: An beiden Tagen geschah nichts neues Außerordentliches.

2. Mai 1928: Bei der Kommunion schaute Therese Neumann den Heiland. Ungefähr 7 Uhr abends bekam sie ein Sühneleiden für einen Lebenden, darauf trat der erhobene Ruhezustand ein.

3. Mai 1928: Fest der Auffindung des Kreuzes Christi. Ungefähr von 9—12 Uhr vormittags litt Therese Neumann ungeheure Schmerzen in den Wunden am Kopf, an den Händen, den Füßen und an der Seite sowie auf der rechten Schulter, wo der Heiland das Kreuzholz trug. Die Berührung ihrer Wunden mit einer Dornenkron- und einer Kreuzpartikel rief argen Schmerz in denselben hervor. Um 12 Uhr geriet sie in einen Zustand, als ob sie gestorben wäre. Bald darauf trat der erhobene Ruhezustand ein, der ihr wieder Kraft und Frische brachte. Abends und nachts traten wieder Leiden für jenen Lebenden auf, für den sie am 2. Mai gelitten hatte. Darauf folgte ein erhobener Ruhezustand, während dessen sie den Heiland vom Kreuz zu sich herabsteigen sah.

4. und 5. Mai 1928: Nichts neues Außerordentliches.

6. Mai 1928: Am Abend sah Therese Neumann, wie der schon alte Apostel Johannes in Rom in ein Faß siedenden Öles geworfen wurde, aber unversehrt und besser aussehend als zuvor aus demselben wieder herausschwebte. Den Richter hörte sie reden, „wie in der Kirche gesprochen wird"; Johannes aber sprach griechisch. Sie erwähnte von seinen Worten: Ἰησοῦς Χριστός.

Aus meinen Aufzeichnungen ergänze ich: Von 8⁴⁰ bis 8⁴⁶ Uhr abends kam Therese Neumann in eine Schauung. Ihr Gesichtsausdruck war anfangs ruhig, dann horchte sie, dann kamen Ausbrüche sehr starken Zornes und schließlich des Schmerzes. Sie suchte mit den Augen und machte mit den Händen Bewegungen der Hilfe. Ihr Gesicht zeigte Schmerz, sie begann vor Mitleid zu weinen und mußte die Augen wegwenden. Plötzlich zeigte sie große Freude und ein freudiges Horchen. Im nachfolgenden Zustand des Eingenommenseins berichtete sie auf Frage: „Ich geh dir da nicht eichi (= hinein). Es kocht so. Es raucht und schmeckt (= riecht)", dann folgte ein Zornesausbruch: „dem hätt ich eine [Ohrfeige] geben können!" Auf die Frage, wo sie denn gewesen sei, erzählte sie — vor Erregung immer noch ziemlich zusammenhanglos: „Da is schon mal einer bachen (= gebacken) worden." Ihre Schilderung ergab, daß sie an das Martyrium des hl. Laurentius dachte. „Da habens so allerlei Zeug, womit man Leut schind't (= schindet, quält)." Den Mann — Johannes —, der in das Faß siedenden Öles geworfen wurde, schilderte sie folgendermaßen: Er hatte „ein bekanntes G'sicht, wie der gunge Mo (= junge Mann), aber bald (= bereits) älterer." An Worten des Johannes gab sie wieder: Ἰησοῦς Χριστός, θεοῦ υἱός, ἐγώ, βίος (= Jesus Christus, Gottessohn, ich, Leben). Den Richter schilderte sie folgendermaßen: „Auf dem Stuhl is oiner (= einer) g'sessen ohne Bart, ohne Kopfhaar. Auf dem Stuhl war 'n Vogel wie 'ne Kraue (= Krähe)." Sie berichtete ferner, daß Männer da waren, „die so Spieß mit Hackl" hatten. Ihr Interesse aber wandte sich wieder dem „Kessel" zu, in dem ein „olber schmeckets Wasser" (= schlecht riechendes Wasser — heißes Öl) gewesen sei. („Der Mo" sei „von selber wieder außig'stiegn (= herausgestiegen)". Auf meine Frage, was darnach geschrien worden sei, gab sie Laute wieder, die ich ihr als „zosin" nachsprach, worauf sie mir antwortete, es sei „ein klein bißl anders gewesen".

8., 9., 10., 11., 12. Mai 1928: Vom 8. Mai an litt Therese Neumann für einen Mann, der voriges Jahr, nachdem er Konnersreuth besucht hatte, konvertiert hatte, dann aber schließlich kein katholisches Leben geführt hatte, nunmehr aber sterbenskrank geworden war.

13. Mai 1928: Starke Versuchung durch den Teufel, der gegen die von Therese Neumann veranlaßte Errichtung eines Altares zu Ehren der heiligen Theresia vom Kinde Jesu und das mit der Einweihung des Altars verbundene Triduum wütete.

14., 15., 16. Mai 1928: Nichts neues Außerordentliches.

17. Mai 1928: Früh 4 Uhr sah Therese Neumann den Heiland erst den elf Aposteln im Abendmahlsaale erscheinen und mit ihnen essen und reden, dann zum Ölberg hinausgehen und vor den Augen der Mutter, der Apostel und anderer zum Himmel fahren, dann zwei Engel erscheinen und schließlich die Anwesenden die im Steine hinterlassenen Fußspuren des Heilands küssen und dann nach Jerusalem zurückgehen. Nachmittags ungefähr um 4 Uhr erschien die hl. Theresia vom Kinde Jesu der Therese Neumann und sprach kurz zu ihr. Am Vormittag fand die Einweihung des Altars zu Ehren der hl. Therese vom Kinde Jesu statt.

Von den Himmelfahrtsschauungen der Therese Neumann habe ich den äußeren Vorgang nicht notiert. Meine Aufzeichnungen über die erste Schauung sind außerdem nicht umfänglicher als die des Pfarrers. Aus ihrem Bericht über die zweite Schauung, den sie im Zustand des Eingenommenseins gab, habe ich vermerkt, daß sie sich auf dem Wege zu einem Berg zusammen mit zahlreichen Menschen befand: „Alle gehen barfuß, der Heiland geht auf der Erd'n, er schwebt nicht. Er hat ein weißes G'wand an, weißer als Schnee. Die Wunden leuchten. Auch die Brustwunde." Während der dritten Schauung seufzte Therese Neumann dreimal „mit!". Im folgenden Zustand des Eingenommenseins berichtete sie: „Der Heiland is aufig'schwebt (= hinaufgeschwebt) zum Himmel. Er is immer

kloiner (= kleiner) wordn, z'letzt wie ein kloins Butzerl
(= kleines Kind). Na (= darauf) is eine Wolken kemmen
(= gekommen), na hab i nichts mehr g'sehn. Viele Leut
war'n da oben auf dem Berg; dem Heiland sei Mutter,
das gunge Moidl (= junge Mädchen), der, der lebendig
g'wordn is, dann der, der dem Heiland am Kreuz eini-
g'stochen (= hineingestochen) hat." Sie zählte dann
noch weiter auf: Die drei, „die den Heiland zusammen-
gewickelt", dann Soldaten, die bei seiner Gefangennahme
beteiligt waren, und auch die Frau des Pilatus. Ich habe
leider nicht die jeweiligen Beschreibungen notiert, aus
denen einzelne Personen zu erkennen waren, da Therese
Neumann sehr rasch erzählte. Sie berichtete ferner, der
Heiland habe zu den Anwesenden gesprochen; und zwar
zuerst zu den Aposteln, dann zu allen zusammen, dann
noch eigens zu seiner Mutter. „Dann is der Heiland in
die Höch (= Höhe) g'fahrn. Die Händ' hat er über die
Leut' g'hoben. Die Sonn war in seinem Rücken, als er
aufg'fahrn is. Die Manner ham greint (= haben geweint).
Es is ihnen hart g'west. Liechte Manner (= lichte
Männer = Engel) san (= sind) g'schwind von oben kommen und zwei" — sie zählte in ihrer Weise — „sind da
g'standen. Die liechten Manner ham (= haben) eine
andere Montur (= Gewand) ang'habt, wie der Heiland.
Die Wunden vom Heiland ham fest g'leucht. Warum
is der Heiland so oin kleins Butzerl (= ein kleines Kind)
g'wordn?" fragte sie darauf den Pfarrer. Sie erzählte
dann auf eine Frage, die Wolke sei auch „liecht" (= licht
= leuchtend) gewesen. Die Engel hätten „ihre Montur
(= Gewand) mitten zusammengebunden g'habt. Dem
Heiland sei G'wand is lang gwen". Sie wählte diesmal
das Wort „G'wand". In der vierten Schauung sah sie, wie
aus der Erzählung im späteren Zustand des Eingenommenseins ersichtlich war, die Verehrung der Fußspuren, die
Christus bei seiner Auffahrt auf einem Steine zurückgelassen hatte. Eine fortlaufende Erzählung war bei ihr
nicht zu erreichen. Sie war zu traurig über das „Ver-

schwinden des Heilandes". Der Pfarrer suchte sie zu trösten: „Suchen wir doch den Heiland! Am End finden wir ihn! Wenn wo eine Wolken is, eine liechte Wolke, mußt du genau hinspitzen (= hinsehen)!" Sie erklärte aber, sie sähe nichts, worauf ihr der Pfarrer antwortete: „Nacha (= dann) schreist! Wenn du auch laut schreist, macht's dem Heiland nichts." So gelang es dem Pfarrer, sie zu trösten, so daß sie uns wenigstens noch erzählte, sie habe unter anderem „die Mutter und den gungen Mo (= jungen Mann = Johannes)" gesehen und der Heiland habe „in den Stein mit dem Fuß ein Luoch (= Loch) neingetreten". Doch sofort erfaßte sie wieder Trauer: „Wenn nur der Heiland geblieben wär! Was hat man denn von dem Luoch (= Loch)?"

Nachmittags 4 Uhr bei der Schauung der hl. Theresia vom Kinde Jesu zeigte sie ein sehr lebhaftes Mienenspiel und sprach mehrfach „Ja". Am Schluß wollte sie mit ihr mit. Danach trat bei ihr der Ausdruck lebhafter Trauer und Schluchzen auf. Im nachfolgenden Zustand des Eingenommenseins erzählte sie, die kleine Therese sei dagewesen, sie habe von ihrem Leiden gesprochen, wie vor drei Jahren. Sie solle sich aber nicht fürchten. Therese Neumann versicherte, sie fürchte sich auch nicht ein wenig. Das sei auch eine Gnade. „Jetzt trauet (= getraute) i mich fragen. Vorher hab i mi net getraut. Hab bloß ja g'sagt. I will auch halten, was i versprochen hab, wenn mir der Heiland hilft." Sie sprach dann von ihrer Heilung vor drei Jahren, fing aber allmählich das Weinen an, weil sie noch hier auf Erden bleiben mußte und wünschte, mit dem Pfarrer allein zu sprechen.

20.—26. Mai 1928: In dieser Woche litt Therese noch für einen Sterbenden, ferner für einen am Rande der Verzweiflung Befindlichen, sowie für Waldsassen, wo Mission gehalten wurde.

27. Mai 1928: Pfingstsonntag. Ungefähr um ½ 9 Uhr sah Therese Neumann die zwölf Apostel — Matthias erkannte sie sofort als neu Hinzugekommenen — mit Maria

und einer größeren Anzahl anderer im Abendmahlsaale versammelt und beten. Plötzlich erhob sich ein gewaltiges Sturmesbrausen, eine große Feuerzunge erschien oben an der Decke des Saales. Die löste sich dann in dreizehn kleinere Zungen auf, die sich über die Häupter Mariens und der Apostel verteilten. Dann hörte Therese Neumann die Apostel in verschiedenen Sprachen reden und schließlich Petrus draußen vor dem Saale an die Zusammengekommenen in hochdeutscher Sprache eine kraftvolle Predigt halten. Hernach sah sie draußen vor der Stadt an einem ummauerten Teich taufen und die Hand auflegen. Um ½ 11, 12 und ½ 2 Uhr sah sie immer noch taufen. Um 3 Uhr sah sie das Taufen sich dem Ende zuneigen und Petrus und Johannes zum Tempel gehen. Sie schaute, wie der Lahmgeborene an der schönen Tempelpforte geheilt wurde, wie er dann mit den beiden Aposteln im Tempel jubelte, während die Feinde der Sache Christi ergrimmten und die zwei Apostel schließlich fesselten und ins Gefängnis bringen ließen. Der geheilte Lahmgeborene brachte die ganze Nacht vor dem Gefängnis zu. Zweimal während der Nacht durfte Therese Neumann die Apostel im Gefängnis sehen. Sie beteten.

28. Mai 1928: Pfingstmontag. Um 6 Uhr früh sah Therese Neumann Petrus und Johannes und den geheilten Lahmgeborenen vor dem Hohen Rate. Die Verhandlung endete mit der Freilassung der beiden Apostel, die — eine Strecke weit von dem geheilten Lahmgeborenen gefolgt — nach dem Abendmahlsaale gingen, wo sie von den anderen zehn Aposteln freudig begrüßt wurden. Dann wurde gebetet, wobei wieder Sturmesbrausen vernehmbar war, hernach wurde das Abendmahl gefeiert wie am Gründonnerstag, nur daß sich jetzt Petrus an der Stelle des Heilandes befand und die Apostel „viel verständiger und andächtiger" waren. Zuletzt wurde noch eine gewöhnliche Mahlzeit gehalten.

29. Mai 1928: Pfingstdienstag. Ungefähr um ½9 Uhr morgens sah Therese Neumann das in der Epistel vom

Pfingstmontag Berichtete: Petrus predigte dem römischen Hauptmann Kornelius und seiner Umgebung, der Heilige Geist kam über diese Heiden und Petrus erklärte, daß den durch die Gnade des Heiligen Geistes in Sprachen redenden und Gott verherrlichenden Heiden das Taufwasser nicht verweigert werden dürfe. Er befahl, daß sie getauft würden im Namen des Herrn Jesus Christus.

30., 31. Mai, 1., 2. Juni 1928: Nichts Außerordentliches.

3.—9. Juni 1928: Sühneleiden für verschiedene Personen, darunter einen protestantischen Scherenschleifer.

7. Mai 1928: Fronleichnamsfest. Früh 6 Uhr schaute Therese Neumann die Einsetzung des Altarsakramentes mit der vorausgehenden Fußwaschung und dem nachfolgenden hohenpriesterlichen Gebet des Heilandes. Im Hochamt sah sie den Heiland bei der Wandlung aus einer Schar in lichten Wolken ihn umschwebender, singender Engel auf die Erde herabkommen und bis zur Kommunion · vor ihren Augen bleiben. Therese Neumann hatte schon eine neuntägige Andacht gemacht und stand heute in der Mitte einer zweiten solchen um die Gnade, eine richtige Kniebeugung vor dem Allerheiligsten machen zu können; der Fußwunden wegen hatte sie das nämlich nicht gekonnt. Heute konnte sie nun wieder eine Kniebeugung bis zum Boden machen.

10.—16. Juni 1928: Jede Nacht Sühneleiden.

13. Juni: Um 10 Uhr abends schaute Therese Neumann, wie der hl. Antonius von Padua im Schlosse eines Freundes an der Nordgrenze Portugals zu Besuch, erst mit diesem sich in portugiesischer Sprache unterhielt, dann an einem Betpult kniend betete und sang, und zwar in lateinischer Sprache. Während des Gesanges schwebte auf einer lichten Wolke überaus lieblich und freundlich das Jesuskind hernieder und ließ sich auf dem Buche vor ihm nieder. Die Wolke verschwand. Antonius streckte freudestrahlend die Arme nach ihm aus, zog es an seine Brust und küßte es auf Stirne, rechte Wange und Mund. Das göttliche Kind legte seine Arme um des Antonius Hals und küßte

ihn ebenso. Einige Zeit verblieben sie in glückseliger Umarmung. Dann legte das Kindlein dem Antonius seine rechte Hand auf das Haupt und verschwand. Der Freund war schon bald, nachdem das Jesuskind erschienen war, wieder gekommen; er hatte zwar nicht das Jesuskind, wohl aber das auffallende Verhalten des Antonius gesehen.

15. Juni 1928: Herz-Jesu-Fest. Therese Neumann sah, wie sie schon längst zuvor im erhobenen Ruhezustand angekündigt hatte, zum erstenmal seit Karfreitag wieder das Leiden des Heilandes vom Gang zum Ölberg bis zu seinem Tod am Kreuz und offenbar aus Anlaß des Herz-Jesu-Festes heute auch noch die Durchbohrung seiner Seite. Außerordentlich stark blutete heute ihre Herzwunde. Die Wunde geht jetzt, wie Therese Neumann im erhobenen Ruhezustand erklärte, gleich stark durch das ganze Herz; es scheint, als ob das Herz von links oben nach rechts unten durchbohrt wäre.

17. und 18. Juni 1928: Schweres Sühneleiden für einen Verzweifelnden.

21. Juni 1928: Abends gegen 10 Uhr schaute Therese Neumann den Tod des hl. Aloisius, wie er die Kommunion noch einmal empfing, von den Mitbrüdern Abschied nahm und schließlich in Gegenwart von drei derselben verschied; der Heiland selber erschien über dem Kreuz Aloisius gegenüber, dessen Seele in Gestalt eines lichten Strahles den Leib verließ.

22. Juni 1928: Die Freitagleiden nebst -schauungen fanden wie gewöhnlich statt.

24. Juni 1928: Ungefähr um ½1 Uhr sah Therese Neumann das im Evangelium des vierten Sonntags nach Pfingsten Berichtete: Jesu Predigt auf dem See Genezareth vom Schiffe des Petrus aus und den reichen Fischfang. Ungefähr um ½10 Uhr abends schaute sie das im Evangelium für das Fest des hl. Johannes Erzählte: Die Geburt und Beschneidung Johannes des Täufers.

27. Juni 1928: Schweres Leiden für einen infolge eines Autounfalles sterbenskranken jungen Mann.

29. Juni 1928: Therese Neumann schaute in der vergangenen Nacht den Heiland nur vom Gang zum Ölberg bis zur Gefangennehmung. Die Augen und das Herz fingen zu bluten an, dann wurden die Schauungen des Leidens Christi wegen des Festes der Apostel Petrus und Paulus abgebrochen. Ungefähr um 4 Uhr nachmittags sah sie den über 80 Jahre alten Petrus durch ein Tor Roms mit Reisestab und -tasche hinauswandern. Plötzlich kam ihm der Heiland entgegen mit leuchtenden Wunden und fragte ihn ernst: „*Petre, quo vadis?*" (Petrus, wohin gehst du?) Verlegen brachte Petrus nur die Gegenfrage hervor: „*Quo vadis tu, Domine?*" (Wohin gehst du, Herr?) Der Herr antwortete: „*Vado cruciari pro te*" (Ich gehe, um für dich gekreuzigt zu werden) und verschwand. Traurig wendete sich Petrus sofort zur Rückkehr. Hierauf sah Therese Neumann Petrus und Paulus vor dem Richterstuhl des Kaisers Nero, der von einem mächtigen Hofstaat umgeben war und verächtlich und wütend auf die Apostel schaute, die — besonders Paulus — mit Freimut und Begeisterung für Christus sprachen. Mit Stricken gebunden wurden diese dann jeder in ein eigenes Gefängnis geführt, wo sie an einer Hand und einem Fuß mit einer Kette am Boden festgehalten und von zwei Soldaten im Gefängnis und von zwei vor der Türe desselben bewacht wurden. In einer weiteren Schauung sah Therese Neumann den Petrus im Gefängnis zu Jerusalem und die Vorgänge, wie sie die heutige Epistel berichtet: Petrus wurde durch einen Engel aus dem Gefängnis befreit. Auffallend war ihr die Verschiedenheit der Ketten, mit denen Petrus in Rom und Jerusalem gefesselt war. Abends ungefähr um 9 Uhr sah Therese Neumann, wie Petrus gegeißelt und dann befestigt wurde. Er wurde an ein Kreuz unserer Form (nur der Querbalken war nicht ganz rechtwinkelig befestigt) mit Händen und Füßen, um die Knie, den Unterleib und die Brust festgebunden und das Kreuz dann aufgestellt, so daß Petrus mit dem Kopf nach unten hing.

Es war bereits Nacht, da er starb. In Form eines Lichtstrahles sah Therese Neumann die Seele dem Leibe ent-
schweben und von einem „lichten Mann" nach oben geleitet werden. Nachts litt Therese Neumann die Todesqualen mit für den am 27. Juni erwähnten jungen Mann,
der jetzt im Sterben lag.

30. Juni 1928: Abends sah Therese Neumann den Apostel Paulus in Ketten nochmals vor Nero, wo er hoch-
begeistert sprach. Dann wurde er weiter fortgeführt an
einen „sumpfigen" Platz — Petrus war gestern auf einem
Hügel gekreuzigt worden — dort bis auf das Hüftkleid
ausgezogen und enthauptet. Vor der Enthauptung betete
Paulus kniend und schaute dabei den Heiland vor sich
auf einer lichten Wolke, die Hände mit den Wunden ihm
entgegenstreckend. Nach der Enthauptung entschwebte
des Paulus Seele in Form eines lichten Strahles seinem
Leibe.

1. Juli 1928: Fest des kostbaren Blutes. Nach Mitternacht sah Therese Neumann den Heiland das dritte Mal
in seiner Todesangst auf dem Ölberg beten, wobei ihr
Herz zu bluten begann. Um ³/₄6 Uhr früh schaute sie,
wie dem Gekreuzigten das Herz von dem Soldaten durchbohrt wurde. Theresens Brustwunde blutete heute ungewöhnlich stark bis 9 Uhr, wo sie die Kommunion empfing und den Heiland in Verklärung schaute.

2. Juli 1928: Nachmittags sah Therese Neumann Maria
und Joseph mit einem Esel, dem diese ihr Gepäck auf-
geladen hatten und auf dem Maria zeitweise saß, durch
eine bergige Gegend ziehen. Abends schaute sie, wie Joseph und Maria durch einen größeren Ort (Hebron) hindurch zu einem kleinen Vorort mit etwa zehn Häusern
(Jutta nannte sie ihn) kommen, wo Zacharias und Elisabeth ein größeres Haus, das in einem ziemlich großen,
von einem Naturzaun eingesäumten Garten lag, be-
wohnten. Elisabeth kam verschleiert Maria, die Joseph
vorausgeeilt war, bis vor den Gartenzaun entgegen, wo
sie sich flüchtig begrüßten, indem sie die Arme aufeinander-

legten und die rechten Wangen einander näherten. Dann begaben sie sich durch den Garten und den Türvorhang in das Haus, währenddessen Elisabeth den Schleier zurückschlug, und sie begrüßten sich nunmehr recht herzlich, indem sie die Arme aufeinanderlegten und einander Stirne, rechte Wange und Mund küßten, worauf von Maria ein Lichtstrahl auf Elisabeth überging. Diese hob nun die Rechte und sprach begeisterte Worte, worauf Maria in kräftigem, singendem Ton viel länger als Elisabeth begeistert sprach. Hierauf begaben sie sich in einen kleineren Raum, setzten sich und aßen von den von einem Mädchen gebrachten Früchten. Auch Joseph und Zacharias erschienen und aßen von den Früchten. Joseph war an einem anderen Eingang von Zacharias begrüßt worden. Während ein Diener den Esel wegbrachte, gingen Joseph und Zacharias in eine Art Säulenhalle, wo sie miteinander sich unterhielten, Joseph redend, Zacharias auf ein Steintäfelchen mit einem eckigen Steinchen schreibend.

6. Juli 1928: Abends sah Therese Neumann das im Evangelium für den Oktavtag von Peter und Paul Berichtete: Jesus wandelte auf den Wellen des Sees dem versinkenden Petrus entgegen. (Matth. 14, 22—33.) In der vergangenen Woche hatte Therese Neumann ein schweres Sühneleiden für einen Lebenden.

8. Juli 1928: Abends sah Therese Neumann die wunderbare Brotvermehrung, wie sie das Evangelium des sechsten Sonntags nach Pfingsten berichtet: Jesus speiste vier Tausend mit sieben Broten und einigen Fischen. (Mark. 8, 1—9.)

13. Juli 1928: Therese Neumann hatte die gewöhnlichen Freitagsleiden und -schauungen. Als ein Besucher sie während der Schauung zu photographieren suchte, sank sie — die Schauung hatte erst begonnen — in die Kissen zurück und suchte sich durch das Oberbett zu schützen. In einem erhobenen Ruhezustand erklärte sie, es sei an diesem Tage ein Mann dagewesen, der so tief ergriffen worden sei, daß er sich entschlossen habe, noch an diesem

Tage zu beichten, nachdem er es vierzehn Jahre unterlassen hatte.

14. Juli 1928: Der in dem erhobenen Ruhezustand des Freitags, den 13. Juli, bezeichnete Mann erschien bei Therese Neumann und erzählte ihr, was sie gestern im erhobenen Ruhezustand dem Pfarrer gesagt hatte. In der vergangenen Woche hatte sie außerdem ein Sühneleiden für einen Lebenden.

20. Juli 1928: Therese Neumann hatte die Freitagsleiden und -schauungen wie gewöhnlich. Abends 11 Uhr durfte sie eine Seele, für die sie schon vorher gelitten hatte und die sich über hundert Jahre in größter Verlassenheit im Fegfeuer befand, erlösen. Sie schaute deren Auffahrt in den Himmel.

21. Juli 1928: Außer den erwähnten fanden in der vergangenen Woche noch andere, teilweise sehr schwere Sühneleiden statt.

22. Juli 1928: Fest der hl. Maria Magdalena. Therese Neumann schaute den Heiland erst auf einem niederen Berg in der Nähe des Tabor mit Namen Gabara, wo er erst streng gegen die Sünde, dann freundlich einladend („Kommet alle zu mir, die ihr mühselig und beladen seid,   .") predigte, sowie Kranke tröstete und heilte. Hierauf begab er sich in das daneben gelegene Städtchen gleichen Namens zu dem Pharisäer Simon Zabulon, der ihn zu Tisch geladen hatte. Vor dem Hause des Gastgebers gab sich der Heiland noch mit den Armen und Kranken ab, auf deren Bewirtung er nachher bei Simon drang. Maria Magdalena hatte die Predigt des Heilands gehört und war dann in Gesellschaft einiger anderer Frauen mit zu Simon gegangen, wo sie in einem Nebengemache Platz nahmen. Dem innern Drange nachgebend, schlich sie sich von da fort zu dem Saale, wo der Heiland mit sechs Aposteln bei Simon und seinen Freunden zu Tische lag. Da goß sie nun leichtflüssiges Salböl über das Haupt des Heilands aus und verrieb es in seinen Haaren. Unter Küssen benetzte sie dann seine Füße mit Tränen,

trocknete sie mit ihren Haaren und salbte sie mit dick-
flüssiger Salbe. Der Heiland schaute liebevoll auf sie,
führte mit dem darüber entrüsteten Simon das aus dem
Evangelium (Luk. 7, 39—50) bekannte Gespräch über den
Gläubiger mit den zwei Schuldnern und entließ Magdalena
in Frieden.

(Magdalena — erzählte Therese Neumann — war des
Lazarus, der ebenso brav wie gerecht war, jüngste Schwester, ein schönes Mädchen mit langen blonden Haaren.
Überaus lebenslustig, litt es sie nicht mehr in dem frommen
Hause des Bruders zu Bethanien, sie verlangte den elterlichen Erbteil. Als solchen gab ihr Lazarus das Schloß
Magdala am Galiläischen Meer. Dort führte sie ein ·sehr
sündiges Leben. Auf Christus wurde sie aufmerksam
durch eine ihrer Sklavinnen. Sie interessierte sich für
seine äußere Erscheinung, suchte ihn zu sehen und, nachdem sie ihn gesehen hatte, auch zu treffen. Es gelang ihr
auch, aber der Heiland wandte sich von ihr ab. Das ging
ihr zu Herzen und sie faßte den Entschluß, ihr Leben zu
ändern. Aber sie wurde rückfällig. Erst bei Simon wurde
ihre Bekehrung eine endgültige.)

An diesem Tage sah Therese Neumann auch noch, wie
Lazarus, seine älteste, halb blöde Schwester Anna (nach
Weggang Mariens aus Bethanien auch noch Maria ge-
nannt), ferner Martha, Maria Magdalena und ein treuer
Diener von den Juden auf einem segel- und ruderlosen
Schiff ins Meer hinausgestoßen wurden — sie waren vom
Hohen Rat verurteilt — aber wohlbehalten auf einer Insel
an der Südküste Frankreichs landeten. Von dort brachten
Lazarus und der Diener Magdalena ans feste Land. Wäh-
rend jene zurückkehrten, bestieg diese einen Berg, wo sie
in einer Höhle sich für die noch übrigen mehr als dreißig
Jahre ihres Lebens niederließ. Sie lebte von den eßbaren
Gewächsen des Bodens und dem Wasser aus der Quelle
neben der Höhle. Ein Engel brachte ihr den Leib des
Herrn. Von ihren Verzückungen schaute Therese Neumann die letzte. Magdalena war etwas über den Boden

erhoben, hatte die Hände gegen den Himmel gestreckt und schaute dessen Herrlichkeit. Therese Neumann durfte mit Magdalena in den Himmel schauen. Sie sah den Heiland, seine Mutter, Joseph, Elisabeth, Jakobus den Älteren usw., vermißte aber ausdrücklich Johannes und Petrus. Magdalena starb nach Angabe von Therese Neumann im Jahre 67. Bald nach dieser Schauung starb Magdalena, von der Sehnsucht nach dem Heiland verzehrt. Ihre Seele sah Therese Neumann in Form eines Lichtstrahles den Leib verlassen und von den Seelen ihrer Eltern und ihrer verstorbenen Schwester Anna sowie von ihrem Schutzengel zum Himmel geleitet werden, von woher der Heiland ihr entgegenkam.

26. Juli 1928: Abends sah Therese Neumann die hl. Anna, die Mutter Mariens, über achtzig Jahre alt, ganz ruhig in ihrem Haus in Nazareth in Gegenwart Mariens, die kurz zuvor mit Joseph vermählt worden war, und etlicher Frauen sterben. Ihre Seele sah sie in Form eines Lichtstrahles den Leib verlassen. Im Sterbezimmer sah sie geschnitzte Bilder, die Isaaks Opferung, Noes Dankopfer und Moses mit den Gesetzestafeln darstellten. Vergangene Woche fanden Sühneleiden für eine Sterbenskranke statt.

29. Juli 1928: Frühmorgens schaute Therese Neumann, wie bei Lazarus in Bethanien abends in einem schönen Saale auf drei Tischen je ein Osterlamm gegessen wurde. (Siehe den Plan auf Seite 260.) Der Heiland war in einem wollweißen Rock mit einer gleichartigen Binde um die Mitte und ebensolchem Schweißtuch um den Hals gekleidet. Er saß am mittleren Tisch mit Lazarus zur Rechten, einem Verwandten, der auch ein Freund des Lazarus war, zur Linken, und mit acht Aposteln. Nachdem das übliche Zeremoniell beendet war, ging der Heiland, jetzt noch mit einem graubraunen Mantel bekleidet, mit sechs Aposteln dem Ölberg zu; drei kehrten nach einiger Zeit wieder um, Petrus, Andreas und Matthäus gingen mit, bis man nach Jerusalem hinunter

sah. Die drei Apostel beteten erst, dann schliefen sie, während der Heiland in einiger Entfernung auf einem Steine saß und über das vor ihm liegende, jetzt zu Ostern auch bei Nacht geschäftige und deshalb beleuchtete

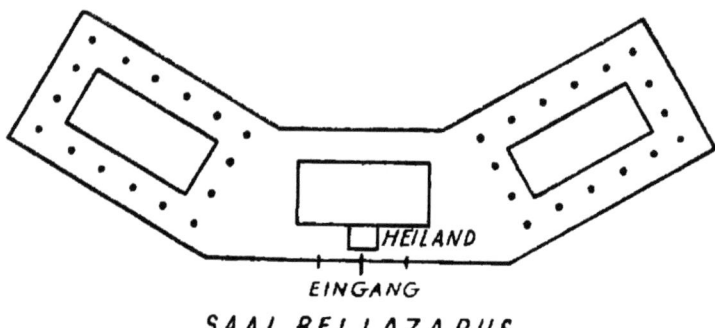

SAAL BEI LAZARUS

rechts vom Heiland Lazarus,
links vom Heiland ein Verwandter des Heilands und Freund
 des Lazarus
Die Punkte bedeuten Säulen

Jerusalem weinte. Am Morgen ging er mit den drei Aposteln hinab ins Tal, wo sich ihnen noch andere von Bethanien Herkommende anschlossen. Sie gingen nun hinauf zum Tempel. Im Männervorhof traf der Heiland auf Verkäufer von Kälbern, Lämmern, Tauben, Lebensmitteln, Kleidungsstücken und auf Geldwechsler. Er redete ihnen zuerst gut zu, sich zu entfernen. Da dies nichts half, holte er sich einen Strick und löste ihn an einem Ende. Den Taubenverkäufern sagte er ruhig, sie sollten fortgehen; den Geldwechslern stieß er die Tische um; sie und die anderen Verkäufer trieb er mit seiner Geißel in heiligem Zorn hinaus. Etwa zehn Tempelsoldaten halfen zu ihm. Nach Beseitigung des Unfugs lehrte er im Tempel. Abends sah Therese Neumann Martha in einem Hause in Südfrankreich sterben, wo sie mit Frauen eine Art klösterlichen Lebens geführt und ihren Bruder Lazarus betreut hatte.

1. August 1928 (Petri Kettenfeier): Abends sah Therese Neumann Petrus erst vor König Herodes, dann die Vorgänge im Gefängnis, wie sie die Epistel des Tages berichtet (Apg. 12, 1—11). Später sah sie Petrus und Paulus wie am 29. Juni vor dem Kaiser Nero, und dann Petrus gefesselt im Gefängnisse. Schließlich sah sie noch dieselbe Gegend wie vorher, aber ganz andere Leute: vornehme Frauen, unter denen besonders eine hervorragte, und „Herren Pfarrer", unter denen ihr einer wegen seiner Kopfbedeckung auffiel. Sie hatten vor sich die Kette, mit der Petrus in Rom und eine, mit der er in Jerusalem gefesselt gewesen war, beide „zusammengewachsen". Die Frauen legten ihre Prunkgewandung ab und verehrten dann die Ketten. Dies tat auch ein lahmer Mann und alsbald war er geheilt; ebenso ein blinder Knabe, und allsogleich sah er; ferner eine aussätzige Frau, der alle auswichen, und alsbald war ihre Haut rein von dem Ausschlag.

6. August 1928 (Christi Verklärung): Um ungefähr 8 Uhr abends sah Therese Neumann die Verklärung des Heilands auf dem Tabor, wie die Evangelisten sie berichten, und hernach die Heilung des mondsüchtigen, besessenen Knaben.

10. August 1928: Wegen des Festes des hl. Laurentius, des Patrons der Pfarrkirche, sah Therese in der vergangenen Nacht den Heiland nur im Ölbergsleiden, die weiteren Leidensekstasen fielen aus. Abends nach 8 Uhr schaute sie das Martyrium des hl. Laurentius. Diese Woche litt sie schwer an einer durch einen Insektenstich verursachten Blutvergiftung für einen Lebenden, der in Verzweiflung Gift genommen hatte. Ihr Leiden sollte ihm das Leben retten und die Gnade endgültiger Bekehrung erfleben.

12. August 1928: Heute abends sah Therese Neumann den Heiland den Taubstummen heilen, von dem das Tagesevangelium erzählt. (Eine bezeichnende Kleinig-

keit dabei war, daß sie den Heiland nicht „*Ephpheta*", sondern „*Etphetach*" sprechen hörte.)

15. August 1928: Therese Neumann erzählte zunächst im erhobenen Ruhezustand und schaute dann Mariens Tod und Aufnahme in den Himmel: Maria blieb nach der Himmelfahrt des Heilands noch einige Jahre bei Johannes in Jerusalem, der hier und in der Umgebung wirkte. Dann zogen sie gemeinsam nach Ephesus, wo sie nach einigen Jahren in einem etwa fünf Minuten südwestlich der Stadt gelegenen geschenkt erhaltenen Haus Wohnung nahmen. Etwa dreiviertel Jahr vor ihrem Tode, der ihr geoffenbart worden war, sprach Maria den Wunsch aus, die Stätten in Jerusalem, die durch das Wirken und Leiden ihres Sohnes geheiligt waren, nochmal zu verehren. Johannes zog deshalb mit ihr nach Jerusalem. Sie ließen sich miteinander in einem Gemach neben dem Abendmahlsaale nieder. Auf höheren Antrieb kamen die Apostel zu Mariens Tod nach Jerusalem. Eines Samstags morgens waren sie — Jakobus der Ältere war schon tot, Thomas war noch nicht da — bei Maria versammelt und sprachen mit ihr über den Heiland. Die Sehnsucht nach dem Heiland wurde dabei bei ihr so groß, daß sie ganz schwach und blaß wurde und in den Armen des Apostels Johannes (i. J. 49) verschied. Dieser schloß ihr die Augen und den Mund und küßte sie auf die Stirne, die rechte Wange und den Mund, was auch die übrigen Apostel taten. Dann wurde der Leichnam zur Beerdigung hergerichtet, während Petrus und der jüngere Jakobus in das Cedrontal hinausgingen, nach dem Grab zu sehen, in das Mariens Leichnam gebracht werden sollte. Dieses hatte keinen Vorraum wie das des Heilands, sondern nur eine Türe. Am Samstag noch fand die Beerdigung statt. Am Sonntag früh kamen zwei Engel, nämlich der Erzengel Gabriel und Mariens Schutzengel, und trugen Mariens mit der Seele nun wiedervereinigten und verklärten Leib, ihn unter den Armen stützend, zum Himmel, von woher Christus mit dem ganzen himmlischen Hof ihnen entgegenkam. Der

Heiland selbst und der hl. Joseph übernahmen nun die Stelle der Engel und führten Maria in den Himmel ein. Am Montag abends kam Thomas. Dienstag sollte das Grab Mariens nochmals geöffnet werden. Thomas kam dabei wieder zu spät. Die Apostel fanden im Grab nur die Leichentücher. Schon wollten sie zurückkehren, als nun auch Thomas noch kam. Da ihn die Erklärung der Mitapostel nicht befriedigte, ging man nochmals zum Grab, aus dem ein lieblicher Wohlgeruch drang und dessen Befund nun auch ihn von der Aufnahme des Leibes Mariens in den Himmel überzeugte. Die Seele Mariens hatte der Heiland bei ihrem Scheiden aus dem Leibe selbst abgeholt.

17. August 1928: Therese Neumann sah wegen der Oktav der Himmelfahrt Mariens an diesem Freitag den Heiland nur auf dem Ölberg.

24. August 1928: Therese Neumann litt immer noch an jener Blutvergiftung, die am 10. August erwähnt ist. Das Gift hatte sich in zwei Geschwüren zusammengesetzt, von denen eines sich in den Gedärmen, das andere außen an der linken Seite befand.

26. August 1928: Therese Neumann sah, was das Evangelium des Tages über die Heilung der zehn Aussätzigen berichtet.

8. September 1928: Therese Neumann sah in drei Bildern die Geburt Mariens; und zwar zunächst die Vorbereitung darauf durch Annas und einiger noch anwesender Frauen Gebet; dann die Überreichung des neugeborenen Kindleins durch die Amme in die Arme der Mutter, wo es von einem himmlischen Lichtstrahl getroffen, die Augen öffnete und lächelte; und schließlich das Kindlein in des dankenden Vaters Armen.

Über diese Schauungen konnte ich folgenden ausführlicheren Bericht aufnehmen, der vor allem auf Befragungen der Therese Neumann im Zustand des Eingenommenseins und gewöhnlichen Zustand beruht.

Erste Schauung: Therese Neumann sah sich in ein großes Haus außerhalb Nazareths versetzt. Joachim und

Anna, die Eltern Mariens, besaßen ein kleineres Haus in Nazareth selbst und ein größeres einzeln stehendes außerhalb des Ortes. In einem kleinen Zimmer mit einer Türe, neben der Therese Neumann stand, und einem gegenüberliegenden Fenster, das in der Höhe angebracht war, befanden sich die Mutter Anna und drei Frauen. Sie beteten in singendem Ton Gebete, die sie aus kleinen Rollen ablasen. Sie standen dabei am Fenster und blickten zu diesem hinaus in die Höhe. Bilder waren in dem Zimmer nicht vorhanden. Nach dem Beten brachten zwei Dienerinnen einen Tisch und führten zugleich eine weitere Frau herein, die ein Besuch zu sein schien. Sie trugen Früchte und ein flaches, etwa 2—3 cm hohes, gekerbtes Brot auf, das die Frauen den Kerben entsprechend brachen. Dann aß man gemeinschaftlich.

Zweite Schauung: Therese Neumann war in ein längliches Zimmer versetzt, das nicht groß und mit einem Fenster in der Höhe und einer Türe versehen war, neben der sie stand. Dem Fenster gegenüber war am Boden ein Bett gebreitet. Das Unterbett bestand aus einer Matte, die am Kopfende mehrfach zusammengerollt war und dadurch für den Kopf eine Erhöhung bot. Darüber waren Decken gebreitet. Auf diesem Bett lag eine Frau, Mutter Anna, dicht in Decken gehüllt. Eine andere Frau, eine Amme, wickelte das offenbar eben geborene Kind in einen gelblichen, nach naturfarbener Wolle aussehenden Stoff. Dann reichte sie es der Mutter auf dem Bette. Diese nahm das Kind und hielt es in die Höhe, indem sie gleichzeitig in singendem Ton betete. Während sie so das Kind in die Höhe hob, fiel ein Lichtstrahl auf dieses; es öffnete die Augen, lächelte und schloß sie dann wieder, worauf der Lichtstrahl verschwand. Die drei Frauen, die dazugekommen waren, nahmen nun ebenfalls das Kind und beteten laut in singendem Ton. Die Augen des Kindes waren blau, die Haare weißlich-gelb. Als Maria herangewachsen war, waren die Haare zu braun-blonder Farbe nachgedunkelt. Maria war nicht zierlich von Angesicht, sondern von gesunder kräftiger Schönheit. Ihr Gesicht war bräunlich, von der Sonne verbrannt. Der Gesichtsausdruck war mütterlich. Von Statur war sie ziemlich groß, gesund und kräftig.

Dritte Schauung: Therese Neumann befand sich in dem gleichen Zimmer, wie in der zweiten Schauung. Die Mutter lag wie vorher im Bett, ganz in graue Decken gehüllt. Das Kind lag neben ihr eingewickelt im Binsenkorb. Die Frau (Amme) war im Zimmer. Die drei anderen Frauen waren nicht mehr anwesend. Ein alter Mann (Joachim) mit ziemlich langen grauen Haaren und ebensolchem Bart betrat das Zimmer. Er war in Reisekleidung, er war bei der Geburt seiner Tochter abwesend. Er legte seinen dunkelgestreiften Mantel und eine ihm an der Seite hängende Ledertasche ab. Die Mutter Anna gab ihm das Kind, das ihr die Frau aus dem Binsenkorb reichte, auf die Arme. Er erhob es, zum Fenster hinausschauend, und sang laut und fest dabei lange ein Gebet. Dann reichte er das Kind der Frau, die es in den Korb zurücklegte.

9. September 1928: Therese Neumann schaute die Auferweckung des Jünglings von Naim, von der das heutige Sonntagsevangelium erzählt. Auf dem Wege nach Naim sah sie den Heiland ein blindes Mädchen heilen. Bevor der Heiland den Toten erweckte, besprengte er die Leute mit Jordanwasser, das mitgebracht worden war. Sie hörte aus dem Munde des Heilands das Wort „*Etphetach*", worauf der Tote Augen und Mund öffnete. Nachdem der Heiland das Wort „*Kum*" gesprochen hatte, erhob er sich von der Bahre. Therese Neumann sagte, dieser Jüngling habe Martialis geheißen; sein Vater habe ihn einem römischen Freunde gleichen Namens zulieb so geheißen; seine Mutter habe viele Weinberge besessen; er sei unter des Heilands Jünger gegangen und „ein Laienapostel" geworden.

12. September 1928 nachmittags von 3¼ Uhr an sah Therese Neumann die Namengebung Mariens in zwei Schauungen. Sie befand sich im Pfarrhof und hatte sich

vorher, da sie sich nicht wohl fühlte, auf ein Sofa gelegt.
Plötzlich wurde sie aufgerissen.

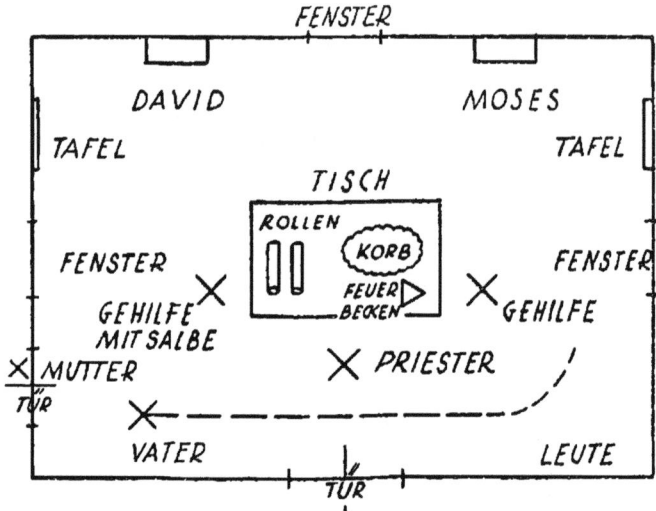

Erste Schauung: (Siehe Zeichnung) Therese Neumann
sah sich im Hause Joachims und Annas bei Nazareth in
ein großes, einfaches Zimmer mit drei Fenstern in der
Höhe und einer Türe versetzt, neben der sie stand. Vor
den Fenstern befanden sich grüne Pflanzenstöcke. An
den Wänden waren Tafeln mit zwei Zeilen hebräischer
Schrift („solche Kragler" wie im Tempel) angebracht.
An der einen Wand befanden sich zwei Statuen in Hochrelief. Die eine stellte einen alten Mann dar, der in der
Hand eine Tafel mit hebräischen Schriftzeichen hielt
(Moses). Die andere stellte einen alten Mann mit Krone
und Harfe (David) dar. In der Mitte des Zimmers stand
ein Tisch. Die Tischdecke war weiß, wie gehäkelt, und
rot unterlegt. Der Tisch war zunächst leer. Über dem
Tisch hing an einer Stange von der Decke ein doppel-
schnabeliger Leuchter herab. Stühle oder Sessel befanden
sich nicht im Zimmer. Im Hintergrunde standen Männer

und Frauen. Vor dem Tisch stand ein alter Mann (Vater Joachim); vor ihm ein Priester und zwei Diener. Sie waren gekleidet, wie die bei der Beschneidung Christi. Die Diener setzten ein metallenes Becken mit drei Füßen auf den Tisch; in dem Becken schürten sie ein Feuer an. Die Amme brachte das Kind dem Vater, der Vater Joachim überreichte es dem Priester, der es dem Vater zurückgab, worauf dieser es in das Binsenkörbchen legte. Das Kind war mit einem roten Gewand oder Stoff bekleidet, über dem es ein weißes trug. Kopf und Füße waren nackt. Ehe es die Amme dem Vater überreichte, hatte sie dem Kinde die Brust frei gemacht. Darnach stellte sie das schiffartige Binsenkörbchen auf den Tisch. Der Priester schnitt dem Kinde dreimal mit einer funkelnden scherenartigen „Kluppen" Haare vom Kopf, die zusammen ein kleines Büschel bildeten. Dabei blieben die Haare in der „Kluppen". Dann öffnete er diese über dem Dreifuß und verbrannte die Haare. Darauf reichte ein Gehilfe dem Priester ein Gefäß mit wohlriechender Salbe, mit der er dem Kinde die Augen, Ohren, die Nasenflügel von außen, den Mund und die Brust betupfte. Das Kind hat dabei leise „gewergelt". Zwischenhinein sprach der Priester singend Gebete, während die Anwesenden schwiegen. Dann sprach der Vater zu dem Priester einige Worte, von denen Therese *Marjam* behalten hat. Der Priester hob darauf das Kind in die Höhe und sprach betend Worte, von denen Therese deutlich *Mirjam* verstand. Darauf reichte der Priester dem Vater das Kind zurück, der es wieder in das Körbchen legte. Während der ganzen Zeit stand die Mutter Anna unter der Türe und schaute durch den Türvorhang dem Geschehen zu. Das Zimmer betrat sie nicht.

Zweite Schauung: Das gleiche Zimmer wie vorher. Die gleichen Anwesenden ohne den Priester, die zwei Leviten sowie die Amme und das Kind und ohne die Mutter Anna. Zwei Diener brachten noch einen zweiten Tisch herein und viele Sessel. Es wurde Gebäck aufgetragen, das besser als das Brot und längs geriefelt war; dazu Trauben und

Früchte, die Therese Neumann nicht kannte. Einige sahen aus wie Zitronen, andere waren grau mit roten Backen. Ebenso wurden Becher auf die Tische gestellt. Fleisch oder Fisch wurde nicht gereicht. Ein Mann begann, bevor die Gäste sich setzten, ein paar Worte zu sprechen, worauf die anderen Anwesenden kurz antworteten. Dann sprach er — die Augen nach dem Fenster gewandt — in singendem Tone ein langes Gebet, von dem Therese Neumann das Wort *Eloim* verstand. Dann beteten die anderen ebenso singend aber kurz, worauf sie sich setzten, von dem Brot und den Früchten aßen und dazu aus den Bechern Wein tranken.

Die Schauungen von Therese Neumann über die Namengebung Mariens wurden von mir auf Grund von Gesprächen mit ihr in gewöhnlichem Zustand und vorher in dem des Eingenommenseins geschildert.

14. September 1928: Der Marienfestzeit und des Festes Kreuzerhöhung wegen fielen heute alle Leidensschauungen aus. Therese Neumann litt aber drei Stunden lang furchtbare Schmerzen in den Wundmalen.

16. September 1928: Therese Neumann schaute, was das Tagesevangelium über die Heilung des Wassersüchtigen und das Gastmahl, gelegentlich dessen diese stattfand, berichtet.

17. September 1928: Therese Neumann schaute die Stigmatisation des hl. Franz von Assisi.

20. Septembes 1928: Heute besuchte Therese Neumann jener Mann, für den sie seit dem 10. August eine Blutvergiftung durchgemacht hatte. Sein Bericht über das Vorgefallene stimmte überein mit dem, was sie im erhobenen Ruhezustand seinerzeit erzählt hatte.

29. September 1928: Fest des Erzengels Michael. Therese Neumann schaute die Welt der Engel — Jünglingsgestalten aus Licht in lichten, weiß-glänzenden, wallenden Gewändern — in verschiedenen Abteilungen, zwölf Erzengel an der Spitze. Erst waren die Engel noch alle schön und gut und sangen. Dann entstand ein Streiten in Mienen,

Worten und Gebärden, währenddessen etwa der dritte Teil der Engel sich verfinsterte und entstellte, darunter der mächtigste der Erzengel und noch vier andere Erzengel. Nun versammelten sich die licht gebliebenen und die finster gewordenen Engel in zwei Heerlagern, die unter Führung des mächtigsten Erzengels auf der bösen und unter Führung des nächstmächtigsten Erzengels auf der guten Seite unter dem Kampfruf „Michael" auf dieser Seite gegeneinander mächtig kämpften, bis die guten Engel die bösen in die Tiefe verdrängt hatten. Freudig sangen hierauf die siegreichen Engel *„kadosch, kadosch, kadosch"* (heilig, heilig, heilig auf hebräisch).

Von dem Bericht über die zweite Schauung des Engelssturzes durch Therese Neumann im Zustand des Eingenommenseins habe ich folgende Anfzeichnungen gemacht: Als Pfarrer Naber sie nach der Schauung anredete, erschrak sie auf das heftigste und schrie laut auf. Während der zweiten Schauung selbst hatte sie schon stärkste Zeichen der Furcht und des Entsetzens untermischt mit Zorn gezeigt. Sie erzählte dann: „I hab viele liechte Manner (= lichte Männer = Engel) g'sehn, aber nicht den Heiland. Die lichten Manner haben sich nicht vertragen. Die oin san (= einen sind) droben g'bliebn" — sie zählte auf ihre bekannte Weise sieben — „die andern ham (= haben) fortgehn müssen", hier zählte sie auf die gleiche Weise fünf. „Viele andere liechte Manner sind noch dag'wen (= dagewesen), die war'n aber net so machtig (= mächtig). So was hab i im Leben noch net g'sehn. Da wird dir anderst (= anders). Das ist was Fürchterliches g'west (= gewesen). G'redt hams bald (= Geredet haben sie beinahe) so, wie der Heiland red't. So bin- und herg'redt hams." Sie gab auf Befragen an: *„ad nai"* (adonai; hebräisch: der Herr) gehört zu haben. Dann fuhr sie fort: „Einer, der ärger g'wen (= gewesen) is, der hat ang'fangt. Wie der Heiland sei Mutter in' Himmel g'holt hat, war auch so ein Machterer (= mächtiger Engel = Erzengel) dabei. Den mag i. Woißt, den liechten Mo (= lichten Mann),

der zu dem Moidl kemma (= Mädchen gekommen) is."
(Offenbar meinte Therese Neumann den Erzengel Gabriel
von Mariä Verkündigung.) „Der geh'n hat müssen, is
bald noch machterer gwen (= mächtiger gewesen). Wenn
i dran denk, fürcht i mi. Nacha (= darnach) hätt i zu-
schlag'n mögen." Befragt, wie der Kampf stattgehabt
habe, erklärte sie: „Sie ham (= haben) nicht zug'schlagn.
In die Händ hams nix ghabt. Sie ham nur g'winkt, daß
die andern gehn mögen. Dahin möcht i nich." Auf die
Frage, ob sie sprechen oder rufen gehört habe, antwortete
sie: „Micha[el]." Auf eine weitere Frage, ob sie liechte
Manner gekannt habe, sagte sie: „Die liechten Manner
war mir allesamt fremd. Wie i im Himmel g'wen (= gewesen) bin, is der Heiland da g'wen und sei Mutter und
ander (= andere). Da mag i hin. Wies fort sein, sans
(= sind sie) dir so g'wordn, wie der finster Mo (= finstere
Mann) war, der mal beim Heiland g'west is." (Christi
Versuchung durch Satan.) „Die droben ham (= haben)
g'siegt. Das g'freut mi. Anfangs ham allesamt g'singt.
Wie sie aber unterm Streiten g'wen sind, san die ein auf
einmal finsterer g'wen (= finster gewesen). Die liechten
Manner sind nicht oiner g'wen (= einer gewesen) wie der
ander. Die finsteren auch nicht oiner wie der ander. Wie
die liechten g'siegt ham, ham sie *kadosch* immer wieder
g'sungen", berichtete sie ferner auf eine Frage. Dann:
„Mir is ganz angst. Als ausg'wen (= ausgewesen) is, war
i froh." Dann nach einer Pause: „Aber g'fürcht ham sie
sich doch, die finstern Manner." Als der Pfarrer ihr zuredete, sich nicht so zu fürchten, erklärte sie: „I mein,
die liechten Manner helfen mir, weil i ihne helfen wollt.
Na fürcht i mi nimmer." Doch faßt sie heute noch ein
Grauen, wenn man sie an diese Schauung erinnert, und sie
will nichts davon hören. In einem nachfolgenden Zustand
der erhobenen Ruhe erklärte sie, die Engel hätten nicht hebräisch gesprochen. Sie, Therese Neumann, habe ihre Worte
hebräisch gehört, weil das die alte Kirchensprache gewesen
sei. Den obersten der gefallenen Engel nannte sie Samiel.

30. September 1928: Ungefähr ½6 Uhr abends sah Therese Neumann die Heilung des Gelähmten, von der das Sonntagsevangelium erzählt (Matth. 9, 1—8). Um ½8 Uhr abends ungefähr sah sie den Tod der hl. Theresia vom Kinde Jesu, deren Sterbetag heute war. Mit der Heiligen, die vor ihrem Tod den Heiland schaute, sah auch sie ihn. Später erschien ihr die hl. Theresia in himmlischer Verklärung und ermunterte sie zum geduldigen Ausharren im Leidensberuf, zum Vertrauen auf den Heiland, zum Gehorsam gegen den Beichtvater, zum Weiterbeten in der gewohnten Weise und zum Verkehr mit dem Heiland wie bisher. Es sei alles recht.

In der Woche vom 7. bis 13. Oktober 1928 hatten wie gewöhnlich Sühneleiden statt.

12. Oktober 1928 traten bei Therese Neumann keine Leidensschauungen auf, weil in der Pfarrkirche ewige Anbetung statthatte.

15. Oktober 1928: Abends sah Therese Neumann die Todesvorbereitung und das Sterben der hl. Theresia von Jesus.

21. Oktober 1928: Kirchweihfest. Therese Neumann schaute den Inhalt des Kirchweihevangeliums: Jesus kehrt beim Oberzöllner Zachäus ein (Luk. 19, 1—10).

28. Oktober 1928: Therese Neumann schaute abends, was das Evangelium des zweiundzwanzigsten Sonntags nach Pfingsten erzählt: Die Pharisäer fragen Jesus, ob man dem Kaiser Zins geben soll (Matth. 22, 15—21). Im Anschluß daran sah sie, wie der Heiland vom Tempel weg nach Bethanien ging und dort im Hause des Lazarus speiste.

31. Oktober 1928: Therese Neumann schaute am Abend, wie der hl. Wolfgang von einem Wagen weg, der mit zwei Pferden bespannt war, todmüde in eine kleine Kirche gebracht wurde, dort ausruhte, dann Ermahnungen gab, betete, die Kommunion und die letzte Ölung empfing, dann starb und seine Seele in lichter Gestalt zum Himmel zog. Die Salbung der Hände — so erklärte sie auf Be-

fragen — sei in der Weise gemacht worden, daß die aufeinandergelegten Hände mit e i n e m Kreuz auf dem Rücken gesalbt wurden.

1. November 1928: Fest Allerheiligen. Früh 6 Uhr durfte Therese Neumann in den Himmel schauen. In der ersten Schauung sah sie den Heiland, umgeben von Maria, Joseph, den Aposteln, den vierundzwanzig Ältesten, den sieben Erzengeln und ihrem großen Gefolge an anderen Engeln. In der zweiten Schauung sah sie den Heiland unter den jungfräulichen Seelen, in der dritten unter den übrigen Heiligen. Gar manche erkannte sie, die ihr aus früheren Schauungen bekannt waren oder die sie selber noch auf Erden gekannt hatte. Alle erschienen als reine, lichte Gestalten mit Ausnahme des Heilandes, Mariens und des Elias, die sie in verklärtem Leibe sah. Sie war so entzückt von dem Geschauten, daß sie sehnlichst nach dem Tod verlangte und den ganzen Tag wie außer sich war.

2. November 1928: Therese Neumann lag den ganzen Tag in ruhigem Schmerz da, sich ganz verlassen fühlend, selbst eine arme Seele.

Zweimal, morgens und abends, durfte sie Besuch im Fegfeuer machen. Mit unbeschreiblicher Trauer schaute sie die Seelen dort als Lichtgestalten, die noch nicht ganz rein sind. Sie sah auch hier wieder manche Bekannte, einige gingen sie auch um Hilfe an. Die gewöhnlichen Freitagsleiden und -schauungen traten nicht auf.

4. November 1928: Gegen Abend schaute Therese Neumann den Inhalt des Sonntagsevangeliums: Die Heilung des blutflüssigen Weibes — es war dies Veronika — und die Auferweckung des Töchterleins des Synagogenvorstehers Jairus von Kapharnaum.

9. November 1928: Die Freitagsleiden und -schauungen traten wie gewöhnlich auf. Darnach kam ein Leiden zur Befreiung einer Seele aus dem Fegfeuer, die nach ihrer Erlösung zu Therese Neumann sprach und dann vor ihren Augen zum Himmel fuhr. In dieser Zeit litt Therese Neu-

mann auch viel für Wien, wo zur Zeit eine große Volksmission abgehalten wurde.

21. November 1928: Therese Neumann schaute die Aufopferung Marias im Tempel zu Jerusalem.

22. November 1928: Therese Neumann sah das Martyrium der hl. Cäcilia.

23. November 1928: Bei Therese Neumann traten die gewöhnlichen Freitagsleiden und -schauungen auf. Heute durfte Therese Neumann den letzten katholischen Pfarrer von Arzberg vor der endgültigen Einführung des Protestantismus aus dem Fegfeuer erlösen. Wegen Unmäßigkeit im Trinken und Nachlässigkeit bei der Feier der hl. Messe habe er, sagte sie, so lange im Fegfeuer leiden müssen, seiner Kindlichkeit wegen dürfe sie ihn jetzt erlösen.

25. November 1928: Therese Neumann schaute den Martertod der hl. Katharina. Erst sah sie dieselbe dem Kaiser Maximilian gegenüber die christliche Religion verteidigen, später auch noch fünfzig Gelehrten gegenüber, von denen sich ungefähr vierzig zum Christentum bekehrten und deswegen auf Befehl des Kaisers verbrannt wurden. Katharina wurde gegeißelt und dann ins Gefängnis geworfen, wo zwei Engel ihre Wunden heilten und die Kaiserin Justina mit Gefolge und der Offizier mit seinen Soldaten, die an der Seite des Kaisers die Verteidigung Katharinas gehört hatten, sie besuchten. Sie alle bekehrten sich und wurden auf Befehl des Kaisers enthauptet. Katharina sollte gerädert werden, aber das Marterwerkzeug zersprang, worauf ihr das Haupt abgeschlagen wurde. Nicht rotes Blut, sondern etwas, das weiß wie Milch war, floß aus der Wunde. Der tote Leib wurde von zwei Engeln fortgetragen.

30. November 1928: Die Freitagsleiden und -schauungen traten wie gewöhnlich auf.

4. Dezember 1928: Am Abend dieses Tages schaute Therese Neumann das Martyrium der hl. Barbara. Erst sah sie dieselbe mit ihrem Vater in einem turmähnlichen

Gebäude, wo dieser Aufschluß über das dritte Fenster und das Kreuz am Fußboden verlangte. Die Erklärung Barbaras versetzte ihn in solche Wut, daß er nach dem Dolche griff. Barbara entkam durch die Flucht. Therese Neumann sah sie wieder vor dem Richter, der sie schließlich mit Riemen peitschen und ihr mit spitzen festgemachten Scherben die Haut aufreißen ließ. Hierauf wurde sie ins Gefängnis gebracht, wo ihr Christus erschien. Wieder vor den Richter gestellt, wurde sie nach mutigem Eintreten für den hl. Glauben mit eisernen Krallen zerfleischt und mit Fackeln an den Seiten gebrannt; hierauf wurden ihr die Brüste abgeschnitten und sie dann, nackt und zerschunden, durch die Leute geführt. Schließlich schlug ihr der eigene Vater den Kopf ab. Dieser und der Rumpf wurden von Jungfrauen schnell weggerafft. Der darüber erbitterte Vater wurde von einem Blitz aus den inzwischen heraufgezogenen Gewitterwolken erschlagen.

8. Dezember 1928: Ungefähr um 6 Uhr früh, bald nach der Kommunion, schaute Therese Neumann die Unbefleckte am Himmel. Es ist Tag, der Himmel blau, mit sehr viel weißen Wölkchen. Mit dem verklärten Erdenleib, mit glänzend weißem, langem und weitem und um die Mitte gegürtetem Gewand, hinter sich, vom Hals ungefähr bis zu den Knien, die rötlich strahlende Sonne, mit den Füßen etwas über der weißleuchtenden nach oben offenen Mondsichel, um das Haupt einen Kranz von zwölf funkelnden Sternen, die Hände Therese Neumann entgegenhaltend und sie freundlich anlächelnd. Maria sprach auch zu ihr und mahnte sie, in Geduld auszuharren.

9. Dezember 1928: Ungefähr um 5 Uhr nachmittags sah Therese Neumann Johannes den Täufer in einer Feste mit vier oder fünf Türmen, hoch oben am Ufer eines großen Wassers, in einem Gefängnisse, aber nicht gefesselt, sondern frei mit Leuten verkehrend. Die Türe des ummauerten Vorhofes wurde von Soldaten bewacht. Zwei Männer schickte Johannes fort. Diese sah Therese Neumann wieder beim Heiland in einer gebirgigen Gegend,

wo dieser Kranke heilte und dann mit diesen Männern sprach. Nachdem er diese entlassen hatte, sprach er sehr ernst zum Volk, unter dem manche Pharisäer waren. Therese Neumann hörte ähnliche Worte wie Corazain, Bethsaida, Tyrus, Sidon. Nachdem die Pharisäer fortgegangen waren, sprach der Heiland noch recht mild und einladend.

Im Advent hatte Therese Neumann seelisch mehr zu leiden. Die sakramentale Gegenwart des Heilands war nicht so andauernd, wie gewöhnlich; es war, wenn der Heiland fort war, in ihr leer und öd. Dieses Leid war für sie härter als jedes körperliche Leiden.

Gegen Ende des Advents steigerte sich bei Therese Neumann wenigstens das Seelenleiden immer mehr.

Am 21. Dezember 1928 hatte sie nochmals die gewöhnlichen Freitagsleiden und -schauungen; die sakramentale Gegenwart des Heilandes in ihr endete ungewöhnlich früh, manchmal schon kurz nach der Kommunion wieder, zuletzt verspürte sie auch die Kraft des priesterlichen Segens nicht mehr; sie fühlte sich verlassen und getraute sich kaum recht an den Heiland zu denken, was doch sonst ihre größte Freude gewesen war. Der Teufel griff sie schmeichelnd und wütend an, um sie gegen das Leiden einzunehmen.

Weihnachten 1928 und Neujahr 1929 vergingen so, wie in den Weihnachtsschauungen der Therese Neumann vom Jahre 1927 ausführlich beschrieben ist. Nur den Tod des hl. Franz von Sales sah sie diesmal nicht.

In der Weihnachtsoktav hatte Therese Neumann nichts zu leiden, jeden Tag sah sie in der Messe bei der Wandlung Engel zur Erde niederschweben, aus deren Mitte dann das Christkind vor sie hinkam; auch bei der Kommunion und beim sakramentalen Segen sah sie das Christuskind öfters vor sich.

Das Stigmenbluten am Karfreitag 1928

Im Jahre 1928 hatte ich Gelegenheit, während der Woche vor der Karwoche und in dieser selbst Beobachtungen an den Handstigmen von Therese Neumann zu machen. Die Stigmen hatten in der Fastenzeit zu bluten angefangen. Als ich sie in dieser Zeit das erste Mal sah, wiesen sie um das eigentliche Stigma herum einen etwa 1½ bis 2 mm breiten unregelmäßigen Kranz getrockneten Blutes auf. Er umgab die eigentliche Wunde und war deutlich von ihr unterschieden. Das Bild erinnerte an den Mond, wenn er einen Hof hat. Ich werde daher im folgenden diesen Kranz getrockneten Blutes auch als Hof um das Stigma bezeichnen. Er konnte nicht durch Waschen entfernt werden, weil Therese Neumann an den Händen und Füßen — welch letztere ich aber nicht so genau gesehen habe — und insbesondere in den Stigmen einen so starken Schmerz empfand, daß man sie nicht kräftig genug waschen konnte, um das angetrocknete Blut zu entfernen. Wie in der Übersicht ihrer Schauungen bereits berichtet worden ist, befand sich Therese Neumann schon in der Woche vor der Karwoche in einem Zustand hochgradiger Erschöpfung und verschiedener Leiden, der sich in der Karwoche selbst noch gesteigert hatte. Diese ihre Erschöpftheit erschwerte ihre Befragung in der Nacht des Gründonnerstags und Karfreitags außerordentlich, so daß ich nur Bruchstücke von Berichten der von ihr gesehenen Begebenheiten gewann. Pfarrer Naber, Professor Wutz und ich haben deshalb nach einiger Zeit auf die Befragung mehr und mehr verzichtet, und ich habe mich ganz der Beobachtung des Stigmenblutens zugewandt. Hieraus erklärt sich die Art des nachfolgenden Berichtes.

Am Gründonnerstag abends 10²⁷ Uhr wurde Therese Neumann in die erste Schauung gerissen. Sie dauerte bis 10³¹¼ Uhr. Die Stigmen waren runzelig erhoben. Sie sah Christus auf der Straße mit zehn Aposteln; Petrus und Johannes waren vorausgeschickt.

Die zweite Schauung trat um 10⁴⁰ Uhr ein. Im nach-folgenden Zustand des Eingenommenseins berichtete sie: „Der Heiland ist in eine schöne große Stubn nein-gangen. Ein guter Mo hat ihn hineingeführt. Drinn ists hergericht gwen. Na is einer kommen mit einer Spitz-kappn. Nacha is nimmer schön g'west." Auf die Frage, warum es nicht mehr schön gewesen sei, erklärte sie: „Der Heiland hat den Mo kommen lassen, na is der Mo fortgangen und wiederkommen, na is der Heiland mit-gangen. Die Manner san da g'sessen und ham gredt. Der Heiland is da ummi" — sie machte eine Bewegung mit der linken Hand — „etza san noch ein Mo und ein Mo mehra gwen" — nach ihrem Bericht im Zustand des Ein-genommenseins nach der ersten Schauung, den ich nicht mit ihren Worten aufgezeichnet habe, sagte sie, Christus sei mit zehn Jüngern zum Abendmahlssaal gegangen, nachdem er zwei, die sie als Petrus und Johannes be-schrieb, vorausgeschickt habe. Ich fahre jetzt in ihrer Schilderung nach der zweiten Schauung fort. Sie erklärte wieder, nachher sei es nicht mehr schön gewesen, weil sie den Heiland nicht mehr hätte sehen können. Denn sie war nur lebhaft interessiert, wenn sie den Heiland schaute.

Die dritte Schauung dauerte von 10⁴⁴½ bis 10⁴⁷ Uhr. Sie sah die weitere Zurechtrichtung des Saales und den Beginn der Zubereitung des Mahles, wie aus dem nach-folgenden Bericht hervorging: „Der Heiland hat Blut an die Tür hing'schmiert und ins Feuer g'schürt. Na hams gebet't, na hams'n Viecherl bracht. Woißt, das hams am Steckerl g'habt und schwarzbraune Teller, net recht rund, und koine Gabeln wie wir, so Kratzerl, Messer hams a ghabt. Vorm Heiland hat 'n großes g'legen. Der mit der Spitzkappn hat viel bracht, so Grüng'wachsnes. Dös Viecherl hams vorn Heiland hing'stellt. Der hat gbet't und in die Höch g'schaut. In der Stubn hat auch ein Feuer brennt. Da waren auch Liachter." Sie zählte in ihrer bekannten Weise drei und zeigte sie als im Dreieck stehend.

Auf jedem seien „kleine Schnaberl" mit mehreren Flammen gewesen.

Die vierte Schauung dauerte von 10^{52} bis 10^{54} Uhr. Sie sah den Beginn des Mahles.

Die fünfte Schauung begann 10^{55}. Therese Neumann hörte sehr aufmerksam und lebhaft, machte mit der rechten Hand das Kreuzzeichen und später einige Bewegungen. Sie berichtete darnach, der Heiland sei mit den Mannern „umeinandergangen". Dazu sei gesungen worden. „Der Heiland hat ang'fangt, die andern san mit G'sang eing'fallen. Der Heiland hat hell vürg'sungen. Dabei sans a vor die Tür nausgangen. Ich habs vorbeigehn lassen. Ich geh auch heim. Geh du auch! Geh zu! Mir is hoaß. Geh zu, geh! Ich zieh den Kittel aus." — Sie streifte das Oberbett ein wenig zurück. Auf eine Frage, was denn gesungen worden wäre, nannte sie die Worte: *Halleluja, Eloim, Adonai!*

Die sechste Schauung dauerte von 11 bis 11^{02} Uhr. Sie berichtete darnach: „Der Heiland hat dene Manner die Füß g'waschn. Oiner hat zuerst net wolln, nacha hätt er sich den Kopf auch waschen lassen."

Die siebente Schauung dauerte von 11^{04} bis 11^{09} Uhr. Therese Neumann sah zunächst ehrfürchtig nach oben, dann finster mit dem Ausdruck des Widerwillens zur Seite, dann wieder heiter und nach oben. Sie berichtete dann: „Der Heiland hat jedem was geben. Oiner is davon. Der mit die roten Haar. Der Heiland hat was g'sagt, da is er davon. Der Heiland hat dann dene Manner zu trinken geben." Professor Wutz machte darauf Versuche, seine am Karfreitag des Vorjahres gewonnenen Texte der Worte nachzuprüfen.

Die achte Schauung dauerte von 11^{11} bis 11^{13} Uhr. Sie berichtete nachher: „Die Manner haben alleweil übereinander g'redt. Dem Heiland is a bißl hart gwen. Er hat zum gungen Mo g'redt. Der Heiland hat furtbet, dabei is er g'standen. Wie er wieder g'sessen, hat der gunge Mo sein G'sicht dem Heiland an die linke Seitn g'legt.

Nacha hat der Heiland ein Bröckerl dem Mo mit die roten Haar geben. Von dene andern san die oin g'standn und die andern g'sessen. Nacha san der Heiland und die Manner zur Tür nausgangen. I geh auch furt. Geh du auch furt!" — Sie wiederholte die Aufforderung oft. — „Er is no da, i hör ihn redn — hoaßla (= heiß ist es)!"

Die neunte Schauung dauerte von 11^{18} bis 11^{22} Uhr. Sie schaute suchend herum. Bei ihrer Erschöpfung war in dem nachfolgenden Zustand des Eingenommenseins wenig mehr zu erfragen. Sie berichtete: „Der Heiland und die Manner san fortgangen. Der Rote hat alleweil g'redt. Der Heiland hat was zu ihm gsagt — ich verstand: *tr nagola* und *satana.*" Aber Therese Neumann war jetzt wie schon bei den vorausgegangenen Berichten nicht leicht zu verstehen, da sie sehr leise sprach. Sie fuhr dann fort: „Ein wenig ein Lichtl war am Himmel. Ihre Schuh waren nicht so unten, sondern oben bunden."

Die zehnte Schauung dauerte von 11^{25} bis 11^{26} Uhr. Sie berichtete darnach: „Der Heiland is mit dene Manner über ein kleine Bruckn gangen. Woißt, den Berg links nauf. Na sans in den Garten gangen. Da is erst ein kleins Häusl kemmen, dann ein größeres Häusl, na san die oin Manner dablieben und der Heiland is mit die andern weitergangen." — Sie zählte auf ihre Weise die zurückgebliebenen als acht, die Begleiter als drei. Dann verlangte sie nach dem Pfarrer: „Ich hab soviel Weh. I bin so müd, so toterer." Nach kurzer Zeit erzählte sie wieder vom Abendmahl und daß sie gesungen hätten: Hallel und Adonai. Dann kam sie erneut in eine Schauung.

Von jetzt an wurde von uns die Befragung sowohl mit Rücksicht auf ihren Zustand wie im Hinblick auf die Tatsache, daß die letzten der schon vorausgegangenen Schauungen und die folgenden an anderen Leidensfreitagen, wenn sie weniger erschöpft ist, leichter erfragt werden können, sehr eingeschränkt.

Diese elfte Schauung dauerte von 11^{32} bis $11^{35½}$ Uhr.

Sie machte ein trauriges Gesicht und rang die Hände. Bei starkem Schmerzensausdruck im Gesicht traten 11^{35} Uhr ihr wässerige Tränen in die Augen. Hernach stöhnte sie: „Mir is hart und hoaß. Da wär es nit so hoaß. In mir is hoaß." Aus ihrer Schilderung ergab sich, daß sie das erste Beten des Heilands am Ölberg gesehen hatte.

In der zwölften Schauung von 11^{40} bis 11^{43} Uhr sah sie das zweite Beten. Ihre Augäpfel begannen sich einzubluten. Die oberen Lider schoben das Blut auf das Unterlid. Nach 11^{43} Uhr, nach Beendigung der Schauung, fiel Therese Neumann wie immer in das Kissen zurück. Ein Blutstropfen trat in den rechten inneren Augenwinkel über. Aus dem linken äußeren Augenwinkel begann ein Tropfen herunterzurinnen. Sie hatte vorher den Kopf auf die linke Seite gelegt und uns das Gesicht zugedreht. Sie jammerte sehr über neuen Schmerz im Herzen, und zwar an der Stelle der Herzwunde.

In der dreizehnten Schauung von 11^{49} bis 11^{52½} Uhr rann auch aus dem rechten Auge, und zwar vom inneren Augenwinkel, ein wässerigblutiger Tropfen herab.

Um 11^{50½} Uhr hatte sich das blutige Tränen so weit verstärkt, daß der erste Blutstropfen vom Gesicht auf die Nachtjacke fiel. Aus dem linken Auge drang ein zweiter Blutstreifen hervor. Während des Gespräches im nachfolgenden Zustand des Eingenommenseins klagte sie jetzt auch über Schmerz in den Augen. Das Licht begann sie zu stören. Plötzlich sagte sie: „Was krabbelt denn da an meinem Hals?" Es lief ihr nämlich ein Blutstropfen in den Hals. Der Pfarrer suchte ihr klar zu machen, daß sie aus den Augen blutete. Sie wehrte aber mit den Worten ab: „Na, i bin doch nicht so nah hin." Sie klagte über Hitze. Ihr „Kittel" sei ihr so schwer. Auf die Entgegnung, sie liege doch im Bett und das Bett sei schwer, erklärte sie: „Na, ich bin in meinem Kittel. Was tu i denn im Bett? Na, im Bett bin i net. Das dat dem Heiland weh, wenn i heimgang und leget mi nieder; wär ihm hart, wenn i ging. Der liechte Mo (der Engel) ist auch gangen." Nach einer

Pause: „Warum wird denn dem Heiland so hart sein, möcht i gern wissen. Dös is net neugierig. Wenn i das wissen dat, wär i froh." Pfarrer: „Resl, böse Leute wollen ihm nicht folgen. Und dafür muß er sie strafen. Das ist ihm hart." Therese Neumann: „Dös könnt er doch daheim auch denken und net in dem Garten. I bin nimmer bös etza. I nimm mi zamm. I bin früher auch manchmal bös g'west."

Das Gespräch wurde durch die vierzehnte Schauung von 12⁰⁴ bis 12⁰⁶ Uhr abgebrochen, während der das Augenbluten sich verstärkte. Sie sah die Häscher kommen und Judas. Im anschließenden Zustand des Eingenommenseins kam sie auf ihre Wahrnehmungen am Verhalten des „roten Mo" (Judas) im Abendmahlssaal zurück. Sie erzählte: „Mit brennenden Holzscheiteln san ein' kemmen. Die ham den Heiland net gern g'habt. Die san von dera Straßn auffagangen. Oiner is vorgangen. Der is davong'rennt, wie ihm der Heiland das Brot geben hat. Wein hat er nimmer kriegt, bloß ein bißl Fleisch. Auch die Füß hat er g'waschen kriegt. I mein, er wird den Heiland heimführn. Aber so finsterer schaut er drein." Der Pfarrer erwiderte ihr: „I mein, Resl, der wird den Heiland fangen." Worauf sie plötzlich lebhaft antwortete: „Na sei doch g'scheit!"

Um 12⁰⁷ Uhr war die Oberfläche des Stigmas der linken Hand noch trocken, wie eine Besichtigung mit Hilfe des elektrischen Nachtlichtes ergab.

In der fünfzehnten Schauung von 12¹¹½ bis 12¹³½ Uhr sah sie den Zusammenstoß zwischen den Aposteln und Judas. Sie sprach ungefragt aramäische Worte: „Die Manner ham gleich g'schrien: *Machada, machada!* (Was ist los? Was ist los?) Dem roten Mo hams zugeschrien: *Ganappa!* (Dieb, Schurke). Die ein ham g'sagt: *Jeschua Nazarea,* (Jesus von Nazareth). Na hat der Heiland g'sagt: *Anna.* (Ich bin's)."

Professor W u t z, mit dem ich am Gründonnerstag von Eichstätt im Auto gekommen und der von der Wagenlenkung sehr ermüdet war, war schon vorher sitzend eingeschlafen. Während ich dieses Gespräch unmittelbar nach der fünfzehnten Schauung aufschrieb, sah ich mich nach ihm um und habe den Vermerk auf meinem Schreibblock gemacht: Wutz schläft im Zimmer. Am Handstigma war eine Veränderung noch nicht bemerkbar.

Die sechzehnte Schauung von 12^{18} bis 12^{20} Uhr habe ich nicht erfragt. Denn meine Aufmerksamkeit wurde von der Wahrnehmung in Anspruch genommen, daß die Oberfläche des Stigmas des mir zugekehrten linken Handrückens einen Riß bekam. In dem darauffolgenden Zustand des Eingenommenseins klagte Therese Neumann, ihr werde so schwindelig. Sie zuckte zweimal stark zusammen und erzählte mir, ihr täten die Hände weh. Dann berichtete sie, sie hätte gerade gesehen, daß sie den Heiland fest zusammengebunden haben. Auf meine Frage, wo ihr die Hände schmerzten, antwortete sie, sie täten ihr an den Gelenken weh, da, wo der Heiland gebunden wurde. Immer wieder klagte sie über Schwindel und Hitze und vermeinte, ihren „Kittel" auszuziehen. Sie schob dabei das Oberbett, das bis zu ihrer Brust hinaufreichte, 10—15 cm zurück. Dabei stöhnte sie wiederholt: „Heiland! Heiland! Was ist mit mir?"

In der siebzehnten Schauung von 12^{26} bis 12^{27} Uhr, während der sie die Fortführung Christi durch die Häscher sah, wie sich aus ihrer Befragung im Zustand des Eingenommenseins ergab, begann das Stigma des linken Handrückens zu bluten. An dem Rande nach dem Handgelenk zu begann die Oberfläche aufzureißen, wie die folgende Zeichnung, die ich sofort aufnahm, zu zeigen versucht. In dem blutenden Teil war etwas wie eine Luftblase bemerkbar. Das Blut war dunkelrot. Als ich sie in dem darauf folgenden Zustand des Eingenommenseins befragte, erklärte sie: „Sie haben den Heiland fortgeführt. Geh nur auch fort! Wenn mir kühler ist, erzähl ich dir."

12^{32} Uhr rief sie nach der Mutter.

Von 12³⁷ bis 12³⁸ Uhr hatte sie die achtzehnte Schauung. Das Stigma der rechten Hand blutete, und die Stigmen der Fußrücken bluteten ebenfalls. Sie erzählte uns darnach, der Heiland sei „in das Wasser geschmissen worden". Dabei sagte sie, die zusehenden Leute hätten „*machada, machada*" geschrien. (*Ma-hada*, aramäisch, bedeutet: Was ist los?)

Außenfläche der linken Hand

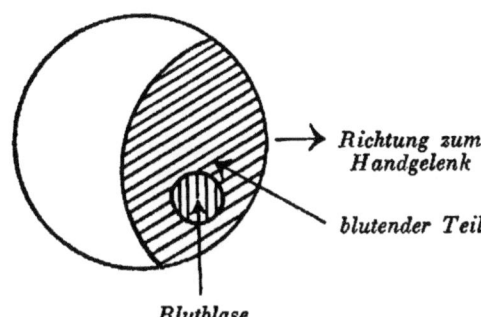

Richtung zum Handgelenk

blutender Teil

Blutblase

Natürliche Größe des Stigmendurchmessers ungefähr 12—13 mm

Während der neunzehnten Schauung von 12⁴¹ bis 12⁴³ Uhr machte sie mit den Händen eine kräftige Angriffsbewegung. Im nachfolgenden Zustand des Eingenommenseins erzählte sie: „Es hat einer dem Heiland eine Schelln geben um nichts. Der Heiland hat was Scharfes g'sagt." Das Stigma des linken Handrückens war während dieser Zeit aufgeschwollen und glatt von schwarzer Blutfarbe, wenn man in dasselbe von oben hineinsah. Es war vor dem ersten Bluten noch rissig gewesen. Dann war es einheitlich offen, und es floß hellrotes Blut heraus und über den Handrücken. Sie stöhnte lange wegen ihrer Schmerzen an der Stelle der Herzwunde. „Da wird's so schwer."

Während der zwanzigsten Schauung von 12⁵⁴ bis 12⁵⁵½ Uhr sah sie, wie sie im nachfolgenden Zustand des Eingenommenseins erzählte, daß der Heiland von der Straße

in ein Haus geführt wurde—„ich bin nicht hineingegangen."
Sie zeigte sich in diesem nachfolgenden Zustand des Eingenommenseins sehr erschöpft und von der Hitze be-
lästigt. Sie wollte ihren Kittel ausziehen und erklärte
mir — den sie für den Pfarrer hielt, während der Pfarrer
auf dem Sofa auch eingeschlafen war —, ich sollte jetzt fort
gehen, damit sie ihren Kittel ausziehen könnte. Diese
Aufforderung kommt während einer solchen Nacht öfters.
Man geht dann von ihrem Bett ins Zimmer zurück und
wendet ihr den Rücken. Ich wollte aber doch beobachten
und dachte mir, ich könnte bei ihr den Eindruck, daß
ich fortgegangen sei, dadurch erwecken, daß ich für einen
Augenblick den Kopf drehte und ins Zimmer hinein sprach.
Der Täuschungsversuch entging ihr nicht. Sie begann ein
lebhaftes Fragen an den Heiland, warum der Pfarrer lüge.
So blieb mir nichts übrig als zu sagen, ich sei nicht der
Pfarrer, und ins Zimmer zurückzutreten. Da sie sich
nicht beruhigte, weckte ich den Pfarrer, der ihr dann mit
Erfolg zuredete.

Ich habe nämlich, wie ich hier einschaltend bemerken
darf, am Bett der Therese Neumann mich immer bemüht,
durch Willensanstrengung dafür zu sorgen, daß ich von
dem Eindruck nicht mitgerissen wurde. Therese Neumann
sagte selbst einmal im erhobenen Ruhezustand zu mir:
„Du strengst dich derart an, kühl zu beobachten, daß du
innerlich dabei austrocknest!" Wie in manchen anderen
Fällen war ihr auch jetzt im erhobenen Ruhezustand diese
meine geistige Einstellung völlig bekannt.

Die einundzwanzigste Schauung währte von 1^{06} bis
1^{08} Uhr am Morgen des Karfreitags. Christus wurde vor
Kaiphas geführt, wie aus ihren Erzählungen im Zustand
des Eingenommenseins zu entnehmen war.

In diesem nachfolgenden Zustand stöhnte sie immer
wieder schmerzlich auf: „Heiland, i kann nimmer!" Während dieser Zeit begannen die Handstigmen erneut zu
bluten. Dabei war zu bemerken, daß deren Oberfläche sich
etwas senkte, wenn das Blut herabfloß.

Die zweiundzwanzigste Schauung dauerte von 1^{15} bis 1^{17} Uhr. Auf die Frage im nachfolgenden Zustand des Eingenommenseins erzählte sie: „I hab an Heiland g'sehn." Darauf ich: „Erzähl halt!" Therese Neumann: „I kann nimmer!" Ich redete ihr daraufhin dringlicher zu. Sie bezwang sich und sagte: „Der Heiland stand vor an Mo mit großem Bart. G'redt hams und g'lacht hams über den Heiland." Dabei stöhnte sie laut vor Schmerzen und krallte mit den Händen am Deckbett entlang.

Die dreiundzwanzigste Schauung fand von 1^{27} bis 1^{29} Uhr statt. Im nachfolgenden Zustand des Eingenommenseins lehnte sie immer stärker die Befragung ab. Sie sei zu erschöpft. Sie könne nimmer. Aus Andeutungen entnahm ich, daß sie sah, wie Christus ins Gefängnis des Kaiphas gebracht wurde.

1^{37} Uhr trat ein erhobener Ruhezustand auf. Sie sprach mit der gewohnten Frische und erzählte, der Heiland stärke sie jetzt. Heute seien die Stationen geteilt und ihr Leiden sei stärker. Aber wenn sie schaue, empfinde sie keine Schmerzen. In diesem Gespräch kam sie auch auf meinen oben geschilderten Versuch, sie zu täuschen, zurück und machte mir ernste Vorhaltungen. Ich sollte doch derartige Versuche lassen. Ich wüßte doch und hätte es genügend erlebt, daß ich alles zu sehen bekäme, was zu sehen sei. „Sieh mal," so sagte sie, „der Heiland nimmt's genau. Wenn du mit einer Lüge die ganze Welt gewinnen könnt'st, was hätt'st dann davon? Was ist denn die Welt wert?"

Dann riet sie uns, auszurasten. Wir seien zu müde von der Fahrt; wir sollten um sieben Uhr wiederkommen. Wir verließen darauf ihr Zimmer. Die Müdigkeit infolge der mehr als achtstündigen Autofahrt und des jetzt bereits dreistündigen schärfsten Beobachtens, dem nach dem Eintreffen in Konnersreuth keine Ruhe vorausgegangen war — denn nach dem Abendessen hatte ich Therese Neumann sofort aufgesucht, um sie auch vor den Schauungen zu beobachten —, machte sich geltend. So bin ich ihrem

Rat gefolgt. Denn mich erfaßte selbst die Sorge, daß ich bei diesem Körperzustand bald die Fähigkeit zu weiterer genauer Beobachtung verlöre. Dazu kam, daß ich nach dem dreistündigen Aufschreiben, das ich an ihrem Bett sitzend mit dem Schreibblock auf dem Knie vornehmen mußte — denn ich mußte ja meine Augen so nah als möglich an ihre Handstigmen heranbringen —, mit Schwierigkeiten des Schreibens zu tun bekam. Ich konnte damit rechnen, daß ich in Kürze einen vollentwickelten Schreibkrampf haben würde und infolgedessen ohnehin nicht mehr aufzeichnen könnte. Ich bin am anderen Morgen nicht um 7 Uhr im Zimmer der Therese Neumann gewesen. Ich war froh, daß es mir bis 8²⁵ Uhr gelang.

Ich traf sie im erhobenen Ruhezustand. Aus den Augen und Händen floß stark frisches Blut. Die Stigmen der Hände waren ebenfalls frisch blutig. Um das Stigma selbst war ein Blutkranz angetrocknet (siehe Zeichnung). Der Kranz war rissig und rollte sich an einzelnen Stellen auf. Dies geschah sowohl vom äußeren Rand wie von den Rißstellen aus. Offenbar war der Vorgang der folgende: Durch das Überlaufen des Blutes über den Rand des eigentlichen Stigmas bildete sich dieser Blutkranz, der an der glatten Haut, die sich um das Stigma wie ein Mondhof befindet, antrocknete. Bei späteren Blutungen des Stigmas floß jeweils erneut Blut auch auf diesen Kranz und hob beim Auftrocknen die darunterliegende schon getrocknete Blutschicht von dem straff gespannten Hauthof des Stigmas ab. Dabei platzte dieser Blutkranz auch in der Richtung der Diagonale. An diesen Stellen machte die glattgespannte, vom Blut zum Teil noch etwas gefärbte Hofhaut den Eindruck eines neugebildeten Wundhäutchens. Bereits in der Nacht vor Beginn des Blutens der Handstigmen und dann während desselben hatte ich die gleichen Beobachtungen gemacht. Nur waren damals die Beobachtungsbedingungen nicht so günstig wie jetzt in diesem Augenblick. Denn Therese Neumann hatte nachts die Hände in der Regel bewegt. Versuche, ihr im Zustand des Eingenommenseins die Hände festzuhalten, wehrte sie wegen der Schmerzen ab. Jetzt am Karfreitag Vormittag im erhobenen Ruhezustand hielt sie mir auf meine Bitte die linke Hand ruhig zu genauer Beobachtung hin. Ich machte die Anwesenden, nämlich den Pfarrer und den

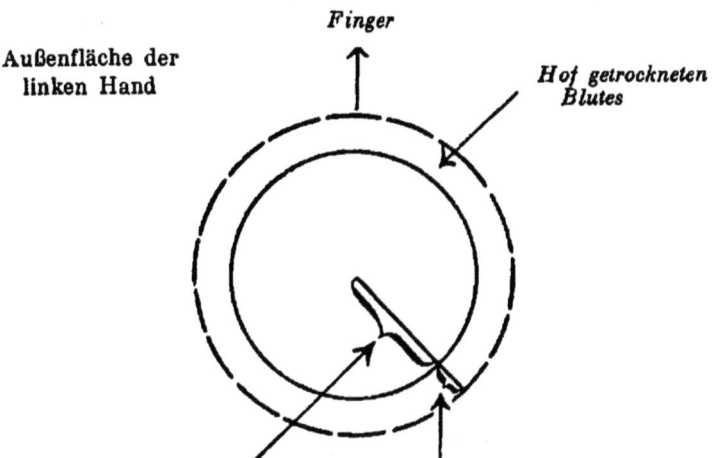

Finger

Außenfläche der linken Hand

Hof getrockneten Blutes

Dieser Teil des Einrisses in den Schorf war dunkel-blutig wie das Stigma selbst

In dieser Ausdehnung des Risses war die straffgespannte Handhaut sichtbar

Natürliche Größe des Stigmendurchmessers ungefähr 12 — 13 mm

Professor Wutz, erneut auf diese Beobachtung aufmerksam und sagte zu ihnen, ein nicht ganz genaues Betrachten möchte zu dem Eindruck kommen, als ob tatsächlich ein Epithelhäutchen unter der Blutfläche sei. Wenn man aber genau zusehe, zeige sich das gleiche, was ich schon in der Nacht bemerkt zu haben glaubte: dieses gespannte Häutchen reiche in den Rissen vom äußeren Rand des übergeflossenen und angetrockneten Blutes bis zum eigentlichen Stigma. Von da an sehe man in der Fortsetzung des Risses nach innen zum Mittelpunkt des Stigmas nur mehr tief hinein in rotes Blut. Jetzt, wo Therese Neumann die Hand ruhig hinhalte, so daß man sie zum Tageslicht hinwenden könnte, sei mir kein Zweifel, daß ich heute nacht bei Lampenlicht auch richtig gesehen hätte. Die beiden Herren bestätigten mir meine Beobachtung. Ich konnte mich nicht enthalten, zu sagen, das Stückcben glattgespannter Haut des Hofes um das Stigma, das wir wahrnähmen, scheine das von anderer Seite beobachtete Epithelhäutchen unter dem Stigmenschorf zu sein. Man habe eben den Unterschied zwischen dem eigentlichen Stigma und dem Blutkranz nicht beachtet und die gespannte Haut, die der Stigmenhof ständig aufweist und die bei dem blutenden Stigma noch in der Spannung verstärkt, also ganz glatt war, für ein Epithelhäutchen gehalten, aber nicht gesehen, daß dieses Häutchen ja am Rande des Stigmas endete. Während dieser Beobachtung und Besprechung lag Therese Neumann — wie gesagt — im erhobenen Ruhezustand mit geschlossenen Augen schweigend da; ein leises Lächeln spielte um ihren Mund. Sie ließ mit ihrer linken Hand alles machen, was zur Herstellung der besten Beobachtungsbedingungen nötig war, und ließ sie mir auch ruhig zu immer wiederholter Nachkontrolle. Als ich aber dieser Vermutung Ausdruck gab, fing sie plötzlich zu sprechen an und sagte, ich hätte richtig gesehen. Das, was ich beobachtet hätte, hätte Dr. Seidl als neugebiidetes Epithelhäutchen unter dem Stigmenschorf gedeutet. Auf Frage erklärte Therese Neumann: Bei der Herzwunde könnte man die gleiche Wahrnehmung machen. Doch habe ich die Herzwunde bisher nicht zu sehen erbeten. Da ich kurzsichtig bin, konnte ich die geschilderte Erscheinung an ihrem Handstigma aus der Nähe gut beobachten. Im gewöhnlichen Zustand erzählte sie mir später, sie könne sich erinnern, daß Dr. Seidl die in Rede stehende Beobachtung während der Fastenzeit 1927 gemacht habe, wo die Stigmen ebenfalls bluteten und den Kranz angetrockneten Blutes zeigten.

Da an diesem Karfreitag sich viele Besucher eingefunden hatten, verbot sich für den Vormittag jene Form der Beobachtung, die ich in der Nacht durchführen konnte. Denn weil Therese Neumann bei ihren Freitagsleiden sehr

leicht Atemnot bekommt, wenn die Zimmerluft durch die
Anwesenheit vieler Menschen sich verschlechtert, blieb ich
mit Rücksicht auf ihren ohnehin schwer leidenden Zustand
und im Hinblick auf die vielen anderen Besucher, die sie
im Laufe des Vormittags zu sehen wünschten, ihrem Zimmer
fern. Erst um 12 Uhr fand ich mich wieder bei ihr ein.

1⁵¹ Uhr mittags dieses Karfreitags ging die große Schauung des Kreuzestodes zu Ende. Das Blut aus den Stigmen
der inneren Handflächen — wann diese zu bluten begannen,
habe ich nicht beobachten können — hatte zusammen
mit dem aus den Stigmen der Handrücken Streifen gebildet, die unter dem Handballen, also auf der Seite des
kleinen Fingers, zusammengelaufen waren. Die oberen
Handstigmen waren trocken und von Rissen durchzogen;
in dem stärksten Riß war vom äußersten trockenen Blutkranz bis zum Rand des eigentlichen Stigmas wieder die
Haut sichtbar. Dann sah man in dunkles Blut von gleicher
Farbe wie das Stigma selbst. Die Beobachtungen zu den
verschiedenen Zeiten deckten sich also, wie auch aus den
Zeichnungen, die ich jeweils sofort machte, hervorgeht.
Nach der Kreuzestodschauung habe ich ein erneutes
Bluten der Stigmen nicht mehr beobachtet. Die Blutmenge, die den Stigmen entflossen war, war so beträcht-
lich, daß die Ärmelenden der weißen Nachtjacke, nämlich
kleine Gitterspitzen, dick mit Blut getränkt waren. Ob
außerdem noch Blut abgetropft ist, weiß ich nicht.

Eine Schauung, die von 2⁰⁴ bis 2⁰⁶ Uhr mittags dauerte,
betraf die Schächer; eine weitere von 2¹⁵ bis 2¹⁸½ Uhr
die Kreuzabnahme. Ihr Schwächezustand verstärkte sich
immer mehr, so daß es nicht mehr gelang, mehr als nur
einige Worte in dem jeweils folgenden Zustand des Eingenommenseins zu erfragen.

Von 2²³½ bis 2²⁸½ Uhr hatte sie wieder eine Schauung,
die offenbar die „Einwickelung des Heilandes" betraf.

In der Schauung von 2²⁹½ bis 2³² Uhr roch sie in die Luft
und saugte schnaufend den Atem ein, so daß ich annahm,
es handle sich um die Einbalsamierung Christi.

Von den folgenden Schauungen von 2^{46} bis 2^{50} Uhr, 2^{51} bis 2^{53} Uhr und 3^{05} bis $3^{07\frac{1}{2}}$ Uhr ließ sich der Inhalt nicht mehr feststellen. Nach dieser Schauung verließ ich das Zimmer einige Zeit. Als ich 3^{25} Uhr wiederkam, hörte ich, wie Therese Neumann gerade zum Pfarrer sagte: „Der Heiland ist gestorben, die Mutter ist gerade heimgangen."

3^{46} Uhr hatte sie einen Erstickungsanfall.

$3^{51\frac{1}{2}}$ Uhr kam sie in einen erhobenen Ruhezustand. Ich verließ das Zimmer, da sie mit dem Pfarrer allein sprechen wollte.

Besuche und Hausgartenanlage

Während des Jahres 1928 ging der Besuch von Konnersreuth, der schon im Herbst 1927 infolge der Erklärung der bayerischen Bischofskonferenz stark nachließ, weiter zurück; sehr zur Freude von Therese Neumann, ihrer Familie und Pfarrer Naber. Auch die heutigen Besuche erträgt sie ebenso wie schon früher den Massenbesuch nur, weil die Stimme der heiligen kleinen Therese ihr die Aufgabe gegeben hat, durch ihr Leiden mitzuwirken am Heile der Seelen. Ginge es nach ihrem Wunsche, so würde sie sich in Zurückgezogenheit ihrem religiösen Leben widmen. Wie ihr, so ergeht es den übrigen ihr nahestehenden Personen in Konnersreuth. Die Familie hat keineswegs den ihr nachgesagten Vorteil, sondern nur Schaden durch Ausfall der Arbeitszeit. Sie nimmt entgegen verbreiteten Behauptungen von den Besuchern keine Gaben an. Ihr Vater hat große Summen, die ihm für ihre Verfilmung in den Schauungen geboten wurden, rundweg abgelehnt. Ebenso hat das Geschehnis dem Ortspfarrer eine außerordentliche Menge an Arbeit und Zeitbeanspruchung durch Besuche gebracht, so daß er oft keine Minute des Tages für sich selber hatte.

Aus dem Kreise der Besucher des Jahres 1928 ist der neue Diözesanbischof Dr. Buchberger zu erwähnen, der am 22. und 23. März mit dem Weihbischof Hierl und anderen in Konnersreuth weilte. Auch andere Kirchenfürsten — sowohl inländische wie ausländische, auch überseeische — erschienen in Konnersreuth, um persönlich die Begebnisse zu studieren; unter ihnen befand sich der Münchener Kardinal Dr. v. Faulhaber, der sich vom 22. bis 24. August in Konnersreuth aufhielt, und der Wiener Kardinal Dr. Piffl.

Von äußeren Geschehnissen aus dem Leben der Therese Neumann während des Jahres 1928 war nur noch das folgende für sie von Wichtigkeit. Die Marktverwaltung in Konnersreuth hatte widerruflich für ein Gärtchen einen Streifen Grund am Neumannhause abgegeben, und wochenlang beschäftigte sich Therese Neumann mit der Anlage eines Blumengärtchens und eines Sommerhäuschens bei ihrem Elternhaus. Vorher hatte sie immer in den Pfarrgarten gehen müssen oder ihre Blumen in Töpfen gezogen, die in großer Zahl jedes Fensterbrett und jeden freien Platz im Elternhaus und im Pfarrhof in Anspruch nahmen, wo sie in zwei oder drei Reihen hintereinander aufgestellt waren. Die Blumen züchtete sie vor allem für den Schmuck der Kirche an Sonn- und Feiertagen, den sie gewöhnlich, wenn ihr Gesundheitszustand es erlaubte, selbst leitete. Sie beweist bei dieser Ausschmückung einen ungewöhnlichen Grad von Geschmack, und widmet sich der Aufgabe oft stundenlang, auch wenn ihr das Bücken und Heben beschwerlich wird. Daß sie es ausgezeichnet versteht, jeden, der nur einigermaßen in die Nähe kommt, mit Hilfeleistungen zu beschäftigen, weiß jeder, der einmal diese Ausschmückung oder überhaupt Therese Neumann bei Versuchen, hauswirtschaftlich tätig zu sein, erlebt hat. So wenig sie selbst unbeschäftigt still sitzen kann, außer wenn sie sich im Gebet befindet oder leidet, ebensowenig kann sie es mitansehen, daß jemand in ihrer Umgebung unbeschäftigt ist. Die Herrichtung des Gärtchens und des

Sommerhäuschens nahm also jeden in Anspruch, den sie dafür erreichen konnte. Der Garten ist auch heute wirklich reizend hergerichtet. Gärtnerischer Rat und Mithilfe hat allerdings im Herbste 1928 dafür sorgen müssen, daß ein Teil der eingepflanzten Blumen entfernt wurde. Denn es waren von ihr schließlich so viele eingesetzt worden, daß die eine Pflanze die andere erstickte. Nur im zähen Kampfe hat ihre Mutter es erreichen können, daß wenigstens ein Teil des Gartens für Salat und Küchengrün frei blieb. Wo sie wirtschaftlich anschafft, zeigt sie übrigens einen sehr gesunden Sinn für Zweckmäßigkeit. Umsicht ist ein bestimmender Zug alles dessen, was sie unternimmt. Nur hat sie auch heute noch nicht gelernt, sich körperlich richtig zu schonen. Sie arbeitet mit den Händen so viel, als ihre Stigmen zulassen, und ich habe es wiederholt erlebt, daß sie sich stark übernahm und z. B. beim Pflanzen in nasser Erde und auch sonst sich schließlich nicht geringe Schmerzen zuzog. Doch beeinträchtigt das nie ihre heitere Laune.

Ich habe in ihrer Jugendgeschichte erwähnt, daß sie harmloser Heiterkeit und ebensolchen Scherzen nie abhold war. Dieser Charakterzug ist auch heute noch voll ausgeprägt. Sie liebt die heitere Unterhaltung schon deshalb, weil sie sie über die häufig vorhandenen Schmerzen hinwegführt, und hat eine ausgesprochene Abneigung gegen Menschen, die ein betont getragenes Wesen, Selbstbewußtsein, Berufswürde und Ähnliches, zur Schau tragen. Dagegen bringt sie allen jenen Menschen — soweit meine Beobachtungen reichen —, die im Kerne ihres Wesens von einer natürlichen, nicht gemachten Kindlichkeit sind, ausgesprochene Sympathie entgegen, wie sie ja im erhobenen Ruhezustand auch immer wieder betont, der Heiland liebe die kindlichen Menschen, die nichts aus sich machen und sich nichts einbilden. Über die andern hört man von ihr im gewöhnlichen Zustand öfters die Bemerkung: „Das ist auch bloß ein Mensch.“

Das Jahr 1929

Schauungen

1. Januar 1929: Therese Neumann schaute die Beschneidung Christi, wie oben beschrieben ist. Bis Neujahr 1929 schaute sie bei der Kommunion und in der Messe, bei der Wandlung und beim sakramentalen Segen das Christuskind und war leidensfrei. Darauf sah sie es nur mehr bei der Kommunion, und es ging das Leiden allmählich wieder an.

6. Januar 1929: Mittags schaute Therese Neumann, wie die drei Weisen, zugleich Fürsten, mit einem Gefolge von ungefähr dreihundert Personen (Gelehrten, Dienern und Soldaten) nach Jerusalem kamen. Es waren ein Schwarzer aus Nubien, ein Brauner aus Arabien, ein Gelber aus Medien. Sie wurden von einem Kometen geführt. Nach der ersten Anfrage bei Herodes nach dem neugeborenen König zogen sie nach einem Bethlehem weit im Norden. Erst nach einer zweiten Nachfrage schlugen sie den Weg nach dem richtigen Bethlehem ein. Der Stern führte sie aber weit über Bethlehem hinaus zu einem gemauerten Stalle, in dem sich die hl. Familie, die sich bereits auf der Flucht nach Ägypten befand, einige Zeit aufhielt. Dort beteten sie das Christuskind an und brachten ihm ihre Geschenke; sie erhielten es auch auf ihre Bitten hin von der Mutter in die Arme gelegt. Schließlich führte diese den Heiland, der schon gehen konnte, hinaus vor den Stall zu der Begleitung der Weisen, die ihn freudig begrüßte und beschenkte.

In der Woche vom 6. zum 13. Januar 1929 schaute Therese Neumann den Heiland täglich bei der Kommunion als etwa zweijähriges Kind in Verklärung. Sie litt in dieser Woche insbesondere für einen Mann, der schon bei ihr war und sich bekehren wollte.

6. Januar 1929: Nachmittags schaute Therese Neumann die Hochzeit zu Kana, abends die Taufe Christi im Jordan.

13. Januar 1929: Abends sah Therese Neumann den zwölfjährigen Jesusknaben im Tempel unter den Lehrern sitzend; dann wie Maria und Joseph am Abend des ersten Rückkehrtages ihn suchten; schließlich wie er im Tempel wieder zu ihnen kam und dann mit ihnen nach Nazareth zurückkehrte.

21. Januar 1929: Abends 6 Uhr schaute Therese Neumann das Martyrium der hl. Agnes. Sie sah zunächst, wie der Sohn des Stadtpräfekten in ihr elterliches Haus kam und um ihre Hand warb, aber abgewiesen wurde; dann, wie dessen Vater in gleicher Sache kam, aber ebenfalls eine Abweisung erfuhr. Nun mußte Agnes vor dem Richterstuhl des Stadtpräfekten erscheinen. Sie zeigte dort die gleiche Standhaftigkeit. Deshalb wurde sie in ein öffentliches Haus gebracht und sollte geschändet werden. Sie wurde entblößt, aber nun wuchsen ihr die Haare und bedeckten sie bis zu den Füßen[1]), ein „lichter Mann" (Engel) erschien zu ihrem Schutze. Keiner wagte sich an sie, nur der Sohn des Stadtpräfekten machte einen Versuch, wurde aber tot zu Boden geschmettert. Man rief dessen Vater, der Agnes erst Vorwürfe machte, dann aber bat, worauf Agnes betete und der Tote sich erhob. Später sah Therese Neumann Agnes vor einem anderen Richter, von dem weg sie einen Scheiterhaufen bestieg, der von allen Seiten mit etwas begossen und angezündet wurde und niederbrannte, ohne daß der hl. Agnes auch nur die Haare versengt wurden. Schließlich wurde ihr das Haupt abgeschlagen. Umstehende weinten, der Henker war bleich und zaghaft, Agnes aber war voll

---

[1]) Da Therese Neumann dies erzählte, flocht sie mit Nachdruck ein, der Heiland habe es also nicht mit der heutigen Mode, die den Rock kaum bis zu den Knien reichen läßt.

Freude. Vor der Enthauptung erschien ihr der Heiland —
Therese Neumann sah diesen auch. In lichter Gestalt zog
dann ihre Seele zum Himmel. Reden hörte Therese Neumann so, „wie der Priester am Altare betet".

Am 24. Januar 1929 kam der Mann, für den Therese
Neumann nach dem Dreikönigsfest gelitten hatte und
dessen Kommen sie voraussagte, in der Kirche zu ihr.
Er erzählte ihr von seinem Leben; wie er an Weihnachten
noch gespottet habe, es aber dann plötzlich über ihn gekommen sei und er eine solche Wandlung durchgemacht
habe, daß ihm jetzt der Heiland über alles ginge.

25. Januar 1929 (Fest Pauli Bekehrung): Therese Neumann sah, wie Saulus von Kaiphas Vollmacht zur Christen-
verfolgung erhielt; wie er dann mit starker Begleitung
gegen Damaskus ritt, dabei von einem wunderbaren Licht
vom Pferde herab zu Boden geworfen wurde und mit jemand Unsichtbarem sprach, der „redet wie der Heiland".
Die Ähnlichkeit lag offenbar im Ton der Stimme, denn die
Worte selbst kamen Therese Neumann ein wenig anders
vor. Blind wurde Saulus nach Damaskus in ein Haus
geführt, wo schließlich ein älterer Mann erschien, der
ihm die Hände auflegte. Die Blindheit schwand. Therese
Neumann sah dann, wie Saulus getauft wurde und
predigte. In das zur Taufe benützte Wasser sah sie erst
etwas Flüssiges und etwas wie Salz hineingeschüttet
werden.

27. Januar 1929: In der vergangenen Woche litt Therese Neumann insbesondere für einen Mann, der einen
anstößigen Verkehr unterhielt.

Vom 27. Januar 1929 an schaute Therese Neumann
noch immer den Heiland als Kind in der Verklärung.

29. Januar 1929: Abends nach ½8 Uhr sah Therese
Neumann den hl. Franz von Sales sterben, wie oben geschildert worden ist.

2. Februar 1929: Therese Neumann schaute die Aufopferung Jesu im Tempel mit ihren Zeremonien und die
Begegnung mit Simeon.

10. Februar 1929 (Quinquagesima): Therese Neumann schaute den Inhalt des Sonntagsevangeliums: Jesus heilt in Jericho einen Blinden (Luk. 18, 31—43).

11. Februar 1929: Therese Neumann schaute, wie die Unbefleckte der seligen Bernadette Soubirous erschien; diese das Kreuzzeichen andächtig machen lehrte; wie diese Wasser aus dem Boden grub, sich damit wusch und davon trank; wie sie Weihwasser gegen Maria sprengte; wie diese schließlich mit gefalteten Händen und zum Himmel gerichtetem Blick rief: *Sche sui la Conceptio(u)ne immaculade(æ)*.[1])

17. Februar 1929: Nach dem Mittag schaute Therese Neumann die Flucht der hl. Familie nach Ägypten; gegen Abend deren Rückkehr nach Nazareth. Später sah sie noch den Inhalt des Evangeliums vom ersten Fastensonntag: Jesus wird in der Wüste vom Teufel dreimal versucht (Matth. 4, 1—11).

24. Februar 1929: Bei Sonnenuntergang schaute Therese Neumann die Verklärung des Heilandes und dann die Heilung des taubstummen besessenen Knaben am Fuße des Verklärungsberges.

3. März 1929: Therese Neumann schaute den Inhalt des heutigen Sonntagsevangeliums: Jesus treibt einen Teufel aus (Luk. 11, 14—28).

In der vergangenen Woche hatte sie viel gelitten, besonders am Magen und die Todesschmerzen für einen an Magen- und Darmkrebs todkranken ungläubigen Mann mitgemacht, der ihr empfohlen worden war, damit er sich

---

[1]) Bei einer erneuten Befragung im Zustand des Eingenommenseins an einem späteren Freitag gab Therese Neumann mir an: *Je* (im Klang zwischen dem Pariser Je und dem deutschen Sche) *sui* (ähnlich dem deutschen swi) *la Counceptiune immaculada*. Das a am Schluß von immaculada klang nach e hinüber; sie gab aber auf meine Frage an: nicht e und nicht ä. Nach der Überlieferung hat die Jungfrau Maria zur Bernadette im Dialekt der Gegend von Lourdes, also in einem der örtlichen Dialekte des Pyrenäenfranzösisch gesprochen, dem die Angabe der Therese Neumann entsprechen würde.

bekehre. Freitag gegen ½10 Uhr abends hielt sie mit ihm die Todesqualen aus. Nächstens, sagte sie, werde ein Brief über den Toten berichten.

Hier endet das Tagebuch von Pfarrer Naber.

Neue Erscheinungen

Erst zu Pfingsten 1929 konnte ich wieder nach Konnersreuth fahren. Bei den Pfingstschauungen der Therese Neumann war ich zumeist anwesend. Doch erübrigt sich ihre neuerliche Beschreibung, da der Leser ihren Inhalt aus dem Bericht des Vorjahres bereits kennt. An neuen Erscheinungen erfuhr ich das folgende:

In der Fastenzeit des Jahres 1928 zeigte sich bekanntlich die rechte Schulter stark aufgeschwollen — hier trug ja Christus das Kreuz —, aber sie blutete nicht. Im Jahre 1929 zeigte sich vom ersten Freitag der Fastenzeit, also vom 15. Februar 1929 an, wiederum die Schwellung der Schulter bei Therese Neumann. Am Freitag, den 8. März, begann dann erstmals Blut durch die Haut der geschwollenen Schulter zu dringen und die Nachtjacke zu tränken. Der Vorgang wiederholte sich bis einschließlich des Karfreitag an jedem folgenden Freitag, also im ganzen viermal. Eine offene Wunde entwickelte sich jedoch nicht.

Am Karfreitag, den 29. März 1929, traten bei Therese Neumann während der Schauung der Geißelung Christi auch die Geißelwunden an ihrem Körper auf. Es waren, wie ihre Mutter berichtet, offene, blutende Wunden, die ihr Hemd mit Blut tränkten. Sie blieben — allerdings geschlossen und nicht mehr blutend — bis zu Christi Himmelfahrt, dem 9. Mai 1929; dann waren sie verschwunden.

Am Pfingstmontag sah ich zum ersten Male, daß Therese Neumann im Stehen eine Schauung erhielt. Es war das im Pfarrgarten, an dem in einiger Entfernung ein Flurumgang vorbeizog, dem sie zusah. An diese Schauung schloß sich ein erhobener Ruhezustand.

Erwähnenswert ist noch, daß Therese Neumann seit einiger Zeit auch im gewöhnlichen Zustand spürt, wenn eine Person ihrer Umgebung sich im Stande der Todsünde befindet.

Die Sühneleiden

Seit der Zeit, seit der ich Therese Neumann persönlich kenne, konnte ich beobachten, wie das, was sie als ihren Beruf bezeichnet, nämlich das Leiden für andere, immer mehr auch den äußeren Ablauf ihres Lebens bestimmt. Dieses Leiden für andere findet seinen stärksten Ausdruck in den Sühneleiden. Sie sind nach ihrer Aussage im erhobenen Ruhezustand eine Hilfe, die sie verstorbenen Menschen leisten darf, um ihr Fegfeuer abzukürzen, oder Lebenden, um ihnen Lasten und Verfehlungen zu mildern oder beim Sterben zu helfen. Der äußere Vorgang war, soweit meine Beobachtungen reichen, bisher in der Regel der folgende: Therese Neumann begann über mangelndes Wohlbefinden zu klagen, sie fühlte sich schwach und suchte ihr Bett auf. Allmählich traten körperliche Krankheitserscheinungen auf, sei es Fieber, seien es Schmerzen im Körper, sei es ein rasender Durst, z. B. als sie für jemanden litt, der sich noch im Fegfeuer befand, weil er im Trinken unmäßig gewesen war. In einem solchen Fall erlebte ich, daß sie leidenschaftlich nach Wasser verlangte, nachdem sie vorher sich fortwährend mit der Zunge die Lippen zu netzen versucht hatte. Der Pfarrer gab ihr ein Glas Wasser, nach dem sie hastig griff, um es zurückzuweisen, sobald sie das Wasser an den Lippen spürte. Ein derartiges Leiden kann sich stundenlang hinziehen. Der einzelne Vorgang, der in seinem körperlichen Ausdruck bei jedem Leiden, das ich miterlebte, wechselte, kann sich in seinem innerlichen, zusammenhängenden Verlauf bei einem einzelnen Sühneleiden wiederholen. Ich war einmal Zeuge — und zwar mehr wie zwei Stunden hindurch —, wie derselbe Ablauf dreimal hintereinander auftrat. War dann die Seele aus dem Fegfeuer erlöst, so sprach sie nach Therese Neumanns Angabe mit ihr und dankte ihr. Therese Neumann aber verlangte sehnsüchtig, mit der Seele in den Himmel kommen zu dürfen. Wie mir der Pfarrer sagte, geschieht dies regelmäßig. Sie war außerordentlich traurig, daß sie noch auf Erden bleiben mußte. Ein erhobener Ruhezustand, der sich dem Leiden anschloß, stellte ihre meist sehr erschöpfte Kraft rasch wieder her. Hat sie einem Menschen beim Sterben helfen dürfen, so meint der Beobachter, sie stürbe selbst vor seinen Augen in dem Augenblicke, wo der Mensch, dem ihre Hilfe bestimmt ist, sterben soll. Ich weiß von einem Fall, wo ihr Körper die Krankheitserscheinungen des Sterbenden, wie Wassersucht, Asthma und Atemnot usw. zeigte. Therese Neumanns Körper schwoll ebenfalls auf. Sofort nach dem Tode der betreffenden Person kam Therese Neumann in einen erhobenen Zustand, während die Krankheitserscheinungen bei ihr zugleich verschwanden. Der Pfarrer erzählte mir ferner: Bei einem Sühneleiden wegen Alkoholmißbrauch in einer Gemeinde in der Fastnachtszeit habe sie derart aus dem Munde nach Schnaps und Bier gerochen, daß man das Zimmer öffnen mußte und daß selbst auf dem Hausgang ein ganz starker Schnapsgeruch bemerkbar war, so daß der Vater Neumann sagte, man möchte geradezu meinen, sie hätten im Hause ein Schnapsgelage gehabt. Dabei erbrach sie sich fortwährend unter größten körperlichen Schmerzen, ohne daß der Mund außer diesem Geruch etwas von sich gab.

Derartige Leidenshilfe wird nach dem, was mir Therese Neumann selbst in solchen Zuständen und auch im gewöhnlichen Zustand erzählte und was der Pfarrer bestätigte, Menschen ohne Unterschied zuteil. Ich weiß von einem Fall, wo diejenige, der die Sterbehilfe bestimmt war, eine frühere Prostituierte war: „Weißt," sagte sie zu mir später im erhobenen Ruhezustand, „des Moidl war noch vor zwei Jahren in einem öffentlichen Haus. Na hat sie sich bekehrt und ist in einen Büßerinnenorden eintreten, und jetzt durfte i ihr beim Sterben helfen." Ein anderes Mal war die Leidenshilfe für einen protestantischen Scherenschleifer bestimmt, der ein Mann „guten Willens" ist. Es sind — wie auch aus dem Tagebuch des Pfarrers ersichtlich ist — schon Personen in Konnersreuth erschienen, die sich bei ihr für eine Hilfe bedankten, welche sie in größter Gewissensnot erfahren hatten und die sie Therese Neumanns Sühneleiden zuschrieben. Darunter befanden sich auch solche, von denen Therese Neumann vorausgesagt hatte, daß sie vorher für sie wegen genau bezeichneter Anlässe leiden werde und die dann nachher kommen und die Anlässe bei ihrem Dank auch erzählen würden. Aus solchen Berichten späterer Besucher konnte dann der Pfarrer die Richtigkeit der Voraussagen feststellen.

Es drängte mich einmal, mit ihr im erhobenen Ruhezustand über diese Sühneleiden als etwas mir völlig Neuem und gedanklich nicht recht Faßbarem zu sprechen. Ich erklärte ihr offen, daß ich den Vorgang nicht verstände. Da antwortete sie mir etwa folgendermaßen: „Sieh mal! Der Heiland ist gerecht. Deswegen muß er strafen. Er ist aber auch gütig und will helfen. Die Sünde, die geschehen ist, muß er bestrafen. Wenn aber ein anderer das Leiden übernimmt, so geschieht der Gerechtigkeit Genüge, und der Heiland erhält Freiheit für seine Güte." In diesem Gespräch fragte ich sie weiter, wie sie innerlich zum Leiden stehe. Ich glaubte nämlich beobachtet zu haben, daß sie das Leiden fürchtet und es mit großer Willensanstrengung und nur aus Gehorsamsbereitschaft gegenüber der göttlichen Fügung, die ihr dieses Kreuz auferlegt hat, zu ertragen versucht. Sie antwortete mir auf meine Frage: „Sieh mal! Das Leiden kann niemand gern haben. Auch ich hab es nicht gern. Kein Mensch hat den Schmerz gern, und ich bin auch ein Mensch. Ich hab den Willen des Heilandes gern. Und wenn er ein Leiden schickt, so nehme ich es an, weil er es will. Aber das Leiden hab ich nicht gern."

300

Dieser Antwort und den erwähnten Beobachtungen entspricht ferner das, was ich als Zeuge von Versuchungen der Therese Neumann über ihre Leidensbereitschaft erlebt habe. Ich sah sie von Angst und Schmerz geworfen im Bett liegen und hörte, wie sie stöhnte: „Ich kann nimmer, ich mag nimmer!" Und wenn dann der Pfarrer helfend sagte: „Resl, aber wenn der Heiland es so will!" dann kam die Antwort: „Wenn er es will, dann will ich's auch. Dann werd's scho recht sei. Denn er ist gut. Aber weißt, es ist ja nimmer zum Aushalten!" Auch eine andere Anfechtung, nämlich die des Zweifels an ihrem eigenen Glauben, bleibt ihr nicht erspart Auch dieses kann ich als Zeuge aussagen.

Die in diesem Abschnitt besprochenen Erscheinungen bei Therese Neumann stehen, soweit ich bisher erfuhr, in einem gewissen Zusammenhang mit dem Ablauf des kirchlichen Jahres. Das gleiche gilt von ihrem körperlichen Befinden überhaupt. In der Advents- und Fastenzeit hat sie besonders viel zu leiden, und zwar auch solche Leiden, die nicht als Sühne für eine oder mehrere bestimmte Personen bezweckt zu sein scheinen. Auch bei derartigen Leiden sind Erscheinungen von Wassersucht mit Anschwellen der Beine und andere Krankheiten aufgetreten. Sie wird dabei schließlich völlig bettlägerig, um am ersten Weihnachtstag oder am Morgen des Ostertages nach raschem Verschwinden der Erscheinungen zur Kirche gehen und sich wieder frei herumbewegen zu können. Gerade diese Beobachtung legt den Gedanken nahe, diese Leiden nicht mehr als Krankheiten im landläufigen Sinn anzusehen. Sie werden im erhobenen Ruhezustand als religiös zweckbestimmte Vorgänge bezeichnet. Dabei wird aber gleichzeitig erklärt, daß die Krankheiten als solche körperlich vorlagen. Am Schlusse einer Wassersucht mit Schwellung der Beine und des Leibes ging in der Tat viel Wasser auf natürlichem Wege ab, wie mir sie selbst, ihre Eltern und der Pfarrer mitteilten.

Über Voraussagen der Therese Neumann

Die Gespräche mit Therese Neumann im erhobenen Ruhezustand betreffen in der Regel Angelegenheiten, die demjenigen, dem die Unterredung gewährt wird, Gewissensangelegenheiten sind. Sie entziehen sich daher weitgehend der Bekanntgabe. Wenn man noch so bereitwillig berichten will, was man erlebte, wird man schon durch die Tatsache zur Zurückhaltung gezwungen, daß sich das Gespräch oft um noch lebende andere Personen drehte. Über sie auszusagen aber besteht kein Recht. Es liegt also nicht in meinem Willen, sondern in der Sachlage begründet, wenn ich mir bei diesem Teil der Lebensgeschichte der Therese Neumann über vieles Schweigen auferlege.

Als ich auf Grund meiner ersten Erlebnisse in Konnersreuth zu der Überzeugung kam, der Fall Therese Neumann verdiene eine genaue Untersuchung, habe ich mir natürlich überlegt, wie ich experimentell mir Gewißheit verschaffen könnte. Ich will auch offen gestehen, daß ich mancherlei Vorbereitungen dazu getroffen hatte. Wegen der Art so mancher Experimente, die ich anzustellen beabsichtigte, benötigte ich die Unterstützung zuständiger Kreise, die auch in Aussicht gestellt wurde. Vor Beginn aber schien es notwendig, die Zustimmung im erhobenen Ruhezustand einzuholen. Ich habe deshalb Therese Neumann zunächst in diesem Zustand gefragt, ob ich experimentieren dürfte. Darauf wurde mir ungefähr folgende Antwort: „Weißt Du, Du siehst immer noch nicht ganz, wo Du Dich befindest. Überleg Dir einmal! Glaubst Du, der Heiland lasse mit sich experimentieren? Paß auf, Du erlebst genug!" Die Erlaubnis zu Beobachtungen in jedem Umfang hatte ich ja schon in einem Gespräch mit ihr in diesem Zustand bei meinem ersten Besuche erhalten. Die Voraussage, daß ich vieles erleben würde, ist eingehalten worden. Experimentiert habe ich aber nicht. Dagegen wurde ich Zeuge manchen Vorgangs, der ex-

302

perimentell nicht besser hätte angelegt sein können und von dem ich den einen und den andern noch schildern werde. Ich weiß, daß viele in Konnersreuth Antwort bekommen haben, wenn sie Therese Neumann im erhobenen Ruhezustand befragen durften, und auch ich habe sie mancherlei fragen dürfen. Einige Antworten habe ich nicht befolgt, weil sie mir nicht richtig schienen und weil ich von Anfang an der Ansicht war, mich mit meiner Überlegung nicht von einer Auskunft in Konnersreuth abhängig zu machen. Die Folgezeit hat mir gezeigt, daß es klüger gewesen wäre, wenn ich es anders gemacht hätte. Ich habe aber stets auch den Eindruck gewonnen, daß die natürlichen Fähigkeiten, die ein Mensch mitbekommen hat, nicht nur nicht unterdrückt, sondern geradezu angewandt werden sollen und gefordert werden. Mehr als einmal erhielt ich die Antwort: „Überleg Dir das nur selbst, das kannst Du mit Deinem Verstand herausbringen." Die Art, in der diese Gespräche verliefen, war ausgezeichnet durch eine feinfühlige Rücksichtnahme und Achtung vor der Persönlichkeit des Fragenden, die mit zu den stärksten Eindrücken gehört, die ich in Konnersreuth gehabt habe.

Schon bei meinem ersten Besuch in Konnersreuth beschäftigte mich die Behauptung, Therese Neumann sei eine Gedankenleserin, die ihre verblüffenden Antworten im erhobenen Ruhezustand den Vorstellungen derjenigen entnähme, mit denen sie gerade redete. Gegenüber Einwänden, daß diese Erklärung nicht immer zutreffen könne, wurde in der Regel geltend gemacht, die Beteiligten entbehrten jenes Grades von Schulung und Selbstbeobachtung, der nötig ist, um selbst zu bemerken, wie Therese Neumann ihre Vorstellungen aus ihnen herausliest. Es hat wenig Wert, sich mit der Frage zu beschäftigen, wie weit die einzelnen Beobachter der Therese Neumann diesen behaupteten Mangel an Scharfsinn und Selbstprüfung wirklich besitzen, und zwar vor allem um deswillen, weil alle diese Behauptungen auf Begründungen verzichten und nur im allgemeinen mit Blankoerklärungen arbeiten.

Diese Methode der Ablehnung ist für mich nach Jahrzehnten öffentlicher Tätigkeit weder neu noch interessant. Wer Lebenserfahrung hat, weiß, daß die allgemeinen Erklärungen um so sicherer aufzutreten pflegen, je weniger Sachkenntnis und Gründe ihre Urheber besitzen. Es hat mich deshalb immer vergnügt, wenn über meine oder meiner Freunde Verstandesfähigkeiten gerade diejenigen stets am genauesten Bescheid wußten, die uns noch nicht ein einziges Mal gesehen hatten. Ich bin gegenüber der Fähigkeit der Fernsichtigkeit sehr skeptisch gewesen und bin es auch heute noch, obwohl ich nicht leugnen kann, daß manche Menschen, die über Konnersreuth geurteilt haben, nur auf dem Wege der Fernsichtigkeit zu ihren „Feststellungen" kommen konnten. In der Schilderung meiner ersten Erlebnisse habe ich schon erzählt, wie Therese Neumann mir auf eine Frage antwortete, sie dürfe mir das nicht sagen, ich wüßte es ja selbst, und wenn sie es mir jetzt sagen würde, dann würde ich doch nur meinen, sie habe es aus meinem Gehirn gelesen. Mit dieser Erklärung hatte Therese Neumann für dieses Gespräch recht.

Ich lege nun den Bericht über einige Erlebnisse vor:

Es war anfangs Dezember 1927. Professor Wutz und ich fuhren an einem Regentage im Auto von Eichstätt nach Konnersreuth. Die letzte größere Ortschaft vor dem Ziel ist Mitterteich. Als wir dort die Straße hinauffuhren, war es ungefähr ½8 Uhr abends, also zu jener Jahreszeit schon völlig dunkel. Der starkpferdige Wagen führte uns sehr rasch vorwärts, als wir plötzlich, vielleicht fünfhundert Meter vor Konnersreuth, ein Kleinauto auf uns zukommen sahen, von dem man in der Dunkelheit nur bemerkte, daß es schwache, trübgelbe Scheinwerfer führte. Der Wagen fuhr an uns vorüber und hielt dann. Wutz sah das im Spiegel. Da er ein hilfsbereiter Fahrer ist, sagte er zu mir: „Du, da ist scheint's was passiert, wir müssen umkehren und nachschauen." Wenige Sekunden später aber fuhr er erleichtert fort: „Nein, das brauchen wir erfreulicherweise bei diesem schlechten Wetter nicht, der Wagen hat sich verfahren, er dreht jetzt um." Kurz darauf waren wir bei dem Tempo, mit dem wir fuhren, in die Straße von Konnersreuth eingebogen und hatten den kleinen Wagen aus dem Gesicht verloren. Wir fuhren am Pfarrhof vor, und ich stieg aus, um zu veranlassen, daß das Hoftor zum Einfahren geöffnet wird. An der Haustür öffnete auf mein Läuten der Pfarrer selbst. Ich begrüßte ihn und erklärte ihm, ich würde gleich hinausgehen, das Hoftor zu öffnen. Er antwortete mir: „Gehen Sie doch erst hinein zur Resl, sie liegt in der Ekstase", wie wir damals den erhobenen Ruhezustand noch bezeichneten. „Sie hat schon gesagt, daß Sie und der Professor und ihr Bruder Hans heute abend kommen und freut sich sehr, Sie zu sehen." Es war an einem Freitag — wie gesagt — ½8 Uhr abends.

Ich öffnete die neben der Haustür befindliche Türe des Zimmers, in dem Therese Neumann im Bett lag, und begrüßte sie. Sie antwortete: „Da bist Du ja wieder! Geh nur gleich hinaus und sag Deinem Kameraden, er hat ein schlechtes Licht am Auto. Er soll gleich wieder umdrehen und heimfahren, daß ihm nichts passiert. Denn es ist Nacht." Ich antwortete: „Draußen ist der Professor Wutz mit seinem Chrysler, Du kennst ja den Wagen, der hat ausgezeichnete Scheinwerfer." Sie lächelte und sagte: „Ja, der auch. Draußen ist aber noch ein Kamerad von Dir, der hat ein schlechtes Licht am Auto und Du sollst ihm sagen, daß er wieder heimfahren soll, damit ihm nichts passiert in der Nacht." Ich antwortete: „Resl, da draußen ist außer dem Wutzschen Wagen kein Auto, und was soll das überhaupt für ein Kamerad sein?" Antwort: „Das wirst sehen. Du kennst ihn. Er ist aus Eb....." Darauf sagte ich: „Resl, jetzt hab ich Dich endlich einmal! Ich kenne keinen Menschen aus Eb und draußen ist kein Kamerad, draußen ist nur der Wutz und Dein Bruder Hans. Die Scheinwerfer am Auto sind ausgezeichnet, und wir denken gar nicht daran, heute nacht weiterzufahren." Da begann sie zu schmunzeln und sagte: „Weißt Du, Du glaubst ja nur das, was Du mit den Händen greifen kannst. Also jetzt paß auf! Jetzt geh endlich mal naus! Draußen ist ein Kamerad von Dir, er ist aus Eb..... und Du kennst ihn. Er ist mit seinem Auto da. Er hat ein schlechtes Licht am Wagen und er soll wieder heimfahren. Und das sagst ihm jetzt!" Mir blieb darauf nichts weiter übrig, als kopfschüttelnd hinauszugehen. Als ich die Haustür² des Pfarrhofes öffnete, stand neben dem Wutzschen Wagen, den ich vor wenigen Minuten verlassen hatte, ein zweites Auto mit gelblichen, trüben, kleinen Scheinwerfern. Der Fahrer, der gerade ausstieg, erblickte mich im Lichtschein des Eingangs vom Pfarrhof und rief mir zu: „Grüß Gott, Herr Doktor!" Mir wurde etwas merkwürdig zumute: Das Auto war da, schlechte Scheinwerfer hatte es zweifellos, und sein Fahrer tat so, als ob er mich kenne. Ich trat darauf auf den Mann zu und sah: es war ein Ingenieur aus Eb . . ., den ich ein einziges Mal in meinem Leben vor zwei Monaten in Eichstätt gesehen hatte. Es war ein Freund von Professor Wutz. Er war in Konnersreuth zu Besuch gewesen, hatte aber vor unserer Ankunft die Heimfahrt antreten müssen, war uns auf der Straße nach Mitterteich begegnet und hatte den Wutzschen Wagen erkannt. Er lenkte das kleine Auto, das stehen geblieben war, dann umgedreht hatte und hinter uns hergefahren war. Dabei hatte er so viel Zeit versäumt, daß wir ihn aus den Augen verloren hatten. Jetzt blieb nur noch die Frage zu lösen, wie der Begriff Kamerad zu verstehen sei. Die Erklärung fand sich darin, daß er wie ich Protestant ist.

Als ich nach diesem Erlebnis zu Therese Neumann in das Zimmer zurücktrat, sah ich ein spöttisches Gesicht mit geschlossenen Augen auf mich gerichtet, und sie rief mir zu: „Na, stimmt's?"

* * *

Am Heiligen Abend 1927 fuhren Professor Wutz und ich wieder in seinem Auto nach Konnersreuth. Nach den ersten 30 km versagte der Motor, weil kein Benzin mehr zu ihm vorlief. Wir hatten beim Tanken die Farbe des Benzins schon mißtrauisch angesehen. Es entstand bei uns der Verdacht, daß es etwas verschmutzt sei. Wir hatten aber dieser Vermutung keine weitere Folge gegeben. Es sollte uns das sehr reuen. Denn wir bekamen Panne um Panne. Wir haben selbst den Niederdrucksauger abmontiert und alles Sonstige versucht. Wir haben auch zweimal den Wagen in eine Reparaturwerkstätte am Wege gefahren. Nach kurzer Zeit ergab sich die gleiche Schwierigkeit. Mit größter Mühe kamen wir endlich nachts nach Konnersreuth. Es war ein Sonnabend. Am Dienstag wollte Wutz, der viel an seinem Wagen herumrepariert hatte, abfahren. Er war noch keine zehn Meter vom Pfarrhof fort, da setzte der Motor erneut aus. Therese Neumann hatte vorher im erhobenen Ruhezustand auf die Frage, ob Wutz heimkommen werde, gesagt, er werde gut heimkommen, wenn er einen Gehilfen mitnähme. Wutz war sehr ablehnend. Er wollte dem jungen Bruder der Therese Neumann, den wir gerade von Eichstätt in die Ferien mitgebracht hatten, diese nicht stören. Aber außer dem Hans war niemand zur Verfügung, da ich in Konnersreuth bleiben wollte. So wurde dann Hans schließlich doch sein Begleiter. Hier muß ich unterbrechend sagen: die Erklärung, er komme gut heim, ist nach unserer Erfahrung so zu verstehen, daß er und der Wagen keinen Schaden nehmen. Mit dem technischen Verlauf der Reise hat das nichts zu tun. Wie mir Wutz erzählte, entwickelte sich diese sehr schwierig. Sie nahmen schließlich einen längeren Gummischlauch, schlossen diesen luftdicht auf den Tank, und Hans pumpte während der Fahrt fortwährend Luft in diesen, so daß Überdruck entstand und das Benzin in den Zerstäuber des Motors vorgepreßt wurde. Ohne einen Gehilfen hätte Wutz also überhaupt nicht auf der Straße vorwärtskommen können. Am Abend fragten der Pfarrer und ich Therese Neumann im erhobenen Ruhezustand, ob die beiden gut heimgekommen seien.

Sie bejahte. Am übernächsten Tage kam abends eine Postkarte von Hans, der Professor hätte nach Augsburg an die Firma, die ihm den Wagen verkauft hatte, um einen Spezialmonteur telephoniert. In einem noch in der gleichen Nacht eingetretenen erhobenen Ruhezustand fragte ich Therese Neumann, ob viel an dem Motor entzwei sei. Sie antwortete: „Das brauchst Du nicht zu wissen, das ist nichts Wichtiges." Das Gespräch ging dann auf ihre Krankheitszeit über, und ich begann mich mit ihr über eine Spezialfrage des menschlichen Körperbaues zu unterhalten. Der Pfarrer unterbrach sie bei einer Antwort und sagte, er habe das nicht ganz verstanden. Da wandte sie den Kopf zu ihm hin: „Sieh mal, das ist so wie bei einer Maschine. Wenn eine Kleinigkeit nicht in Ordnung ist, die aber an einer sehr wichtigen Stelle sitzt, dann geht die ganze Maschine nicht, wie z. B. der Motor vom Professor Wutz." Ich rief sofort dem Pfarrer zu: „Jetzt haben wir doch eine Antwort, und gleichzeitig habe ich meinen Denkzettel weg, nicht gleichgültige Fragen zu stellen. Ich weiß also jetzt, daß der erhobene Ruhezustand nicht für technische Befragungen da ist, aber ich werde auf der Heimreise nach München über Eichstätt fahren und einmal hören, was denn der Monteur am Wutzschen Wagen festgestellt hat." Als ich einige Tage später in Eichstätt auf dem Bahnhof ankam, holte mich Wutz mit seinem Wagen ab. Der Motor ging wieder so gut wie früher. Ich fragte ihn: „Sag mal, was war denn mit dem Motor?" „Ach," antwortete Wutz, „nichts Besonderes", und wollte von etwas anderem zu sprechen anfangen, was ihn sehr beschäftigte. Ich drang in ihn um Auskunft, was denn der Monteur festgestellt habe. „Du kannst Dich doch erinnern, daß das erste Benzin, das wir auf der Hinfahrt aufgefüllt haben, uns verdächtig vorkam. Es war in der Tat Schmutz darin, und ausgerechnet das eine von den sechs Ventilen des Motors, das das Benzin vorsaugt, hatte sich festgefressen. Wie der Monteur es geputzt hatte, war der ganze Fehler behoben. Du hörst ja selbst, wie gut

der Motor wieder arbeitet. Es war also gar nichts Be-
besonderes, nur saß die Störung fatalerweise gerade an
der Stelle, wo die Maschine so empfindlich ist." Darauf
ich lachend: „Brauchst mir gar nichts weiter zu sagen,
ich weiß es schon." Er: „Woher willst Du denn das nur
schon wieder wissen?" Darauf erzählte ich ihm die eben
geschilderten Unterhaltungen in Konnersreuth. Ein Vergleich der Zeiten ergab, daß der Monteur den Fehler noch
nicht festgestellt hatte, als Therese Neumann ihn bereits
schilderte. Da Wutz und mich die Frage des Gedanken-
lesens der Therese Neumann beschäftigte, weil uns — wie
schon gesagt — öffentlich nachgesagt worden war, wir
besäßen nur nicht Verstand genug, um dieses Gedanken-
lesen von ihr zu bemerken, hat uns gerade dieses Erlebnis
sehr nachdenklich gemacht. Hätten wir gewußt, wie einfach die Reparatur des Fehlers war, den auch die Werk-
stätten auf der Hinfahrt, die wir befragten, nicht entdeckt
hatten, dann hätten wir uns nicht soviel zu plagen brauchen.
Also wir hatten jedenfalls die Entdeckung nicht im Kopf
und wir meinten, wenn Therese Neumann durch Gedanken-
lesen zu dieser Erkenntnis gekommen sei, dann müsse dieser
Motor ein Gehirn haben.

*　*　*

Ein weiteres gerade hier einschlägiges Geschehnis erlebte
Professor Wutz auf folgende Weise: Am 3. Mai 1929 brachte
er Therese Neumann und ihre Schwester Kreszentia in seinem Auto von dem Besuch einer Sterbenden nach Hause
zurück. Als er abends ½9 Uhr die Scheinwerfer des Wagens
einschaltete, bemerkte er eine Störung am Licht. Von
Weiden ab setzte das Licht immer wieder aus, so daß er
wegen der vielen Kurven dieser Wegstrecke sehr in Sorge
geriet. Er bat daher Therese Neumann, den Heiland zu
bitten, daß das Licht nicht aussetzt, wenigstens nicht bis
zur Straße von Tirschenreuth, von wo ab der Weg im
ganzen gradlinig verläuft. In der Tat versagte das Licht
erst, als sie etwa zwei Minuten auf der Tirschenreuther

Straße fuhren, jetzt aber zunächst vollständig. Das Nachsehen der Scheinwerfer in völliger Finsternis war ergebnislos. Mit Hilfe eines kleinen Ersatzlichtes fuhr er langsam weiter. Zweimal setzte jetzt in der nächsten Zeit das Licht der Scheinwerfer auf kurze Zeit wieder ein, um wieder zu erlöschen. Nach dem dritten Einsetzen begann es wieder richtig zu brennen. Hinter Mitterteich — also etwa sechs Kilometer vor Konnersreuth — kam Therese Neumann im Wagen in den erhobenen Ruhezustand. Auf die erste Frage, ob das Scheinwerferlicht jetzt halte und was fehle, erwiderte sie, es werde nicht mehr ausgehen. Wutz solle am andern Tage die Schraube am Ende des Steuerschaftes anziehen. Sie sei locker, und das sei der Grund des Lichtversagens. — Die Lichtschaltung läuft nämlich bei seinem Auto durch den Steuerschaft. — Die Angabe der Therese Neumann erwies sich am andern Tage als richtig.

* * *

Vor meiner Heimreise von Konnersreuth nach Eichstätt hatten Professor Wutz und ich Therese Neumann gefragt, ob wir gut heimkommen würden. Die Frage wurde bejaht. Abends um 7 Uhr stießen wir in einem Wald zwischen Neumarkt und Mühlhausen auf ein brennendes Kleinauto. Der Fahrer, ein junger Mann von ungefähr 22 Jahren, der sich völlig allein befand, versuchte zu löschen, aber es war kein Wasser da. Das Bißchen nasser Sand, das wir beischafften, reichte nicht zu. Der Wagen brannte aus. Meine Sorge, daß der Benzintank explodieren könnte, veranlaßte mich fortwährend, den jungen Menschen von dem brennenden Wagen wegzuziehen. Er war aber ganz verzweifelt und zu keiner ruhigen Überlegung fähig. Er hätte den Wagen, den sein Vater, ein kleiner Automobilhändler, schon verkauft hatte, bereits mittags abliefern sollen und sich erst verspätet auf den Weg gemacht. Jetzt getraute er sich nicht nach Hause, sondern stöhnte nur immer, sein Vater schlüge ihn tot, denn der Wagen sei nicht versichert. Wutz sagte zu mir: Weißt Du, da muß ich als

Geistlicher mit dem jungen Mann zu seinem Vater fahren,
damit nichts passiert. Ich werde erst mit dem Vater
reden, ehe der Sohn ihm gegenübertritt. Inzwischen
waren zwei Gendarmen dazugekommen; sie rieten, den ver-
brannten Wagen nicht ohne Bewachung mitten im Wald
über Nacht stehen zu lassen, da bis morgen alles an ihm
gestohlen wäre, was nicht niet- und nagelfest wäre, wahrscheinlich der Wagen selbst auch, dessen Räder noch unversehrt waren. Wir beschafften ein Tau, schleppten den
Wagen und den jungen Mann zu seinem etwa 25 km entfernten Elternhaus. Über alledem war es ungefähr 9 Uhr
abends geworden, als wir von dem Vater des jungen
Mannes wegfuhren. Wir verirrten uns im Jura, kamen
auf sehr schlechte Bergwege. Das schwere Stoßen des
Wagens in den Straßenlöchern zerschlug uns die Lampen
des einen Scheinwerfers, beim anderen brannte nur mehr
das Stadtlicht. So kamen wir gegen ½11 Uhr nach Beiln-
gries im Altmühltal. Wir hatten noch 40 km bis Eichstätt
und waren beide todmüde. Da sagte Wutz plötzlich:
„Du, es sind noch 40 km. Hast Du Vertrauen?" Ich antwortete ihm: „Ich versteh schon, drück nur drauf!" Wutz:
„Sie hat gesagt, wir kommen gut heim." Ich: „Ja, das
hat sie gesagt und das ist ein Experiment, das wir machen
dürfen. Also hol heraus aus dem Wagen, was der Motor
hergibt." Nach dreiviertel Stunden fuhren wir wohlbehalten in die Garage von Professor Wutz ein. Wer die
schlechte, kurvenreiche Straße des Altmühltales kennt,
weiß, was es bedeutet, sie im Dunkel der Nacht ohne volles
Scheinwerferlicht in so kurzer Zeit zu durchfahren.

*   *   *

Eine bayerische Taubstummenanstalt, die von Schwestern geleitet ist, befand sich in teilweisem Umbau. Die
Oberin und der Beichtvater waren der Ansicht, daß es
dringend notwendig wäre, einen Seitenflügel, der völlig
veraltet war, gleichzeitig mitniederzulegen, um den Ge-
samtbau neuzeitlich herzustellen. Auf einer Fahrt nach

Konnersreuth hatte der Beichtvater Professor Wutz die Frage vorgelegt, ob er meine, er solle Therese Neumann befragen, war sich aber hierüber noch nicht schlüssig geworden. Als sie dort eintrafen, befand sich diese gerade im erhobenen Ruhezustand. Sie empfing die Besucher mit den Worten: „Da kommen s' ja!" Dann wandte sie sich an Pfarrer Naber: „Ich hab Dir's ja g'sagt." Hierauf sprach sie zu dem Beichtvater der Anstalt: „Komm nur her! Du möchtest mich gerne fragen wegen Eurem Bau." Ohne eine Frage abzuwarten fuhr sie etwa folgendermaßen fort: „Ihr müßt bauen. Ihr kriegt große Schwierigkeiten. Es wird Euch direkt verboten. Und wenn's Euch verboten ist, dann mußt Du bauen. Dann kommt's sogar so, daß Du mußt und willst nimmer." Dann sprach sie weiter über die Wichtigkeit und Bedeutung des Baues. — Der Vorschlag der Anstaltsoberin und des Beichtvaters, den Neubau des veralteten Seitenflügels gleich mit in Angriff zu nehmen, stieß — wie vorausgesagt war — auf den Widerstand der vorgesetzten Stellen. Als die Verhandlungen sich völlig zerschlagen hatten, entdeckten die Beteiligten, wie von einem Abend zum anderen Morgen in der Hauptwand des Gebäudeteiles, den abzureißen und neu zu bauen ihnen untersagt worden war, ein großer Mauerriß aufgetreten war, und zwar zwischen dem Altbau und dem schon stehenden Neubau. Das alte Haus begann sich zu senken. Seitens der vorgesetzten Stellen wurde jetzt der Neubau auch dieses Teiles geradezu verlangt. Er mußte in ihrem Auftrag noch im Herbst begonnen werden, und zwar unter Widerstreben des Beichtvaters, dem die Jahreszeit schon zu vorgerückt erschien. — Da ich im Jahre 1928 öfters in dem betreffenden Orte bei den Beteiligten zu Besuch war, habe ich die Einzelheiten dieses Geschehnisses zum Teil gleichzeitig erfahren und auch die fragliche Hauswand vor und nach dem Auftreten des Mauerrisses und der Senkung gesehen.

*   *   *

Ich wünschte den Akt der landwirtschaftlichen Berufsgenossenschaft in Regensburg, von der Therese Neumann eine Unfallrente erhält, daraufhin einzusehen, wie die seinerzeitigen medizinischen Gutachten lauteten. Der Akt war bereits im Sommer 1927 dem Professor Dr. Ewald von Erlangen ausgehändigt gewesen, und dieser hatte daraus in der „Münchener medizinischen Wochenschrift" 1927, Heft 46, Seite 1983 und 1984 einige Angaben veröffentlicht. Bei seinen Mitteilungen hatte er versäumt, die Zeiten der einzelnen ärztlichen Untersuchungen anzugeben. Mir schien es eine Selbstverständlichkeit, daß auch mir die Einsicht in die Akten gewährt würde, da man gegenüber Professor Ewald weder ein ärztliches noch ein Amtsgeheimnis geltend gemacht, ja Therese Neumann überhaupt nicht gefragt hatte, ob man aus dem Akt Angaben über sie veröffentlichen dürfe. Ein schriftliches Gesuch unter Beilage einer Vollmacht war ohne eine Angabe von Gründen abschlägig beschieden worden. Da ich nichts versäumen wollte, beabsichtigte ich, mein Gesuch noch einmal mündlich vorzutragen und ausführlicher zu begründen. Doch befragte ich vorher Therese Neumann im erhobenen Ruhezustand, ob ich den Akt von der landwirtschaftlichen Berufsgenossenschaft zur Einsicht vorgelegt bekommen würde. Sie erklärte: „Sie werden ihn Dir nicht geben, aber es ist ganz gut, wenn Du hinfährst nach Regensburg und ihn verlangst, damit Du es selbst erlebst. Aber kriegen tust ihn nicht." Ich fuhr daraufhin nach Regensburg.

Der Amtsvorstand der landwirtschaftlichen Berufsgenossenschaft nahm mich von Anfang an höchst unliebenswürdig auf. Er erklärte, er müsse bei dem abschlägigen Bescheid bleiben, weil der Unfallakt nicht für „belletristische Arbeiten" da sei. Den Unterschied zwischen solchen und einer Biographie nach historischer Methode sowie einen Hinweis auf die Ewald gewährte Erlaubnis ließ er nicht gelten, sondern brach das Gespräch brüsk ab. Die Aufsichtsbehörde teilte mir auf meine Beschwerde unter ausführlicher Darlegung der Rechtslage mit, daß sie in diesem Falle außerstande sei, die landwirtschaftliche Berufsgenossenschaft im Aufsichtswege anzuhalten, mir die Einsicht in den Unfallakt der Therese Neumann zu gestatten. Ich habe es aufgegeben, die Angelegenheit weiter zu betreiben, da mir Therese Neumann im erhobenen Ruhezustand mitgeteilt hatte, ich brauchte mich darüber nicht zu grämen, daß ich den Akt der landwirtschaftlichen Berufsgenossenschaft nicht zur Einsicht bekäme. Denn es stände in ihm nichts von Belang, was ich nicht ohnehin schon wüßte.

*　*　*

Ich hatte im Jahre 1928 einen politischen Prozeß zu führen. Bei den Vorverhandlungen hatte ich den Standpunkt vertreten, einen Vergleich unter allen Umständen abzulehnen. Ein Versuch des Richters, im Güteverfahren einen solchen herbeizuführen, scheiterte an meinem Widerspruch. Ich konnte mich aber bei den weiteren Verhandlungen allmählich des Eindrucks nicht erwehren, als ob eine oder einige Persönlichkeiten, deren Interessen zu verteidigen mit ein Gegenstand meiner Prozeßtätigkeit war, ohne Kenntnisgabe an mich mit Persönlichkeiten der Gegenpartei in Beziehung getreten wären. So benützte ich eine Gelegenheit, Therese Neumann im erhobenen Ruhezustand zu fragen. Sie erklärte mir, mein Eindruck sei richtig. Und noch einiges andere, was ich mit Rücksicht auf die noch lebenden dritten Personen verschweigen will. Ich antwortete darauf, „ja dann würde ja mit mir gespielt", und ich wäre sehr töricht gewesen, den Vergleichsvorschlag des Richters nicht anzunehmen. Ich verstände jetzt erst so manche Bemerkung des Richters und auch des Prozeßgegners, der sich ja dann sehr loyal mir gegenüber verhielte. Therese Neumann sagte darauf: „Es hängt bloß an Dir, Du kannst Dich jetzt noch vergleichen." Ich erklärte, das hielte ich für ganz ausgeschlossen, denn jetzt sei es ein reiner Canossagang, wenn ich einen Vergleich anregen würde. Das könnte ich nicht. Eher führte ich den Prozeß verlustreich durch. Sie sagte mir darauf, ich hätte doch jetzt selbst schon einige Erfahrungen, was ohne Mitteilung an mich unternommen worden sei. Im übrigen sei es nicht so, wie ich meinte; ich würde in kürzester Frist eine Gelegenheit haben, einen Vergleich abzuschließen, ohne mir das geringste zu vergeben. Dieses Gespräch fand vormittags ½ 10 Uhr statt. Ich unterhielt mich darnach über seinen Inhalt mit dem Pfarrer und sagte ihm, es sei mir ein glattes Rätsel, wie ich in der derzeitigen Lage noch einmal zu einer Vergleichsgelegenheit kommen sollte, zumal ja das, was ich in dem Gespräch an Verdachtsmomenten bestätigt erhalten hatte, der Gegenpartei bekannt sein müßte. Um ½12 Uhr des gleichen Tages kam der Postbote von Konnersreuth zu mir und brachte mir einen Eilbrief. Ich machte den Brief auf und las, daß ich sofort nach München kommen sollte: es waren erneute Vergleichsverhandlungen im Gange.

* * *

Auf einer Rückfahrt im Auto von einem Besuch in Bamberg bei Nacht und strömendem Regen geriet Therese Neumann, die sich in Begleitung ihrer Mutter und des Pfarrers Naber befand, in den erhobenen Ruhezustand. Sie sagte dem Fahrer, Professor Wutz, der auf einer ihm unbekannten Abkürzungsstraße fuhr, die einzelnen Ortschaften an, denen sie sich jeweils näherten, so daß dieser die Strecke überprüfen konnte. Als sie gerade an den letzten Häusern einer Ortschaft vorbeifuhren, deutete sie auf ein Haus und sagte: „O mei, da sind jetzt vier kleine Butzeln da unten in der Stube, die beten. Und die Mutter sitzt dabei und weint. Das sind bitterarme Leut, da ist der Vater vor wenigen Wochen g'storbn." Sie berichtete dann noch, die Beerdigung hätte in der Gegend Aufsehen gemacht, weil die Kameraden — Eisenbahner — den Sarg getragen hätten. Wutz merkte sich das Haus, da er wegen der Nachtzeit, des Wetters und Therese Neumanns Zustand nicht sofort halten und aussteigen wollte. Nach fünf Wochen hatte er Gelegenheit, wieder dorthin zu fahren und sich zu erkundigen, wer in jenem Hause wohne. Da hörte er, daß es die Witwe eines Eisenbahnarbeiters sei, der vor 8 Wochen gestorben war und seine Witwe mit fünf Kindern in größter Not zurückgelassen hatte. Das Kleinste war noch ein Wiegenkind.

Diese Mitteilung verdanke ich Professor Wutz.

* * *

Ein hoher Geistlicher hatte Therese Neumann Reliquien zur Bestimmung vorgelegt und auch Auskunft er-erhalten. Einige Zeit später beauftragte er einen Geistlichen, der nichts davon wußte, daß die Reliquien schon geprüft waren, sie erneut vorzulegen. Die Reliquien waren äußerlich nicht von sonstigen unterschieden. Als sie vorgelegt wurden, erhielt er die Antwort: Die Reliquien hast Du von dem und dem, der weiß ja ganz genau Bescheid, denn ich habe es ihm ja schon sagen dürfen.

* * *

Ein Pater kam nach Konnersreuth, ein Experiment zu machen. Er hatte sich drei Briefumschläge vorbereitet. In dem einen befand sich eine gutbeglaubigte Reliquie; der andere enthielt einen Gegenstand, mit dem eine Reliquie berührt worden war; im dritten war irgendein neutraler Gegenstand verborgen. Er wollte die drei Umschläge geschlossen Therese Neumann im erhobenen Ruhezustand vorlegen, um zu prüfen, ob sie den Inhalt erkennen könne. Pfarrer Naber befragte Therese Neumann in diesem Zustand, ob es dem Pater erlaubt sei, die Umschläge vorzulegen. Er war etwas überrascht, als die Erlaubnis zum Experiment gegeben wurde. Noch überraschender aber war die Lösung. Als der Pater in die Tasche greifen wollte, um die drei Umschläge herauszuholen, sagte Therese Neumann plötzlich: „Brauchst gar nicht hineinlangen,

Du hast deine Kuverten daheim vergessen." Und so war es auch.

*   *   *

Über Reliquien erteilt Therese Neumann eine Auskunft nur im erhobenen Ruhezustand, und auch hier nur auf Fragen, die dem ehrlichen Wunsche entspringen, über die Echtheit oder Nichtechtheit von Reliquien Bescheid zu wissen. Experimente werden nicht zugelassen, außer aus besonderem Anlasse, wie soeben geschildert wurde. Dagegen läßt sich Freitags folgende Beobachtung machen. Wenn Therese Neumann sich im Zustand des Eingenommenseins befindet und man nähert ihren Stigmen eine Kreuzpartikel, die sie als echt bezeichnet hat, so fühlt sie sofort in den Stigmen einen verstärkten Schmerz und zieht die Hände zurück. Bei der Annäherung anderer Reliquien habe ich diesen Vorgang nicht beobachtet. Prof. Wutz erzählte mir aber, daß er neuerdings auch bei der Annäherung von Blutreliquien Stigmatisierter bemerkbar ist. Die Kreuzpartikel, mit der ich diese Feststellungen gemacht habe, konnte sie nicht sehen, da ich sie in der geschlossenen Hand hielt. Von außen her war auch nicht erkennbar, daß die Fassung eine Kreuzpartikel enthielt.

*   *   *

Pfarrer Naber beabsichtigte am 17. Mai 1928, am Gedenktage der Heiligsprechung der kleinen Therese vom Kinde Jesu und dem Heilungstage der Therese Neumann, in der Konnersreuther Kirche einen Altar zu Ehren der hl. kleinen Therese zu errichten. Es mußte zu diesem Zwecke der Altartitel des linken Seitenaltars, der der hl. Barbara gewidmet war, geändert, die bildliche Darstellung durch ein Hochrelief der hl. kleinen Theresia ersetzt werden. Es schien dem Pfarrer erwünscht, daß diese Heilige, die im religiösen Denken gerade der Konnersreuther Einwohner und Besucher so hervortritt, dort eine Stätte der Verehrung hätte, zumal die hl. Barbara in keinen örtlichen Beziehungen zu Konnersreuth steht. Die

Geldmittel waren schon gespendet, das Altarbild als Relief hergestellt. Sollte seine Aufstellung in Konnersreuth noch rechtzeitig erfolgen können, so mußte es längstens am Samstag, den 12. Mai, in Regensburg der Bahn übergeben werden. Da erhielt der Pfarrer ungefähr am 6. Mai eine Mitteilung vom bischöflichen Ordinariat Regensburg, worin er darauf aufmerksam gemacht wurde, daß bei seinem Gesuche die Zustimmung des Bezirksamtes fehle. Morgens beim Frühstück erklärte mir der Pfarrer, er befürchte, daß jetzt die Altaraufstellung nicht mehr rechtzeitig möglich wäre. Vielleicht ließe sich durch eine persönliche Verhandlung die Angelegenheit beschleunigen, doch könne er nicht fort. Ich hätte dem Pfarrer gerne angeboten, daß ich diese Reise für ihn übernehme, wenn ich nur eine Ahnung gehabt hätte, welche Vorschriften für eine Altargenehmigung bestehen und welche Behörden dabei mitzusprechen haben. Deshalb schwieg ich. Der Pfarrer ging zu Therese Neumann, und ich setzte mich an meine Arbeit. Dabei ließ es mir aber keine Ruhe, und ich entschloß mich endlich nach langem Überlegen, dem Pfarrer das Angebot zu machen, weil ich mir sagte, mehr wie abgelehnt werden kannst du ja nicht. Als Pfarrer Naber um ½12 Uhr wiederkam und mein Zimmer betrat, sagte ich ihm deshalb, ich möchte nicht aufdringlich sein, aber es dränge mich, ihm zu erklären, ich wäre bereit, für ihn zu fahren, wenn er einen Erfolg bei der Sache sähe. Ich täte ihm sehr gern diesen Gefallen. Ich war etwas verblüfft, wie als Antwort darauf der Pfarrer laut auflachte, so daß ich ihn fragte: „Ja, was haben Sie denn, Herr Pfarrer? Gelt, Sie finden es auch komisch, wenn ich wegen einer Altargenehmigung das Reisen anfange." Doch er sagte: „Nein, nein, ich lache nicht deshalb; gelt, die Theres war da und hat mit Ihnen geredet." Ich erklärte ihm, ich hätte Therese Neumann heute den ganzen Tag noch nicht gesehen. Er schaute mich etwas mißtrauisch an, so daß ich meine Erklärung lebhaft bekräftigte. Darauf sagte er: „Nun, dann will ich Ihnen sagen, warum ich gelacht habe. Ich habe heute über die Angelegenheit mit der Therese im erhobenen Ruhezustand gesprochen, und da hat sie gesagt: „Bleib ruhig da. Der Heiland wird dem Dr. Gerlich eingeben, daß er Dir anbietet, für Dich zu fahren. Laß ihn ruhig fahren, er schafft es schon." Worauf ich erklärte: „Ich meine, Herr Pfarrer, dann probier ich's auch, wenn ich auch keinen Schimmer davon habe, mit wem allem ich da überhaupt verhandeln muß." Ich bestellte also in Konnersreuth ein Auto, um noch den Nachmittagsschnellzug Hof—Regensburg in Marktredwitz zu erreichen und gleichzeitig noch vorher die Verhandlung beim Bezirksamt Tirschenreuth einzuleiten. Pfarrer Naber erklärte sich bereit, nach Tirschenreuth mitzufahren und dort selbst mit dem Bezirksamt zu verhandeln. In Tirschenreuth hatte der Amtsvorstand vor wenigen Tagen gewechselt. Der neue verwies den Pfarrer an die Regierung der Oberpfalz in Regensburg. Die Verhandlungen dauerten lang. Zehn Minuten nach fahrplanmäßiger Abfahrtzeit des Zuges kamen wir mit dem Auto in Marktredwitz an. Ich sprang aus dem Wagen und lief auf den Bahnsteig. Der Schnellzug hatte 25 Minuten Verspätung. Pfarrer Naber hatte noch Gelegenheit, auf dem Bahnhof ein Gesuch an die Regierung in Regensburg zu schreiben. Abends in Regensburg empfing mich der Generalvikar in sehr freundlicher Weise, aber auch er fing, sobald er meinen Auftrag hörte, zu lachen an und fragte mich, ob ich denn eine Ahnung davon hätte, was für eine Altargenehmigung nötig sei, und ob ich schon jemals in meinem Leben ein solches Unternehmen übernommen hätte. Er belehrte mich dann in der liebenswürdigsten Weise. Es müsse zunächst festgestellt werden, ob der alte Altar im Verzeichnis der Kunstdenkmale Bayerns inventarisiert sei. Er hatte hier in seiner Privatwohnung nicht den einschlägigen Band Tirschenreuth dieses Werkes und nannte mir eine Buchhandlung, in der ich ihn finden würde. Hätte ich dann festgestellt, daß der Altar nicht inventarisiert sei, dann hätte ich Glück; dann ließe sich alles in Regensburg erledigen. Anderenfalls bräuchte ich die Genehmigung des Landesamts für Denkmalpflege in München. Ich ging am anderen Morgen in der Frühe zu der bezeichneten Buchhandlung, wo der Band — ich hätte jetzt bald schon gesagt: natürlich — nicht vorrätig war. Darauf machte ich dem zuständigen Referenten der Regierung einen Besuch. Er schlug den betreffenden Band der Inventarisation nach und las mir vor, was über den Altar darin vermerkt war. Es lautete: „der Altar ist aus Konnersreuther Stein." Hieraus zog der Referent die Folgerung, der Altar sei inventarisiert. Ich erlaubte mir die Gegenbemerkung, nur der Altarsockel sei aus Konnersreuther Stein, und der bleibe stehen, es ändere sich ja nur das Altarbild. Wir konnten nicht zu einer Übereinstimmung gelangen. Der Referent erklärte, er müsse die Zustimmung des Landesamtes für Denkmalpflege zur Bedingung setzen, sei aber bereit, mit Rücksicht auf die Eiligkeit und die Berechtigung der Auffassung, daß ein Altarbild der hl. kleinen Theresia für Konnersreuth einen besonderen Wert habe, vorbehaltlich der Zustimmung des Landesamtes für Denkmalpflege, seine Zustimmung zu erteilen. Darauf fuhr ich nach München weiter. Es war Donnerstag Abend geworden. Am Freitag Vormittag machte ich am Landesamt für Denkmalpflege meinen Besuch. Der zuständige Referent war auf einer Dienstreise in der Oberpfalz. Der Generaldirektor befand sich in Holland. Sein Vertreter nahm mich sehr liebenswürdig auf, hatte aber gegen die Änderung des Altartitels Bedenken. Ich mußte ihm erklären, daß ich davon nichts verstände, aber meine, dafür sei das Ordinariat in Regensburg zuständig. Wir einigten uns schließlich dahin, daß ich keine Genehmigung bekam, sondern daß diese von dem Urteil des zuständigen Referenten nach dessen Prüfung der Bildhauerarbeit, die sich noch in Regensburg befand, abhängig gemacht werde. Der Vermerk in den Inventarisationsprotokollen über den bisherigen Altar wurde nicht als Inventarisation eines Kunstdenkmals angesehen. In freundlichster Weise wurden mir die Reisestationen des zuständigen Referenten angegeben. Als erste das Pfarramt Sulzbach. In meine Wohnung zurückgekehrt, ließ ich mir eine telephonische Verbindung mit dem Pfarramt Sulzbach geben und wurde — natürlich — mit dem Pfarramt Rosenberg bei Sulzbach verbunden. Als ich später eine Verbindung mit dem Pfarramt Sulzbach bekam, erfuhr ich, der Konservator sei in der Frühe nach Amberg abgefahren. Der Pfarrer in Sulzbach teilte mir in liebenswürdiger Weise den Namen des Kunstmalers mit, den der Konservator besuchen wollte. Ich ließ mich telephonisch mit diesem Kunstmaler verbinden. Der Konservator hatte ihn schon wieder verlassen. Er hatte aber das Hotel angegeben, in dem er zu Mittag essen wollte. Ich bat den Kunstmaler, sofort an das Hotel zu telephonieren und dem Konservator auszurichten, daß ich ihn bitten ließe, meinen Anruf aus München abzuwarten, was der Kunstmaler in liebenswürdiger Weise tat. Als die Telephonverbindung von München mit dem Hotel in Amberg hergestellt war, war der Konservator noch da. Ich hatte ihn erreicht. Ich trug ihm also meine Bitte vor, in Regensburg das fragliche Altarbild anzusehen und wenn möglich zu genehmigen. Es eile aber, da das Bild morgen auf die Bahn müsse. Der Konservator erklärte mir, er wäre meinem Wunsche sehr gern nachgekommen, wenn seine dienstlichen Reisedispositionen ihn nicht daran verhinderten. Er könne in den nächsten Tagen nicht nach Regensburg fahren. Da gab ich es auf. Am Samstag Vormittag etwa um ½12 Uhr läutete in meiner Münchener Wohnung das Telephon. Der Konservator teilte mir mit, er befände sich in München. Kurz nach unserem gestrigen Gespräch hätte er dienstlich Anweisung bekommen, in einer anderen eiligen Sache nach Regensburg und München zu fahren. Er habe dabei Gelegenheit genommen, das Altarbild des Bildhauers Helmer in Regensburg anzuschauen und habe dessen Aufstellung genehmigt. Es werde schon verpackt. Ich bedankte mich sehr für seine Liebenswürdigkeit und ließ mir sofort eine Telephonverbindung mit dem Ordinariat in Regensburg geben. Ich konnte dem Herrn Generalvikar mitteilen, daß alle zuständigen Stellen ihre Genehmigung erteilt hätten, und bat ihn, jetzt seinerseits die Genehmigung an das Pfarramt Konnersreuth zu erteilen, worauf der Generalvikar liebenswürdig sagte: „Jetzt will ich Ihnen auch eine Freude machen. Jetzt teilen Sie für mich dem Pfarrer in Konnersreuth die Genehmigung telephonisch mit, damit Sie die Freude haben, ihm persönlich seine Sorge abzunehmen. Die schriftliche Genehmigung wird folgen." Der Altar wurde am 17. Mai 1928 in Konnersreuth eingeweiht.

Zu Therese Neumanns Wesen

Zwei kleine Erlebnisse, die Therese Neumanns Charakter gut kennzeichnen, mögen hier noch folgen:

Wir fuhren mit Therese Neumann eines Sonntags Nachmittags im Auto spazieren, damit sie wieder einmal ausgiebig die freie Landschaft sehen konnte, die sie so gern hat. Auf dem Hintersitz des Wagens saßen der Pfarrer, sie und ein Bruder; vorn am Steuer Professor Wutz und neben ihm ich. Wie wir auf der Rückfahrt in die Straße von Mitterteich nach Konnersreuth einbogen, fiel unser Blick auf den Wegweiser: 6,4 km nach Konnersreuth. Da begannen Wutz und ich scherzhaft anzweifelde Bahn- und Wirtshausgespräche über Therese Neumann nachzuahmen, und darüber unterhielt sie sich sehr. „Herr Pfarrer, Herr Pfarrer," hörte ich sie sagen, „ja so hörn S' doch, Herr Pfarrer! Ja, is dös lustig! Ja, i glaub wirkli, die Leut redn so." Dann drängte sie uns, das Gespräch fortzusetzen. Noch nach Tagen forderte sie uns auf, doch wieder so zu reden „wie die Leut". Sie habe schon lange nicht mehr so gelacht. Es wäre nun aber falsch, wenn man meinen würde, Therese Neumann könne nicht ernst sein. Sie hat mir in der Anfangszeit unseres Bekanntwerdens einmal gesagt: „Wissen S', Herr Doktor, wenn man soviel auszuhalten hat wie ich, und den Beruf hat, so vieler Menschen Sorgen und Leiden anzuhören, dann ist man froh und dankbar, wenn man einmal über einen harmlosen Scherz lachen kann. Ich habe schon als junges Moidl jeden anständigen Scherz gern mitgemacht, und es tut mir heute erst recht wohl und erfrischt mich, wenn ich mit Ihnen so leicht plaudern kann. Ich fühl dann auch meine Schmerzen nicht so stark."

Dem Fremden tritt sie mit Zurückhaltung, aber auch mit Bestimmtheit gegenüber. Spricht man mit ihr eigene Sorgen durch, so nimmt sie in einer seltsamen Art Anteil und geht ein auf den anderen. Sie weiß aber auch sehr gut, sich bei Zudringlichen Respekt zu verschaffen, und wehrt außerordentlich schlagfertig und je nach der Dreistigkeit des anderen auch unmißverständlich deutlich ab. Die viel erzählte Antwort von ihr auf die Frage, ob sie sich denn die Stigmen nicht recht lebhaft eingebildet habe, so daß sie ihr daraufhin gewachsen seien: „Bilden Sie sich mal ein, Sie seien ein Ochs, wachsen Ihnen dann Hörner?" ist echt. Wie einmal darauf angespielt wurde, daß Therese Neumann gerne im Auto in die freie Natur hinausfahre, und daran Anstoß genommen wurde, antwortete sie: Eine harmlose Freude sei nicht verboten, wie des Heilands Teilnahme an der Hochzeit zu Kana zeige.

* * *

Ihre Hilfe läßt Therese Neumann jedem zuteil werden, der ehrlich darnach verlangt, wie folgendes Geschehnis zeigt.

Eine Schulkameradin von Therese Neumann, die außerhalb Konnersreuth wohnt, lag schwer krank, und man nahm an, sie werde sterben. Sie verlangte nach Therese Neumann. Das Mädchen hat mehrere außereheliche Kinder von verschiedenen Vätern. Ihr jetziger Zustand war die Folge einer sehr schweren Geburt. Therese Neumann wurde gefragt, ob sie denn auch zu einem Menschen gehe, der einen solchen Lebenswandel geführt habe, worauf sie antwortete: „Warum denn net? Die hat Zuspruch und Hilfe nötiger als andere." Und sie fuhr zu ihr hinaus.

Eine Herausforderung und ihre Folgen

Mit einem Fall, der einen sehr ernsten Ausgang genommen hat, sei dieser Bericht geschlossen.

Pfarrer Naber hatte bei der Predigt Schauungen der Therese Neumann erwähnt. Im Wirtshaus in Konnersreuth äußerte ein Bauernbursche zu einem anderen, da müsse er erst verrückt werden, ehe er das glaube. Der andere erwiderte, da habe er recht. Am nächsten Tag erkrankten die beiden Burschen. Am vierten Tage mußte man demjenigen, der gesagt hatte, er müsse erst verrückt werden, ehe er das glaube, was der Pfarrer berichtet hatte, eine Zwangsjacke anlegen, da er tobsüchtig geworden war. Der andere Bursche hat sich seitdem nach sehr schwerer Krankheit wieder erholt. Aber der erste mußte in die Kreisirrenanstalt überführt werden, wo er sich noch befindet. Wenn auch eine erhebliche Besserung bei ihm eingetreten ist, hat er doch von Zeit zu Zeit wieder Anfälle, die es verbieten, ihn frei herumgehen zu lassen. Jetzt glaubt er.